권별주삶

아가페 주삶

• 주야로 묵상하는 삶 •

고린도전후서(상)

JN416485

주삶의 정신 1

『주삶』은 에티오피아 내시에게
말씀을 해석해 준 빌립 집사의 역할을 하기 원합니다.

말씀을 올바르게 깨닫기 위해서는 빌립과 같은 신령한 조력자가 필요합니다.
이제 『주삶』은 '객관적이고 정확한 절별 해설'을 통해
그리스도인의 매일 말씀묵상을 돕고자 합니다.

주삶의 정신 2

'묵상'은 하루 중 가장 방해받지 않는
귀중한 시간에 하는 것입니다.
그리고 깨달은 말씀을 종일 생각하는 것입니다.

진정한 그리스도인이 되기 위해서는 묵상한 말씀을 늘 되새겨야 합니다.
그것이 주야로 묵상하는 삶이며 '주삶의 정신'입니다.

주삶의 정신 3

'오늘 말씀묵상을 하지 않으면 밥을 먹지 않겠다.'
참된 성도는 굳은 결심의 소유자여야 합니다.

매일 말씀묵상을 하지 않으면 영혼이 병들고 성장하지 않기 때문입니다.
일주일에 한두 끼만 먹는 사람이
건강한 삶을 살 수 없는 것과 마찬가지 이치입니다.

Contents

해설 집필자 소개

이풍인 _ 고린도전후서

· 계명대학교 영문학과 졸업
· 총신대학교 신학대학원(목회학 석사)
· 하버드대학교 신학석사
· 옥스퍼드대학교 신학박사(히브리서 전공)
· 개포동교회 담임목사
· 총신대학교 신학대학원 신약학 교수

GBS 및 해설서_ 김건일, 황재욱

권별주삶

아가페

주삶

• 주 야 로 묵 상 하 는 삶 •

고린도전후서(상)

AGAPE
[주]아가페출판사

아가페

주삶 단체 활용법

「권별주삶」의 특징

- 「권별주삶」은 가족, 교회 소그룹, 직장 신우회 등 각종 성경공부 모임에 활용하면 좋습니다.
- 「권별주삶」은 날짜에 구애받지 않는 7일 동안의 개인 묵상과 1일의 주간성경공부(GBS)로 구성되어 있습니다.

「권별주삶」의 단체 활용법

➤ 매일 개인적으로 묵상하고, 1주일에 1회씩 모여 GBS 모임을 가지면 좋습니다.

- 개인묵상 시간을 통해 말씀을 묵상합니다.
- 7일째 주간성경공부 모임에서 한 주 동안 묵상한 말씀을 삶에 적용하고 체험과 깨달음을 서로 공유합니다.

➤ 「권별주삶」은 각종 성경공부 모임의 계획에 맞춰 차별화된 스케줄 구성이 가능합니다.

아가페 주삶 개인 활용법

「권별주삶」의 특징

- 「권별주삶」은 날짜가 특정되지 않아 순차적으로 깊이 있는 말씀묵상이 가능합니다.
- 「권별주삶」은 개인별 맞춤 스케줄에 따라 시간을 활용함으로써, 하나님의 말씀을 거듭 상고하고 깊이 체험할 수 있게 도와줍니다.

「권별주삶」의 개인 활용법

➤ 아래 「권별주삶」의 개인 활용법을 따라 꾸준히 묵상하면서 하나님과 동행하세요.

- 먼저 묵상을 시작하는 날짜를 기록합니다. 개인 스케줄에 맞춰 날짜와 관계없이 성경을 이어서 빠짐없이 묵상할 수 있습니다.
- 개인묵상 시간을 통해 말씀을 묵상합니다.
- 7일째 주간성경공부 모임에서 한 주 동안 묵상한 말씀을 삶에 적용하고 체험과 깨달음을 서로 공유합니다.
- 교훈과 묵상한 것을 메모합니다. 묵상과 적용이 「권별주삶」의 깊이 있는 해설과 곁들여져 말씀을 더욱 쉽게 이해하는 나만의 묵상노트가 됩니다.
- 「권별 주삶」 시리즈를 권별로 모아 두세요. 성경의 문맥을 살려 그 자체로 말씀을 쉽게 이해하게 해 주는 훌륭한 성경해설서로 활용할 수 있습니다.

*** 「권별주삶」을**

나만의 묵상노트이자 성경해설서로 만든다는 목표를 가지고 꾸준히 하면, 하나님과의 친밀한 교제 안에서 변화된 자신을 체험할 수 있습니다.

아가페

주삶 개인 말씀묵상 활용법

1 날짜 기록

묵상한 날짜를
기록합니다.

2 찬양과 기도

먼저 찬양한 후, 성령님의
도우심을 구하는 기도를
드립니다.

3 본문요약

'본문요약'을 읽고
흐름을 파악합니다.

4 개역개정성경 읽기

성경 본문을 정독합니다.

묵상 체크 □

01
월 일

예수 안에서 주신 하나님의 은혜

고린도전서 1:1-9 • 새찬송 304장 | 통일 404장

• 말씀묵상 전에 성령님의 인도하심을 구하는 기도를 드리십시오.

본문요약 | 바울은 인사말 후에 성도에게 주신 가장 큰 선물인 예수 그리스도에 대해 말한다. 하나님은 예수 안에서 성도의 말과 지식을 풍성하게 하시고, 예수께서 오시는 날까지 성도를 든든히 붙들어 주신다. 바울은 예수님과 친밀하게 교제하게 하시는 하나님께 감사를 드리고 있다.

1 하나님의 뜻을 따라 그리스도 예수의 사
도로 부르심을 받은 바울과 형제 소스데
네는
2 고린도에 있는 하나님의 교회 곧 그리스
도 예수 안에서 거룩하여지고 성도라 부
르심을 받은 자들과 또 각처에서 우리의
주 곧 그들과 우리의 주 되신 예수 그리
스도의 이름을 부르는 모든 자들에게
3 하나님 우리 아버지와 주 예수 그리스도
로부터 은혜와 평강이 있기를 원하노라
4 그리스도 예수 안에서 너희에게 주신 하
나님의 은혜로 말미암아 내가 너희를 위
하여 항상 하나님께 감사하노니
5 이는 너희가 그 안에서 모든 일 곧 모든
언변과 모든 지식에 풍족하므로
6 그리스도의 증거가 너희 중에 견고하게
되어
7 너희가 모든 은사에 부족함이 없이 우리
주 예수 그리스도의 나타나심을 기다림이
라
8 주께서 너희를 우리 주 예수 그리스도의
날에 책망할 것이 없는 자로 끝까지 견고
하게 하시리라
9 너희를 불러 그의 아들 예수 그리스도 우
리 주와 더불어 교제하게 하시는 하나님
은 미쁘시도다

1. 오늘 하나님께서 나에게 주신 깨달음은 무엇입니까?

2. 말씀을 어떻게 내 삶에 구체적으로 적용해야 합니까?

13

7 묵상과 적용

'묵상과 적용' 질문을 통해 깨달은 말씀과
적용한 내용을 적습니다.

'말씀묵상'은

말씀과 기도를 통해 날마다 하나님의 음성에 귀 기울이고 그 음성을 따라 살아가고자 하는 그리스도인을 위한 경건의 시간입니다. '말씀묵상'은 하루 중 가장 귀중한 시간에 아무도 방해하지 않는 곳에서 해야 합니다. 그리고 깨달은 말씀을 주야로 묵상하는 것입니다.

절별 해설

1 그리스도 예수의 사도로 부르심을 받은 바울과 형제 소스데네 바울은 자신을 그리스도 예수의 사도로 소개한다. '보냄을 받은 자'라는 의미의 사도라는 말에서 바울의 사명이 드러난다. 그는 그리스도의 복음을 위해 세상으로 파송된 자다. 그런데 바울에게 사명만 있었던 것은 아니다. 하나님의 부르심의 은혜가 먼저 있었다. 바울의 경우처럼 우리에게도 부르심의 은혜와 보내심의 사명이 함께 있다. 바울이 형제라고 소개하는 소스데네는 사도행전 18장 17절에 나오는 고린도의 유대인 회당장일 가능성이 크다. 그는 바울을 통해 예수를 믿게 되고 이후에 바울과 함께 사역을 했다.

2-3 이 편지는 먼저는 고린도에 있는 성도들을 위해 쓰였다. 수신자들에 대해 삼중적인 표현을 하는데, 그들은 하나님의 '교회'요, 그리스도 예수 안에서 '거룩해진 자들'이요, '성도'라 불리는 자들이다. 또한 바울은 여러 지역에 있는 성도들을 고려하여 이 편지를 쓰고 있다. 그들은 예수를 주와 그리스도로 고백하는 자들이다. 바울은 수신자들을 향해 자신의 덕담을 건네지 않고, 하나님과 예수님으로부터 주어지는 은혜와 평강을 구한다.

4 하나님의 은혜 바울은 성도들에게 허락하신 하나님의 은혜로 인해 항상 하나님께 감사한다. 그러면 어떤 은혜일까? 그것은 부나 건강이 아니라, '그리스도 이
나님의 은혜'라고 말한다. 은혜의 핵심은

5-7 고린도 교회 성도들의 상태를 표현
견고함 그리고 부족함이 없음이다. 그들
고 은사에 부족함이 없었다. 그러면 현
주하면 되는가? 그렇지 않다. 그들은 아
지 않았다. 현재 그들이 누리고 있는 것
터 주어진 것처럼, 장차 주어질 완전한
의 다시 오심을 통해 주어진다.

**8-9 그의 아들 예수 그리스도 우리 주와
시는 하나님** 당시 고린도 교회 성도들
볼 때 가난하고 소외된 자들이 많았다.
은 자들이었다. 그런데 하나님은 그들을
자들로 견고하게 세우셨다. 어떻게 그 일
것은 바로 예수 그리스도와의 교제를 통
이다. 오늘날처럼 당시도 '끼리끼리 문화
형편이 차이가 나면 서로 교제하지 않았
은 이런 세상의 사귐의 틀을 뛰어넘어
유의 주이신 예수 그리스도와 성도들이

쉬운성경

1 하나님의 뜻에 따라 그리스도 예수의 사도로 부르심을 받은 나 바울과 형제 소스데네는

2 고린도에 있는 하나님의 교회와 그리스도 예수 안에서 거룩하게 된 사람들에게 이 편지를 씁니다. 여러분은 방방곡곡에서 우리 주 예수 그리스도의 이름을 부르는 모든 사람들과 함께 거룩한 사람으로 부르심을 받았습니다. 예수 그리스도는 우리의 주님이시며 또한 이 모든 사람들의 주님이 되십니다.

3 하나님 우리 아버지와 주 예수 그리스도께서 여러분에게 은혜와 평강을 주시기를 바랍니다.

4 그리스도 예수 안에서 여러분에게 주신 하나님의 은혜로 말미암아 나는 늘 하나님께 감사드립니다.

5 여러분은 예수 그리스도 안에서 모든 말하는 것과 모든 지식 등 모든 면에서 풍성하게 되었습니다.

5 쉬운성경 읽기

쉬운성경을 정독하며
본문을 대조합니다.

6 절별 해설

'절별 해설'을 참고하며 읽습니다.

8 저자의 묵상

절별 해설 집필자가 묵상 후
전하는 메시지입니다.

저자의 묵상

본문의 짧은 인사말 속에 하나님과 그리스도라는 말이 자주 나온다. 바울은 편지를 쓰며 자기의 근황을 적기보다 철저하게 하나님과 그리스도께 초점을 맞추고 있다. 성도는 그리스도를 통해 거룩하게 된 자들이다. 우리가 가진 재능, 학식, 외모에 의해서가 아니라, 전적으로 그리스도 안에서 우리를 부르신 하나님의 은혜로 말미암아 하나님의 자녀가 되었다. 하나님께서 그리스도를 통해 우리에게 주신 것이 무엇일까? 우리에게 어떤 재능과 은사를 주셨는지 살펴보자. 무엇보다 놀라운 것은, 우리 삶에 그리스도께서 함께하신다는 사실이다. 하나님의 아들이신 예수 그리스도와 사귐이 있는 자, 그것이 성도를 설명하는 가장 두드러진 특징이다. 세상의 유명한 자와 알고 지내기만 해도 어깨가 으쓱해지는데, 우리는 하나님의 아들이신 예수님과 사귀는 자들이며, 그분이 주시는 많은 것들을 누리는 자들이다. 이 놀라운 사실을 어느 때라도 잊지 말자.

무릎 기도 날마다 주님이 주시는 지혜와 은혜를 누리며 주님과의 사귐을 통해 제가 더욱 자라기를 원합니다. 세상이 줄 수 없는 은혜를 허락하신 하나님 아버지, 감사합니다.

9 무릎 기도

'무릎 기도'로 기도합니다.

10

한글과 영어 본문(ESV)
대조를 통해
본문의 바른 뜻을
파악할 수 있습니다.

ESV - 1 Corinthians 1

1 Paul, called by the will of God to be an apostle of Christ Jesus, and our brother Sosthenes,
2 To the church of God that is in Corinth, to those sanctified in Christ Jesus, called to be saints together with all those who in every place call upon the name of our Lord Jesus Christ, both their Lord and ours:
3 Grace to you and peace from God our Father and the Lord Jesus Christ.
4 I give thanks to my God always for you because of the grace of God that was given you in Christ Jesus,
5 that in every way you were enriched in him in all speech and all knowledge—
6 even as the testimony about Christ was confirmed among you—
7 so that you are not lacking in any gift, as you wait for the revealing of our Lord Jesus Christ,
8 who will sustain you to the end, guiltless in the day of our Lord Jesus Christ.
9 God is faithful, by whom you were called into the fellowship of his Son, Jesus Christ our Lord.

1 apostle 사도 2 sanctify 거룩하게 하다 saint 성도 5 enrich 풍성하게 하다 6 testimony 증거 confirm 견고하게 하다
7 reveal 나타내다 8 sustain 격려하다 guiltless 죄 없는 9 fellowship 교제

아가페

주삶 단체 활용법 – 소그룹·구역예배

1

주중에 전 구성원이 개인적으로 매일 말씀을 묵상하고, 1주일에 1회씩 모여 GBS 교재 부분을 가지고 나눕니다.

2

GBS를 시작할 때 지난 한 주간 개인 묵상을 통해 깨달은 것이나 삶에 적용한 일이 있으면 한 사람씩 돌아가며 나눕니다.

구역예배, 청년부 성경공부, 직장 신우회 등 각종 성경공부 모임에 활용하면 좋습니다.

주간 그룹성경공부 • GBS

1주차 (1회~7회)

기독교 신앙의 핵심은 그리스도의 십자가입니다.

고린도전서 1:18-25 | 새찬송 144장 • 통일 144장

주간 말씀묵상 나눔

지난 한 주간 말씀을 묵상한 것이나 삶에 적용한 것이 있으면 돌아가며 간단히 나누어 봅시다.

• 오늘의 성경공부 목표

기독교에서 예수 그리스도의 십자가가 어떤 의미를 가지고 있는지 살펴보고, 또 나의 신앙에서 그 의미를 찾아봅시다.

18 십자가의 도가 멸망하는 자들에게는 미
련한 것이요 구원을 받는 우리에게는 하
나님의 능력이라
19 기록된 바
내가 지혜 있는 자들의 지혜를 멸하고
총명한 자들의 총명을 폐하리라
하였으니
20 지혜 있는 자가 어디 있느냐 선비가 어디
있느냐 이 세대에 변론가가 어디 있느냐
하나님께서 이 세상의 지혜를 미련하게
하신 것이 아니냐
21 하나님의 지혜에 있어서는 이 세상이 자
기 지혜로 하나님을 알지 못하므로 하나
님께서 전도의 미련한 것으로 믿는 자들
을 구원하시기를 기뻐하셨도다
22 유대인은 표적을 구하고 헬라인은 지혜
를 찾으나
23 우리는 십자가에 못 박힌 그리스도를 전
하니 유대인에게는 거리끼는 것이요 이
방인에게는 미련한 것이로되
24 오직 부르심을 받은 자들에게는 유대인
이나 헬라인이나 그리스도는 하나님의
능력이요 하나님의 지혜니라
25 하나님의 어리석음이 사람보다 지혜롭고
하나님의 약하심이 사람보다 강하니라

140

'말씀묵상'은

말씀과 기도를 통해 날마다 하나님의 음성에 귀 기울이고 그 음성을 따라 살아가고자 하는 그리스도인을 위한 경건의 시간입니다. '말씀묵상'은 하루 중 가장 귀중한 시간에 아무도 방해하지 않는 곳에서 해야 합니다. 그리고 깨달은 말씀을 주야로 묵상하는 것입니다.

• 함께 읽어보기

초대 교회 시대의 교부 중에 저스틴 마터라는 사람이 있었습니다. 그는 특별히 변증가로서 활동하였는데, 당시 기독교에 대한 오해에 대항하여 복음의 교리를 지키고 예수 그리스도를 전파하는 데 평생을 헌신하다가 순교하였습니다. 그런데 바울은 이 본문에서 이러한 변증 즉, 뛰어난 언변이나 논리를 부정적으로 이야기를 하는 것처럼 보입니다. 그러나 잘 보면 바울이 말을 잘하는 사람이나 논리적인 변증의 방식 자체를 폄하하는 것이 아니라는 것을 알 수 있습니다. 그렇다면 바울은 무엇을 이야기하고 싶어 하는 걸까요? 어느 시대이건 사람들에게 환영받지 못하는 것들이 있는데 십자가도 그러하였습니다. 십자가는 삶의 실패였고 나약한 것의 상징이었습니다. 그런데 복음은 십자가를 건너뛰어서 듣기 좋은 말이나 인간의 논리로 설명할 수 없습니다. 바울은 이 십자가를 피하는 것이 아니고 오히려 더욱 십자가의 도를 이야기하고 있습니다.

도입 질문

1 기독교 신앙이 없는 사람에게 복음을 전해 본 적이 있습니까? 그 경험을 나눠 봅시다. 만약 지금 누군가에게 복음을 전한다면 당신은 어떤 이야기를 하겠습니까?

함께 나누기

2 바울이 멸망하는 자들에게는
고 이야기한 것은 무엇입니까

3 지혜 있는 자, 선비, 변론가의

3

GBS 순서에 따라 리더가 진행하며, 각자 묵상을 통해 느낀 것과 깨달은 것을 나눕니다.

4 '자기 지혜'와 대조적인 하나님의 방식은 무엇입니까? 21절

5 복음을 전할 때 그리스도의 십자가를 이야기하는 것은 왜 어렵습니까? 십자가가 나의 신앙에서 중요하고 감동이 됩니까? 솔직하게 그룹 안에서 나눠 봅시다.

6 유대인과 헬라인은 무엇을 찾고 구합니까? 22절

7 십자가에 못 박힌 그리스도는 왜 유대인에게는 거리끼는 것이 됩니까? 23절, 신 21:23

8 나는 내 지혜와 생각과 능력보다 하나님이 훨씬 뛰어나다는 것을 인정합니까? 그것이 나를 복음으로 인도하고 있습니까?

9 오늘 성경공부를 통해 나누고 싶거나 깨달은 것이 있으면 이야기해 봅시다.

142

"복 있는 사람은
악인들의 꾀를 따르지 아니하며
죄인들의 길에 서지 아니하며
오만한 자들의 자리에 앉지 아니하고
오직 여호와의 율법을 즐거워하여
그의 율법을 주야로 묵상하는도다"

- 시편 1:1-2 -

1~40days

고린도전서를 묵상하기 전에

저자 : 사도 바울

기록 시기

고린도 교회는 바울이 2차 전도여행 중에 세운 교회다. 설립 시기는 AD 52년경으로 본다. 바울은 고린도전서 16장 8절에서 자신이 에베소에 머물면서 이 편지를 쓰고 있다고 밝힌다. 바울은 3차 전도여행 중 에베소에 3년 동안 머물렀는데, 거기 있는 동안에 고린도 교회와 긴밀한 접촉을 가졌다. 바울에게 고린도 교회는 아픈 손가락이었다. 바울은 고린도 교회에 문제가 있다는 소식을 듣고 성도들에게 편지를 쓴다. 고린도전서와 고린도후서 외에도 바울이 고린도 교회 성도들에게 쓴 편지는 더 있었다. 고린도전서 5장 9절 "내가 너희에게 쓴 편지에"라는 표현에서 짐작할 수 있다. 우리는 그 편지의 행방에 대해서는 알 수 없지만, 바울이 "음행하는 자들을 사귀지 말라"는 권면을 한 것 같다. 첫 번째 편지가 별로 효과를 거두지 못하자 바울은 두 번째 편지를 고린도 교회 성도들에게 보냈는데, 그것이 바로 고린도전서라고 본다. 기록 시기는 AD 55년경이었을 것으로 추정한다. 고린도전서를 읽으며 우리는 그 교회가 꽤 오래되었을 것이라고 막연히 추측하기도 한다. 그러나 우리가 고린도전서라고 부르는 그 편지를 받을 당시 고린도 교회는 생긴 지 3년 정도 된 신생 교회였다.

기록 배경

바울이 고린도 교회의 상황에 대해 어떻게 알았을까? 세 가지 경로를 통해 알았을 것이라 짐작할 수 있다. 먼저는 고린도전서 1장 11절에서 "글로에의 집 편으로 너희에 대한 말이 내게 들리니"라고 적고 있다. 바울은 글로에의 집에서 일하는 사람들을 통해 고린도 교회의 상황에 대해 듣게 되었다. 글로에가 누군지는 분명하지 않으나 그녀는 고린도 교회 성도들이 잘 알고 있었던 사람이었을 것이다. 둘째는 고린도 교회 성도들이 바울에게 보낸 편지를 통해서 교회의 상황을 알 수 있었을 것이다. 고린도전서 7장 1절의 "너희가 쓴 문제에 대하여"라는 말을 통해 고린도 교회 성도들이 바울에게 답을 구하는 편지를 보냈을 것이란 생각을 할 수 있다. 그럼 어떤 내용이었을까? 바울은 고린도전서에서 '~에 대하여'라는 표현을 사용하며 고린도 교회 성도들의 질문에 답을 하고 있다. 6가지 내용인데 결혼(7:1), 미혼녀의 결혼(7:25), 우상의 제물(8:1), 신령한 것(12:1), 성도를 위하는 연보(16:1) 그리고 아볼로에 관한 내용(16:12)이다. 셋째는 고린도 교회의 공식적인 대표들(스데바나, 브드나도, 아가이고)의 방문을 통해 교회 사정에 대해 소상히 알게 되었을 것이다(16:17). (김지철, 『고린도전서』, 서울: 대한기독교서회, 1999, Pp.34-35)

주요 내용

고린도 교회의 형편에 대해 알게 된 바울은 고린도전서에서 여러 문제들에 대한 해결책을 제시한다. 당시 고린도 교회는 하나 되지 못하고 자기들이 좋아하는 지도자를 추종하며 여러 편으로 나뉘어 있었다. "나는 바울에게, 나는 아볼로에게, 나는 게바에게, 나는 그리스도에게 속한 자"라고 주장하는 상이한 분파가 형성되어 있었다(1:12). 또한 교회 안에 부도덕한 모습들도 많았다. 그리스도의 신부로서 정결함을 유지해야 하는 교회가 성적으로 타락했고(5장), 교회 안에 다툼이 생겼는데 세상 법정에서 그것을 해결하려고 했다(6장). 성도가 누릴 수 있는 자유의 성격과 범위를 놓고도 이견이 있었다. 어떤 이는 우상에게 바쳐진 제물을 먹는 것이 아무렇지 않다고 했고, 또 어떤 이는 거리낌을 가지고 있었다. 이와 같이 명확히 선을 긋기 어려운 문제로 인해 성도들 사이에 불편함이 존재했다. 가장 거룩하고 순결하게 행해져야 하는 예배와 성만찬에도 문제가 있었다. 방언이나 예언과 같은 성령의 은사를 사용함에 있어 무질서했고(12장, 14장), 성만찬을 행할 때도 부자와 가난한 자 사이의 구분이 생겼다(11장). 성도들은 주님의 일을 하면서 자기가 더 주목을 받고자 하는 마음으로 인해 시기와 다툼도 있었다. 바울은 그들을 향해 그리스도의 몸의 지체로서 서로 사랑하고 존중하라고 권면한다(12-13장). 당시 고린도 교회 성도들 중에서도 예수님의 육체적 부활을 믿지 않는 자들이 있었다. 바울은 그리스도께서 부활하셨던 것처럼 성도들의 몸이 부활할 것을 믿고 소망 가운데 살라고 가르친다.

단락 구분

1. 머리말(1:1-9)

2. 교회 안의 분파와 복음 전도자의 임무와 책임(1:10-4:21)
   1) 파당에 대한 해결책, 십자가 복음(1:10-2:16)
   2) 복음 전도자의 자세와 역할(3:1-4:21)

3. 음행과 세상 법정 소송에 관하여(5:1-6:20)

4. 결혼에 관하여(7:1-40)

5. 우상 제물과 그리스도인의 자유(8:1-11:1)
   1) 우상에게 바친 제물(8:1-13)
   2) 사도의 권리와 권리 포기(9:1-27)
   3) 역사의 교훈과 하나님의 영광을 위해(10:1-11:1)

6. 질서 있는 교회 생활(11:2-14:40)
   1) 예배 때 여성의 수건 착용 여부와 주의 만찬 집행(11:2-34)
   2) 한 성령 안에서 한 몸인 성도들(12:1-31)
   3) 가장 큰 은사, 사랑(13:1-13)
   4) 예언과 방언의 질서 있는 사용(14:1-40)

7. 성도의 몸의 부활(15:1-58)

8. 마무리와 인사말(16:1-24)

01 예수 안에서 주신 하나님의 은혜

월 일

고린도전서 1:1–9 • 새찬송 304장 | 통일 404장

• 말씀묵상 전에 성령님의 인도하심을 구하는 기도를 드리십시오.

본문요약 | 바울은 인사말 후에 성도에게 주신 가장 큰 선물인 예수 그리스도에 대해 말한다. 하나님은 예수 안에서 성도의 말과 지식을 풍성하게 하시고, 예수께서 오시는 날까지 성도를 든든히 붙들어 주신다. 바울은 예수님과 친밀하게 교제하게 하시는 하나님께 감사를 드리고 있다.

1 하나님의 뜻을 따라 그리스도 예수의 사도로 부르심을 받은 바울과 형제 소스데네는

2 고린도에 있는 하나님의 교회 곧 그리스도 예수 안에서 거룩하여지고 성도라 부르심을 받은 자들과 또 각처에서 우리의 주 곧 그들과 우리의 주 되신 예수 그리스도의 이름을 부르는 모든 자들에게

3 하나님 우리 아버지와 주 예수 그리스도로부터 은혜와 평강이 있기를 원하노라

4 그리스도 예수 안에서 너희에게 주신 하나님의 은혜로 말미암아 내가 너희를 위하여 항상 하나님께 감사하노니

5 이는 너희가 그 안에서 모든 일 곧 모든 언변과 모든 지식에 풍족하므로

6 그리스도의 증거가 너희 중에 견고하게 되어

7 너희가 모든 은사에 부족함이 없이 우리 주 예수 그리스도의 나타나심을 기다림이라

8 주께서 너희를 우리 주 예수 그리스도의 날에 책망할 것이 없는 자로 끝까지 견고하게 하시리라

9 너희를 불러 그의 아들 예수 그리스도 우리 주와 더불어 교제하게 하시는 하나님은 미쁘시도다

1. 오늘 하나님께서 나에게 주신 깨달음은 무엇입니까?

2. 말씀을 어떻게 내 삶에 구체적으로 적용해야 합니까?

절별 해설

1 그리스도 예수의 사도로 부르심을 받은 바울과 형제 소스데네 바울은 자신을 그리스도 예수의 사도로 소개한다. '보냄을 받은 자'라는 의미의 사도라는 말에서 바울의 사명이 드러난다. 그는 그리스도의 복음을 위해 세상으로 파송된 자다. 그런데 바울에게 사명만 있었던 것은 아니다. 하나님의 부르심의 은혜가 먼저 있었다. 바울의 경우처럼 우리에게도 부르심의 은혜와 보내심의 사명이 함께 있다. 바울이 형제라고 소개하는 소스데네는 사도행전 18장 17절에 나오는 고린도의 유대인 회당장일 가능성이 크다. 그는 바울을 통해 예수를 믿게 되고 이후에 바울과 함께 사역을 했다.

2-3 이 편지는 먼저는 고린도에 있는 성도들을 위해 쓰였다. 수신자들에 대해 삼중적인 표현을 하는데 그들은 하나님의 '교회'요, 그리스도 예수 안에서 '거룩해진 자들'이요, '성도라 불리는 자들'이다. 또한 바울은 여러 지역에 있는 성도들을 고려하여 이 편지를 쓰고 있다. 그들은 예수를 주와 그리스도로 고백하는 자들이다. 바울은 수신자들을 향해 자신의 덕담을 건네지 않고, 하나님과 예수님으로부터 주어지는 은혜와 평강을 구한다.

4 하나님의 은혜 바울은 성도들에게 허락하신 하나님의 은혜로 인해 항상 하나님께 감사한다. 그러면 어떤 은혜일까? 그것은 부나 건강이 아니라 '그리스도 예수 안에서 주신 하나님의 은혜'라고 말한다. 은혜의 핵심은 바로 예수님이시다.

5-7 고린도 교회 성도들의 상태를 표현하는 말은 풍족함, 견고함 그리고 부족함이 없음이다. 그들은 말과 지식 그리고 은사에 부족함이 없었다. 그러면 현 상태에 만족하고 안주하면 되는가? 그렇지 않다. 그들은 아직 결승점에 도달하지 않았다. 현재 그들이 누리고 있는 것들이 예수님으로부터 주어진 것처럼, 장차 주어질 완전한 것도 예수 그리스도의 다시 오심을 통해 주어진다.

8-9 그의 아들 예수 그리스도 우리 주와 더불어 교제하게 하시는 하나님 당시 고린도 교회 성도들 중에는 사회적으로 볼 때 가난하고 소외된 자들이 많았다. 그들은 부족함이 많은 자들이었다. 그런데 하나님은 그들을 책망할 것이 없는 자들로 견고하게 세우셨다. 어떻게 그 일이 가능했을까? 그것은 바로 예수 그리스도와의 교제를 통해 가능하게 된 것이다. 오늘날처럼 당시도 '끼리끼리 문화'가 강했다. 조건과 형편이 차이가 나면 서로 교제하지 않았다. 그런데 하나님은 이런 세상의 사귐의 틀을 뛰어넘어 그분의 아들, 곧 만유의 주이신 예수 그리스도와 성도들이 교제하게 하셨다.

쉬운성경

1 하나님의 뜻에 따라 그리스도 예수의 사도로 부르심을 받은 나 바울과 형제 소스데네는

2 고린도에 있는 하나님의 교회와 그리스도 예수 안에서 거룩하게 된 사람들에게 이 편지를 씁니다. 여러분은 방방곡곡에서 우리 주 예수 그리스도의 이름을 부르는 모든 사람들과 함께 거룩한 사람으로 부르심을 받았습니다. 예수 그리스도는 우리의 주님이시며 또한 이 모든 사람들의 주님이 되십니다.

3 하나님 우리 아버지와 주 예수 그리스도께서 여러분에게 은혜와 평강을 주시기를 바랍니다.

4 그리스도 예수 안에서 여러분에게 주신 하나님의 은혜로 말미암아 나는 늘 하나님께 감사드립니다.

5 여러분은 예수 그리스도 안에서 모든 말하는 것과 모든 지식 등 모든 면에서 풍성하게 되었습니다.

6 내가 이렇게 말씀드리는 것은 그리스도에 관하여 증언한 것이 여러분 안에서 확고해졌기 때문입니다.

7 그러므로 여러분은 영적인 선물을 부족함 없이 받으며 우리 주 예수 그리스도께서 나타나실 것을 간절히 바라고 있습니다.

8 예수님께서는 여러분을 세상 끝날까지 굳세게 지켜 우리 주 예수 그리스도의 날에 흠이 없는 사람이 되게 하실 것입니다.

9 여러분을 부르셔서 그의 아들이신 우리 주 예수 그리스도와 사귐을 갖게 하신 하나님은 신실하십니다.

저자의 묵상

본문의 짧은 인사말 속에 하나님과 그리스도라는 말이 자주 나온다. 바울은 편지를 쓰며 자기의 근황을 적기보다 철저하게 하나님과 그리스도께 초점을 맞추고 있다. 성도는 그리스도를 통해 거룩하게 된 자들이다. 우리가 가진 재능, 학식, 외모에 의해서가 아니라 전적으로 그리스도 안에서 우리를 부르신 하나님의 은혜로 말미암아 하나님의 자녀가 되었다. 하나님께서 그리스도를 통해 우리에게 주신 것이 무엇일까? 우리에게 어떤 재능과 은사를 주셨는지 살펴보자. 무엇보다 놀라운 것은 우리 삶에 그리스도께서 함께하신다는 사실이다. 하나님의 아들이신 예수 그리스도와 사귐이 있는 자, 그것이 성도를 설명하는 가장 두드러진 특징이다. 세상의 유명한 자와 알고 지내기만 해도 어깨가 으쓱해지는데 우리는 하나님의 아들이신 예수님과 사귀는 자들이며, 그분이 주시는 많은 것들을 누리는 자들이다. 이 놀라운 사실을 어느 때라도 잊지 말자.

무릎기도 날마다 주님이 주시는 지혜와 은혜를 누리며 주님과의 사귐을 통해 제가 더욱 자라기를 원합니다. 세상이 줄 수 없는 은혜를 허락하신 하나님 아버지, 감사합니다.

ESV - 1 Corinthians 1

1 Paul, called by the will of God to be an apostle of Christ Jesus, and our brother Sosthenes,

2 To the church of God that is in Corinth, to those sanctified in Christ Jesus, called to be saints together with all those who in every place call upon the name of our Lord Jesus Christ, both their Lord and ours:

3 Grace to you and peace from God our Father and the Lord Jesus Christ.

4 I give thanks to my God always for you because of the grace of God that was given you in Christ Jesus,

5 that in every way you were enriched in him in all speech and all knowledge—

6 even as the testimony about Christ was confirmed among you—

7 so that you are not lacking in any gift, as you wait for the revealing of our Lord Jesus Christ,

8 who will sustain you to the end, guiltless in the day of our Lord Jesus Christ.

9 God is faithful, by whom you were called into the fellowship of his Son, Jesus Christ our Lord.

1 apostle 사도 2 sanctify 거룩하게 하다 saint 성도 5 enrich 풍성하게 하다 6 testimony 증거 confirm 견고하게 하다
7 reveal 나타내다 8 sustain 격려하다 guiltless 죄 없는 9 fellowship 교제

☐ 묵상 체크

02 같은 마음과 같은 뜻으로

월 일

고린도전서 1:10-17 • 새찬송 94장 | 통일 102장

• 말씀묵상 전에 성령님의 인도하심을 구하는 기도를 드리십시오.

본문요약 | 고린도 교회에는 각자 자신의 취향을 따라 좋아하는 지도자를 따르는 여러 개의 파당이 있었다. 바울, 아볼로, 게바 그리고 그리스도를 따른다는 자들이 있었다. 그러나 성도는 누구도 예외 없이 예수 그리스도를 통해서 구원을 얻은 자들이다. 그렇기에 오직 예수님 안에서 한마음과 한뜻을 가지는 것이 중요하다.

10 형제들아 내가 우리 주 예수 그리스도의
이름으로 너희를 권하노니 모두가 같은
말을 하고 너희 가운데 분쟁이 없이 같은
마음과 같은 뜻으로 온전히 합하라
11 내 형제들아 글로에의 집 편으로 너희에
대한 말이 내게 들리니 곧 너희 가운데
분쟁이 있다는 것이라
12 내가 이것을 말하거니와 너희가 각각 이
르되 나는 바울에게, 나는 아볼로에게,
나는 게바에게, 나는 그리스도에게 속한
자라 한다는 것이니
13 그리스도께서 어찌 나뉘었느냐 바울이 너
희를 위하여 십자가에 못 박혔으며 바울
의 이름으로 너희가 [1]세례를 받았느냐
14 나는 그리스보와 가이오 외에는 너희 중
아무에게도 내가 [1]세례를 베풀지 아니한
것을 감사하노니
15 이는 아무도 나의 이름으로 [1]세례를 받았
다 말하지 못하게 하려 함이라
16 내가 또한 스데바나 집 사람에게 [1]세례를
베풀었고 그 외에는 다른 누구에게 [1]세례
를 베풀었는지 알지 못하노라
17 그리스도께서 나를 보내심은 [1]세례를 베
풀게 하려 하심이 아니요 오직 복음을 전
하게 하려 하심이로되 말의 지혜로 하지
아니함은 그리스도의 십자가가 헛되지 않
게 하려 함이라

1) 헬, 또는 침례

1. 오늘 하나님께서 나에게 주신 깨달음은 무엇입니까?

2. 말씀을 어떻게 내 삶에 구체적으로 적용해야 합니까?

절별 해설

10-12 나는 바울에게, 나는 아볼로에게, 나는 게바에게, 나는 그리스도에게 속한 자라 바울은 글로에의 집에서 온 사람들을 통해 고린도 교회 안에 분쟁이 있다는 소식을 듣게 되었다. 글로에는 노예를 거느린 부유한 여성이었을 것이다. 그녀가 에베소에 살았는지 아니면 고린도에 살았는지는 알 수 없다. 어쨌든 두 도시를 왕래하는 그 집안사람들을 통해 교회 소식을 듣게 되었던 것 같다. 고린도 교회 성도들은 자기가 좋아하는 인물을 따르는 차원을 넘어 다른 사람을 따르는 자들을 비난하고 정죄하는 지경에 이르게 되었다. 이런 상황에서 바울은 그들에게 모두 같은 말, 같은 마음과 같은 뜻으로 온전히 하나가 되라고 권면한다.

13 바울이 너희를 위하여 십자가에 못 박혔으며 바울의 이름으로 너희가 세례를 받았느냐 고린도 교회의 다투는 모습은 그리스도를 나누는 양상으로 나타났다. 차별하지 않고 모든 성도들을 위해 십자가에 못 박히신 그리스도를 갈기갈기 찢는 일을 그들은 행하고 있었다. 그들이 나뉘게 된 원인은 세례와 관련이 있는데, 자기에게 세례를 준 사람을 추종하며 파당을 이룬 것으로 보인다. 그러나 예수 그리스도의 이름 외에 다른 사람의 이름으로 세례를 받지 않았다는 것을 기억해야 한다.

14-16 바울은 자신이 다수의 고린도 교회 성도들에게 세례를 베풀지 않은 것에 대해 오히려 감사한다. 바울은 그리스보와 가이오 그리고 스데바나 집 사람들 외에는 자신이 세례를 준 일이 없다고 말한다. 또한 자신이 세례를 줄 때도 예수 그리스도의 이름으로 준 것이지 결코 자신의 이름을 사용하지 않았다는 점을 명확히 한다. 바울은 성도의 하나 됨의 근거인 세례가 파당의 원인이 되는 것을 안타깝게 생각하며, 세례를 통해 자신이 분파의 우두머리로 간주되는 것을 경계하고 있다.

17 그리스도의 십자가가 헛되지 않게 하려 함이라 하나님께서 바울을 사도로 부르셔서 그리스도를 믿는 자들에게 세례를 베풀게 한 이유는, 그들이 그리스도의 십자가를 더 분명히 붙들도록 하기 위함이다. 그러나 보내심을 받은 누군가를 의지하고 따를 뿐만 아니라 다른 이들을 멸시하고 대적하는 것은 그리스도의 십자가를 헛되게 하는 일이다. 십자가를 밝히 드러내어야 할 세례가 오히려 걸림돌이 되고 말았다. 바울은 그리스도께서 자기를 보내셔서 복음을 전하게 하셨다고 밝힘으로써, 그리스도께서 주체이시고 자신은 그저 심부름꾼에 불과하다고 말한다.

쉬운성경

10 성도 여러분, 우리 주 예수 그리스도의 이름으로 여러분에게 호소합니다. 모두 의견을 합하고 여러분 사이에 편을 나누지 마십시오. 같은 마음과 같은 생각을 가지고 하나가 되십시오.

11 나의 성도 여러분, 글로에 집에서 온 사람들이 나에게 여러분 사이에 다툼이 있다는 소식을 전해 주었습니다.

12 내용은 이렇습니다. 여러분이 저마다 "나는 바울을 따른다", "나는 아볼로를 따른다", "나는 베드로를 따른다", 심지어 "나는 그리스도를 따른다"고 말한다니,

13 도대체 그리스도가 나뉘었습니까? 바울이 여러분을 위해 십자가에 못 박혔습니까? 아니면 여러분이 바울의 이름으로 세례를 받았습니까?

14 내가 그리스보와 가이오 두 사람 외에는 여러분 중 어느 누구에게도 세례를 주지 않아 하나님께 감사합니다.

15 그러므로 여러분 중에서 어느 누구도 바울의 이름으로 세례를 받았다고 말할 수 없을 것입니다.

16 그러고 보니 내가 스데바나의 가정에도 세례를 준 적이 있습니다. 하지만 이들 외에는 아무에게도 세례를 준 기억이 없습니다.

17 그리스도께서 나를 보내신 것은 세례를 주기 위해서가 아니라 복음을 전하도록 하기 위해서였습니다. 그것은 인간의 지혜로운 말로 하라는 것이 아니었습니다. 그리스도의 십자가가 그 능력을 잃지 않게 하려는 것입니다.

저자의 묵상

신앙생활을 할 때 중심을 잘 잡는 것은 매우 중요하다. 자칫하면 가장 본질적인 부분은 제쳐 두고 사소한 것을 붙들 가능성이 있다. 교회 안에는 다양한 성도들이 있다. 나이, 고향, 학력, 집안 배경과 개인의 취향에 따른 다양성이 존재한다. 일반 사회에서 친밀감을 느끼게 하는 공통분모들이 성도들의 사귐에도 크게 작용할 수 있다. 고향이 같거나 같은 학교 출신인 경우 마음이 더 갈 수도 있다. 그러나 그런 감정을 느낄 때 자신을 잘 살필 필요가 있다. 혹 고린도 교회에 있었던 분쟁처럼 다른 사람들을 배제하는 쪽으로 흐르지 않을까 항상 조심해야 한다. 왜냐하면 그리스도의 십자가가 인종, 성별, 나이와 빈부의 차이를 다 덮기 때문이다. 하나님께서 십자가에서 보여주신 사랑은 우리의 사소한 차이를 아무것도 아닌 것으로 만든다. 그렇기에 성도는 날마다 그리스도의 십자가 아래로 나아가 하나님의 은혜를 곱씹어야 한다. 주 예수보다 더 귀한 것은 아무것도 없다.

무릎기도 하나님, 예수님 안에서 저를 품어 주시니 감사합니다. 그리스도의 십자가를 오늘도 기억하며 만나는 모든 이들과 화평하게 지내고 베푸신 은혜에 감사하며 살게 하소서.

ESV - 1 Corinthians 1

10 I appeal to you, brothers,* by the name of our Lord Jesus Christ, that all of you agree, and that there be no divisions among you, but that you be united in the same mind and the same judgment.
11 For it has been reported to me by Chloe's people that there is quarreling among you, my brothers.
12 What I mean is that each one of you says, "I follow Paul," or "I follow Apollos," or "I follow Cephas," or "I follow Christ."
13 Is Christ divided? Was Paul crucified for you? Or were you baptized in the name of Paul?
14 I thank God that I baptized none of you except Crispus and Gaius,
15 so that no one may say that you were baptized in my name.
16 (I did baptize also the household of Stephanas. Beyond that, I do not know whether I baptized anyone else.)
17 For Christ did not send me to baptize but to preach the gospel, and not with words of eloquent wisdom, lest the cross of Christ be emptied of its power.

* 1:10 Or *brothers and sisters*. In New Testament usage, depending on the context, the plural Greek word *adelphoi* (translated "brothers") may refer either to *brothers* or to *brothers and sisters;* also verses 11, 26

10 appeal to …에 호소하다 division 분쟁 unite 연합하다 11 quarrel 다투다 13 crucify 십자가에 못 박다 baptize 세례를 주다 17 preach the gospel 복음을 전하다 eloquent 말 잘하는 empty of …을 없애다

03 세상의 지혜와 하나님의 지혜

월 일

고린도전서 1:18-25 • 새찬송 439장 | 통일 496장

• 말씀묵상 전에 성령님의 인도하심을 구하는 기도를 드리십시오.

본문요약 | 그리스도의 십자가에 대해 모든 사람이 똑같이 생각하지는 않는다. 믿지 않는 자들은 십자가를 보며 미련하다고 생각한다. 반면에 구원받은 성도들은 그 속에서 하나님의 지혜와 능력을 발견한다. 하지만 누구도 세상 어떤 것과도 비교할 수 없을 정도로 크고 뛰어나신 하나님을 감히 판단할 수 없다.

18 십자가의 도가 멸망하는 자들에게는 미련
한 것이요 구원을 받는 우리에게는 하나
님의 능력이라
19 기록된 바
ㄱ내가 지혜 있는 자들의 지혜를 멸하고
총명한 자들의 총명을 폐하리라
하였으니
20 지혜 있는 자가 어디 있느냐 선비가 어디
있느냐 이 세대에 변론가가 어디 있느냐
하나님께서 이 세상의 지혜를 미련하게
하신 것이 아니냐
21 하나님의 지혜에 있어서는 이 세상이 자
기 지혜로 하나님을 알지 못하므로 하나
님께서 전도의 미련한 것으로 믿는 자들
을 구원하시기를 기뻐하셨도다
22 유대인은 [1]표적을 구하고 헬라인은 지혜
를 찾으나
23 우리는 십자가에 못 박힌 그리스도를 전
하니 유대인에게는 거리끼는 것이요 이방
인에게는 미련한 것이로되
24 오직 부르심을 받은 자들에게는 유대인이
나 헬라인이나 그리스도는 하나님의 능력
이요 하나님의 지혜니라
25 하나님의 어리석음이 사람보다 지혜롭고
하나님의 약하심이 사람보다 강하니라

1) 또는 이적 ㄱ. 사 29:14

1. 오늘 하나님께서 나에게 주신 깨달음은 무엇입니까?

2. 말씀을 어떻게 내 삶에 구체적으로 적용해야 합니까?

절별 해설

18 십자가의 도 "도"에 해당하는 헬라어 단어는 '로고스'다. 이 단어는 말씀으로 자주 번역되는데 "십자가의 도"를 '십자가의 말씀'으로 번역해도 좋다. 이 말은 예수 그리스도를 통해 죄에 빠진 인간을 건지시는 하나님의 구원 사건에 관한 소식을 뜻한다. 이 소식에 대해 모든 이들이 똑같이 반응하지는 않는다. 멸망하는 자들에게는 그것이 미련한 것처럼 보이고, 구원받은 자들에게는 하나님의 능력으로 다가온다.

19-21 하나님께서 전도의 미련한 것으로 믿는 자들을 구원하시기를 기뻐하셨도다 바울은 이사야 29장 14절을 인용하며 "내가 지혜 있는 자들의 지혜를 멸하고 총명한 자들의 총명을 폐하리라"고 말한다. 하나님 앞에서 사람의 지혜와 총명은 내세울 것이 못 된다. 하나님의 지혜와 비교할 때 이 세상에서 지혜 있는 자, 선비 그리고 변론가는 아무것도 아닌 존재다. 이 세상의 지혜로는 하나님의 지혜를 깨달을 수 없다. 그래서 하나님께서는 전도의 미련한 것으로 사람들을 구원하셨다. 여기서 "전도"는 헬라어로 선포라는 뜻의 '케리그마'다. 케리그마는 두 가지 특징이 있는데, 하나는 선포의 방식이고 다른 하나는 선포의 내용이다. 이런 측면에서 이해하면 하나님께서는 사람을 통해서 예수 그리스도를 전하게 하신 미련해 보이는 방식으로 구원을 베푸셨다. 또한 그 선포의 내용도 미련해 보인다. 십자가에 달려 인간의 죄를 대신 지심으로 인간을 구원하는 예수님에 대한 이야기는 어리석은 이야기처럼 들릴 수 있다.

22-23 십자가에 못 박힌 그리스도 유대인과 헬라인들은 서로 다른 방식으로 신에 대한 물음을 던졌다. 유대인들은 표적을 구했고, 헬라인들은 지혜를 찾았다. 유대인들의 입장에서 보면 십자가에 달린 예수님은 거리끼는 것, 즉 걸림돌이었다. 힘없이 죽어간 청년 예수를 보며 유대인들은 하나님의 표적을 도무지 찾을 수 없었다. 또한 헬라인들의 입장에서 보면 십자가에 달린 예수의 이야기는 말도 안 되는 터무니없는 것이었다.

24-25 하나님께서는 그리스도를 통해 유대인과 헬라인을 차별 없이 자기 백성으로 삼으셨다. 하나님의 구원의 방편인 십자가는 인간적인 측면에서 보면 어리석고 미련해 보인다. 그러나 그 속에 하나님의 참된 지혜와 능력이 드러나 있다. 자신의 연약함을 깨닫고 믿음으로 하나님이 행하신 일을 받아들이는 자에게 십자가에서 드러난 하나님의 능력과 지혜가 역사하기 시작한다.

쉬운성경

18 십자가에 관한 말씀이 멸망할 사람들에게는 어리석은 것에 불과하지만, 구원받은 우리에게는 하나님의 능력입니다.

19 성경에 이렇게 기록되어 있습니다.
"내가 지혜로운 사람들의 지혜를 멸하고, 지식 있는 사람들의 지식을 물리치리라."*

20 지혜 있는 사람이 어디 있으며, 학자가 어디 있습니까? 이 시대의 변론가가 어디 있습니까? 하나님께서 이 세상의 지혜를 어리석게 하지 않으셨습니까?

21 세상이 자기의 지혜를 통해서는 하나님을 알지 못하게 하신 것이 하나님의 지혜입니다. 그래서 하나님께서는 우리가 전하는 어리석어 보이는 말씀 선포로 믿는 사람들을 구원하기를 기뻐하셨습니다.

22 유대인들은 표적을 요구하고, 그리스인들은 지혜를 찾습니다.

23 하지만 우리는 그리스도께서 십자가에 못 박히셨다고 전합니다. 이것이 유대인들에게는 걸려 넘어지게 하는 것이요, 이방인들에게는 어리석은 것이지만,

24 유대인이 되었든지 그리스인이 되었든지 부르심을 받은 사람들에게 그리스도는 하나님의 능력이며 하나님의 지혜입니다.

25 하나님의 어리석음이 사람의 지혜보다 더 지혜로우며, 하나님의 약함이 사람의 강함보다 더 강합니다.

* 1:19 사 29:14에 기록되어 있다.

저자의 묵상

사람이 지닌 한계는 분명하다. 너무 큰 소리나 바로 눈앞에 있는 큰 물체를 제대로 파악하는 것은 쉽지 않다. 또한 너무 작은 소리나 너무 작은 크기의 물체를 파악하는 것도 힘들다. 그런데 사람들은 착각한다. 자신이 보는 것과 듣는 것이 정확하다고 생각한다. 이런 생각이 굳어지면 그 범위를 넘어서는 어떤 것이 주어질 때 제대로 알기 어렵다. 하나님은 우리 인간이 파악하기에는 너무 크신 분이다. 그분의 계획을 간파하는 것도 불가능하다. 사람들은 자기 눈에 이상하게 보이면, 그것은 이상한 것이라고 판단해 버린다. 예수님의 십자가가 그렇다. 어떤 인간도 스스로 결단하여 구원에 이를 수 없다. 죄에서 빠져나올 능력과 지혜가 인간에게는 없다. 그것을 잘 아시는 하나님께서 자기 아들을 인간의 모습으로 이 땅에 태어나게 하셔서, 그가 인간을 위해 친히 십자가에 죽으심으로 인간이 감당해야 하는 죗값을 치르게 하셨다. 이 얼마나 놀라운 일인가? 그러나 그리스도의 십자가는 영안이 열리게 하신 자들에게만 허락하신 하나님의 지혜와 능력이다.

무릎 기도 하나님, 저의 눈을 열어 십자가의 비밀을 깨닫게 해 주소서. 십자가가 걸려 넘어지게 하는 것이 아니라 하나님의 지혜와 능력임을 믿고 의지하게 하소서.

ESV - 1 Corinthians 1

18 For the word of the cross is folly to those who are perishing, but to us who are being saved it is the power of God.

19 For it is written, "I will destroy the wisdom of the wise, and the discernment of the discerning I will thwart."

20 Where is the one who is wise? Where is the scribe? Where is the debater of this age? Has not God made foolish the wisdom of the world?

21 For since, in the wisdom of God, the world did not know God through wisdom, it pleased God through the folly of what we preach* to save those who believe.

22 For Jews demand signs and Greeks seek wisdom,

23 but we preach Christ crucified, a stumbling block to Jews and folly to Gentiles,

24 but to those who are called, both Jews and Greeks, Christ the power of God and the wisdom of God.

25 For the foolishness of God is wiser than men, and the weakness of God is stronger than men.

* 1:21 Or *the folly of preaching*

18 folly 어리석음 perish 멸망하다 19 discernment 통찰력 thwart 좌절시키다 20 scribe 율법학자, 서기관 debater 변론가 23 crucify 십자가에 못 박다 a stumbling block 걸림돌 gentile 이방인

☐ 묵상 체크

04 하나님의 섭리

월 일

고린도전서 1:26-31 • 새찬송 380장 | 통일 424장

• 말씀묵상 전에 성령님의 인도하심을 구하는 기도를 드리십시오.

본문요약 I 하나님께서는 세상 자랑이 많은 자들을 자기 백성으로 선택하지 않으셨다. 그 이유는 그들은 예수를 믿은 후에도 자기 자랑을 일삼을 가능성이 크기 때문이다. 하나님께서는 지혜, 의로움, 거룩함과 구원을 예수 그리스도를 통해서 성도에게 주신다. 그렇기에 성도는 오직 주님만을 자랑해야 한다.

26 형제들아 너희를 부르심을 보라 육체를 따라 지혜로운 자가 많지 아니하며 능한 자가 많지 아니하며 문벌 좋은 자가 많지 아니하도다

27 그러나 하나님께서 세상의 미련한 것들을 택하사 지혜 있는 자들을 부끄럽게 하려 하시고 세상의 약한 것들을 택하사 강한 것들을 부끄럽게 하려 하시며

28 하나님께서 세상의 천한 것들과 멸시받는 것들과 없는 것들을 택하사 있는 것들을 폐하려 하시나니

29 이는 아무 육체도 하나님 앞에서 자랑하지 못하게 하려 하심이라

30 너희는 하나님으로부터 나서 그리스도 예수 안에 있고 예수는 하나님으로부터 나와서 우리에게 지혜와 의로움과 거룩함과 구원함이 되셨으니

31 기록된 바 ㄱ자랑하는 자는 주 안에서 자랑하라 함과 같게 하려 함이라

ㄱ. 렘 9:23 이하

1. 오늘 하나님께서 나에게 주신 깨달음은 무엇입니까?

2. 말씀을 어떻게 내 삶에 구체적으로 적용해야 합니까?

절별 해설

26 너희를 부르심을 보라 세상은 학식이 뛰어나고 능력 있고 이름 있는 가문 출신을 인정하고 우대한다. 그러나 하나님은 이러한 세상적인 기준으로 자기 백성을 부르시지 않는다. 고린도 교회를 보면 잘 알 수 있는데, 그들 중에 지혜와 능력 그리고 문벌 좋은 자들이 많지 않았다.

27-28 하나님 나라는 세상 나라와는 전적으로 다르다. 그 이유는 하나님께서 자기 백성을 선택하고 부르시기 때문이다. 바울은 여기서 '택하사'라는 단어를 세 번 반복해서 사용한다. 그런데 하나님의 택하심의 두드러진 특징은 세상의 부름과 택함과는 정반대이다. 세상은 지혜 있는 자들, 강한 자들 그리고 있는 자들을 선택한다. 반면에 하나님은 미련한 자들, 약한 자들 그리고 천한 자들과 멸시받는 자들을 선택하신다. 그리고 이러한 선택을 통해 지혜 있는 자들, 강한 자들과 있는 자들이 부끄러워하게 하셨다.

29 이는 아무 육체도 하나님 앞에서 자랑하지 못하게 하려 하심이라 "아무 육체"는 원문에서는 '모든 육체', 즉 '모든 사람'을 의미한다. 하나님께서는 어느 누구도 자기가 가진 것을 통해서 구원을 얻게 된 것처럼 자랑하지 못하게 하셨다. 육신적인 것을 붙들고 자랑하는 고린도 교회 성도들의 모습은 하나님의 선택과 부르심과는 정면으로 배치되는 행동이다. 육신적인 것을 자랑하는 곳에는 하나님의 주권에 대한 인정과 감사가 사라진다.

30 너희는 하나님으로부터 나서 그리스도 예수 안에 있고 구원은 전적으로 하나님 한 분에게 달려 있다. 선택하고 부르시는 분이 하나님이시기 때문이다. 개역개정에서는 "하나님으로부터 나서"라고 번역하였는데, 마치 사람이 하나님으로부터 출생하게 되었다는 것을 의미하는 것처럼 오해할 수도 있다. 그러므로 원문의 의미는 '하나님으로 인해' 혹은 '하나님으로 말미암아'로 이해하는 것이 더 좋다. 하나님의 선택과 부르심으로 인해 성도가 그리스도 안에 있게 되었다는 의미다. 또한 개역개정은 예수님에 대해 묘사하면서도 '하나님으로부터 나와서'라고 번역하여 예수님이 하나님으로부터 나신 것처럼 설명하였다. 물론 신학적으로는 맞는 내용이다. 그러나 이 구절에서는 예수님이 하나님으로부터 주어진 지혜, 즉 신적인 지혜임을 강조한다. 결국 그리스도가 우리에게 지혜, 의, 거룩 그리고 구원이 되심으로, 성도는 보잘것없는 존재에서 가장 존귀한 존재가 되었다.

31 자랑하는 자는 주 안에서 자랑하라 바울은 예레미야 9:23-24을 인용하며 자신의 말을 정리한다. 성도의 구원의 근거가 오직 하나님이심을 알고 주 안에서, 다시 말하면 주님만을 자랑하라고 권면한다.

쉬운성경

26 성도 여러분, 하나님께서 여러분을 부르셨을 당시, 여러분의 모습이 어떠했는지를 생각해 보십시오. 세상의 표준으로 볼 때 지혜 있는 사람이 많지 않았고, 권력 있는 사람도 많지 않았으며, 가문 좋은 사람도 많지 않았습니다.

27 그러나 하나님께서는 지혜로운 것들을 부끄럽게 하시려고 세상의 미련한 것들을 선택하셨고, 강한 것들을 부끄럽게 하시려고 세상의 약한 것들을 선택하셨습니다.

28 하나님께서는 세상의 비천한 것들과 멸시받는 것, 그리고 아무것도 아닌 것들을 선택하여 유력한 것들을 멸하셨습니다.

29 이것은 하나님 앞에서 어느 누구도 자랑하지 못하게 하기 위해서였습니다.

30 그러나 여러분은 이러한 하나님에게서 나서 예수 그리스도 안에 있게 되었습니다. 예수님은 하나님께로부터 오는 우리의 지혜와 의와 거룩함과 구속이 되셨습니다.

31 그러므로 성경에 기록되었듯이 "자랑하는 자는 주님 안에서 자랑하십시오."*

* 1:31 렘 9:24에 기록되어 있다.

저자의 묵상

사람들은 자기가 가진 것을 자랑하기를 좋아한다. 학벌, 가문, 외모, 경제력 등 자랑할 것을 찾고 또 그것을 가지려고 애쓴다. 이러한 자랑은 사람들 사이를 갈라놓고 다투게 한다. 그런데 놀라운 것은 하나님께서 택하여 성도가 되게 하실 때는 이런 조건들을 고려하지 않으신다는 것이다. 교회 안에는 여러 다양한 사람들이 존재한다. 부자와 가난한 사람, 남자와 여자, 많이 배운 사람과 그렇지 못한 사람, 잘생긴 사람과 평범하게 생긴 사람이 한 교회에서 신앙생활을 한다. 세상에서는 이와 같은 모임을 찾기가 쉽지 않다. 이렇듯 다양한 사람들을 하나님께서 자기 백성 삼으시는 방법이 있는데 그것은 바로 예수 그리스도를 통해서다. 예수 그리스도를 믿는 자는 구원을 받는다. 그 외에 다른 길은 없다. 구원은 성령께서 사람들의 마음에 역사하시어 예수 그리스도가 믿어지게 할 때 가능하다. 이 구원은 세상 어떤 것보다 귀하고 특별하기에 성도는 가장 큰 선물인 예수님을 자랑해야 한다. 당신은 무엇을 자랑하며 살고 있는가?

무릎 기도 하나님, 오늘 하루의 삶에서 인간적인 자랑은 하지 말게 하시고 오직 나를 구원하신 주님만 자랑하게 하소서. 저의 말과 행동을 통해 주님만 존귀하게 되기 원합니다.

ESV - 1 Corinthians 1

26 For consider your calling, brothers: not many of you were wise according to worldly standards,* not many were powerful, not many were of noble birth.
27 But God chose what is foolish in the world to shame the wise; God chose what is weak in the world to shame the strong;
28 God chose what is low and despised in the world, even things that are not, to bring to nothing things that are,
29 so that no human being* might boast in the presence of God.
30 And because of him* you are in Christ Jesus, who became to us wisdom from God, righteousness and sanctification and redemption,
31 so that, as it is written, "Let the one who boasts, boast in the Lord."

* 1:26 Greek *according to the flesh*
* 1:29 Greek *no flesh*
* 1:30 Greek *And from him*

26 worldly 세상의 standard 기준 of noble birth 명문 출신의 27 shame 부끄럽게 하다 28 despise 멸시하다 29 boast 자랑하다 in the presence of …앞에서 30 righteousness 의로움 sanctification 거룩함 redemption 구원

05 구원의 근거

월 일

고린도전서 2:1-5 • 새찬송 151장 | 통일 138장

• 말씀묵상 전에 성령님의 인도하심을 구하는 기도를 드리십시오.

본문요약 | 바울은 구원이 전적으로 하나님께 속한 일이라는 것을 알고 복음을 전할 때에 자신의 말과 지혜로 하지 않았다. 바울이 전한 복음의 핵심은 예수 그리스도와 그분의 십자가다. 전하는 자의 말솜씨와 수사학적인 탁월함이 아닌 성령의 능력과 역사를 통해서 구원이 가능하다.

1 형제들아 내가 너희에게 나아가 하나님의 [1]증거를 전할 때에 말과 지혜의 아름다운 것으로 아니하였나니
2 내가 너희 중에서 예수 그리스도와 그가 십자가에 못 박히신 것 외에는 아무 것도 알지 아니하기로 작정하였음이라
3 내가 너희 가운데 거할 때에 약하고 두려워하고 심히 떨었노라
4 내 말과 내 전도함이 설득력 있는 지혜의 말로 하지 아니하고 다만 성령의 나타나심과 능력으로 하여
5 너희 믿음이 사람의 지혜에 있지 아니하고 다만 하나님의 능력에 있게 하려 하였노라

1) 어떤 사본에, 비밀을

1. 오늘 하나님께서 나에게 주신 깨달음은 무엇입니까?

2. 말씀을 어떻게 내 삶에 구체적으로 적용해야 합니까?

절별 해설

1 하나님의 증거를 전할 때에 말과 지혜의 아름다운 것으로 아니하였나니 "하나님의 증거"는 복음을 가리키는 것으로 하나님께서 맡기신 것이라는 의미가 담겨 있다(1:6). 어떤 고대 사본들에서는 '증거' 대신 '비밀'이라는 단어가 사용되었는데, 고린도전서 2:7과 4:1과의 관련성을 찾을 수 있다. 예수 그리스도를 통해 구원이 이루어지는 것은 세상의 논리와 지혜를 뛰어넘는 것이기에 인간의 지혜로는 설명할 수 없다.

2 내가 너희 중에서 … 아무 것도 알지 아니하기로 작정하였음이라 바울은 고린도에서 사역할 때에 다른 어떤 것보다 예수 그리스도와 십자가 중심의 복음을 전하였다. 당시 고린도를 방문한 웅변가들은 사람들의 관심을 끌어 경제적인 유익을 얻기 위해 그들의 마음을 사려고 노력하였다. 그들은 고린도 도시를 치켜세우고 자신의 업적을 과장하여 자랑하는 일이 많았다. 그러나 바울은 이들과는 다르게 오직 예수 그리스도와 십자가를 전하는 데 집중하였다. 이러한 태도는 바울이 어디를 방문하거나 일관되었다.

3 내가 너희 가운데 거할 때에 약하고 두려워하고 심히 떨었노라 바울은 고린도에 사는 사람들에게 복음을 전할 때 대수롭지 않은 마음으로 한 것이 아니라 두렵고 떨리는 마음을 가졌다. 이것은 복음을 듣는 자들을 두려워해서가 아니라 귀한 하나님의 말씀을 전해야 하는 데서 오는 두려움이었다. 바울은 기독교(그리스도교) 진리를 로마 제국 전역으로 확산시키는 주역 중의 한 사람이었다. 바울은 겸손과 약함의 사도로 하나님께서 맡기신 일을 끝까지 잘 감당하였다.

4 내 말과 내 전도함이 설득력 있는 지혜의 말로 하지 아니하고 다만 성령의 나타나심과 능력으로 하여 바울이 '내 말'과 '내 전도함'이라고 표현한다고 해서 그가 자신을 부각시키고 있다고 생각해서는 안 된다. 바울은 단지 복음 전파의 통로로 사용되고 있다. 복음을 전할 때 인간의 세련된 말솜씨가 구원을 담보하진 않는다. 또한 복음의 내용도 인간적인 지혜로는 이해할 수 없는 것이다. 그렇기에 성령의 나타나심과 능력에 전적으로 의존해야 한다.

5 너희 믿음이 사람의 지혜에 있지 아니하고 다만 하나님의 능력에 있게 하려 하였노라 어떤 사람이 구원을 얻게 되는 것은 말씀을 전하는 사람이 논리정연하고 설득력 있게 전해서가 아니라 오직 하나님의 능력을 통해서만 가능하다. 어떤 탁월한 인간의 지혜로도 복음을 이해하고 받아들일 수 없다. 하나님의 일하심이 없이는 불가능하다.

쉬운성경

1 성도 여러분, 나도 여러분에게 가서 하나님의 비밀을 전하였을 때, 웅변술이나 탁월한 지혜를 가지고 전한 것이 아니었습니다.

2 그것은 내가 여러분과 함께 있는 동안에는 예수 그리스도와 그분께서 십자가에 못 박히셨다는 것 이외에는 아무것도 알지 않기로 굳게 결심했기 때문입니다.

3 사실 내가 여러분에게 갔을 때, 나는 약하였고 두려웠으며 몹시 떨었습니다.

4 내가 전한 말이나 선포한 것들은 지혜롭고 설득력 있는 말들이 아니라 성령의 능력을 드러내는 것이었습니다.

5 이렇게 한 것은 여러분의 믿음을 사람의 지혜가 아니라 하나님의 능력에 두게 하려는 것이었습니다.

저자의 묵상

성도의 가치관은 예수 그리스도와 십자가에 기초해야 한다. 예수의 십자가는 처음 믿을 단계에만 필요하고 이후에는 불필요한 것이 아니다. 오히려 믿음이 깊어질수록 더욱더 십자가 중심의 사고를 해야 한다. 십자가가 하나님의 비밀이요 신비라는 것을 깨달은 성도는 하나님께서 십자가를 통해 베푸신 구원의 은혜를 날마다 기억하고 감사하는 자로 살 수 있다. 구원이 전적으로 하나님께 속한 것임을 알게 될 때, 성도에게서 자기 자랑은 사라지고 십자가만을 자랑하는 자로 살게 된다. 십자가의 은혜를 깨달은 성도는 하나님 앞에서 자신이 얼마나 무능하고 약한지를 잘 안다. 그렇기에 스스로 교만할 수 없고 약한 자신의 모습을 보며 하나님 앞에서 두렵고 떨리는 마음으로 살게 된다. 하나님의 절대적인 주권을 인정할 때 교만이나 자기 자랑은 설 자리를 잃게 된다. 익은 곡식이 고개를 숙이는 것처럼, 성숙한 성도는 겸손한 마음으로 하나님만을 의지하며 예수 그리스도와 십자가를 자랑하는 자로 살아야 한다.

무릎기도 하나님, 제가 하나님의 비밀인 예수 그리스도와 십자가를 날마다 붙들기 원합니다. 또한 아직 복음을 알지 못하는 가족과 친구들에게 하나님의 놀라운 구원을 전하게 하소서.

ESV - 1 Corinthians 2

1 And I, when I came to you, brothers,* did not come proclaiming to you the testimony* of God with lofty speech or wisdom.
2 For I decided to know nothing among you except Jesus Christ and him crucified.
3 And I was with you in weakness and in fear and much trembling,
4 and my speech and my message were not in plausible words of wisdom, but in demonstration of the Spirit and of power,
5 so that your faith might not rest in the wisdom of men* but in the power of God.

* 2:1 Or *brothers and sisters*
* 2:1 Some manuscripts *mystery* (or *secret*)
* 2:5 The Greek word *anthropoi* can refer to both men and women

1 proclaim 선포하다 lofty 고상한 2 crucify 십자가에 못 박다 3 tremble 떨다 4 plausible 그럴듯한 demonstration 증명, 나타냄 5 so that 그러므로 not…, but ~ …가 아니라 ~

□ 묵상 체크

06 하나님의 지혜 vs 세상의 지혜

월 일

고린도전서 2:6-16 • 새찬송 393장 | 통일 447장

• 말씀묵상 전에 성령님의 인도하심을 구하는 기도를 드리십시오.

본문요약 I 어느 시대나 사람들은 지혜를 추구한다. 바울이 사역하던 때도 마찬가지였다. 그러나 세상의 지혜는 하나님의 지혜와 견줄 수 없다. 또한 사람의 지혜로는 하나님의 지혜를 알 수도 없다. 오직 하나님의 영이신 성령께서 깨닫게 하실 때만 가능한데, 십자가에 못 박히신 예수님이 바로 하나님의 지혜다.

6 그러나 우리가 [1]온전한 자들 중에서는 지
혜를 말하노니 이는 이 세상의 지혜가 아
니요 또 이 세상에서 없어질 통치자들의
지혜도 아니요
7 오직 [2]은밀한 가운데 있는 하나님의 지혜
를 말하는 것으로서 곧 감추어졌던 것인
데 하나님이 우리의 영광을 위하여 만세
전에 미리 정하신 것이라
8 이 지혜는 이 세대의 통치자들이 한 사람
도 알지 못하였나니 만일 알았더라면 영
광의 주를 십자가에 못 박지 아니하였으
리라
9 기록된 바

[ㄱ]하나님이 자기를 사랑하는 자들을 위
하여 예비하신 모든 것은 눈으로 보지
못하고 귀로 듣지 못하고 사람의 마음
으로 생각하지도 못하였다

함과 같으니라
10 오직 하나님이 성령으로 이것을 우리에게
보이셨으니 성령은 모든 것 곧 하나님의
깊은 것까지도 통달하시느니라
11 사람의 일을 사람의 속에 있는 영 외에 누
가 알리요 이와 같이 하나님의 일도 하나
님의 영 외에는 아무도 알지 못하느니라
12 우리가 세상의 영을 받지 아니하고 오직
하나님으로부터 온 영을 받았으니 이는
우리로 하여금 하나님께서 우리에게 은혜
로 주신 것들을 알게 하려 하심이라
13 우리가 이것을 말하거니와 사람의 지혜가
가르친 말로 아니하고 오직 성령께서 가
르치신 것으로 하니 영적인 일은 영적인
것으로 분별하느니라
14 육에 속한 사람은 하나님의 성령의 일들
을 받지 아니하나니 이는 그것들이 그에
게는 어리석게 보임이요, 또 그는 그것들
을 알 수도 없나니 그러한 일은 영적으로
분별되기 때문이라
15 신령한 자는 모든 것을 판단하나 자기는
아무에게도 판단을 받지 아니하느니라
16 누가 주의 마음을 알아서 주를 가르치겠
느냐 그러나 우리가 그리스도의 마음을
가졌느니라

1) 또는 장성한 2) 하나님의 지혜를 비밀한 것으로
ㄱ. 사 64:4; 65:17

1. 오늘 하나님께서 나에게 주신 깨달음은 무엇입니까?

2. 말씀을 어떻게 내 삶에 구체적으로 적용해야 합니까?

절별 해설

6 우리가 온전한 자들 중에서는 지혜를 말하노니 이 구절에서 "우리"는 고린도 교회 성도들을 포함하는 것이 아니라 복음 전파 사역을 맡은 사도들을 가리킨다. "온전한 자들"은 '장성한 자들'이란 뜻이다. 이들은 2장 14절의 '육에 속한 사람'과 3장 1절의 '그리스도 안에서 어린아이들'과는 다르게 믿음과 삶에서 성숙한 자들이다.

7 은밀한 가운데 있는 하나님의 지혜 이것은 그리스도의 십자가를 의미하는 것으로, 영원히 숨겨진 것이 아니라 믿음으로 반응할 때 드러나게 되는 열려 있는 하나님의 계시다.

8 이 세대의 통치자들 이 말은 두 가지로 해석할 수 있다. 공중의 권세 잡은 사탄과 같이 하나님께 적대적인 세력이나 이 땅의 인간 통치자들을 의미한다. 공통점은 그들이 하나님의 지혜를 알지 못하여 영광의 주님이신 예수님을 십자가에 못 박았다는 것이다.

9 바울은 이사야 64:4을 인용하며 하나님께서 자기를 사랑하는 자들을 위하여 예비하신 것이 얼마나 놀라운 것인지 설명한다. 그것은 사람의 눈으로 보지 못하고 귀로 듣지 못하고 마음으로 생각지도 못한 것이었다.

11-12 하나님의 일도 하나님의 영 외에는 아무도 알지 못하느니라 사람의 생각은 그 생각을 하는 사람, 즉 당사자만 안다. 이처럼 하나님의 생각도 하나님의 영이신 성령님 외에는 알 수 없다. **하나님께서 우리에게 은혜로 주신 것들** 이것은 방언과 통역의 은사를 가리키는 것이 아니라 하나님께서 주신 모든 것을 의미한다(4:7).

13 영적인 일은 영적인 것으로 분별하느니라 바울은 하나님의 계시를 전할 때 사람들의 수사학적인 기교에 의존하지 않고 성령의 가르침을 따라서 하였다. 왜냐하면 세상의 지혜로는 하나님의 계시를 깨닫거나 전할 수 없기 때문이다. 하나님의 구원 계시를 담고 있는 영적인 것은 이 세상의 지혜가 아닌 성령의 가르침을 통해서만 이해할 수 있다.

15-16 성도는 독불장군처럼 어느 누구의 판단도 신경 쓰지 않는다는 말이 아니다. 4장 3-4절에서 언급하는 것처럼, 바울은 대적자들이 자기에게 하는 비난으로부터 자유롭다고 말한다. 영적인 사람은 성령께서 깨닫게 하신 십자가의 은혜를 간직하

쉬운성경

6 그러나 우리는 성숙한 사람들 사이에서는 지혜를 말합니다. 이 지혜는 이 세상의 지혜가 아니며, 이 세상에서 멸망해 버릴 통치자들의 지혜도 아닙니다.

7 우리가 말하는 지혜는 하나님의 비밀 가운데 있는 지혜입니다. 이것은 감춰졌던 것이며, 하나님께서 우리의 영광을 위해 창조 전에 미리 정하신 지혜입니다.

8 이 시대의 통치자 중 어느 누구도 이 지혜를 깨닫지 못했습니다. 그들이 깨달았다면 영광의 주님을 십자가에 못 박지 않았을 것입니다.

9 성경에 이렇게 기록되어 있습니다. "하나님께서 자기를 사랑하는 자들을 위해 준비해 두신 것을 눈으로 보지 못하였고, 귀로 듣지 못하였으며, 마음으로 깨닫지 못하였다."*

10 하나님께서는 성령을 통하여 이 지혜를 우리에게 계시하셨습니다. 왜냐하면 성령님께서 모든 것을, 심지어 하나님의 깊은 것까지도 속속들이 살피시기 때문입니다.

11 어떤 사람이 생각하고 있는 것을 그 사람 속에 있는 영이 아니고서야 누가 알 수 있겠습니까? 이와 마찬가지로 하나님의 생각도 하나님의 성령만이 아실 수 있습니다.

12 하나님께서 우리에게 은혜로 주신 것들을 알기 위해 우리는 세상의 영이 아니라 하나님께로부터 오는 성령을 받았습니다.

13 우리는 사람의 지혜에서 배운 말로 말하지 않고 성령으로부터 가르침받은 말씀으로 말합니다. 성령님께 속한 것은 성령에 속한 것으로 설명해야 하기 때문입니다.

14 성령에 속하지 않은 사람은 하나님의 성령에 속한 것들을 받아들이지 않습니다. 그런 사람에게는 이런 것들이 어리석

절별 해설

고 그것을 삶에서 행하는 자들이다. 이와 같은 성령을 통한 깨달음이 없는 자들로부터 판단을 받지 않는 자유가 성도에게 있다. 신령한 자는 그리스도의 마음을 가지고 구원 백성의 삶을 살고 하나님을 아버지로 고백하며 사는 자들이다(롬 8:9; 갈 4:6; 빌 1:19).

어 보입니다. 그런 것들은 영적으로 식별되는 것이므로 세상에 속한 사람은 그런 것들을 깨달을 수도 없습니다.

15 성령님께 속한 사람은 모든 것을 판단하지만, 자신은 아무에게도 판단을 받지 않습니다.

16 "누가 주님의 마음을 알았으며, 누가 주님을 가르치겠습니까?"* 그러나 우리는 그리스도의 마음을 가지고 있습니다.

* 2:9 사 64:4에 기록되어 있다.
* 2:16 사 40:13에 기록되어 있다.

저자의 묵상

예수 그리스도를 통해 우리에게 보이신 하나님의 계시는 실로 놀랍다. 그것은 우리의 육신의 눈으로는 볼 수 없고, 귀로 듣지 못하며, 마음으로 생각지도 못한 것이었다. 하나님께서는 타락한 우리가 하나님과 멀어져서 죄 가운데 지내는 것을 보시고 우리를 건지시기 위해 구원을 행하셨다. 그것은 하나님의 아들이신 예수를 우리와 같은 사람으로 이 땅에 보내시는 것이었다. 예수께서 십자가에 달려 죽으심으로 우리의 죄가 깨끗이 씻기게 하시고, 예수의 부활을 믿을 때 그분의 의가 우리에게 전해져 하나님 앞에서 우리가 의롭다 인정받게 하셨다. 이러한 일은 우리의 생각과 논리로는 이해할 수 없다. 오직 성령께서 우리의 마음에 역사하셔서 십자가와 부활의 은혜를 깨닫게 하실 때 가능하다. 그러할 때 예수 그리스도께서 우리 안에 계시고 우리도 그분의 마음을 가지고 살게 된다. 모든 상황에서 하나님께 철저하게 순종하셨던 예수님처럼 우리도 그분의 마음을 닮아 순종하며 살아야 한다.

무릎 기도 하나님, 오늘 저의 심령 속에 거하시는 성령님을 통해 그리스도의 마음이 충만하게 하심으로 저의 생각을 따르지 않고 하나님 아버지를 의지하는 믿음의 길을 걷게 하소서.

ESV - 1 Corinthians 2

6 Yet among the mature we do impart wisdom,
although it is not a wisdom of this age or of
the rulers of this age, who are doomed to
pass away.
7 But we impart a secret and hidden wisdom
of God, which God decreed before the ages
for our glory.
8 None of the rulers of this age understood
this, for if they had, they would not have
crucified the Lord of glory.
9 But, as it is written, "What no eye has seen,
nor ear heard, nor the heart of man imagined,
what God has prepared for those who love
him"—
10 these things God has revealed to us through
the Spirit. For the Spirit searches everything,
even the depths of God.
11 For who knows a person's thoughts except
the spirit of that person, which is in him? So
also no one comprehends the thoughts of
God except the Spirit of God.
12 Now we have received not the spirit of the
world, but the Spirit who is from God, that
we might understand the things freely given
us by God.
13 And we impart this in words not taught by
human wisdom but taught by the Spirit,
interpreting spiritual truths to those who are
spiritual.*
14 The natural person does not accept the
things of the Spirit of God, for they are folly
to him, and he is not able to understand
them because they are spiritually discerned.
15 The spiritual person judges all things, but is
himself to be judged by no one.
16 "For who has understood the mind of the
Lord so as to instruct him?" But we have
the mind of Christ.

* 2:13 Or *interpreting spiritual truths in spiritual language, or comparing spiritual things with spiritual*

6 mature 성숙한 doomed to …할 수밖에 없는 운명인 pass away 없어지다 7 impart a secret 비밀을 알리다 decree (신이) 정하다 9 imagine 생각하다 10 search everything 전체를 수색하다 11 comprehend 알다 13 interpret 이해하다 spiritual 영적인 14 discern 분별하다 16 so as to do …하기 위해서 instruct 가르치다

• MEMO •

07 성도는 하나님의 밭과 집

고린도전서 3:1-9 • 새찬송 450장 | 통일 376장

월 일

• 말씀묵상 전에 성령님의 인도하심을 구하는 기도를 드리십시오.

본문요약 | 고린도 교회 성도들은 영적으로 어린아이 수준에 머물러 있으며, 육신에 속한 자로 살고 있는 그들 속에서는 성숙한 모습을 찾기 어렵다. 그들의 미성숙은 바울을 좋아하는 이들과 아볼로를 따르는 이들이 서로 용납하지 못하여 시기하고 다투는 모습에서 잘 드러난다.

1 형제들아 내가 신령한 자들을 대함과 같이 너희에게 말할 수 없어서 육신에 속한 자 곧 그리스도 안에서 어린 아이들을 대함과 같이 하노라
2 내가 너희를 젖으로 먹이고 밥으로 아니하였노니 이는 너희가 감당하지 못하였음이거니와 지금도 못하리라
3 너희는 아직도 육신에 속한 자로다 너희 가운데 시기와 분쟁이 있으니 어찌 육신에 속하여 사람을 따라 행함이 아니리요
4 어떤 이는 말하되 나는 바울에게라 하고 다른 이는 나는 아볼로에게라 하니 너희가 육의 사람이 아니리요
5 그런즉 아볼로는 무엇이며 바울은 무엇이냐 그들은 주께서 각각 주신 대로 너희로 하여금 믿게 한 [1]사역자들이니라
6 나는 심었고 아볼로는 물을 주었으되 오직 하나님께서 자라나게 하셨나니
7 그런즉 심는 이나 물 주는 이는 아무 것도 아니로되 오직 자라게 하시는 이는 하나님뿐이니라
8 심는 이와 물 주는 이는 한가지이나 각각 자기가 일한 대로 자기의 상을 받으리라
9 우리는 하나님의 동역자들이요 너희는 하나님의 밭이요 하나님의 집이니라

1) 또는 집사들

1. 오늘 하나님께서 나에게 주신 깨달음은 무엇입니까?

2. 말씀을 어떻게 내 삶에 구체적으로 적용해야 합니까?

절별 해설

1 육신에 속한 자 곧 그리스도 안에서 어린 아이들 바울이 고린도교회 성도들을 "형제들아"라고 부르는 것을 통해 그들을 향한 바울의 목회적인 관심과 마음을 엿볼 수 있다. 그러나 바울은 이런 사랑의 마음과 함께 따끔한 질책도 한다. 고린도 교회 성도들은 그리스도의 복음은 받았지만 여전히 영적으로 어린아이처럼 행동하고 있다. '육신에 속한 자'며 '그리스도 안에서 어린아이들'이라는 말은 예수 그리스도를 믿지 않는 세상 사람들이라는 말이 아니라, 믿음은 가졌지만 그들의 행위가 아직은 성숙하지 못한 자들이라는 의미다.

3-4 너희 가운데 시기와 분쟁이 있으니 당시 고린도 교회에는 그리스도의 몸인 교회에 있어서는 안 될 현상이 나타나고 있었다. 그것은 바로 분쟁과 시기였다. 그 원인은 자기들이 좋아하는 영적 지도자들 때문이었다. 어떤 이들은 바울을 좋아했고, 또 다른 이들은 아볼로를 좋아했다. 사역자를 좋아하는 것이 무슨 문제가 되겠는가 생각할 수도 있지만, 그들의 행동은 도를 넘어 시기와 다툼으로 번져 갔다. 사역자와 성도라는 거룩하고 영적인 관계에 세상적인 기준과 방식이 도입될 때 고린도 교회는 심각한 어려움을 겪게 되었다.

6-7 나는 심었고 아볼로는 물을 주었으되 고린도 교회 성도들이 따르는 바울과 아볼로의 정체성이 무엇인가? 하나님께서 그들을 사역자로 부르셔서 말씀을 전하게 하셨다. 바울은 고린도 교회가 생겨날 수 있도록 처음으로 복음을 전했고, 아볼로는 바울이 떠난 후에 그들에게 말씀을 가르쳤다. 분명 그들의 사역을 통해 고린도 교회는 많은 유익을 얻었지만, 성도로 하여금 자라게 하신 분은 하나님이시다. 표면적으로는 사역자들과 그들의 업적으로 보일 수 있지만, 실제적으로 성도를 자라게 하시고 교회가 교회 되게 하시는 분은 하나님이시다. 이것을 망각할 때 교회는 세상의 다른 기관처럼 되어 버린다. 6절에서 "오직"으로 번역된 단어는 원문에서는 '그러나'이다. 구원에 있어서 사람과 하나님 사이의 역할은 분명한 차이가 있다. 바울은 심었고 아볼로는 물을 주었으나 하나님께서 자라게 하셨다. 심은 자와 물을 준 자보다 더 중요한 분은 자라게 하시는 하나님이시다.

9 우리는 하나님의 동역자들이요 하나님과 사역자가 친구처럼 동역하는 관계라는 말이 아니다. 바울과 아볼로는 하나님께서 맡기신 일을 서로 힘을 합하여 감당하는 동역자들이란 의미다.
너희는 하나님의 밭이요 하나님의 집이니라 구약의 이스라엘 백성이 하나님의 포도원으로 비유되는 것처럼, 신약 시대의 교회와 성도는 하나님의 소유인 밭과 집이다. 그 밭과 집에서 여러 일꾼들이 일을 하지만, 소유주는 하나님이시다. 주인이 누구인지를 잊어버리고 일꾼을 높이고 따르는 것은 합당하지 않은 모습이다.

쉬운성경

1 성도 여러분, 이전에 나는 성령에 속한 사람에게 말하듯이 여러분에게 할 수가 없어서 세상에 속한 사람을 대하듯, 다시 말해서 그리스도 안에서 어린아이를 대하듯 말할 수밖에 없었습니다.

2 그때, 나는 여러분에게 단단한 음식이 아니라 우유를 먹였습니다. 여러분이 단단한 음식을 먹을 준비가 전혀 되어 있지 않았기 때문인데, 지금도 여전히 받을 준비가 되어 있지 않습니다.

3 여러분은 아직도 세상에 속해 있습니다. 시기와 다툼이 여러분 안에 있으니 이것이 바로 세상에 속한 것이고 세상 사람들처럼 행동하는 것이 아닙니까?

4 어떤 사람이 "나는 바울파다"라고 말하자, 다른 사람은 "나는 아볼로파다"라고 말하고 있으니, 세상에 속한 사람이 아니면 무엇이겠습니까?

5 도대체 아볼로가 무엇이고 바울이 무엇입니까? 나나 아볼로나 여러분을 믿도록 하고, 주님께서 각 사람에게 할 일을 맡기셔서 일하는 일꾼에 불과합니다.

6 나는 씨앗을 심었고, 아볼로는 물을 주었으나, 자라게 하시는 분은 하나님이십니다.

7 그러므로 심는 사람이나 물을 주는 사람은 아무것도 아니지만, 자라게 하시는 분인 하나님은 중요합니다.

8 심는 사람과 물 주는 사람은 하나의 목적 때문에 일을 합니다. 각 사람은 자기가 한 수고만큼 보수를 받을 것입니다.

9 우리는 하나님의 동역자요, 여러분은 하나님의 밭이며, 하나님의 건물입니다.

저자의 묵상

오늘날 한국에는 크고 작은 많은 교회들이 있다. 고린도 교회에 바울과 아볼로가 있었던 것처럼 교회마다 섬기는 사역자들이 있다. 평안한 교회도 있지만 분쟁에 휩싸인 교회도 있다. 다툼에는 여러 이유가 있겠지만, 사역자와 성도들의 관계에서 기인한 문제가 많다. 어떤 성도들은 사역을 끝내고 은퇴한 사역자를 계속해서 받들며 새로 부임한 사역자에게 마음을 주지 않고 배척한다. 어떤 목회자들은 오랜 기간 섬긴 교회가 마치 자기 소유인 양 착각하기도 한다. 그러나 성경은 아주 분명하게 말한다. 사역자들은 하나님께서 맡기신 일을 감당하는 하나님의 일꾼일 뿐이다. 하나님의 밭과 하나님의 집인 교회를 마치 자기 소유인 것처럼 착각하며 행동해서는 안 된다. 성도들의 경우도 마찬가지다. 오직 하나님만이 교회의 소유주이시다. 다른 어떤 사람도 교회의 주인이 될 수 없다. 모든 사역자는 하나님의 밭과 집을 위해 섬기는 일꾼일 뿐이다. 성도로서 각자 섬기는 교회에 충성하고 봉사하는 것은 아름다운 일이다. 그러나 그것은 항상 하나님을 향한 것이어야 한다.

무릎 기도 하나님, 제가 하나님의 소유임을 오늘도 고백하며 살기 원합니다. 제가 섬기는 교회도 하나님의 밭과 집으로서 더 아름다운 모습으로 자라고 세워지게 도우소서.

ESV - 1 Corinthians 3

1 But I, brothers,* could not address you as spiritual people, but as people of the flesh, as infants in Christ.
2 I fed you with milk, not solid food, for you were not ready for it. And even now you are not yet ready,
3 for you are still of the flesh. For while there is jealousy and strife among you, are you not of the flesh and behaving only in a human way?
4 For when one says, "I follow Paul," and another, "I follow Apollos," are you not being merely human?
5 What then is Apollos? What is Paul? Servants through whom you believed, as the Lord assigned to each.
6 I planted, Apollos watered, but God gave the growth.
7 So neither he who plants nor he who waters is anything, but only God who gives the growth.
8 He who plants and he who waters are one, and each will receive his wages according to his labor.
9 For we are God's fellow workers. You are God's field, God's building.

* 3:1 *Or brothers and sisters*

1 address 설교하다 of the flesh 육신에 속한 infant 어린아이 2 feed 먹이다 solid 단단한 ready for …에 대해 준비된 3 jealousy 시기 strife 다툼 5 assign to …에게 맡기다 6 plant 심다 8 wage 보수 9 fellow worker 동역자

묵상 체크 □

08 이 땅에서의 수고

월 일

고린도전서 3:10-17 • 새찬송 323장 | 통일 355장

• 말씀묵상 전에 성령님의 인도하심을 구하는 기도를 드리십시오.

본문요약 I 바울은 자신의 사역을 건축자에 빗대어 설명한다. 교회의 터는 예수 그리스도시다. 터 위에 집을 세울 때 다양한 재료들이 필요한 것처럼, 성도들의 다양한 사역이 교회라는 건물을 세운다. 건물에 불이 나면 불타 없어지는 것과 타지 않고 남는 것들이 있는 것처럼, 마지막 날에 하나님께서 성도 각자의 사역에 대해 평가하신다.

10 내게 주신 하나님의 은혜를 따라 내가 지
혜로운 건축자와 같이 터를 닦아 두매 다
른 이가 그 위에 세우나 그러나 각각 어
떻게 그 위에 세울까를 조심할지니라
11 이 닦아 둔 것 외에 능히 다른 터를 닦아
둘 자가 없으니 이 터는 곧 예수 그리스
도라
12 만일 누구든지 금이나 은이나 보석이나
나무나 풀이나 짚으로 이 터 위에 세우면
13 각 사람의 공적이 나타날 터인데 그 날이
공적을 밝히리니 이는 불로 나타내고 그
불이 각 사람의 공적이 어떠한 것을 시험
할 것임이라
14 만일 누구든지 그 위에 세운 공적이 그대
로 있으면 상을 받고
15 누구든지 그 공적이 불타면 해를 받으리
니 그러나 자신은 구원을 받되 불 가운데
서 받은 것 같으리라
16 너희는 너희가 하나님의 성전인 것과 하
나님의 성령이 너희 안에 계시는 것을 알
지 못하느냐
17 누구든지 하나님의 성전을 [1)]더럽히면 하
나님이 그 사람을 멸하시리라 하나님의
성전은 거룩하니 너희도 그러하니라

1) 또는 멸하면

1. 오늘 하나님께서 나에게 주신 깨달음은 무엇입니까?

2. 말씀을 어떻게 내 삶에 구체적으로 적용해야 합니까?

절별 해설

10 내가 지혜로운 건축자와 같이 터를 닦아 두매 바울은 고린도 교회에서의 자신의 사역을 집을 짓는 건축자에 비유한다. 바울은 자신을 집터를 닦은 사람이라고 말한다. 이 말은 바울이 자신의 업적을 자랑하기 위해 하는 말이 아니라, 하나님께서 자신에게 고린도에서 복음을 전할 수 있도록 사도로서의 직분을 맡기셨다는 것을 의미한다.

11 이 터는 곧 예수 그리스도라 건물을 지을 때 기초가 가장 중요하다. 바울이 전한 복음은 바로 기초에 해당하는데, 교회가 세워질 때 예수 그리스도의 복음 외에 다른 어떤 것도 기초가 되어서는 안 된다.

12-13 그리스도의 터 위에 집을 지을 때 금, 은, 보석, 나무, 풀, 짚과 같은 다양한 재료가 사용된다. 이 재료는 성도의 사역을 의미하는데, 각 사람의 사역이 평가받는 날이 있다. "그 날"은 곧 '심판의 날'을 의미한다. 집에 불이 나면 나무, 짚, 풀과 같은 재료는 다 타 버린다. 그러나 금, 은, 보석은 타지 않는다. 그리스도를 위한 각 사람의 섬김과 봉사가 어떠했는지 하나님께서 판단하시는 날이 있다.

14-15 공적 이 말은 헬라어로는 '일'을 의미한다. 터 위의 상부 구조를 세우는 일을 말하는 것으로, 하나님께서 심판 날에 평가하실 성도의 수고와 봉사를 의미한다. 불에 다 타 버리면 꾸지람을 듣고, 불에 타지 않으면 하나님의 인정을 받고 칭찬을 듣게 될 것이다.

자신은 구원을 받되 불 가운데서 받은 것 같으리라 불이 나면 건물에서 빠져나와 죽음은 가까스로 면할 수 있지만, 자신이 이룬 업적은 불타 없어져 부끄러움을 당하게 된다. 예수 그리스도를 믿음으로 구원은 받지만, 구원받은 성도로서의 삶이 어떠했는지 하나님의 평가를 받는 날이 있다는 것을 기억하는 지혜가 필요하다.

16 너희가 하나님의 성전인 것과 하나님의 성령이 너희 안에 계시는 것을 알지 못하느냐 예루살렘 성전의 기능은 예수 그리스도의 십자가 사건으로 인해 끝이 났다. 하나님께서 구약 시대에는 성막과 성전에 거하셨지만, 신약 시대에는 예수 그리스도를 통해 생겨난 구원 백성인 성도들 안에 거하신다. 그렇기에 성도와 교회는 하나님이 거하시는 성전인 것과 성령이 그 안에 거하고 계시는 것을 항시 잊지 말아야 한다.

17 하나님의 성전은 거룩하니 너희도 그러하니라 하나님께서는 성전을 더럽히는 것을 용납하지 않으신다. 고린도 교회 안에 생긴 파당은 하나님께서 기뻐하시지 않는 모습이었

쉬운성경

10 나는 하나님께서 내게 주신 은혜대로 유능한 건축가처럼 기초를 놓았습니다. 하지만 다른 사람들은 그 위에 건물을 세우고 있습니다. 그러나 각 사람은 이 기초 위에 어떻게 건물을 세워야 할지 주의해야 합니다.

11 아무도 이미 놓여 있는 기초 외에 다른 기초를 놓을 수 없습니다. 왜냐하면 그 기초는 예수 그리스도이시기 때문입니다.

12 어떤 사람이 이 기초 위에 금이나 은이나 보석이나 또는 나무나 풀이나 짚 등을 이용하여 건물을 세울 것인데

13 각 사람이 일한 성과가 드러나게 될 것입니다. 그날은 불로 나타나기 때문에 일한 것이 밝히 드러날 것입니다. 그래서 그 불이 각 사람의 한 일을 검증할 것입니다.

14 어떤 사람이 세운 것이 그대로 남아 있으면, 그는 보수를 받을 것입니다.

15 그가 세운 것이 타 없어져 버리면 그는 손실을 입게 될 것입니다. 그러나 그 사람 자신은 마치 불을 거쳐서 살아온 것 같은 구원을 받을 것입니다.

16 여러분은 자신들이 하나님의 성전인 것과 하나님의 성령께서 여러분 안에 계신다는 사실을 알지 못합니까?

17 누구든지 하나님의 성전을 멸하면, 하나님께서 그 사람을 멸하실 것입니다. 그것은 하나님의 성전은 거룩하며, 여러분 자신이 바로 그 성전이기 때문입니다.

다. 하나님께서 싫어하시는 것은 교회에서 제거하고, 거룩하신 하나님께서 기뻐하시는 모습으로 채워야 한다. 당시 고린도 교회에 있었던 분쟁과 간음, 이단 사상은 마땅히 없어져야 할 것들이었다.

저자의 묵상

어떤 사람들은 이 땅에서의 성도의 삶에 대해 오해한다. 예수를 믿기만 하면 그것으로 모든 것이 끝난 것처럼 생각한다. 그들은 예수 그리스도를 믿으면 마지막 심판 날에 예수님께서 이 땅에서의 삶을 변호해 주실 것이기에 어떤 모습으로 살아도 괜찮다고 생각한다. 그러나 그렇지 않다. 믿은 후에 어떻게 사는지가 중요하다. 바울은 마지막 날에 하나님께서 성도의 삶을 심판하신다고 분명히 경고한다. 우리에게 주신 건강, 재능, 물질, 시간을 자신의 유익만을 위해 사용한다면, 그날 하나님 앞에 섰을 때 칭찬을 듣지 못할 것이다. 하나님께서 우리에게 맡기신 것들을 청지기의 마음으로 하나님의 나라를 위해 그리고 하나님의 뜻을 위해 사용하는 것이 중요하다. 성도는 자신이 성령께서 거하시는 성전임을 기억하며 하나님의 일을 마음에 품고 사는 것이 매우 중요하다. 순간순간의 선택이 자신이 아니라 하나님의 영광을 위한 것이 되어야 한다. 우리 모두 한 번 지나가면 돌이킬 수 없는 이 땅에서의 삶을 영원한 가치를 지닌 신령한 것으로 채우기를 소망한다.

무릎 기도 하나님, 오늘도 제 속에 거하셔서 저와 동행하시니 감사합니다. 아버지의 자녀답게 하나님께서 기뻐하시는 일을 하며 살도록 지혜와 능력을 주소서.

ESV - 1 Corinthians 3

10 According to the grace of God given to me, like a skilled* master builder I laid a foundation, and someone else is building upon it. Let each one take care how he builds upon it.

11 For no one can lay a foundation other than that which is laid, which is Jesus Christ.

12 Now if anyone builds on the foundation with gold, silver, precious stones, wood, hay, straw—

13 each one's work will become manifest, for the Day will disclose it, because it will be revealed by fire, and the fire will test what sort of work each one has done.

14 If the work that anyone has built on the foundation survives, he will receive a reward.

15 If anyone's work is burned up, he will suffer loss, though he himself will be saved, but only as through fire.

16 Do you not know that you* are God's temple and that God's Spirit dwells in you?

17 If anyone destroys God's temple, God will destroy him. For God's temple is holy, and you are that temple.

* 3:10 Or *wise*

* 3:16 The Greek for *you* is plural in verses 16 and 17

10 lay a foundation 기초를 놓다 take care 조심하다 12 hay 풀 straw 짚 13 manifest 분명히 나타난 disclose 나타내다
14 reward 보상 15 burn up 불타다 suffer (a) loss 손실을 입다 16 temple 성전 dwell 거하다

09 세상 지혜의 한계

월 일

고린도전서 3:18-23 • 새찬송 313장 | 통일 352장

• 말씀묵상 전에 성령님의 인도하심을 구하는 기도를 드리십시오.

본문요약 I 바울은 지혜의 문제를 다시 다룬다. 사람을 의지하는 세상의 지혜는 교회 안에서 설 수 없다. 세상의 방식처럼 교회 지도자들이 성도들 위에 군림하는 것이 아니라 교회 지도자들이 성도들, 즉 교회에 속해 있는 것이다. 성도에게는 어느 누구에게도 종속되지 않을 자유가 있다. 성도는 오직 예수 그리스도에게만 속하여 그분의 지배를 받는다.

18 아무도 자신을 속이지 말라 너희 중에 누구든지 이 세상에서 지혜 있는 줄로 생각하거든 어리석은 자가 되라 그리하여야 지혜로운 자가 되리라

19 이 세상 지혜는 하나님께 어리석은 것이니 기록된 바 하나님은 ㄱ지혜 있는 자들로 하여금 자기 꾀에 빠지게 하시는 이라 하였고

20 또 ㄴ주께서 지혜 있는 자들의 생각을 헛것으로 아신다 하셨느니라

21 그런즉 누구든지 사람을 자랑하지 말라 만물이 다 너희 것임이라

22 바울이나 아볼로나 게바나 세계나 생명이나 사망이나 지금 것이나 장래 것이나 다 너희의 것이요

23 너희는 그리스도의 것이요 그리스도는 하나님의 것이니라

ㄱ. 욥 5:13 ㄴ. 시 94:11

1. 오늘 하나님께서 나에게 주신 깨달음은 무엇입니까?

2. 말씀을 어떻게 내 삶에 구체적으로 적용해야 합니까?

절별 해설

18 이 세상에서 지혜 있는 줄로 생각하거든 어리석은 자가 되라 세상의 지혜와 하나님의 지혜는 상반된다. 바울은 세상의 지혜를 따라 행함으로 분쟁과 다툼을 겪고 있는 고린도 교회 성도들을 향해 오히려 어리석은 자가 되라고 권면한다. '어리석게 된다'라는 것은 십자가에 달리신 예수님을 따르는 삶을 역설적으로 표현한 것이다. 이러한 삶은 세상의 지혜로 보면 어리석어 보이지만 하나님께서 인정하신다.

19-20 하나님은 지혜 있는 자들로 하여금 자기 꾀에 빠지게 하시는 이라 … 주께서 지혜 있는 자들의 생각을 헛것으로 아신다 바울은 욥기 5:13과 시편 94:11을 인용하여 하나님께서 이 세상의 지혜를 미련하게 하신다는 것을 설명한다.

21 그런즉 누구든지 사람을 자랑하지 말라 만물이 다 너희 것임이라 사람을 의지하고 자랑하는 것은 하나님의 지혜와는 거리가 먼 삶이다. 고린도 교회 성도들이 각기 자기들이 좋아하는 지도자를 자랑하고 내세우는 모습은 하나님께서 원하시는 것과는 정반대로 지극히 세상적인 방식이다. 바울은 이런 모습을 보며 안타까워하며 "만물이 다 너희 것이라"는 담대한 선언을 한다.

22 바울이나 아볼로나 게바나 … 다 너희의 것이요 계속해서 바울은 21절에서 말한 만물의 의미를 설명한다. 고린도 교회에서 분파를 조장한 사람들은 자기들이 각각 바울, 아볼로 그리고 게바 즉, 베드로에게 속했다고 자랑했다. 교회 안에서 각기 사람을 자랑하며 하나 되지 못하고 나뉘는 안타까운 일이 벌어졌다. 바울은 그들을 향해 바울, 아볼로 그리고 베드로가 "다 너희의 것"이라고 뒤집어 말한다. 바울의 선언은 깜짝 놀랄 만한 내용이다. 그러나 사실이다. 왜냐하면 바울과 아볼로와 베드로는 하나님께서 성도들을 위해 교회를 세우는 자로 허락하신 자들이기 때문이다. 그렇기에 사역자는 마땅히 교회에 속한 자로 성도를 섬겨야 한다. 이러한 하나님의 뜻을 분별하지 못할 때, 성도는 그들을 보내신 하나님을 보지 못하고 사람인 사역자에게 매이게 된다.
생명이나 사망이나 지금 것이나 장래 것 사람들은 이와 같은 것들이 삶을 좌지우지하는 힘이 있다고 생각했다. 그러나 바울은 이러한 것들도 다 성도에게 속한 것이고, 성도의 삶을 주관할 수 없다고 담대하게 말한다.

23 너희는 그리스도의 것이요 그리스도는 하나님의 것이니라 성도는 십자가 사건을 통해 죄로부터 구원받고 사탄의 지배에서 벗어난 자들이다. 성도는 오직 그리스도께만 속해 그분의 뜻을 따라 순종하는 삶을 사는 자들이다. 이러한 순종의 삶은 하나님과 동등하지만 자기를 낮추어 하나님의 뜻에 순종하신 그리스도께서 친히 보여주신 것이다.

쉬운성경

18 자신을 속이지 마십시오. 여러분 중에 어떤 사람이 이 세상의 표준에 따라 자신이 지혜 있는 사람이라는 생각이 들거든, 진정 지혜 있는 자가 되기 위해서 어리석은 사람이 되십시오.

19 이 세상의 지혜는 하나님께서 보시기에 어리석은 것입니다. 그것은 성경에 "하나님께서 지혜 있는 자들을 자기 꾀에 빠지게 하신다"*고 기록되어 있으며,

20 또한 "주님께서는 지혜 있는 사람들의 생각이 헛되다는 것을 아신다"* 고 기록되어 있기 때문입니다.

21 그러므로 아무도 사람과 관련하여 자랑하지 마십시오. 모든 것이 여러분의 것입니다.

22 바울이나 아볼로나, 게바나 세상이나, 생명이나 죽음이나, 현재 일이나 장래 일이나 할 것 없이 모든 것이 다 여러분의 것입니다.

23 그리고 여러분은 그리스도의 것이며, 그리스도는 하나님의 것입니다.

* 3:19 욥 5:13에 기록되어 있다.
* 3:20 시 94:11에 기록되어 있다.

저자의 묵상

성도는 자신이 누구에게 속했는지를 알아야 한다. 누군가에게 존경할 만한 도덕적인 행위와 놀라운 업적이 있다고 해도, 그 사람은 성도가 궁극적으로 따르고 자랑할 사람은 아니다. 세상의 지혜는 사람을 부각시킨다. 그러나 하나님의 지혜는 한 분만을 드러낸다. 그분은 바로 우리를 위해 십자가에 달리신 예수 그리스도시다. 성도는 그리스도께만 속한다. 교회 생활을 하다 보면 사람이 눈에 들어오는 경우가 있다. 훌륭한 인격을 지닌 목회자와 성도들이 있다. 그들은 몇 걸음 앞서 행하면서 뒤따르는 자들에게 갈 길을 보여준다. 그러나 그것 이상으로 생각해서는 안 된다. 고린도 교회 성도들이 그랬던 것처럼, 성도가 누군가에게 속하게 되면 자신이 그리스도께 속했다는 것을 잊어버리게 된다. 그렇기에 우리는 스스로를 잘 살펴야 한다. 누군가를 예수님보다 더 좋아함으로 인해 그분이 주인의 자리에서 밀려나는 일은 없어야 할 것이다. 그리스도만이 우리의 유일한 주인이시다.

무릎 기도 하나님, 저의 삶이 오직 예수님께만 속하고 다른 것들로부터 자유하기를 원합니다. 물질, 명예, 이 세상에서의 안락함을 추구하지 않고 오직 예수님만 닮는 삶을 살게 하소서.

ESV - 1 Corinthians 3

18 Let no one deceive himself. If anyone among
you thinks that he is wise in this age, let him
become a fool that he may become wise.
19 For the wisdom of this world is folly with
God. For it is written, "He catches the wise
in their craftiness,"
20 and again, "The Lord knows the thoughts of
the wise, that they are futile."
21 So let no one boast in men. For all things
are yours,
22 whether Paul or Apollos or Cephas or the
world or life or death or the present or the
future—all are yours,
23 and you are Christ's, and Christ is God's.

18 deceive 속이다 19 wisdom 지혜 folly 어리석음 craftiness 교활함, 꾀 20 futile 쓸데없는 21 boast 자랑하다

10 판단하시는 하나님

월 일

고린도전서 4:1-5 • 새찬송 324장 | 통일 360장

• 말씀묵상 전에 성령님의 인도하심을 구하는 기도를 드리십시오.

본문요약 | 바울의 사역은 탄탄대로를 걷는 것과는 거리가 멀었다. 바울을 비방하고 그의 사역을 폄하하는 자들로 인해 그의 삶은 가시밭길을 걷는 것 같았다. 그러나 바울은 사람들의 비방에 휘둘리지 않고 자신을 판단하실 유일한 심판자이신 하나님을 인식하며 맡은 일을 충성스럽게 감당했다.

1 사람이 마땅히 우리를 그리스도의 일꾼이요 하나님의 비밀을 맡은 자로 여길지어다

2 그리고 맡은 자들에게 구할 것은 충성이니라

3 너희에게나 [1]다른 사람에게나 판단 받는 것이 내게는 매우 작은 일이라 나도 나를 판단하지 아니하노니

4 내가 자책할 아무 것도 깨닫지 못하나 이로 말미암아 의롭다 함을 얻지 못하노라 다만 나를 심판하실 이는 주시니라

5 그러므로 때가 이르기 전 곧 주께서 오시기까지 아무 것도 판단하지 말라 그가 어둠에 감추인 것들을 드러내고 마음의 뜻을 나타내시리니 그때에 각 사람에게 하나님으로부터 칭찬이 있으리라

1) 헬, 사람의 날에게나

1. 오늘 하나님께서 나에게 주신 깨달음은 무엇입니까?

2. 말씀을 어떻게 내 삶에 구체적으로 적용해야 합니까?

절별 해설

1 그리스도의 일꾼이요 하나님의 비밀을 맡은 자 바울은 자신을 비롯하여 아볼로와 같이 복음 전하는 임무를 맡은 자들을 '그리스도의 일꾼'과 '하나님의 비밀을 맡은 자'로 묘사한다. 여기서 '일꾼'은 '종'이라는 말로 대체할 수 있다. 종은 주인이 맡긴 일을 충성스럽게 감당해야 하는 자다. 복음을 전하는 자들이 부각되고 드러나기보다는 그들에게 임무를 맡기신 그리스도의 뜻이 이루어져야 한다. 또한 사역자들은 하나님의 비밀을 맡은 자들이다. 원문에서는 이 구절에서 복수 형태로 '비밀들'(the mysteries of God)이라는 표현을 사용하는데, 이것은 복음뿐만 아니라 하나님께서 드러내신 다른 진리들을 포함하는 것으로 이해할 수 있다. 사역자들에 대한 성도들의 이해도 매우 중요하다. 성도는 복음을 전하는 사역자를 과대평가하지 말아야 하고 동시에 보잘것없는 존재로 여겨서도 안 된다.

2 맡은 자들에게 구할 것은 충성 "충성"은 '신실함'이라는 말로 이해할 수 있다. 사역자들에게 필요한 덕목은 자기의 뜻을 따라 행동하지 않고, 철저하게 자기에게 일을 맡기신 분의 뜻을 따르는 것이다. 이와 같은 청지기 의식은 사역이 온전하게 이루어지게 하는 중요한 태도다.

3 너희에게나 다른 사람에게나 판단 받는 것이 내게는 매우 작은 일이라 바울은 사람의 평가를 중요하게 생각하지 않았다. 그렇다고 바울이 사람들을 가볍게 생각하고 함부로 행동했다는 뜻은 아니다. 바울이 사람들의 판단을 작은 일로 여길 수 있었던 것은 그가 자신을 판단하시는 더 크신 분을 인식하는 삶을 살았기 때문이다.

나도 나를 판단하지 아니하노니 이것은 바울 자신에게 아무런 허물이나 부족함이 없다는 말이 아니다. 바울은 사람들의 평가와 자신의 평가보다 더 중요한 것이 있음을 분명히 인식하고 있다. 궁극적인 심판자이신 하나님에 대한 인식은 다른 판단자들의 존재와 그들의 평가를 개의치 않게 만든다.

4 다만 나를 심판하실 이는 주시니라 바울은 고린도 교회 성도들을 향해 자신은 아무런 거리낌이 없다고 말한다. 그러나 바울은 자신의 양심도 자신에 대한 최후의 판단자가 될 수 없다는 것을 잘 알고 있다. 왜냐하면 그 일은 하나님께 속한 것이기 때문이다.

5 때가 이르기 전 곧 주께서 오시기까지 아무 것도 판단하지 말라 사람의 판단은 일시적이고 불완전하다. 예수 그리스도께서 오시는 날 최종적이고 완전한 평가가 이루어진다. 주님께서 어둠에 감추어진 것을 드러내실 것이며, 사람들은 판단할 수 없는 그들의 마음의 생각을 나타내실 것이다. 그렇기에 성도는 인간의 칭찬보다 주님의 칭찬을 바라며 사역해야 한다.

쉬운성경

1 이처럼 여러분은 마땅히 우리를 그리스도의 일꾼이요, 하나님의 비밀을 맡은 관리자로 생각해야 합니다.

2 맡은 사람에게 더없이 요구되는 것은 충성입니다.

3 나는 여러분에게 판단을 받든지 세상 법정에서 판단을 받든지 전혀 개의치 않습니다. 심지어 나 스스로도 나를 판단하지 않습니다.

4 나는 양심에 걸리는 것이 조금도 없습니다. 그렇다고 해서 내가 흠이 없다는 말은 아닙니다. 나를 판단하시는 분은 주님이십니다.

5 그러므로 여러분은 때가 되기 전에는 아무것도 판단하지 말고, 주님께서 오실 때까지 기다리십시오. 주님께서 어둠 속에 감추어진 것들을 밝히 나타내시며, 사람들의 마음속에 있는 생각까지 드러내실 것입니다. 그때에 각 사람은 하나님에게서 칭찬을 받을 것입니다.

저자의 묵상

우리는 사람의 평가에 의존하는 경우가 많다. 사람들이 나를 어떻게 평가할 것인가에 관심을 기울이기 시작하면, 진정으로 우리를 평가하실 하나님에 대해서는 무관심하기 쉽다. 최종적이고 궁극적인 판단자의 자리를 사람으로 대체할 때, 그의 삶은 방향을 잃고 헤매게 된다. 구약성경에서 대표적인 인물이 사울 왕이다. 사울은 초기에는 하나님의 말씀을 다른 어떤 것보다 소중히 여겼다. 그러나 시간이 흐르고 왕으로서의 자리가 공고해지자, 그는 선지자를 통해 듣게 된 하나님의 뜻보다는 자기 눈에 보이는 이스라엘 백성의 말을 더 중요하게 여겼다. 사무엘상 15장에서 하나님께서 아말렉을 진멸하라고 하셨을 때에 사울 왕은 불순종했다. 사무엘 선지자가 사울의 잘못을 지적하자 "내가 범죄하였나이다 내가 여호와의 명령과 당신의 말씀을 어긴 것은 내가 백성을 두려워하여 그들의 말을 청종하였음이니이다"(삼상 15:24)라고 고백한다. 우리는 하나님의 말씀 듣는 것을 가장 중요하게 여기며 살아야 한다.

무릎 기도 | 하나님, 제가 사람의 평가를 의식하여 그들에게 맞추어 살지 않기 원합니다. 최종적으로 저를 평가하실 주님을 생각하며 주님께서 기뻐하시는 삶을 선택하며 살게 하소서.

ESV - 1 Corinthians 4

1 This is how one should regard us, as servants of Christ and stewards of the mysteries of God.
2 Moreover, it is required of stewards that they be found faithful.
3 But with me it is a very small thing that I should be judged by you or by any human court. In fact, I do not even judge myself.
4 For I am not aware of anything against myself, but I am not thereby acquitted. It is the Lord who judges me.
5 Therefore do not pronounce judgment before the time, before the Lord comes, who will bring to light the things now hidden in darkness and will disclose the purposes of the heart. Then each one will receive his commendation from God.

1 regard 여기다 steward 청지기 2 require of …에게 요구하다 3 in fact 실은 4 be aware of …을 알다 thereby 그 때문에 acquit 무죄를 선고하다 5 pronounce 판단하다 bring to light 드러내다 disclose 나타내다 commendation 칭찬

☐ 묵상 체크

11 월 일

교만한 마음을 가지지 말라

고린도전서 4:6-13 • 새찬송 212장 | 통일 347장

• 말씀묵상 전에 성령님의 인도하심을 구하는 기도를 드리십시오.

본문요약 I 바울은 마치 모든 것을 가진 자처럼 행하는 고린도 교회 성도들을 향해 교만한 마음과 자랑을 버리라고 권면한다. 바울은 그들과 대비되는 모습으로 사도들의 삶을 묘사한다. 그것은 능력을 행하고 위세를 부리는 모습이 아니라, 어리석고 약하며 비천하여 세상의 더러운 것과 만물의 찌꺼기 같은 삶이다.

6 형제들아 내가 너희를 위하여 이 일에 나와 아볼로를 들어서 본을 보였으니 이는 너희로 하여금 기록된 말씀 밖으로 넘어 가지 말라 한 것을 우리에게서 배워 서로 대적하여 교만한 마음을 가지지 말게 하려 함이라

7 누가 너를 남달리 구별하였느냐 네게 있는 것 중에 받지 아니한 것이 무엇이냐 네가 받았은즉 어찌하여 받지 아니한 것 같이 자랑하느냐

8 너희가 이미 배부르며 이미 풍성하며 우리 없이도 왕이 되었도다 우리가 너희와 함께 왕 노릇 하기 위하여 참으로 너희가 왕이 되기를 원하노라

9 내가 생각하건대 하나님이 사도인 우리를 죽이기로 작정된 자 같이 끄트머리에 두셨으매 우리는 세계 곧 천사와 사람에게 구경거리가 되었노라

10 우리는 그리스도 때문에 어리석으나 너희는 그리스도 안에서 지혜롭고 우리는 약하나 너희는 강하고 너희는 존귀하나 우리는 비천하여

11 바로 이 시각까지 우리가 주리고 목마르며 헐벗고 매 맞으며 정처가 없고

12 또 수고하여 친히 손으로 일을 하며 모욕을 당한즉 축복하고 박해를 받은즉 참고

13 비방을 받은즉 권면하니 우리가 지금까지 세상의 더러운 것과 만물의 찌꺼기 같이 되었도다

1. 오늘 하나님께서 나에게 주신 깨달음은 무엇입니까?

2. 말씀을 어떻게 내 삶에 구체적으로 적용해야 합니까?

절별 해설

6 이 일에 나와 아볼로를 들어서 본을 보였으니 "이 일"은 3장 6절에서 하나님의 밭의 일꾼으로서 바울과 아볼로가 섬긴 것을 의미한다. 그들은 고린도 교회를 위해 복음을 전하는 사역자로 부름을 받았는데, 서로 경쟁하거나 시기하지 않고 협력하였다.
기록된 말씀 밖으로 넘어가지 말라 바울은 고린도전서를 쓰면서 이미 여러 구약성경 구절들을 인용하였다(1:19,31; 2:9,16; 3:19-20). 바울은 진정한 지혜에 관한 이 말씀을 떠나지 말라고 권면한다. 더 나아가 "기록된 말씀"은 구약성경 전체를 지칭하며, 그 "밖으로 넘어가지 말라"는 것은 하나님 말씀이 아닌 다른 것을 붙들지 말라는 권면으로 확장시킬 수 있다.

7-8 너희가 이미 배부르며 이미 풍성하며 우리 없이도 왕이 되었도다 바울은 '이미'라는 말을 통해 고린도 교회 성도들이 자족하고 있음을 지적한다. 예수 그리스도의 재림이 필요하지 않다고 생각할 정도로 그들은 자기만족 속에서 살아간다. 이러한 고린도 교회 성도들의 문제는 그들이 하나님께로부터 받은 것을 기억하지 못하는 데서 생겨났다. 그들은 자신들을 구별하여 구원 백성 되게 하신 하나님의 은혜를 저버렸다. 또한 하나님께서 주신 많은 은사도 마치 자기들이 노력하여 얻은 것처럼 착각했다. 하나님께로부터 받은 것들이지만, 그것들을 가지고 자기 스스로 왕이라도 된 것처럼 살고 있다. 그들에게 사도들의 가르침과 교훈은 무의미한 것처럼 보인다.

9 우리는 세계 곧 천사와 사람에게 구경거리가 되었노라 교만한 모습으로 살고 있는 고린도 교회 성도들과 다르게, 바울은 하나님께서 사도인 자신들을 가장 비천하고 고통스러운 자리에 두셨다고 말한다. 십자가에 달려 많은 사람들의 조롱과 구경거리가 되셨던 예수님과 바울은 닮은 점이 많다. 원문에서는 "세계와 천사들과 사람들에게"로 되어 있는데, 사도들을 천상의 존재인 천사들과 지상의 존재인 사람들의 구경거리가 되게 하셨다는 의미다.

11-13 우리가 주리고 목마르며 … 또 수고하여 친히 손으로 일을 하며 바울은 사도들의 고난 목록에 주림, 목마름, 헐벗음, 매 맞음과 정처 없음을 포함시킨다. 바울은 손수 천막 만드는 일을 하면서 사역을 감당하고 있다. 사도들은 복음을 전하는 사역자로 마땅히 수고에 상응하는 대가를 누릴 수 있지만, 복음 전파에 걸림돌이 될까 봐 그 자유를 누리지 않았다. 모욕, 박해, 비방과 같은 고난을 당하지만, 인내와 겸손으로 반응하며 세상의 더러운 것과 만물의 찌꺼기 같은 삶을 살고 있다. 바울은 사도들이 그렇게 사는 이유가 무엇인지 고린도 교회 성도들에게 고민해 보게 한다. 바울은 그리스도를 위해 당하는 고난이 역설적으로 그리스도께서 함께하심을 확인하는 영광의 자리라고 말한다.

쉬운성경

6 성도 여러분, 나는 여러분을 위해 건축가 이야기와 사역자에 관한 이야기를 나 자신과 아볼로에게 적용하여 말하였습니다. 이렇게 한 것은 여러분에게 "기록된 말씀의 범위 이상을 벗어나지 마라"는 말의 의미를 배우게 하기 위함입니다. 그러므로 여러분은 어느 한 사람은 치켜세우고 다른 사람은 깔보는 일을 하지 마십시오.

7 여러분을 별다르게 생각하는 사람이 누구입니까? 여러분이 하나님께로부터 받지 않은 것이 무엇이 있습니까? 모두 받은 것인데 왜 받지 않은 것처럼 자랑하고 있습니까?

8 여러분은 벌써 배가 불렀습니다. 이미 부자가 되었습니다. 우리 없이도 이미 여러분은 왕 노릇을 하였습니다. 우리도 여러분과 함께 왕 노릇 할 수 있도록 차라리 여러분이 진짜 왕이었으면 좋겠습니다.

9 내 생각에는 하나님께서 우리 사도들을 마치 사형 선고를 받은 사람처럼 맨 꼴찌로 내놓은 것 같습니다. 그래서 우리는 세상과 천사들과 사람들에게 구경거리가 되었습니다.

10 우리는 그리스도를 위하여 어리석은 사람이 되었습니다만, 여러분은 그리스도 안에서 지혜로운 사람이 되었습니다. 우리는 약하지만 여러분은 강합니다. 여러분은 존경을 받으나, 우리는 멸시를 받습니다.

11 지금 이 순간까지 우리는 굶주리고, 목마르고, 헐벗고, 매 맞고, 집 없이 떠돌아다니면서

12 우리의 손으로 힘써서 일하였습니다. 우리는 저주를 받지만 축복해 주고, 핍박을 당하여도 참고 인내하며,

13 모욕을 당하여도 다정한 말로 대답하였습니다. 바로 이 순간까지 우리는 세상의 쓰레기와 만물의 찌꺼기가 되었습니다.

저자의 묵상

성도의 삶에서 무엇이 복일까? 성도들 중에서도 많은 사람이 물질의 축복과 만사형통을 복으로 꼽는다. 그러나 바울은 그런 것을 진정한 성도의 삶의 모습으로 제시하지 않는다. 오히려 고난으로 가득 찬 자신과 사도들의 삶을 예수 그리스도를 좇는 삶이라고 제시한다. 바울의 권면은 선뜻 받아들이기가 쉽지 않다. 바울의 삶은 '그리스도로 인해'와 '그리스도 안에서'라는 말로 설명이 가능하다. 바울은 복음을 전파하면서 수많은 어려움을 겪었지만, 그의 삶은 그리스도를 위한 삶이었고 그리스도와 함께하는 삶이었다. 그리스도 없이 편안한 삶을 사는 것은 성경이 말하는 성도의 모습이 아니다. 이 세상의 부와 명예를 얻기 위해 그리스도를 단지 보조 수단으로 사용하고, 궁극적으로는 자신의 안녕이 목표가 되는 삶을 살고 있지 않는지 살필 필요가 있다. 우리는 하나님께서 주신 것을 자신의 수고로 얻게 된 것처럼 착각하며 살고 있지는 않는가? 우리의 왕이신 그리스도는 뒷전으로 밀려나고 우리가 인생의 운전대를 쥐고 왕 노릇 하며 살고 있지 않는지 잘 점검해야 한다.

무릎 기도 하나님, 오늘 저의 삶이 예수 그리스도 안에 있고, 제가 행하는 모든 일이 예수님을 위한 것이 되기를 원합니다. 주님이 왕이 되셔서 저를 다스리소서.

ESV - 1 Corinthians 4

6 I have applied all these things to myself and Apollos for your benefit, brothers,* that you may learn by us not to go beyond what is written, that none of you may be puffed up in favor of one against another.
7 For who sees anything different in you? What do you have that you did not receive? If then you received it, why do you boast as if you did not receive it?
8 Already you have all you want! Already you have become rich! Without us you have become kings! And would that you did reign, so that we might share the rule with you!
9 For I think that God has exhibited us apostles as last of all, like men sentenced to death, because we have become a spectacle to the world, to angels, and to men.
10 We are fools for Christ's sake, but you are wise in Christ. We are weak, but you are strong. You are held in honor, but we in disrepute.
11 To the present hour we hunger and thirst, we are poorly dressed and buffeted and homeless,
12 and we labor, working with our own hands. When reviled, we bless; when persecuted, we endure;
13 when slandered, we entreat. We have become, and are still, like the scum of the world, the refuse of all things.

* 4:6 *Or brothers and sisters*

6 for one's benefit …을 위하여 puffed up 잘난 체하는 7 boast 자랑하다 9 exhibit 전시하다 sentence to death 사형을 선고하다 spectacle 구경거리 10 for one's sake …을 위해서 be held in honor 존경받다 hold… in disrepute …을 나쁘게 평가하다 11 buffet 괴롭히다 12 revile 비방하다 13 slander 중상하다 entreat 간청하다 scum 쓰레기 refuse 찌꺼기

12 능력으로 드러나는 하나님의 나라

월 일

고린도전서 4:14-21 • 새찬송 449장 | 통일 377장

• 말씀묵상 전에 성령님의 인도하심을 구하는 기도를 드리십시오.

본문요약 | 바울은 고린도 교회 성도들에게 아버지 같은 존재다. 예수 그리스도의 복음 안에서 그들의 영적 아버지가 되었기 때문이다. 그럼에도 불구하고 바울이 고린도를 떠난 후 교회 안에 그를 대적하는 자들이 생겼다. 바울은 자기의 아들과도 같은 디모데를 보내며 대적자들을 향해 교만한 말을 삼가라고 권면한다.

14 내가 너희를 부끄럽게 하려고 이것을 쓰
는 것이 아니라 오직 너희를 내 사랑하는
자녀 같이 권하려 하는 것이라
15 그리스도 안에서 일만 스승이 있으되 아
버지는 많지 아니하니 그리스도 예수 안
에서 내가 복음으로써 너희를 낳았음이라
16 그러므로 내가 너희에게 권하노니 너희는
나를 본받는 자가 되라
17 이로 말미암아 내가 주 안에서 내 사랑하
고 신실한 아들 디모데를 너희에게 보내
었으니 그가 너희로 하여금 그리스도 예
수 안에서 나의 행사 곧 내가 각처 각 교
회에서 가르치는 것을 생각나게 하리라
18 어떤 이들은 내가 너희에게 나아가지 아
니할 것 같이 스스로 교만하여졌으나
19 주께서 [1]허락하시면 내가 너희에게 속히
나아가서 교만한 자들의 말이 아니라 오
직 그 능력을 알아보겠으니
20 하나님의 나라는 말에 있지 아니하고 오
직 능력에 있음이라
21 너희가 무엇을 원하느냐 내가 매를 가지
고 너희에게 나아가랴 사랑과 온유한 [2]마
음으로 나아가랴

1) 또는 원하시면 2) 헬. 영

1. 오늘 하나님께서 나에게 주신 깨달음은 무엇입니까?

2. 말씀을 어떻게 내 삶에 구체적으로 적용해야 합니까?

절별 해설

15 그리스도 예수 안에서 내가 복음으로써 너희를 낳았음이라 바울은 고린도 교회 성도들에게 유익을 준 다른 사역자들이 있으나, 자신은 특별하여 아버지와 같은 자라고 말한다. 바울이 자신을 고린도 교회의 영적 아버지로 주장할 수 있는 것은 그가 고린도에 18개월 동안 머무르면서 복음을 전함으로 교회가 세워졌기 때문이다.

16 너희는 나를 본받는 자가 되라 바울은 그의 편지[서신]들에서 이 표현을 종종 사용한다(고전 11:1; 빌 3:17; 참조. 살전 1:6; 2:14). 바울은 성도들에게 자신의 어떤 점을 본받으라는 것일까? 고린도전서 11장 1절을 통해 더 분명한 의미를 알 수 있다. 바울이 그리스도를 본받는 자가 된 것같이 고린도 교회 성도들이 바울 자신을 본받는 자가 되기를 바라고 있다. 4장 9–13절의 고난 목록에서 열거한 것처럼, 교만한 말과 행동을 버리고 그리스도의 고난에 동참하는 삶을 살라고 권면하고 있다.

17 나의 행사 '행사'에 해당하는 말은 일반적으로 '길'로 번역되는 말(*헬*, 호도스)이다. 원문에서는 복수 형태가 사용되어 직역하면 '나의 길들'이라 할 수 있다. 이 헬라어 단어는 사도행전에서는 우리말로 '도'로 번역되었는데, 복음을 받아들이고 예수를 믿는 것을 의미한다(행 9:2; 18:25; 19:9,23; 22:4; 24:14,22). 이 구절에서 "나의 행사"는 바울이 교회에서 가르친 내용과 삶에서의 실천을 의미한다. 바울은 디모데가 고린도에 가서 사람들에게 자기가 전한 가르침을 상기시켜 줄 것이라 기대하고 있다.

19 주께서 허락하시면 주님이 원하신다면 바울은 속히 고린도를 방문하겠다고 밝힌다. 바울은 자신의 삶의 주도권이 주님께 있음을 인식하고 살았다.

교만한 자들의 말이 아니라 오직 그 능력을 알아보겠으니 "교만한 자들의 말"이라는 표현을 통해 대적자들의 말솜씨가 뛰어났음을 추측할 수 있다. 바울은 고린도 교회 안에서 누가 자신을 대적하는지 구체적인 이름은 제시하지 않고 단지 '어떤 이들'(18절)이라고만 말한다. 이들은 바울 없이도 고린도 교회가 잘 유지될 수 있다고 주장하며 바울을 폄하하는 자들이었다. 그런데 그들의 삶은 방종과 자만에 가득 차 있었다.

20 하나님의 나라는 말에 있지 아니하고 오직 능력에 있음이라 말솜씨를 내세우는 대적자들과 달리 바울은 하나님 나라가 능력으로 드러난다고 강조한다. 성령의 역사를 통해 믿음을 가지게 하고 그 사람 속에서 변화가 일어나게 하는 능력이 바로 하나님 나라의 본질적인 특징임을 잘 보여준다.

쉬운성경

14 여러분을 부끄럽게 하려고 이 글을 쓰고 있는 것이 아닙니다. 오히려 여러분을 내 사랑하는 자녀로 생각하여 훈계하기 위해 쓰고 있습니다.

15 그리스도 안에서 여러분에게 만 명이나 되는 스승이 있을지 몰라도, 아버지는 여러 명이 있을 수 없습니다. 그리스도 예수 안에서 내가 복음 때문에 여러분의 아버지가 되었습니다.

16 그러므로 여러분에게 권합니다. 나를 본받으십시오.

17 내가 디모데를 여러분에게 보낸 것도 이러한 이유 때문입니다. 그는 주님 안에서 신실한 나의 사랑하는 아들입니다. 디모데는 내가 모든 교회에서 가르쳤던 그대로 그리스도 예수 안에서 내가 살아왔던 방식을 여러분에게 상기시켜 줄 것입니다.

18 여러분 중에는 내가 여러분에게 가지 않을 줄로 생각하여 오만방자해진 사람이 있습니다.

19 그러나 주님의 뜻이면 나는 빠른 시일 안에 여러분에게로 가서 그 오만방자한 사람들의 말이 아니라 그들의 능력이 어떠한지를 알아볼 것입니다.

20 그것은 하나님의 나라는 말에 있지 않고 능력에 있기 때문입니다.

21 여러분은 무엇을 더 원하십니까? 내가 여러분에게 갈 때, 채찍을 가지고 가는 것이 좋겠습니까? 아니면 사랑과 온유한 심정을 가지고 가는 것이 좋겠습니까?

저자의 묵상

예수를 믿는 것은 예수를 따르는 것을 의미한다. 그리스도인이라는 말이 '그리스도에게 속한 자들'이라는 말(*헬*, 크리스티아노이)에서 유래된 것처럼, 성도는 그리스도께 속하여 그분의 삶을 배우고 본받아야 한다. 그러나 이것이 말처럼 쉽지 않을 수 있다. 복음서에 보면 예수께서 고난과 죽임을 당하기 위해 예루살렘으로 올라가시는 장면이 있다. 예수님의 제자들도 그 길에 함께했다. 그 길을 따라가며 제자들이 한 행동이 무엇인가? 서로 자기가 다른 사람들보다 낫다고 다툰다. 서로 더 좋은 자리를 차지하겠다고 시기하고 질투한다. 그것이 바로 예수를 따르는 길에서 생긴 일이다. 제자들에게 성령이 임하실 때 비로소 시기와 다툼으로부터 그들이 자유로워졌다. 한마음으로 복음을 위해 동역하는 자들이 되었다. 하나님의 나라는 겉만 번지르르한 말에 있지 않다. 이기적인 마음과 욕심을 따르는 삶을 버리고 그리스도를 따라 하나님 나라와 그의 뜻을 마음에 품고 겸손과 순종의 삶을 사는 데 하나님의 나라가 있다. [크리스티아노이: 그리스도를 따르는 사람들, 그리스도인]

무릎기도 하나님, 제 속에 있는 이기적인 마음과 욕심을 버리고 오직 예수님만 닮게 하시고, 저의 삶을 통해 하나님의 뜻이 이 땅에 아름답게 펼쳐지게 하소서.

ESV - 1 Corinthians 4

14 I do not write these things to make you ashamed, but to admonish you as my beloved children.
15 For though you have countless* guides in Christ, you do not have many fathers. For I became your father in Christ Jesus through the gospel.
16 I urge you, then, be imitators of me.
17 That is why I sent* you Timothy, my beloved and faithful child in the Lord, to remind you of my ways in Christ,* as I teach them everywhere in every church.
18 Some are arrogant, as though I were not coming to you.
19 But I will come to you soon, if the Lord wills, and I will find out not the talk of these arrogant people but their power.
20 For the kingdom of God does not consist in talk but in power.
21 What do you wish? Shall I come to you with a rod, or with love in a spirit of gentleness?

* 4:15 Greek *you have ten thousand*
* 4:17 Or *am sending*
* 4:17 Some manuscripts add *Jesus*

14 admonish 훈계하다 15 countless 수많은 gospel 복음 16 imitator 본받는 자 18 arrogant 교만한 as though 마치 …인 것처럼 20 consist in (특징 등이) …에 있다 21 rod 매 gentleness 온유함

☐ 묵상 체크

13

월 일

음행의 죄

고린도전서 5:1-8 • 새찬송 425장 | 통일 217장

• 말씀묵상 전에 성령님의 인도하심을 구하는 기도를 드리십시오.

본문요약 I 고린도 교회 성도 중에 아버지의 아내(계모)를 취한 이가 있었다. 이런 행위는 유대법과 로마법으로도 금하는 것이었다. 이런 상황에서 교회가 아무런 조치를 취하지 않고 방관하고 있었다. 이 소식을 들은 바울은 단호히 그들을 교회에서 내쫓아 교회의 거룩성을 회복하라고 촉구한다.

1 너희 중에 심지어 음행이 있다 함을 들으
니 그런 음행은 이방인 중에서도 없는 것
이라 누가 그 아버지의 아내를 취하였다
하는도다
2 그리하고도 너희가 오히려 교만하여져서
어찌하여 통한히 여기지 아니하고 그 일
행한 자를 너희 중에서 쫓아내지 아니하
였느냐
3 내가 실로 몸으로는 떠나 있으나 영으로
는 함께 있어서 거기 있는 것 같이 이런
일 행한 자를 이미 판단하였노라
4 주 예수의 이름으로 너희가 내 영과 함께
모여서 우리 주 예수의 능력으로
5 이런 자를 사탄에게 내주었으니 이는 육
신은 멸하고 영은 [1]주 예수의 날에 구원
을 받게 하려 함이라
6 너희가 자랑하는 것이 옳지 아니하도다
적은 누룩이 온 덩어리에 퍼지는 것을 알
지 못하느냐
7 너희는 누룩 없는 자인데 새 덩어리가 되
기 위하여 묵은 누룩을 내버리라 우리의
유월절 양 곧 그리스도께서 희생되셨느니
라
8 이러므로 우리가 명절을 지키되 묵은 누
룩으로도 말고 악하고 악의에 찬 누룩으
로도 말고 누룩이 없이 오직 순전함과 진
실함의 떡으로 하자

1) 어떤 사본에는 주의 날에

1. 오늘 하나님께서 나에게 주신 깨달음은 무엇입니까?

2. 말씀을 어떻게 내 삶에 구체적으로 적용해야 합니까?

절별 해설

1 그런 음행은 이방인 중에서도 없는 것이라 바울은 고린도 교회에서 일어난 일에 대해 듣고 놀란다. 어떤 사람이 아버지의 아내(후처 또는 첩)를 취한 일인데, 이런 일은 이방인 중에서도 없다고 책망한다. 이 말은 이방인들 중에서 이런 일이 일어나지 않는다기보다는 이방인들도 이와 같은 일을 용인하지 않는다는 의미다. 그러나 고린도 교회 성도들은 부도덕한 행위를 묵인하고 있다. 여기서 바울이 언급하는 '아버지의 아내'는 생모가 아니라 계모일 것이다. 그렇다 할지라도 레위기 18:8은 이와 같은 일을 엄격하게 금하고 있다. 성도는 마땅히 주위의 사람들에게 선한 영향력을 끼쳐야 하는데, 고린도 교회에는 이방인들 중에서도 볼 수 없는 끔찍한 죄가 행해지고 있다.

2 너희가 오히려 교만하여져서 … 그 일 행한 자를 너희 중에서 쫓아내지 아니하였느냐 교회에 음행이 있지만 성도들은 그 일을 심각하게 생각하지 않았다. 오히려 그것을 용인함으로 그들에게 자유와 지식이 있음을 자랑했다. 바울은 그런 일을 행한 자는 단지 훈계로 고칠 수 없기에 그를 교회에서 쫓아내라고 단호하게 촉구한다. 기독교는 사랑의 종교지만, 한 개인의 죄가 공동체를 허무는 일이 일어날 때는 출교와 같은 단호한 태도를 취해야 한다.

3-4 너희가 내 영과 함께 모여서 바울은 고린도를 떠나 있지만, 고린도 교회 성도들과 함께 참여하여 결정을 하고 있는 것처럼 묘사한다.

4-5 우리 주 예수의 능력으로 이런 자를 사탄에게 내주었으니 교회에서 범죄한 자에게 권징을 행할 때의 기준은 '주 예수의 이름'과 '주 예수의 능력'이다. 그가 악한 행동을 통해 사탄에게 속한 자임을 드러낼 때는 단호하게 교회를 떠나게 해야 한다. 바울은 이것을 "사탄에게 내주는 것"으로 묘사한다.

5 영은 주 예수의 날에 구원을 받게 하려 함이라 출교하는 것은 영원히 그를 버리는 것이 아니라, 그것을 통해 그가 자신의 죄를 깨닫고 회개하여 주님께로 돌아올 기회를 만드는 것이다. 이와 같은 바울의 태도에는 죄는 미워하지만 죄인은 미워하지 않는 긍휼의 마음이 담겨 있다.

7-8 적은 양의 누룩이 온 덩이에 퍼지는 것처럼, 음행과 같은 악행은 교회의 거룩을 훼손하고 더럽히기에 마땅히 제거해야 한다. 죄는 누룩과 같아서 순식간에 교회 전체에 영향을 미친다.

7 우리의 유월절 양 곧 그리스도께서 희생되셨느니라 그리스도께서 우리의 유월절 양이 되셨음을 말함으로써 교회와 성도들이 예수님으로 인해 죄에서 해방되었음을 상기시킨다. 그렇기에 성도는 악행으로부터 벗어나서 순전하고 진실하게 살아야 한다.

쉬운성경

1 여러분 사이에 음행이 있다는 소문이 들립니다. 어떤 사람이 계모를 데리고 살고 있다고 하는데, 그와 같은 음행은 이방인들 사이에서도 볼 수 없는 일입니다.

2 그런 사실을 알고도 여러분은 자만하고 있습니까? 오히려 여러분은 슬퍼하고, 이런 음행을 행한 사람을 여러분 가운데서 쫓아내야 하지 않겠습니까?

3 내가 비록 몸은 여러분에게서 떨어져 있지만 마음으로는 여러분 곁에 있어, 마치 내가 그곳에 있는 것처럼 이미 그런 짓을 행한 사람을 심판하였습니다.

4 여러분이 우리 주 예수님의 이름으로 함께 모이고, 나의 마음이 우리 주 예수님의 권능으로 여러분과 함께 있으니,

5 그 사람을 사탄에게 내어 주어, 그 사람의 죄의 본성은 멸망당하더라도 영혼은 우리 주님의 날에 구원받게 해야 할 것입니다.

6 여러분이 자랑하는 것은 옳지 않습니다. "적은 양의 누룩이 반죽 덩어리 전체를 부풀게 한다"는 속담을 알지 못하십니까?

7 여러분은 새 반죽이 되기 위해 묵은 누룩을 없애 버리셔야 합니다. 유월절 어린 양이신 그리스도께서 죽으셨으므로, 사실 여러분은 누룩이 들어 있지 않은 새 반죽이 되었습니다.

8 그러므로 악의와 악독으로 가득 찬 묵은 누룩이 아니라 성실함과 진리로 가득한, 누룩이 들어 있지 않은 빵으로 유월절을 지킵시다.

저자의 묵상

성도에게 거룩은 중요하다. 성도의 개인적인 삶에서 유월절 양이신 예수님을 통해 죄에서 해방되고 거룩하게 된 은혜를 붙잡고 살아야 한다. 그뿐만 아니라 교회가 공동체적으로 거룩을 유지할 수 있도록 성도 개개인이 힘써야 한다. 교회에서 버젓이 악을 행하는 자들을 묵인하고 아무 일도 없는 것처럼 교제하고 용납해서는 안 된다. 왜냐하면 교회는 누룩이 없는 새로운 떡 덩이처럼 새로워졌기 때문이다. 교회는 성도들의 삶에 관심을 가지고 그들이 악행과 악의에 차서 생활하지 않도록 서로 격려하고 더불어 기도해야 한다. 그 이유는 한 사람의 악행은 공동체에 좋지 않은 영향을 미치기 때문이다. 누룩이 작지만 온 덩어리에 두루 퍼지는 것처럼 악행의 파급 효과는 실로 크다고 할 수 있다. 그렇기에 우리는 자신이 속한 공동체가 거룩하고 순결할 수 있도록 서로를 돌아보며 선행을 권면해야 한다. 함께 신앙생활을 하는 동역자들이 있는 것이 얼마나 큰 유익인지를 알고, 악이 아니라 선을 도모하며 살아야 한다.

무릎 기도 하나님, 오늘 저 자신과 교회가 악행과 악의로 가득 차지 않게 하시고, 예수 그리스도를 통해 죄에서 해방된 자답게 순전함과 진실함으로 살게 하소서.

ESV - 1 Corinthians 5

1 It is actually reported that there is sexual immorality among you, and of a kind that is not tolerated even among pagans, for a man has his father's wife.
2 And you are arrogant! Ought you not rather to mourn? Let him who has done this be removed from among you.
3 For though absent in body, I am present in spirit; and as if present, I have already pronounced judgment on the one who did such a thing.
4 When you are assembled in the name of the Lord Jesus and my spirit is present, with the power of our Lord Jesus,
5 you are to deliver this man to Satan for the destruction of the flesh, so that his spirit may be saved in the day of the Lord.*
6 Your boasting is not good. Do you not know that a little leaven leavens the whole lump?
7 Cleanse out the old leaven that you may be a new lump, as you really are unleavened. For Christ, our Passover lamb, has been sacrificed.
8 Let us therefore celebrate the festival, not with the old leaven, the leaven of malice and evil, but with the unleavened bread of sincerity and truth.

* 5:5 Some manuscripts add *Jesus*

1 sexual immorality 음행 tolerate 용인하다 pagan 이방인 4 assemble 모이다 6 leaven 누룩 leaven the whole lump 반죽 덩어리를 부풀리다 7 lump 덩어리 sacrifice 제물로 바치다 8 celebrate 기념하다 malice 악의 sincerity 성실

14 교회의 공적 심판

월 일

고린도전서 5:9-13 • 새찬송 525장 | 통일 315장

• 말씀묵상 전에 성령님의 인도하심을 구하는 기도를 드리십시오.

본문요약 I 교회가 음행하는 자들을 용납하고 대수롭지 않게 여기는 일은 온 교회가 파멸로 나아가는 발판이 될 수 있다. 그렇기에 바울은 악행을 행하는 자들을 교회 밖으로 내쫓으라고 요구한다. 이렇게 함으로써 교회와 성도는 거룩한 정체성을 유지할 수 있다.

9 내가 너희에게 쓴 편지에 음행하는 자들
을 사귀지 말라 하였거니와
10 이 말은 이 세상의 음행하는 자들이나 탐
하는 자들이나 속여 빼앗는 자들이나 우
상 숭배하는 자들을 도무지 사귀지 말라
하는 것이 아니니 만일 그리하려면 너희
가 세상 밖으로 나가야 할 것이라
11 이제 내가 너희에게 쓴 것은 만일 어떤
형제라 일컫는 자가 음행하거나 탐욕을
부리거나 우상 숭배를 하거나 모욕하거나
술 취하거나 속여 빼앗거든 사귀지도 말
고 그런 자와는 함께 먹지도 말라 함이라
12 밖에 있는 사람들을 판단하는 것이야 내
게 무슨 상관이 있으리요마는 교회 안에
있는 사람들이야 너희가 판단하지 아니하
랴
13 밖에 있는 사람들은 하나님이 심판하시려
니와 이 악한 사람은 너희 중에서 내쫓으
라

1. 오늘 하나님께서 나에게 주신 깨달음은 무엇입니까?

2. 말씀을 어떻게 내 삶에 구체적으로 적용해야 합니까?

절별 해설

9 내가 너희에게 쓴 편지에 바울이 고린도전서를 쓰기 전에 고린도 교회 성도들에게 쓴 다른 편지가 있었다는 것을 알 수 있다. 그 편지에서 바울은 "음행하는 자들을 사귀지 말라"고 분명한 지침을 전달했다. 그러나 안타깝게도 바울의 첫 번째 편지는 그가 기대했던 결과를 가져다주지 못했다.

10 만일 그리하려면 너희가 세상 밖으로 나가야 할 것이라 바울 당시 고린도는 음행, 탐심, 사기와 우상 숭배하는 자들이 많았다. 고린도에 살면서 이런 자들과 만나지 않고 사는 것은 불가능했다. 바울은 자신이 하는 말을 성도들이 오해하지 않기를 바라고 있다. 혹여 성도들이 믿지 않는 자들로부터 완전히 격리되어 은둔 생활을 하라는 것으로 받아들일까 염려하여 부연 설명을 하고 있다. 바울은 성도들이 "세상 밖으로 나가" 아예 믿지 않는 자들과 접촉하지 말라고 권면하는 것은 아니다.

11 이제 내가 너희에게 쓴 것은 바울은 다시 성도들에게 편지를 쓰고 있다. 우리가 고린도전서라고 부르는 편지다. **사귀지도 말고 그런 자와는 함께 먹지도 말라** 형제라 부르는 성도 중에 어떤 자가 음행, 탐욕, 우상 숭배, 모욕, 술 취함, 사기, 탈취와 같은 행동을 일삼을 때는 그와 교제하지 말아야 한다. "함께 먹지도 말라"는 것은 개인적으로 교제의 식사를 금하라는 것보다는 초대 교회에 있었던 공동 식사에 참석하지 못하도록 하라는 의미로 이해할 수 있다. 이와 같은 공적인 심판은 교회의 순수성과 거룩성을 지키는 데 필요한 조치라 할 수 있다.

12-13 바울의 관심은 철저히 교회 안에 있는 성도들에게 있었다. 바울은 이것을 분명히 하기 위해 "교회 안에 있는 사람들"과 "밖에 있는 사람들"이라는 표현을 사용한다. 바울의 판단 대상이 되는 사람들은 밖(믿지 않는 자들)이 아니라 안(교회 안에 속한 성도)에 있는 사람들이다. 교회 밖에 있는 사람들에 대한 판단은 하나님의 심판으로 돌린다. 그러나 교회 안에 있는 성도들의 경우에는 하나님의 기준(명령)을 따라 거룩함을 유지하기 위해 노력해야 한다. 이것은 구약성경에서도 이스라엘의 순수성을 보존하기 위해 자주 강조하는 내용이다. 신명기에서는 거짓 예언자들(13:1-5), 우상 숭배자들(17:2-7), 위증자들(19:16-21)과 패역한 아들(21:18-21)을 죽임으로써 공동체에서 악을 제거하라고 가르친다. 하나님께서는 이스라엘 백성이 거룩하길 원하셨던 것처럼, 교회도 그리스도의 신부로서 순결하길 원하신다.

쉬운성경

9 나는 이미 편지에 음행하는 사람과 사귀지 말라고 썼습니다.

10 내 말은 음행하거나, 탐욕스럽거나, 속이거나, 우상 숭배하는 이 세상 사람들과 전혀 어울리지 말라는 의미가 아닙니다. 그러려면 이 세상 밖으로 나가야 합니다.

11 내가 지금 어울리지 말라고 쓴 것은, 어떤 사람이 그리스도인이라고 말은 하면서 음행하거나, 탐욕이 있거나, 우상을 숭배하거나, 남을 모함하거나, 술에 젖어 살거나, 약탈하거나 한다면, 그런 사람들과 어울리지 말라는 말입니다. 그런 사람들과는 음식도 같이 먹지 말라는 것입니다.

12 교회 밖에 있는 사람들을 심판하는 것이 내가 상관해야 할 일입니까? 여러분들이 심판해야 할 사람들은 교회 안에서 죄를 짓는 사람들이 아닙니까?

13 하나님께서는 교회 밖에 있는 사람들을 심판하실 것입니다. "여러분 중에서 악한 자를 쫓아내십시오."

저자의 묵상

오늘날은 나 아닌 다른 사람에게는 관심을 많이 기울이지 않는 시대다. 이런 시대적인 풍조 때문에 누군가의 일에 개입하는 것은 조심스럽다. 각기 자기 일에나 관심을 기울이지 다른 사람의 일에 참견하면 주제넘은 행동이라고 생각한다. 개인주의적인 성향이 강한 미국 사람이 자주 쓰는 영어 표현 중에 "It's none of your business."라는 말이 있다. 이 말은 "너와는 상관없는 일이니 끼어들지 말라"는 의미다. 한국 사회도 점점 그런 쪽으로 나아가는 것 같다. 이런 시대적인 풍조가 교회에도 영향을 미치는 것 같아 안타깝다. 성도들의 악행에 대해 침묵하는 시대가 되었다. 잘못을 지적하여 돌이키도록 하기 위한 권징은 점점 더 사라지고 있다. "당신이나 잘하세요!"라는 말이 공공연하게 사용된다. 공동체적으로 읽고 적용해야 할 성경적인 가르침과 교훈이 점점 빛을 잃고 있다. 이런 시대를 사는 우리는 악행을 근절하고 순수성과 거룩함을 유지하는 일에 관심을 가지고 실천에 옮기라는 바울의 권면을 되새길 필요가 있다.

무릎 기도 하나님, 교회와 성도들이 거룩한 삶을 살게 하소서. 특히 제가 섬기는 교회가 그리스도의 신부로서 거룩하고 순결하게 되어 하나님의 선하신 뜻을 행하게 하소서.

ESV - 1 Corinthians 5

9 I wrote to you in my letter not to associate with sexually immoral people—
10 not at all meaning the sexually immoral of this world, or the greedy and swindlers, or idolaters, since then you would need to go out of the world.
11 But now I am writing to you not to associate with anyone who bears the name of brother if he is guilty of sexual immorality or greed, or is an idolater, reviler, drunkard, or swindler—not even to eat with such a one.
12 For what have I to do with judging outsiders? Is it not those inside the church* whom you are to judge?
13 God judges* those outside. "Purge the evil person from among you."

* 5:12 Greek *those inside*
* 5:13 Or *will judge*

9 associate with …와 어울리다 sexually immoral 음행하는 10 greedy 탐욕스러운 swindler 사기꾼 idolater 우상 숭배자
11 reviler 비방하는 사람 12 have to do with …와 관계가 있다 13 purge 내쫓다

☐ 묵상 체크

15 세상이 너희를 판단하지 못하게 하라

월 일

고린도전서 6:1-11 • 새찬송 421장 | 통일 210장

• 말씀묵상 전에 성령님의 인도하심을 구하는 기도를 드리십시오.

본문요약 I 고린도 교회 성도들 중에 세상 법정에 송사하여 옳고 그름을 가리는 일이 있었다. 바울은 그 모습을 보며 세상을 판단하는 위치에 있는 교회와 성도가 세상의 판단을 받는 것을 안타깝게 여긴다. 성도들 간의 문제는 교회에서 처리해야 하고 세상 법정으로 가지고 가지 말아야 한다.

1 너희 중에 누가 다른 이와 더불어 다툼이
있는데 구태여 불의한 자들 앞에서 고발
하고 성도 앞에서 하지 아니하느냐
2 성도가 세상을 판단할 것을 너희가 알지
못하느냐 세상도 너희에게 판단을 받겠거
든 지극히 작은 일 판단하기를 감당하지
못하겠느냐
3 우리가 천사를 판단할 것을 너희가 알지
못하느냐 그러하거든 하물며 세상 일이랴
4 그런즉 너희가 세상 사건이 있을 때에 교
회에서 경히 여김을 받는 자들을 세우느
냐
5 내가 너희를 부끄럽게 하려 하여 이 말을
하노니 너희 가운데 그 형제간의 일을 판
단할 만한 지혜 있는 자가 이같이 하나도
없느냐
6 형제가 형제와 더불어 고발할 뿐더러 믿
지 아니하는 자들 앞에서 하느냐
7 너희가 피차 고발함으로 너희 가운데 이
미 뚜렷한 허물이 있나니 차라리 불의를
당하는 것이 낫지 아니하며 차라리 속는
것이 낫지 아니하냐
8 너희는 불의를 행하고 속이는구나 그는
너희 형제로다
9 불의한 자가 하나님의 나라를 유업으로
받지 못할 줄을 알지 못하느냐 미혹을 받
지 말라 음행하는 자나 우상 숭배하는 자
나 간음하는 자나 탐색하는 자나 남색하
는 자나
10 도적이나 탐욕을 부리는 자나 술 취하는
자나 모욕하는 자나 속여 빼앗는 자들은
하나님의 나라를 유업으로 받지 못하리
라
11 너희 중에 이와 같은 자들이 있더니 주
예수 그리스도의 이름과 우리 하나님의
성령 안에서 씻음과 거룩함과 의롭다 하
심을 받았느니라

1. 오늘 하나님께서 나에게 주신 깨달음은 무엇입니까?

2. 말씀을 어떻게 내 삶에 구체적으로 적용해야 합니까?

절별 해설

1 구태여 불의한 자들 앞에서 고발하고 성도 앞에서 하지 아니하느냐 바울은 고린도 교회의 성도들 사이에 있었던 송사에 대해 언급한다. 성도들 간에 분쟁이 있을 때에 교회 안에서 그 문제를 해결하는 것이 바람직하다. 그러나 고린도 교회 성도들은 그들의 문제를 세상 법정으로 가지고 갔다. 여기서 "불의한 자들"은 행위가 의롭지 못한 자들을 가리키는 것이 아니라 믿지 않는 자들, 즉 세상의 재판관들을 가리킨다.

2 성도가 세상을 판단할 것을 너희가 알지 못하느냐 바울은 성도들이 세상과 천사를 판단하고 하나님 나라를 유업으로 받게 될 것이라고 말한다. 그러나 성도들은 이것과는 반대로 세상의 판단을 받으려 한다. 이것은 성도들이 무지로 인해 성도의 고귀한 지위가 무엇인지를 알지 못하는 데서 오는 바람직하지 못한 행동이다.

3 우리가 천사를 판단할 것을 너희가 알지 못하느냐 바울은 성도에게 세상을 판단하는 권세가 주어졌음을 말한 후에, 판단의 대상으로 천상의 존재인 천사들도 포함시킨다. 여기서 말하는 천사가 타락한 천사인지 아니면 일반적인 천사를 가리키는지는 분명하지 않다. 그러나 명백한 것은 사람이 천사보다 더 뛰어난 피조물이라는 생각이 깔려 있다는 것이다. 히브리서 1장 14절에는 "모든 천사들은 섬기는 영으로서 구원받을 상속자들을 섬기라고 보내심이 아니냐"라고 적고 있다. 따라서 바울은 성도 간의 일로 세상 법정을 찾는 것은 옳지 않다고 말한다.

4 교회에서 경히 여김을 받는 자들 이 말은 교회 공동체 안에서 존재감이 크지 않고 업신여김을 당하는 자들을 의미하는 것이 아니라, 믿지 않는 자들 즉 비그리스도인인 세상의 재판관들을 가리킨다.

5-7 바울은 고린도 교회 안에 형제들 간의 일을 해결할 사람이 없음을 안타까워한다. 형제가 형제를 고발하여 믿지 않는 자 앞에 서는 것은 하나님께서 성도들에게 세상을 판단하는 권세를 맡기신 것과 너무도 어울리지 않는 모습이다. 바울은 이렇게 행동하는 것보다는 차라리 불의를 당하고 속는 것이 낫다고 말한다.

8 너희는 불의를 행하고 속이는구나 그는 너희 형제로다 소송의 당사자는 불의와 속임을 당하지 않기 위해 세상 법정으로 달려간다. 그러나 그렇게 하는 것 자체가 불의를 행하고 속이는 일이다. 왜냐하면 그렇게 함으로써 형제인 성도를 다치고 상하게 하기 때문이다.

쉬운성경

1 여러분 중에 어떤 사람이 다른 사람과 다툼이 있을 때, 성도들에게 해결해 달라고 하지 않고 왜 그것을 세상 법정에 고소하려고 합니까?

2 여러분은 성도들이 세상을 심판한다는 사실을 알지 못하십니까? 여러분들은 세상을 심판해야 할 사람들인데, 사소한 문제도 여러분이 직접 심판할 능력이 없단 말입니까?

3 우리가 천사들을 심판한다는 사실을 알지 못하십니까? 하물며 이 세상의 사소한 일들이야 어떻겠습니까?

4 그런데 이런 일상적인 문제로 다툼이 일어날 때, 여러분은 왜 교회에서 멸시하는 세상 사람들을 재판관으로 앉히는 것입니까?

5 나는 여러분을 부끄럽게 하려고 이 말을 하는 것입니다. 아니, 여러분 중에는 신자들간의 문제를 해결해 줄 만큼 지혜로운 사람이 한 사람도 없단 말입니까?

6 여러분은 지금 신자가 다른 신자를 고소하는 것도 부족해서, 하나님을 믿지 않는 사람 앞에서 재판을 받게 해야겠단 말입니까?

7 이렇게 여러분 사이에서 서로 고소하는 일이 발생하였다는 사실은 이미 여러분이 패배했음을 의미합니다. 이렇게 되느니 차라리 악한 일을 당하는 편이 낫지 않겠습니까? 아니면 속임을 당하는 쪽이 낫지 않겠습니까?

8 여러분 스스로가 불의를 행하고 속이고 있습니다. 그것도 성도들끼리 말입니다.

9 여러분은 불의한 자들이 하나님 나라를 기업으로 상속받지 못한다는 사실을 알지 못하십니까? 속지 마십시오. 음행하는 사람이나, 우상 숭배하는 사람이나, 간음하는 사람이나, 남자로서 몸을 파는 사람이나, 동성연애를 하는 사람이나,

절별 해설

9–10 불의한 자가 하나님의 나라를 유업으로 받지 못할 줄을 알지 못하느냐 1절에서와 달리 이 구절에서 '불의한 자'는 도덕적으로 의롭지 못한 삶을 사는 자들을 가리킨다. 그들은 하나님의 나라를 유업으로 받지 못할 것이라고 말함으로 예수님의 산상수훈의 말씀을 상기시킨다. 바울은 불의한 자의 행동으로 음행, 우상 숭배, 간음, 탐색, 남색, 도둑질, 탐욕, 술 취함, 모욕과 사기 등을 열거한다. 이러한 자들은 하나님 나라를 유업으로 받을 수 없다.

11 성도들 중에도 이전에는 앞에서 언급한 불의를 행하는 삶을 살았던 자들이 있다. 그러나 그들이 예수를 믿음으로 놀라운 변화가 일어났다. 세례를 통해 씻음을 받아 깨끗하게 되었고, 죄를 향한 마음을 끊고 그리스도를 닮는 삶 즉 거룩함을 얻게 되었다. 또한 인간의 노력으로는 결코 얻을 수 없는 '의롭다 하심'도 얻게 되었다. 우리의 노력으로는 실패와 좌절을 맛볼 수밖에 없음을 잘 아시는 하나님께서 예수 그리스도를 통해 우리를 의롭다고 여기신다. 진정한 재판장이신 하나님의 선언이기에 어느 누구도 그것을 바꿀 수 없다.

10 도적질하는 사람이나, 탐욕이 가득한 사람이나, 술에 젖어 사는 사람이나, 모함하는 사람이나 약탈하는 자들은 하나님의 나라를 기업으로 상속받지 못할 것입니다.

11 여러분 중에 여기에 속한 사람들이 있었습니다. 그러나 여러분은 우리 주 예수 그리스도의 이름과 우리 하나님의 성령으로 씻음을 받고 거룩해졌으며 의롭다 함을 받았습니다.

저자의 묵상

얼마 전에 판사로 일하는 사람과 대화한 적이 있다. 그는 자신이 맡은 사건 중의 상당수가 교회의 분쟁과 관련된 것이라고 말했다. 그렇다. 오늘날은 교회나 성도 간의 문제를 너무도 쉽게 세상 법정으로 가지고 간다. 물론 교회법을 따라 행해지는 재판들이 있다. 그러나 많은 성도들이나 교회들이 교단의 재판에 의지하기보다는 세상 법정의 판결을 따르는 경우가 많다. 물론 공정성의 문제 때문에 그런 일들이 발생한다는 것은 이해할 수 있다. 그러나 오늘 본문에서 바울이 말하는 성도의 지위에 대해서는 잊지 말아야 한다. 성도는 세상을 판단하는 자로 부름받았는데, 그 특권을 행사할 자로 살기보다는 오히려 세상의 판단을 받으며 살고 있다. 세상에 좋은 영향을 끼치고 세상이 더 정의로워지는 데 도움을 주어야 할 교회가 오히려 세상의 지탄거리가 되고 말았다. 이것은 세상의 원리와 기준이 교회에 들어옴으로 생겨난 현상이다. 그리스도인은 자신이 하나님 나라를 유업으로 받을 자임을 기억하며 거룩과 의로움으로 세상을 변혁하는 일에 열심을 내야 한다.

무릎 기도 하나님, 세상과 천사를 심판할 권세와 하나님 나라를 유업으로 받을 특권을 허락하시니 감사합니다. 오늘도 불의를 멀리하고 의와 거룩의 삶을 살도록 도우소서.

ESV - 1 Corinthians 6

1 When one of you has a grievance against
another, does he dare go to law before the
unrighteous instead of the saints?
2 Or do you not know that the saints will judge
the world? And if the world is to be judged
by you, are you incompetent to try trivial
cases?
3 Do you not know that we are to judge angels?
How much more, then, matters pertaining
to this life!
4 So if you have such cases, why do you lay
them before those who have no standing in
the church?
5 I say this to your shame. Can it be that there
is no one among you wise enough to settle
a dispute between the brothers,
6 but brother goes to law against brother, and
that before unbelievers?
7 To have lawsuits at all with one another is
already a defeat for you. Why not rather
suffer wrong? Why not rather be defrauded?
8 But you yourselves wrong and defraud—
even your own brothers!*
9 Or do you not know that the unrighteous*
will not inherit the kingdom of God? Do not
be deceived: neither the sexually immoral,
nor idolaters, nor adulterers, nor men who
practice homosexuality,*
10 nor thieves, nor the greedy, nor drunkards,
nor revilers, nor swindlers will inherit the
kingdom of God.
11 And such were some of you. But you were
washed, you were sanctified, you were
justified in the name of the Lord Jesus
Christ and by the Spirit of our God.

* 6:8 Or *brothers and sisters*
* 6:9 Or *wrongdoers*
* 6:9 The two Greek terms translated by this phrase refer to the passive and active partners in consensual homosexual acts

1 grievance 분쟁 2 incompetent 무능한 trivial 하찮은 3 pertain to …와 관련되다 5 settle 해결하다 6 go to law against …을 고소하다 7 lawsuit 고소 suffer wrong 불의를 당하다 defraud 속여 빼앗다 9 deceive 속이다 adulterer 간통자 homosexuality 동성애 10 drunkard 주정뱅이 reviler 비방하는 사람 swindler 사기꾼 11 sanctify 성별하다

• MEMO •

☐ 묵상 체크

16 너희 몸으로 하나님께 영광을 돌리라

월 일

고린도전서 6:12-20 • 새찬송 211장 | 통일 346장

• 말씀묵상 전에 성령님의 인도하심을 구하는 기도를 드리십시오.

본문요약 I 바울은 음행하는 자들이 있는 고린도 교회를 향해 그리스도와의 연합을 강조한다. 성도의 몸은 장차 부활할 것이기에 몸으로 무엇을 하는가는 매우 중요하다. 몸은 음행의 도구가 될 수도 있고, 하나님께 영광을 돌리는 데 사용될 수도 있다. 선택은 그 사람의 몫이다.

12 모든 것이 내게 가하나 다 유익한 것이
아니요 모든 것이 내게 가하나 내가 무엇
에든지 얽매이지 아니하리라
13 음식은 배를 위하여 있고 배는 음식을 위
하여 있으나 하나님은 이것저것을 다 폐
하시리라 몸은 음란을 위하여 있지 않고
오직 주를 위하여 있으며 주는 몸을 위하
여 계시느니라
14 하나님이 주를 다시 살리셨고 또한 그의
권능으로 우리를 다시 살리시리라
15 너희 몸이 그리스도의 지체인 줄을 알지
못하느냐 내가 그리스도의 지체를 가지고
창녀의 지체를 만들겠느냐 결코 그럴 수
없느니라
16 창녀와 합하는 자는 그와 한 몸인 줄을
알지 못하느냐 일렀으되 ㄱ둘이 한 육체가
된다 하셨나니
17 주와 합하는 자는 한 영이니라
18 음행을 피하라 사람이 범하는 죄마다 몸
밖에 있거니와 음행하는 자는 자기 몸에
죄를 범하느니라
19 너희 몸은 너희가 하나님께로부터 받은
바 너희 가운데 계신 성령의 전인 줄을
알지 못하느냐 너희는 너희 자신의 것이
아니라
20 값으로 산 것이 되었으니 그런즉 너희 몸
으로 하나님께 영광을 돌리라

ㄱ. 창 2:24

1. 오늘 하나님께서 나에게 주신 깨달음은 무엇입니까?

2. 말씀을 어떻게 내 삶에 구체적으로 적용해야 합니까?

절별 해설

12 모든 것이 내게 가하나 다 유익한 것이 아니요 고린도 교회 성도들 중에는 그리스도인의 자유를 오해하는 자들이 있었다. 그들은 구원받은 성도에게는 무엇이든지 할 수 있는 자유가 허락되었다고 생각했다. 그들이 내걸었던 표어가 바로 '모든 것이 가하다'는 것이었다. 그리스도인의 자유에 대해 누구보다 잘 알고 있는 바울은 그들의 구호를 두 번이나 언급하면서 그들의 생각이 잘못되었음을 지적한다. 모든 것이 가능하지만 다 유익한 것은 아니다. 무슨 일이든지 할 자유가 있다고 하지만, 아무것에도 제재를 받지 않는 삶을 살아야 한다.

13 몸은 음란을 위하여 있지 않고 오직 주를 위하여 있으며 주는 몸을 위하여 계시느니라 어떤 성도들은 영과 육을 엄격하게 구분하여 생각했다. 그리스도인은 영의 구원을 받은 자이기에 몸을 위해 무엇을 먹고 무엇을 하는지는 중요하지 않다고 생각했다. 바울은 이들을 향해 인간 전체를 의미하는 몸은 그리스도의 죽음과 부활을 통해 새로워졌으므로, 음란의 도구가 아니라 주님의 영광을 위한 의의 도구가 되어야 한다고 말한다.

14 우리를 다시 살리시리라 하나님께서 예수님을 다시 살리신 것처럼 또한 성도들도 다시 살리실 것이다. 성도의 구원은 몸의 부활을 포함한다. 마지막 날에 성도의 몸은 영광스럽게 변할 것이다.

15–16 너희 몸이 그리스도의 지체인 줄을 알지 못하느냐 성도의 몸은 그리스도의 몸의 일부다. 이 몸을 가지고 창녀와 음행하는 것은 곧 창녀의 지체가 되는 것이다. 창녀와 음행을 하는 사람은 그녀와 한 몸을 이루는 것이며, 그리스도와의 연합을 깨뜨리는 결과를 가져온다.

17 주와 합하는 자는 한 영이니라 성도와 그리스도와의 관계는 성령 안에서의 온전한 연합이다. 성도의 몸과 영은 따로 분리되지 않는 전체로서 하나님 보시기에 선한 일을 위해 사용되어야 한다.

19 성령의 전 바울은 3장 16절에서도 이 말을 했다. 그러나 3장에서는 공동체로서의 교회가 성령이 거하시는 전이라고 했다면, 이 구절은 성도 개개인의 몸이 성령의 전이라고 말한다. 또한 하나님께서 창조하시고 구원하셔서 자기 영을 성도의 몸에 두셨으므로 그 몸의 주인은 바로 하나님이시다.

20 값으로 산 것이 되었으니 그런즉 너희 몸으로 하나님께 영광을 돌리라 하나님께서는 죄의 종으로 살고 있던 인간들을 자기 아들의 피를 통해 죄에서 건지셨다. "값으로 산 것"이라는 표현은 '속량하다'라는 의미이다. 이와 같이 성도는 죗값을 대신 지불하신 하나님의 소유가 되었으니 마땅히 자신의 몸으로 하나님께 영광을 돌려야 한다.

쉬운성경

12 "내게는 무엇이든지 할 수 있는 자유가 있다." 이것은 여러분이 내세우는 표어입니다. 맞습니다. 하지만 모든 것이 다 유익한 것은 아닙니다. "내게는 무엇이든지 할 수 있는 자유가 있다" 고는 하지만, 나는 어떤 것에 의해서도 제재를 받지 않을 것입니다.

13 "음식은 배를 채우기 위해 있고, 배는 음식을 먹기 위해 있다." 이것도 여러분이 내세우는 표어입니다. 그러나 하나님께서는 언젠가 이 모든 것을 필요 없게 만드실 것입니다. 우리 몸은 음행을 위해 있는 것이 아니라 주님을 위해 있으며, 주님은 우리 몸을 위해 계십니다.

14 하나님께서 주님을 살리셨으니, 그 분의 능력으로 장차 우리도 살리실 것입니다.

15 여러분의 몸이 그리스도의 지체인 것을 알지 못하십니까? 그렇다면 내가 그리스도의 지체를 떼어 내 창녀와 한 몸으로 만들 수 있겠습니까? 그럴 수 없습니다.

16 창녀와 결합하는 사람은 창녀와 한 몸이 된다는 것을 알지 못하십니까? 성경에 "두 사람이 한 몸이 될 것이다" 라고 기록되어 있습니다.

17 하지만 주님과 연합하는 사람은 주님과 영적으로 하나가 됩니다.

18 음행을 멀리하십시오. 사람이 짓는 모든 죄들은 몸 밖에서 일어나는 것이지만, 음행하는 사람은 자신의 몸에 죄를 짓는 것입니다.

19 여러분의 몸은 하나님께 받은 것이며, 여러분 안에 거하시는 성령의 성전이라는 사실을 알지 못하십니까? 여러분은 여러분 자신의 것이 아닙니다.

20 여러분은 하나님께서 값을 치르고 산 몸입니다. 그러므로 여러분의 몸으로 하나님께 영광을 돌리십시오.

저자의 묵상

구원받은 성도에게 몸과 영혼이 명확히 구분될 수 있을까? 영은 예수 그리스도의 십자가를 통해 살아났고, 몸은 장차 죽어 썩어 없어지게 될 것이므로 무엇을 하든지 상관없다고 생각하는가? 성경은 우리의 몸도 부활하게 될 것이라고 말한다. 마지막 날에 그리스도의 몸처럼 영광스럽게 변할 것이다. 그렇기에 우리 몸은 그 영광의 몸과 직결된다. 어떤 사람들이 생각했던 것처럼 몸은 영을 가두어 놓는 감옥과 같아서 무가치하거나 걸림돌이 되는 것이 아니다. 또한 마음대로 사용해도 되는 것이 아니다. 바울이 말하는 것처럼 구원받은 성도는 성령의 인도함 가운데 그의 몸을 하나님의 영광을 위해 사용해야 한다. 바울은 다른 편지[서신서]에서 이렇게 말한다. "또한 너희 지체를 불의의 무기로 죄에게 내주지 말고 오직 너희 자신을 죽은 자 가운데서 다시 살아난 자같이 하나님께 드리며 너희 지체를 의의 무기로 하나님께 드리라"(롬 6:13). 우리의 모든 일이 주님의 기쁨이 되고 자랑이 되는 삶을 살기를 소망한다.

무릎 기도 하나님, 오늘 제가 하는 크고 작은 일들이 주님이 기뻐하시는 일이길 원합니다. 저의 손과 발이 주님의 영광과 뜻을 드러내는 귀한 도구가 되게 하소서.

ESV - 1 Corinthians 6

12 "All things are lawful for me," but not all things are helpful. "All things are lawful for me," but I will not be dominated by anything.
13 "Food is meant for the stomach and the stomach for food"—and God will destroy both one and the other. The body is not meant for sexual immorality, but for the Lord, and the Lord for the body.
14 And God raised the Lord and will also raise us up by his power.
15 Do you not know that your bodies are members of Christ? Shall I then take the members of Christ and make them members of a prostitute? Never!
16 Or do you not know that he who is joined* to a prostitute becomes one body with her? For, as it is written, "The two will become one flesh."
17 But he who is joined to the Lord becomes one spirit with him.
18 Flee from sexual immorality. Every other sin* a person commits is outside the body, but the sexually immoral person sins against his own body.
19 Or do you not know that your body is a temple of the Holy Spirit within you, whom you have from God? You are not your own,
20 for you were bought with a price. So glorify God in your body.

* 6:16 Or *who holds fast* (compare Genesis 2:24 and Deuteronomy 10:20); also verse 17
* 6:18 Or *Every sin*

12 lawful 적법한 be dominated by …가 지배하다 13 meant for …을 위해 존재하는 stomach 배 sexual immorality 음행
15 prostitute 매춘부 18 flee 피하다 commit a sin 죄를 범하다 19 temple 성전

17 함께하는 결혼 생활

월 일

고린도전서 7:1-11 • 새찬송 604장 | 통일 288장

• 말씀묵상 전에 성령님의 인도하심을 구하는 기도를 드리십시오.

본문요약 | 몸과 관련된 고린도 교회 성도들의 극단적인 생각은 둘로 나뉜다. 하나는 무엇이든 해도 좋다는 방종이고, 다른 하나는 금욕이다. 오늘 본문은 후자에 대해 말한다. 바울은 결혼한 부부가 금욕주의적 삶을 살기보다는 서로를 아끼고 사랑하며 분방하지 말라고[각방을 쓰지 말라고] 권고한다.

1 너희가 쓴 문제에 대하여 말하면 남자가 여자를 가까이 아니함이 좋으나
2 음행을 피하기 위하여 남자마다 자기 아내를 두고 여자마다 자기 남편을 두라
3 남편은 그 아내에 대한 의무를 [1]다하고 아내도 그 남편에게 그렇게 할지라
4 아내는 자기 몸을 주장하지 못하고 오직 그 남편이 하며 남편도 그와 같이 자기 몸을 주장하지 못하고 오직 그 아내가 하나니
5 서로 분방하지 말라 다만 기도할 틈을 얻기 위하여 합의상 얼마 동안은 하되 다시 합하라 이는 너희가 절제 못함으로 말미암아 사탄이 너희를 시험하지 못하게 하려 함이라
6 그러나 내가 이 말을 함은 허락이요 명령은 아니니라
7 나는 모든 사람이 나와 같기를 원하노라 그러나 각각 하나님께 받은 자기의 은사가 있으니 이 사람은 이러하고 저 사람은 저러하니라
8 내가 결혼하지 아니한 자들과 과부들에게 이르노니 나와 같이 그냥 지내는 것이 좋으니라
9 만일 절제할 수 없거든 결혼하라 정욕이 불 같이 타는 것보다 결혼하는 것이 나으니라
10 결혼한 자들에게 내가 명하노니 (명하는 자는 내가 아니요 주시라) 여자는 남편에게서 갈라서지 말고

1) 헬, 갚고

11 (만일 갈라섰으면 그대로 지내든지 다시 그 남편과 화합하든지 하라) 남편도 아내를 버리지 말라

1. 오늘 하나님께서 나에게 주신 깨달음은 무엇입니까?

2. 말씀을 어떻게 내 삶에 구체적으로 적용해야 합니까?

절별 해설

1-2 너희가 쓴 문제에 대하여 말하면 이와 유사한 '~에 대[관]하여는'이라는 표현이 고린도전서에서 여러 구절에 등장한다(7:25; 8:1; 12:1; 16:1,12). 바울이 고린도전서를 통해 고린도 교회 성도들의 질문에 답하고 있다는 것을 알 수 있다. **남자가 여자를 가까이 아니함이 좋으나** 고린도 교회 성도들 중에는 금욕주의적인 삶을 살아야 한다고 생각하는 자들이 있었다. 바울은 그들의 주장을 그대로 인용하면서 자신의 뜻을 피력하고 있다. 여기서 '가까이하다'는 말은 성생활을 완곡히 표현한 것이다. 바울은 기본적으로 결혼을 하지 않는 것이 좋다고 생각하지만, 육신의 정욕을 억제하지 못할 때는 결혼할 것을 권고한다.

5 서로 분방하지 말라 당시 고린도 교회 성도들 중에 부부가 별거를 하는 경우가 있었던 것 같다. 바울은 이렇게 하는 것은 유익이 되지 않는다고 말한다. 예외적으로 서로 합의하여 길지 않은 기간 동안 기도하기 위해 분방하는[각방을 쓰는] 것은 가능하지만, 그 기간을 길게 잡지 말라고 권면한다. 바울이 결혼 생활에 대해 말하면서 기도에 대해 언급하는 것에 주목할 필요가 있다. 오늘날이나 그때나 남편과 아내로 살면서 해야 할 일들이 얼마나 많은가? 그러나 분주한 중에도 기도하는 시간을 따로 떼는 것은 성도의 삶에 매우 중요하다는 것을 보여준다. [분방하다: 부부의 방을 따로따로 정하다]

7 나는 모든 사람이 나와 같기를 원하노라 바울은 다른 사람들이 자기처럼 혼자 지내는 것이 좋다고 말한다. 그러나 모든 사람이 결혼을 하지 않고 독신으로 살 수 있는 것은 아니다. 바울은 독신의 은사가 있어서 스스로 절제할 수 있는 사람이라야 가능하다고 설명한다.

8 "결혼하지 아니한 자들"은 원문에서 남성복수 형태로 되어 있기에 '결혼하지 않은 남자들'을 가리키는 것으로 보아야 한다. 32절에서는 단수 형태로 "장가가지 않은 자"로 표현하고 있다.

10-11 (명하는 자는 내가 아니요 주시라) 바울은 어떤 경우에는 자신의 생각에 근거해서 권면하지만, 이혼에 대한 부분에서는 주님의 명령에 근거하여 말한다. 아내는 남편에게서 갈라서지 말고, 만일 갈라섰거든 그대로 지내든지 다시 남편과 합하고, 남편의 경우에도 아내를 버려서는 안 된다고 명한다. 이혼을 하는 데 남편이 절대적인 권한을 지녔던 당시 사회 분위기를 고려하면 남편과 아내 모두를 향한 바울의 권면은 분명 다른 면이 있다.

쉬운성경

1 이제 여러분이 내게 보낸 편지에 "사람이 결혼하지 않는 편이 더 낫다"고 한 내용에 대해 말씀드리겠습니다.

2 음행이 성행하고 있으므로, 남자마다 자기 아내를 두고 여자도 자기 남편을 두십시오.

3 남편은 아내에게 혼인의 의무를 다하고, 아내도 남편에게 그렇게 하십시오.

4 아내가 자기 몸에 대한 권한을 행사하는 것이 아니라 남편이 하며, 남편도 자기 몸에 대해 권한을 행사하는 것이 아니라 아내가 합니다.

5 남편과 아내는 서로 합의하여 기도에 전념하기 위해 얼마 동안 떨어져 있는 경우를 제외하고는 서로 떨어져 있지 마십시오. 잠시 떨어져 있는 경우라도 사탄이 여러분의 약함을 틈타 시험할지 모르니 그 후에는 다시 합치십시오.

6 이것은 내가 충고로 드리는 말씀이지 명령은 아닙니다.

7 나는 모든 사람이 나처럼 지내기를 바랍니다. 하지만, 각 사람마다 하나님께 받은 은사가 달라서 어떤 사람은 이러하고, 또 다른 사람은 저러합니다.

8 결혼하지 않은 사람들과 과부들에게 말합니다. 여러분들도 나처럼 결혼하지 않고 지내는 것이 여러분에게 좋습니다.

9 그러나 자신을 절제할 수 없거든 결혼하십시오. 욕정에 불타는 것보다 결혼하는 편이 낫습니다.

10 이제 이미 결혼한 사람들에게 명령합니다. 이것은 나의 명령이 아니라 주님의 명령입니다. 아내는 남편과 헤어지지 마십시오.

11 남편과 헤어지는 일이 있게 된다면 결혼하지 말고 그대로 혼자 지내든지, 아니면 전남편과 다시 합쳐야 합니다. 남편 역시 아내를 버려서는 안 됩니다.

저자의 묵상

고린도전서 7장에서 바울은 결혼과 관련해서 말할 때 자기처럼 독신으로 지낼 것을 권면한다. 또한 이미 결혼한 부부들을 향해 이혼하라고 말하지는 않지만, 혼자 된 자들은 그냥 지내라고 권면한다. 이러한 권면은 오늘날 우리에게 많은 오해를 불러일으킨다. 예를 들어 아들이나 딸이 이 본문을 묵상하고 결혼을 하지 않는 것이 성경적이라고 할 때, 부모는 무엇이라고 말하면 좋을까? 우선 고린도전서 7장의 상황을 잘 알아야 한다. 7장 26절에서 바울은 박해와 환난이 임박했다고 생각하고 있다. 예견되는 급박한 상황에서 결혼하여 배우자에게 신경을 쓰면서 시간을 허비하는 것이 맞지 않다고 보았다. 바울의 다른 편지나 다른 성경구절을 보면 결혼은 하나님께서 허락하신 신성한 제도요, 그 안에서 남자와 여자가 하나 되어 자녀를 낳고 이 땅 가운데 하나님의 뜻을 행해야 한다고 말한다. 성도에게 결혼은 자기 눈에 드는 배우자를 찾는 것이 아니라 함께 하나님을 섬길 신앙의 동역자를 찾는 것이기도 하다. 그렇기에 성도는 결혼을 놓고 기도해야 한다.

무릎 기도 하나님, 주께서 허락하신 가정이 복의 통로가 되기를 원합니다. 오늘도 온 가족이 서로 사랑하며 힘써 일함으로 하나님께는 영광이 되고 많은 사람에게 유익이 되게 하소서.

ESV - 1 Corinthians 7

1 Now concerning the matters about which you wrote: "It is good for a man not to have sexual relations with a woman."

2 But because of the temptation to sexual immorality, each man should have his own wife and each woman her own husband.

3 The husband should give to his wife her conjugal rights, and likewise the wife to her husband.

4 For the wife does not have authority over her own body, but the husband does. Likewise the husband does not have authority over his own body, but the wife does.

5 Do not deprive one another, except perhaps by agreement for a limited time, that you may devote yourselves to prayer; but then come together again, so that Satan may not tempt you because of your lack of self-control.

6 Now as a concession, not a command, I say this.*

7 I wish that all were as I myself am. But each has his own gift from God, one of one kind and one of another.

8 To the unmarried and the widows I say that it is good for them to remain single, as I am.

9 But if they cannot exercise self-control, they should marry. For it is better to marry than to burn with passion.

10 To the married I give this charge (not I, but the Lord): the wife should not separate from her husband

11 (but if she does, she should remain unmarried or else be reconciled to her husband), and the husband should not divorce his wife.

* 7:6 Or *I say this*:

1 have sexual relations with …와 성관계를 갖다 2 temptation 유혹 3 conjugal 부부의 4 have authority 권한을 가지고 있다 5 deprive 허용하지 않다 by agreement 합의하여 devote oneself to …에 전념하다 self-control 자제력 6 concession 용인 8 the unmarried 결혼하지 않은 사람들 widow 과부 9 exercise 행하다 passion 정욕 10 charge 명령 separate 이혼하다 11 reconcile to …와 화해하다 divorce 이혼하다

□ 묵상 체크

18 주께서 각 사람에게 나눠 주신 대로

월 일

고린도전서 7:12-24 • 새찬송 315장 | 통일 512장

• 말씀묵상 전에 성령님의 인도하심을 구하는 기도를 드리십시오.

본문요약 | 초대 교회에서는 결혼하여 부부로 살다가 남편이나 아내가 예수를 믿게 되고 다른 배우자는 믿지 않는 가정들이 생겨났다. 이런 상황에 처한 가정들을 향해 바울은 갈라서지 말고 그대로 지내라고 말한다. 주인과 종, 유대인과 이방인의 경우도 마찬가지다. 각각 하나님께 부르심을 받은 그대로 살아가라고 권면한다.

12 그 나머지 사람들에게 내가 말하노니 (이
는 주의 명령이 아니라) 만일 어떤 형제
에게 믿지 아니하는 아내가 있어 남편과
함께 살기를 좋아하거든 그를 버리지 말
며
13 어떤 여자에게 믿지 아니하는 남편이 있
어 아내와 함께 살기를 좋아하거든 그 남
편을 버리지 말라
14 믿지 아니하는 남편이 아내로 말미암아
거룩하게 되고 믿지 아니하는 아내가 [1]남
편으로 말미암아 거룩하게 되나니 그렇지
아니하면 너희 자녀도 깨끗하지 못하니라
그러나 이제 거룩하니라
15 혹 믿지 아니하는 자가 갈리거든 갈리게
하라 형제나 자매나 이런 일에 구애될 것
이 없느니라 그러나 하나님은 화평 중에
서 [2]너희를 부르셨느니라
16 아내 된 자여 네가 남편을 구원할는지 어
찌 알 수 있으며 남편 된 자여 네가 네 아
내를 구원할는지 어찌 알 수 있으리요
17 오직 주께서 각 사람에게 나눠 주신 대로
하나님이 각 사람을 부르신 그대로 행하
라 내가 모든 교회에서 이와 같이 명하노
라
18 할례자로서 부르심을 받은 자가 있느냐
무할례자가 되지 말며 무할례자로 부르심
을 받은 자가 있느냐 할례를 받지 말라
19 할례 받는 것도 아무 것도 아니요 할례
받지 아니하는 것도 아무 것도 아니로되
오직 하나님의 계명을 지킬 따름이니라
20 각 사람은 부르심을 받은 그 부르심 그대
로 지내라
21 네가 종으로 있을 때에 부르심을 받았느
냐 염려하지 말라 [3]그러나 네가 자유롭게
될 수 있거든 그것을 이용하라
22 주 안에서 부르심을 받은 자는 종이라도
주께 속한 자유인이요 또 그와 같이 자유
인으로 있을 때에 부르심을 받은 자는 그
리스도의 종이니라
23 너희는 값으로 사신 것이니 사람들의 종
이 되지 말라
24 형제들아 너희는 각각 부르심을 받은 그
대로 하나님과 함께 거하라

1) 헬, 형제로 2) 어떤 사본에, 우리를
3) 또는 자유할 수 있어도 그대로 지내라

1. 오늘 하나님께서 나에게 주신 깨달음은 무엇입니까?

2. 말씀을 어떻게 내 삶에 구체적으로 적용해야 합니까?

절별 해설

12-13 (이는 주의 명령이 아니라) 신앙을 가진 사람에게 남편이든 아내든 믿지 않는 배우자가 있는 상황에서, 바울은 그들이 함께 살기를 원한다면 헤어지지 말라고 권고한다. 예수님께서 이런 상황에서 사역을 하시지 않았기에 직접적인 주님의 가르침을 찾을 수는 없다. 그래서 바울은 주님의 명령이 아니라 자신이 말하는 것이라고 밝힌다.

14 믿지 아니하는 남편이 아내로 말미암아 거룩하게 되고 본절은 믿지 않는 배우자와 이혼하지 말아야 하는 이유를 말해 준다. 이는 예수를 믿는 아내를 통해 남편이 거룩해질 수 있기 때문이다. 이 구절에서 '거룩하게 된다'라는 말은 단순히 결혼생활을 함께함으로 거룩해진다는 것이 아니라, 믿지 않는 남편이 아내를 통해 복음을 들을 기회를 가짐으로 예수님을 믿게 된다는 의미다.

그렇지 아니하면 너희 자녀도 깨끗하지 못하니라 그러나 이제 거룩하니라 믿는 부모를 통해 자녀가 말씀을 듣고 예수를 믿어 하나님의 자녀가 되는 기회를 얻을 수 있다.

15 혹 믿지 아니하는 자가 갈리거든 갈리게 하라 형제나 자매나 이런 일에 구애될 것이 없느니라 만일 믿지 않는 배우자가 이혼을 원하면 결혼 생활을 유지하기 위해 연연하지 말고 갈라서라고 조언한다.

그러나 하나님은 화평 중에서 너희를 부르셨느니라 믿지 않는 배우자와 헤어지지 않는 것이 좋다고 생각하여 상대방의 요구를 받아들이지 않음으로써 다툼이 있어서는 안 된다고 바울은 지적한다.

17-19 할례 받는 것도 아무 것도 아니요 할례 받지 아니하는 것도 아무 것도 아니로되 유대인 남자아이는 태어난 지 8일 만에 할례를 받았다. 할례는 그 아이가 하나님의 언약 백성임을 보여주는 표식이었다. 어떤 유대인들의 경우에는 예수를 믿고 나서 그 할례 자국을 없애려는 시도를 했다. 그런 유대인 기독교인들을 향해 바울은 그렇게 하지 말라고 권고한다. 또한 예수를 믿고 난 후에도 여전히 유대교의 전통을 고수하는 유대인들이 있었다. 그들 중 어떤 자들은 이방인이 기독교인이 되기 위해서는 먼저 할례를 받아야 한다고 주장했다. 이들은 할례를 포함한 율법으로부터 자유로운 복음을 선포한 바울을 못마땅하게 여겼다. 바울은 이방인 기독교인과 유대인 기독교인들을 향해 할례의 유무보다 더 중요한 것은 하나님의 계명을 지키는 것이라고 가르친다.

20-21 각 사람은 부르심을 받은 그 부르심 그대로 지내라 성도는 하나님과의 관계에서 변화를 경험한 자들이다. 그렇다고

쉬운성경

12 그 외의 사람들에게 말합니다. 이것은 주님의 말씀이 아니라 내 생각입니다. 어떤 남자 신자에게 믿지 않는 아내가 있는데 그 아내가 남편과 함께 살고 싶어 하면 그 아내를 버려서는 안 됩니다.

13 어떤 여자 신자에게 믿지 않는 남편이 있는데 그 남편이 아내와 함께 살고 싶어 하면 그 남편을 버려서는 안 됩니다.

14 그것은 믿지 않는 남편이 아내를 통해 거룩해지고, 믿지 않는 아내가 남편을 통해 거룩해지기 때문입니다. 그렇지 못하다면 여러분의 자녀도 깨끗하지 못할 것입니다. 하지만 여러분이 보시다시피 여러분의 자녀는 거룩합니다.

15 그렇지만 만일 믿지 않는 남편이 헤어지려 하면 그렇게 하도록 하십시오. 믿는 남자나 여자나 그런 상황에서는 상대방에게 얽매일 필요가 없습니다. 하나님께서는 우리를 평화롭게 살게 하려고 부르셨습니다.

16 아내 된 사람이여, 그대가 남편을 구원할지 어떻게 알겠습니까? 남편 된 사람이여, 그대가 아내를 구원할지 어떻게 알겠습니까?

17 각 사람은 주님께서 각 사람에게 나눠 주신 대로, 그리고 하나님께서 부르신 위치를 그대로 유지하며 살아가십시오. 이것은 내가 모든 교회에 세워 준 원칙입니다.

18 부르심을 받았을 때, 이미 할례를 받은 사람이 있다면 할례받은 표시를 없애려 하지 마십시오. 그러나 부르심을 받았을 때 할례를 받지 않은 사람이 있다면, 할례를 받으려 하지 마십시오.

19 할례를 받았느냐 받지 않았느냐 하는 것은 아무것도 아닙니다. 하나님의 계명들을 지키는 것이 중요합니다.

20 각 사람은 하나님께서 그를 부르셨을 때의 상태 그대로 살아가십시오.

절별 해설

그것이 이 땅에서의 신분에 영향을 미치게 하지 말아야 한다. 종으로 사는 자들은 종의 신분을 벗어나기 위해 애쓰지 말아야 하지만, 그럴 수 있는 기회가 있으면 활용하라고 한다. 성도에게 가장 중요한 것은 외적인 신분의 변화가 아니라 그리스도께 속한 삶을 사는 것이다.

23 너희는 값으로 사신 것이니 사람들의 종이 되지 말라 성도는 그리스도를 통해 죽음과 죄의 속박으로부터 해방된 자들이다. 그리스도께서는 자신의 죽음이라는 엄청난 대가를 지불하고 성도를 얻으셨다. 그렇기에 성도는 더 이상 사람의 종이 되어서는 안 된다. 그리스도 안에서 얻게 된 엄청난 자유를 누려야 하고, 자신이 오직 그리스도께만 속했음을 인식하며 살아야 한다.

21 노예였을 때, 부름을 받았습니까? 그것 때문에 마음 상해 하지 마십시오. 그러나 혹시 자유를 얻을 기회가 생기면 그 기회를 활용하십시오.

22 주님 안에서 부르심을 받았을 때에 노예인 사람은 주님께 속한 자유인입니다. 이와 마찬가지로 부르심을 받았을 때에 자유인인 사람은 그리스도의 노예입니다.

23 여러분은 값을 치르고 산 사람들입니다. 더 이상 사람들의 노예가 되지 마십시오.

24 성도 여러분, 여러분 각 사람은 부르심을 받은 위치에 그대로 머물러 계시면서 하나님께 책임을 다하시기 바랍니다.

저자의 묵상

예수님을 믿으면 엄청난 변화를 경험하게 된다. 무엇이 가장 큰 변화일까? 눈에 보이지 않고 이전에는 인식하지 못했던 하나님을 알게 된다. 이것은 분명 내면에서 일어나는 큰 변화다. 그러면 이것이 외적인 신분과 관계에도 영향을 미쳐야 할까? 예를 들어 보자. 믿지 않는 가족과의 관계를 끊어야 할까? 당연히 안 될 말이다. 그리스도 안에서 자유를 누리는 자가 되었다고 해서 학교나 직장에서 자기 마음대로 해도 되는가? 그렇지 않다. 자신에게 일어난 내면의 변화와 자유를 마음껏 누림으로 오히려 무질서해지고 관계가 혼란스러워진다면 그것을 피해야 한다. 성도는 자신이 처한 상황 속에서 성도다운 모습으로 살아야 한다. 자신이 속한 삶의 자리는 하나님의 계명을 따라 최선을 다해 살아야 하는 공간임을 알아야 한다. 가족, 친구, 동료와의 관계도 더 잘 유지해야 하고, 사회의 건전한 시민으로서 누구에게나 본이 되는 삶을 살아야 한다. 이것이 하나님께서 우리에게 요구하시는 참된 모습이다.

무릎 기도 하나님, 제가 예수를 믿는 자로 살도록 불러 주시니 감사합니다. 오늘 하루도 제가 만나는 사람들에게 하나님의 사랑과 은혜를 드러내며 살 수 있게 인도하소서.

ESV - 1 Corinthians 7

12 To the rest I say (I, not the Lord) that if any brother has a wife who is an unbeliever, and she consents to live with him, he should not divorce her.
13 If any woman has a husband who is an unbeliever, and he consents to live with her, she should not divorce him.
14 For the unbelieving husband is made holy because of his wife, and the unbelieving wife is made holy because of her husband. Otherwise your children would be unclean, but as it is, they are holy.
15 But if the unbelieving partner separates, let it be so. In such cases the brother or sister is not enslaved. God has called you* to peace.
16 For how do you know, wife, whether you will save your husband? Or how do you know, husband, whether you will save your wife?
17 Only let each person lead the life* that the Lord has assigned to him, and to which God has called him. This is my rule in all the churches.
18 Was anyone at the time of his call already circumcised? Let him not seek to remove the marks of circumcision. Was anyone at the time of his call uncircumcised? Let him not seek circumcision.
19 For neither circumcision counts for anything nor uncircumcision, but keeping the commandments of God.
20 Each one should remain in the condition in which he was called.
21 Were you a bondservant* when called? Do not be concerned about it. (But if you can gain your freedom, avail yourself of the opportunity.)
22 For he who was called in the Lord as a bondservant is a freedman of the Lord. Likewise he who was free when called is a bondservant of Christ.
23 You were bought with a price; do not become bondservants of men.
24 So, brothers,* in whatever condition each was called, there let him remain with God.

* 7:15 Some manuscripts *us*
* 7:17 Or *each person walk in the way*
* 7:21 For the contextual rendering of the Greek word *doulos*, see Preface; also verses 22 (twice), 23
* 7:24 Or *brothers and sisters*; also verse 29

12 consent 동의하나 14 as it is 현 상황에서는 15 enslave 구속시키다 17 assign to …에게 배정하다 18 circumcise 할례를 베풀다 remove 제거하다 19 (not) count for anything 아무 쓸모가 없다 21 bondservant 종 be concerned about …을 염려하다 avail oneself of …을 이용하다 22 freedman 자유인

• MEMO •

19 처녀의 결혼에 관한 권면

월 일

고린도전서 7:25-31 • 새찬송 314장 | 통일 511장

• 말씀묵상 전에 성령님의 인도하심을 구하는 기도를 드리십시오.

본문요약 | 임박한 환난이 있을 것이라 생각했던 바울 사도는 성도들에게 그날을 잘 준비하기 위해 흐트러짐 없이 주님을 섬길 수 있는 방법이 무엇일까 고민하라고 당부한다. 결혼하지 않은 자들의 경우에 결혼하는 것이 죄는 아니지만, 주님을 위해 자신의 삶을 드리는 것이 더 낫다고 가르친다.

25 처녀에 대하여는 내가 주께 받은 계명이 없으되 주의 자비하심을 받아서 충성스러운 자가 된 내가 의견을 말하노니
26 내 생각에는 이것이 좋으니 곧 임박한 환난으로 말미암아 사람이 그냥 지내는 것이 좋으니라
27 네가 아내에게 매였느냐 놓이기를 구하지 말며 아내에게서 놓였느냐 아내를 구하지 말라
28 그러나 장가 가도 죄 짓는 것이 아니요 처녀가 시집 가도 죄 짓는 것이 아니로되 이런 이들은 육신에 고난이 있으리니 나는 너희를 아끼노라
29 형제들아 내가 이 말을 하노니 그때가 단축하여진 고로 이후부터 아내 있는 자들은 없는 자 같이 하며
30 우는 자들은 울지 않는 자 같이 하며 기쁜 자들은 기쁘지 않은 자 같이 하며 매매하는 자들은 없는 자 같이 하며
31 세상 물건을 쓰는 자들은 다 쓰지 못하는 자 같이 하라 이 세상의 외형은 지나감이니라

1. 오늘 하나님께서 나에게 주신 깨달음은 무엇입니까?

2. 말씀을 어떻게 내 삶에 구체적으로 적용해야 합니까?

절별 해설

25 처녀에 대하여는 바울은 구체적으로 결혼하지 않은 처녀에 관해서 언급한다. 그러나 이어지는 26절을 보면 단지 결혼하지 않은 여자를 향한 권면만이 아니라 남자까지 포함한 권면이라는 것을 알 수 있다.

26 곧 임박한 환난으로 말미암아 사람이 그냥 지내는 것이 좋으니라 '임박한 환난'이 정확히 무엇인지를 알기는 어렵지만, 고린도 교회 성도들에게 국한되는 재난이나 기근을 의미하는 것일 수도 있다. 혹은 이어지는 29절에서 "그때가 단축하여진 고로"라는 표현을 통해 예수님의 재림을 염두에 두고 있다고 생각할 수도 있다. 어쨌든 바울 사도는 이러한 '급박한 상황'을 전제로 하여 결혼 문제를 다룬다. 바울은 이와 같은 시기에는 앞에서도 말한 것처럼 처녀나 과부도 그냥 지내는 것이 좋다고 일관되게 말한다. 본절에서 '사람'이라는 말은 헬라어에서는 남성 명사다. 그러나 이 단어는 남자와 여자를 다 포함하는 독신자의 의미로 보는 것이 적절해 보인다.

27 바울은 결혼과 관련해서 성도의 현재 상태를 유지하는 것이 좋다고 말한다. 만일 아내가 있다면 그녀에게서 놓이려고 하지 말고, 아내와 헤어졌다면 다시 아내를 구하지 말라고 권면한다.

28 이런 이들은 육신에 고난이 있으리니 나는 너희를 아끼노라 바울은 성도들이 결혼하는 것이 죄는 아니라고 분명히 밝히면서, 결혼한 자들이 겪게 될 어려움을 예견하며 말한다. 이들이 당할 '육신의 고난'이 무엇일까? 이것은 단지 결혼 생활 자체의 어려움을 의미하지는 않는 것 같다. 오히려 남편과 아내가 서로에게 그리고 가정에만 몰두함으로써 환난을 잘 대비하지 못함으로 인해 생기게 될 고난을 의미한다.

29-31 그때가 단축하여진 고로 바울은 예수 그리스도의 재림이 가까웠다고 말한다. 그렇다고 고린도 교회 성도들이 살아 있는 동안 주님의 재림이 있을 것이라고 확신 있게 말하지는 않는다. 임박한 환난을 예상한 바울은 다섯 가지 경우를 들어 이 땅에서의 삶이 지나가는 것임을 설명한다. 아내 있는 자들, 우는 자들, 기쁜 자들, 매매하는 자들 그리고 세상 물건을 쓰는 자들은 '영원'이라는 측면에서 상황에 대한 재해석이 필요하다. 이 땅의 것들이 마치 영원할 것처럼 착각하고 움켜쥐어서는 안 된다.

31 이 세상의 외형은 지나감이니라 이 세상은 영원하지 않다. 언젠가는 다 사라지게 될 것이다. 세상의 가변적인 것이 영원할 것처럼 집착하지 말아야 한다. 영원하지 않은 것들을 영원한 하나님 나라를 위해 사용하는 것이 지혜롭다. 그럴 때 그것

쉬운성경

25 이제 여러분이 편지에 언급한 결혼하지 않은 처녀들에 관해 말하고자 합니다. 이 부분에 대해서는 특별히 주님으로부터 받은 명령이 없습니다. 하지만 나는 주님의 자비하심을 힘입어 믿을 만한 사람이 되어 의견을 제시하고자 합니다.

26 현재 겪고 있는 위기를 생각하면 결혼하지 않은 사람은 현재대로 지내는 것이 더 좋다고 생각합니다.

27 아내가 있는 사람이 있습니까? 아내와 헤어지려 하지 마십시오. 아내와 헤어졌습니까? 아내를 구하려고 하지 마십시오.

28 그러나 여러분이 결혼한다고 해도 죄를 짓는 것은 아닙니다. 처녀가 결혼한다고 해도 죄를 짓는 것은 아닙니다. 다만, 결혼한 뒤에는 이 세상에서 겪는 환난을 맞이하게 될 것입니다. 나는 여러분을 아껴서 이런 말을 하였습니다.

29 성도 여러분, 내가 하고자 하는 말은 이렇습니다. 시간이 얼마 남지 않았습니다. 지금부터는 아내가 있는 사람들은 아내가 없는 사람처럼 사십시오.

30 우는 사람은 울지 않는 사람처럼, 기쁨에 넘친 사람은 기쁘지 않은 사람처럼, 물건을 사는 사람은 자기가 산 것을 가지고 있지 않은 사람처럼 사십시오.

31 세상 물건을 쓰는 사람은 그것들에 마음이 빼앗기지 않은 사람처럼 사십시오. 그것은 이 세상의 현재 모습이 지나가고 있기 때문입니다.

은 허비하는 것이 아니라 영원을 준비하는 삶이 된다. 성도의 삶에 필요한 여러 가지 것들을 영원이라는 측면에서 우선순위를 매기는 것이 후회 없는 삶을 사는 비결이다.

저자의 묵상

그리스도인에게 삶의 우선권의 문제는 매우 중요하다. 삶에서 만나는 어떤 사람보다 주님이 더 소중한 분임을 고백하며 살아야 한다. 결혼을 통해 평생을 함께할 배우자를 만나는 것은 큰 복이다. 실제로 그렇다. 그러나 배우자를 포함한 어느 누구라도 주님보다 더 소중하게 생각된다면 그것은 주님이 기뻐하시는 모습이 아닐 것이다. 주님보다 남편이나 아내, 주님보다 부모나 자녀를 생각하는 마음이 더 크다면 그것은 성도로서 합당한 모습이 아니다. 성도는 주님이 자신에게 가장 중요한 분임을 고백하며 살아야 한다. 그럴 때 우리의 삶을 온전히 주님을 위해 드릴 수 있고, 흐트러짐 없이 주님을 섬길 수 있다. 여러분의 현재의 삶은 어떤가? 주님이 여러분의 꿈이나 현재의 일보다 더 소중하면 좋겠다. 여러분이 좋아하는 어떤 사람보다 주님을 더 사랑하면 좋겠다. 주님께서는 우리가 주님을 사랑하는 것보다 더 큰 사랑을 친히 십자가에서 보여주셨다. 그렇기에 우리는 그 은혜를 날마다 기억하며 감사하는 삶을 살아야 한다.

무릎 기도 하나님, 저에게 큰 사랑과 은혜를 베풀어 주셔서 구원 백성과 하나님의 자녀가 되게 하시니 감사합니다. 오늘도 다른 어떤 것보다 주님을 더 사랑하고 소중히 여기며 살게 하소서.

ESV - 1 Corinthians 7

25 Now concerning* the betrothed,* I have no command from the Lord, but I give my judgment as one who by the Lord's mercy is trustworthy.

26 I think that in view of the present* distress it is good for a person to remain as he is.

27 Are you bound to a wife? Do not seek to be free. Are you free from a wife? Do not seek a wife.

28 But if you do marry, you have not sinned, and if a betrothed woman* marries, she has not sinned. Yet those who marry will have worldly troubles, and I would spare you that.

29 This is what I mean, brothers: the appointed time has grown very short. From now on, let those who have wives live as though they had none,

30 and those who mourn as though they were not mourning, and those who rejoice as though they were not rejoicing, and those who buy as though they had no goods,

31 and those who deal with the world as though they had no dealings with it. For the present form of this world is passing away.

* 7:25 The expression *Now concerning* introduces a reply to a question in the Corinthians' letter; see 7:1

* 7:25 Greek *virgins*

* 7:26 Or *impending*

* 7:28 Greek *virgin*; also verse 34

25 betrothed 약혼한 mercy 자비 trustworthy 믿을 수 있는 26 distress 고난 28 worldly 세상의 spare 아끼다 29 from now on 이제부터 30 mourn 슬퍼하다 rejoice 기뻐하다 goods 상품 31 dealing 거래 pass away 없어지다

20 누구를 기쁘시게 할 것인가?

월 일

고린도전서 7:32-40 • 새찬송 95장 | 통일 82장

• 말씀묵상 전에 성령님의 인도하심을 구하는 기도를 드리십시오.

본문요약 I 바울은 결혼한 사람과 결혼하지 않은 사람의 신앙적 태도를 비교하면서, 성도들에게 결혼하기보다는 그냥 혼자 지내라고 말한다. 바울은 배우자를 기쁘게 하기 위해 온통 마음을 뺏기는 것보다 나뉘지 않은 마음으로 흐트러짐 없이 주님을 기쁘시게 하는 삶을 사는 것이 더 바람직한 모습이라고 말한다.

32 너희가 염려 없기를 원하노라 장가 가지
않은 자는 주의 일을 염려하여 어찌하여
야 주를 기쁘시게 할까 하되
33 장가 간 자는 세상 일을 염려하여 어찌하
여야 아내를 기쁘게 할까 하여
34 마음이 갈라지며 시집 가지 않은 자와 처
녀는 주의 일을 염려하여 몸과 영을 다
거룩하게 하려 하되 시집 간 자는 세상
일을 염려하여 어찌하여야 남편을 기쁘게
할까 하느니라
35 내가 이것을 말함은 너희의 유익을 위함
이요 너희에게 올무를 놓으려 함이 아니
니 오직 너희로 하여금 이치에 합당하게
하여 흐트러짐이 없이 주를 섬기게 하려
함이라
36 그러므로 만일 누가 자기의 [1]약혼녀에 대
한 행동이 합당하지 못한 줄로 생각할 때
에 그 [1]약혼녀의 혼기도 지나고 그같이
할 필요가 있거든 원하는 대로 하라 그것
은 죄 짓는 것이 아니니 그들로 결혼하게
하라
37 그러나 그가 마음을 정하고 또 부득이한
일도 없고 자기 뜻대로 할 권리가 있어서
그 [1]약혼녀를 그대로 두기로 하여도 잘하
는 것이니라
38 그러므로 결혼하는 자도 잘하거니와 결혼
하지 아니하는 자는 더 잘하는 것이니라
39 아내는 그 남편이 살아 있는 동안에 매여
있다가 남편이 [2]죽으면 자유로워 자기 뜻
대로 시집 갈 것이나 주 안에서만 할 것
이니라
40 그러나 내 뜻에는 그냥 지내는 것이 더욱
복이 있으리로다 나도 또한 하나님의 영
을 받은 줄로 생각하노라

1) 헬, 처녀 또는 처녀 딸 2) 헬, 잠들면

1. 오늘 하나님께서 나에게 주신 깨달음은 무엇입니까?

2. 말씀을 어떻게 내 삶에 구체적으로 적용해야 합니까?

절별 해설

32-34 너희가 염려 없기를 원하노라 바울은 고린도 교회 성도들의 두려운 마음을 잘 알고 있다. 바울은 성도들의 삶에서 어떤 형태이든 '염려'가 완전히 사라지기를 바라는 마음으로 편지를 쓰고 있는 것 같지는 않다. 오히려 성도의 삶에 부합한 염려를 선택하길 바라고 있다. 그럼 무엇이 버려야 할 염려이고, 무엇이 가져야 할 염려일까? 장가가지 않은 자는 주의 일을 염려하여 어떻게 하면 주님을 기쁘시게 할까 생각한다. 그러나 장가간 자들은 세상일을 염려하여 어떻게 하면 아내를 기쁘게 할까 고민한다. 그들의 마음이 나뉘는 것이다. 구약 시대의 이스라엘 백성도 하나님과 다른 이방신을 겸하여 섬김으로 타락하게 되었다. 주님께 온전히 마음을 드리는 것이 필요하다. 여자들의 경우도 마찬가지다. 시집가지 않은 자와 처녀는 주의 일을 염려하지만, 시집간 자는 남편을 기쁘게 하는 일에 몰두하게 된다. 그러면 자연히 주의 일은 등한히 하게 된다.

35 이치에 합당하게 하여 흐트러짐이 없이 주를 섬기게 하려 함이라 바울은 고린도 교회 성도들을 강압적인 방법으로 좌지우지할 마음은 없다. 바울은 성도들을 꼼짝 못하도록 얽어매기보다는 좋은 질서를 증진시키고 성도들이 나뉘지 않은 마음으로 주님을 섬길 수 있도록 든든히 세우는 일에 관심이 있다.

36-38 여기서는 약혼을 한 사람들의 경우를 다룬다. 어떤 이들이 보기에 약혼녀가 혼기가 차서 그냥 두는 것이 잘못하는 것이라고 하거나, 약혼한 남자가 정욕을 이길 수 없을 경우에는 그가 원한다면 결혼하라고 권면한다. 왜냐하면 결혼은 죄를 짓는 것이 아니기 때문이다. 그러나 결혼하지 않고 그냥 지내면서 주님을 위해 자기 삶을 온전히 드릴 수 있다면, 그것은 더 나은 선택이라고 가르친다.

39-40 남편이 살아 있는 동안에는 아내가 남편에게 매인다. 바울은 결혼한 자들에게 억지로 이혼하지 말라고 말했다(7:10-11). 그러나 남편이 죽어 홀로 남게 되면 아내에게 자유가 주어진다. 그녀는 재혼할 수도 있고 재혼하지 않을 선택권도 갖게 된다. 만약 재혼하는 쪽으로 선택을 하는 경우에는 "주 안에서만 할 것이니라"고 권면한다. 즉 믿는 자와 재혼하라는 말이다. 그러나 바울은 이 주제를 끝내며 결혼하지 않고 그냥 지내는 것이 더욱 복되다고 말한다.

쉬운성경

32 나는 여러분이 마음 쓰는 것 없이 살기를 바랍니다. 결혼하지 않은 남자는 어떻게 하면 주님을 기쁘시게 할까 하고 주님의 일에 마음을 씁니다.

33 그러나 결혼한 남자는 어떻게 하면 아내를 기쁘게 해 줄까 하며 세상일에 마음을 쓰게 됩니다.

34 결혼한 남자의 마음은 이렇게 나뉘어집니다. 결혼하지 않은 여자나 처녀는 자기의 몸이나 영혼을 주님께 거룩하게 드리기 위해 주님의 일에 마음을 쓰지만, 결혼한 여자는 어떻게 하면 남편을 기쁘게 할 수 있을까 생각하며 세상일에 마음을 씁니다.

35 여러분 자신의 유익을 위해서 내가 이런 말을 하는 것이지 여러분을 속박하려고 그러는 것이 아닙니다. 나는 여러분이 나뉘지 않은 마음으로 자신을 주님께 드려 바르게 생활하기를 바랄 뿐입니다.

36 어떤 남자에게 약혼한 여자가 있는데 자기가 그 여자에게 적절하지 못하게 행동하고 있다는 생각이 들고, 더욱이 약혼녀가 혼기를 지날 만큼 나이가 들게 되어 여자와 결혼해야 할 것 같다고 판단된다면, 원하는 대로 행하십시오. 죄짓는 것이 아닙니다. 두 사람은 결혼하는 것이 좋습니다.

37 그러나 자기 마음에 결혼하지 않기로 굳게 결심을 하고 또 반드시 결혼을 해야 되는 것도 아니고, 자신이 욕정을 억제할 능력이 있어서 약혼한 처녀와 결혼하지 않기로 결심을 했다면, 그것도 잘하는 것입니다.

38 그러므로 자기가 약혼한 처녀와 결혼을 하는 것도 잘하는 것이지만, 결혼하지 않는 것은 더 잘하는 것입니다.

39 여자는 남편이 살아 있는 동안에는 남편에게 매인 몸입니다. 그러나 남편이 죽으면, 자기가 원하는 사람과 자유롭게 결혼할 수 있습니다. 단, 남편 될 사람은 반드시 주님을 믿는 사람이어야 합니다.

40 이것은 내 판단입니다만, 그런 여자는 재혼하지 않고 혼자 지내는 것이 더 행복할 것 같습니다. 나에게도 하나님의 성령이 있다고 생각합니다.

저자의 묵상

우리는 하루에도 수많은 선택을 하며 산다. 아침에 집을 나서기 전 어떤 옷을 입을지, 점심에 무엇을 먹을지, 퇴근 후에는 누구를 만날지…. 가만히 생각하면 우리 삶은 선택의 연속이다. 어떤 경우에는 삶에 큰 영향을 미치는 선택도 해야 한다. 전공, 직장 그리고 배우자 선택과 같은 것이 여기에 속한다. 이러한 선택은 오랜 기간 삶에 영향을 미친다. 본문에서 바울은 배우자와의 관계를 다룬다. 바울은 결혼의 문제가 옳고 그름의 문제가 아니라 나은 것과 더 나은 것 사이의 선택이라고 밝힌다. 결혼을 하여 가정을 꾸리는 것은 잘하는 것이라고 말한다. 그러나 결혼하지 않는 것은 더 잘하는 것이라고 권장한다. 아내가 남편과 사별 후에 다른 사람과 재혼하는 것은 잘한 일이다. 그러나 재혼하지 않고 혼자 지내는 것은 더 잘한 일이라고 칭찬한다. 바울이 독신을 권장하는 이유가 있다. 바울 당시 임박한 환난 때문이다. 이런 상황에서 배우자에게 관심을 기울이기보다 주의 일에 더욱 힘쓰라는 뜻이다. 오늘날의 우리 삶은 상당히 다르다. 주의 일을 소중히 여기며 가정을 잘 가꾸는 지혜가 필요하다.

무릎 기도 하나님, 저의 삶에 주님이 가장 귀한 분이심을 고백합니다. 가정, 학업, 직장과 모든 만남에 주님이 함께하셔서 주님을 기쁘시게 하는 삶을 살게 하소서.

ESV - 1 Corinthians 7

32 I want you to be free from anxieties. The unmarried man is anxious about the things of the Lord, how to please the Lord.
33 But the married man is anxious about worldly things, how to please his wife,
34 and his interests are divided. And the unmarried or betrothed woman is anxious about the things of the Lord, how to be holy in body and spirit. But the married woman is anxious about worldly things, how to please her husband.
35 I say this for your own benefit, not to lay any restraint upon you, but to promote good order and to secure your undivided devotion to the Lord.
36 If anyone thinks that he is not behaving properly toward his betrothed,* if his* passions are strong, and it has to be, let him do as he wishes: let them marry—it is no sin.
37 But whoever is firmly established in his heart, being under no necessity but having his desire under control, and has determined this in his heart, to keep her as his betrothed, he will do well.
38 So then he who marries his betrothed does well, and he who refrains from marriage will do even better.
39 A wife is bound to her husband as long as he lives. But if her husband dies, she is free to be married to whom she wishes, only in the Lord.
40 Yet in my judgment she is happier if she remains as she is. And I think that I too have the Spirit of God.

* 7:36 Greek *virgin*; also verses 37, 38
* 7:36 Or *her*

32 anxiety 염려　34 betrothed 약혼한　35 for one's (own) benefit …을 위하여　lay restraint (up)on …을 억누르다　promote 촉진하다　good order 질서 정연함　secure 지키다　undivided 나뉘지 않는　devotion 헌신　37 establish 정하다　necessity 필요성　determine 결심하다　38 refrain 삼가다

☐ 묵상 체크

21

월 일

한 분 하나님만 섬기라

고린도전서 8:1-6 • 새찬송 220장 | 통일 278장

• 말씀묵상 전에 성령님의 인도하심을 구하는 기도를 드리십시오.

본문요약 | 8:1-11:1은 우상에게 바친 제물을 먹는 문제와 관련하여 성도의 자유에 대해 다룬다. 8장에서는 이방 신전에 바친 음식에 대해 10:14-11:1에서는 시장에서 파는 음식에 대해 그리스도인들이 어떤 태도를 취해야 하는지 설명한다. 이 문제에서 중요한 것은 다른 성도를 배려하는 마음이다.

1 우상의 제물에 대하여는 우리가 다 지식이 있는 줄을 아나 지식은 교만하게 하며 사랑은 덕을 세우나니

2 만일 누구든지 무엇을 아는 줄로 생각하면 아직도 마땅히 알 것을 알지 못하는 것이요

3 또 누구든지 하나님을 사랑하면 그 사람은 하나님도 알아 주시느니라

4 그러므로 우상의 제물을 먹는 일에 대하여는 우리가 우상은 세상에 아무 것도 아니며 또한 하나님은 한 분밖에 없는 줄 아노라

5 비록 하늘에나 땅에나 신이라 불리는 자가 있어 많은 신과 많은 주가 있으나

6 그러나 우리에게는 한 하나님 곧 아버지가 계시니 만물이 그에게서 났고 우리도 그를 위하여 있고 또한 한 주 예수 그리스도께서 계시니 만물이 그로 말미암고 우리도 그로 말미암아 있느니라

1. 오늘 하나님께서 나에게 주신 깨달음은 무엇입니까?

2. 말씀을 어떻게 내 삶에 구체적으로 적용해야 합니까?

절별 해설

1 우상의 제물에 대하여는 7:1에서 사용한 것과 같은 "~에 대하여"라는 표현으로 여기서부터 새로운 주제로 넘어간다는 것을 보여준다. 8장에서는 우상의 제물을 먹는 문제에 대해 다룬다. 이 문제에 대해서 고린도 교회 성도들이 바울에게 편지로 질문한 것으로 보이는데 그 구체적인 내용은 알기 어렵다. "우상의 제물"은 헬라어로는 한 단어로 되어 있는데 직역하면 '우상에게 바쳐진 것들'이라는 의미다. 이 용어는 유대인들과 기독교인들만 사용했던 것이고, 일반 사람들은 '신성한 음식'이란 의미로 "제물"이라는 단어를 사용했다(10:28 참고). 이 두 단어는 종교적인 제사 의식에 따라 죽인 동물의 고기를 의미한다.
우리가 다 지식이 있는 줄을 아나 지식은 교만하게 하며 여기서의 "지식"은 '우상 제물과 관련된 종교적인 지식'을 의미한다. 이어지는 내용을 보면, 고린도 교회 성도들 중 일부는 우상은 아무것도 아니고 한 분 하나님만 참 신이시므로 우상의 제물은 먹어도 된다는 입장을 취했던 것 같다.

2-3 바울은 이러한 종교적인 지식만을 강조하면 마땅히 알아야 하는 다른 것을 잊기 쉽다는 사실을 지적하며 사랑의 중요성에 대해 말한다. 사랑이 없는 지식은 피해야 한다.

4-5 바울은 우상의 제물을 먹는 문제를 다루며 우상은 아무것도 아니고 하나님은 한 분밖에 없다는 사실을 전제한다.
비록 하늘에나 땅에나 신이라 불리는 자가 있어 바울 당시 많은 사람들은 하늘과 땅에 '많은 신'과 '많은 주'가 존재한다고 믿었다. 헬라와 로마의 열두 신을 비롯하여 해, 달, 별, 바다, 강, 산, 나무 등등에 다 신이 존재한다고 믿는 범신론이 팽배해 있었다. 바울이 아덴(아테네)을 방문했을 때는 "알지 못하는 신에게" 제사를 지내는 제단을 보았을 정도였다(행 17:23). 그러나 바울은 이 우상들이 실제로는 존재하지 않는 것들이라고 분명히 말한다.

6 우리에게는 한 하나님 곧 아버지가 계시니 … 또한 한 주 예수 그리스도께서 계시니 본절은 초대 교회의 신앙고백을 담고 있는 내용으로 한 분이신 하나님과 한 주이신 예수님을 믿는 것의 중요성에 대해 말한다. 창조주이신 하나님과 창조에 함께 하신 예수님을 통해 우리가 존재하게 되었음을 고백하는 것이다. 하늘과 땅에 있다고 생각되는 많은 신과 많은 주에 의해서가 아니라 하나님과 예수님에 의해서 만물이 존재하게 되었다.

쉬운성경

1 이제 우상에게 제물로 바친 음식을 먹는 문제에 대해 말씀드리겠습니다. 여러분이 "우리는 다 지식이 있다"고 주장하는 것을 우리는 알고 있습니다. 그러나 지식은 교만하게 하고 사랑은 덕을 세운다는 사실입니다.

2 어떤 사람이 자기가 무엇인가 안다고 생각하면, 그 사람은 마땅히 알아야 할 것을 아직은 모르고 있는 사람입니다.

3 그러나 그 사람이 하나님을 사랑하면, 하나님께서도 그 사람을 알아주십니다.

4 이제 우상에게 제물로 바친 음식을 먹는 문제에 대해 이야기해 봅시다. 우리는 세상에서 우상이란 아무것도 아니며, 하나님은 오직 한 분뿐이라는 사실을 알고 있습니다.

5 하늘에나 땅에나 신이라고 불리는 존재가 많이 있고, 사실 많은 '신'이 있으며, 많은 '주'가 있지만,

6 우리에게는 아버지가 되시는 하나님 한 분만 계십니다. 만물이 그분에게서 나왔고, 우리는 그분을 위해 살고 있습니다. 또 주 예수 그리스도도 한 분만 계십니다. 만물이 그분 때문에 창조되었고, 우리도 그분 때문에 살고 있습니다.

저자의 묵상

신앙생활에서 참된 지식을 지니는 것은 매우 중요하다. 그릇된 지식으로 인해 옳은 길에서 떠나 잘못된 길을 헤매는 것은 삼가야 한다. 그러나 참된 지식이 자신의 삶에서 어떻게 역사하는지 살피는 일 또한 게을리하지 말아야 한다. 참되다고 생각하는 지식으로 인해 다른 사람을 실족하게 한다면, 그것은 참된 지식이 아닐 가능성이 크다. 다시 말해 하나님이 기뻐하시는 지식이 아닐 수 있다. 성도로 살면서 말씀을 통해 얻게 된 깨달음과 확신은 다른 사람을 사랑하고 세워 주는 방식으로 드러나야 한다. 지식만 있고 사랑이 없으면 교만해지나 지식에 사랑이 더해지면 덕을 세운다. 예수님 당시 바리새인들은 지식적으로는 탁월한 사람들이었다. 그러나 그들에게는 사랑이 부족했다. 그래서 사람들을 지식의 잣대로 정죄하기에 바빴다. 우리의 삶은 어떤지 살펴보면 좋겠다. 풍부한 지식을 가졌음에도 너그러이 사람들을 용납하셨던 주님을 본받기를 소망한다.

무릎기도 하나님, 너그러이 저를 용납하고 품어 주신 예수님을 본받아 저도 다른 이들을 사랑으로 대하는 삶 살기 원하오니 지혜와 능력을 주소서.

ESV - 1 Corinthians 8

1 Now concerning* food offered to idols: we know that "all of us possess knowledge." This "knowledge" puffs up, but love builds up.

2 If anyone imagines that he knows something, he does not yet know as he ought to know.

3 But if anyone loves God, he is known by God.*

4 Therefore, as to the eating of food offered to idols, we know that "an idol has no real existence," and that "there is no God but one."

5 For although there may be so-called gods in heaven or on earth—as indeed there are many "gods" and many "lords"—

6 yet for us there is one God, the Father, from whom are all things and for whom we exist, and one Lord, Jesus Christ, through whom are all things and through whom we exist.

* 8:1 The expression *Now concerning* introduces a reply to a question in the Corinthians' letter; see 7:1

* 8:3 Greek *him*

1 idol 우상 possess 소유하다 puff up 우쭐대다 4 as to… …에 관해서는 existence 존재

22 그리스도께서 위하여 죽으신 형제

월 일

고린도전서 8:7-13 • 새찬송 294장 | 통일 416장

• 말씀묵상 전에 성령님의 인도하심을 구하는 기도를 드리십시오.

본문요약 I 성도의 자유는 항상 이웃을 향한 배려를 바탕으로 행해져야 한다. 그리스도께서 그 사람을 구원하기 위해 죽으셨기 때문이다. 누군가가 우상 제물을 먹는 성도를 보고 실족한다면 그것은 주님이 원하시는 일이 아니다. 나의 자유보다 이웃의 양심을 우선시하여 덕을 세우는 삶을 살아야 한다.

7 그러나 이 지식은 모든 사람에게 있는 것
은 아니므로 어떤 이들은 지금까지 우상
에 대한 습관이 있어 우상의 제물로 알고
먹는 고로 그들의 양심이 약하여지고 더
러워지느니라
8 음식은 우리를 하나님 앞에 내세우지 못
하나니 우리가 먹지 않는다고 해서 더 못
사는 것도 아니고 먹는다고 해서 더 잘사
는 것도 아니니라
9 그런즉 너희의 [1]자유가 믿음이 약한 자들
에게 걸려 넘어지게 하는 것이 되지 않도
록 조심하라
10 지식 있는 네가 우상의 집에 앉아 먹는
것을 누구든지 보면 그 믿음이 약한 자들
의 양심이 담력을 얻어 우상의 제물을 먹
게 되지 않겠느냐
11 그러면 네 지식으로 그 믿음이 약한 자가
멸망하나니 그는 그리스도께서 위하여 죽
으신 형제라
12 이같이 너희가 형제에게 죄를 지어 그 약
한 양심을 상하게 하는 것이 곧 그리스도
에게 죄를 짓는 것이니라
13 그러므로 만일 음식이 내 형제를 실족하
게 한다면 나는 영원히 고기를 먹지 아니
하여 내 형제를 실족하지 않게 하리라

1) 헬. 권리가

1. 오늘 하나님께서 나에게 주신 깨달음은 무엇입니까?

2. 말씀을 어떻게 내 삶에 구체적으로 적용해야 합니까?

절별 해설

7 우상의 제물을 알고 먹는 고로 그들의 양심이 약하여지고 더러워지느니라 이방인들은 우상을 섬기지 않으면 해를 당할 수 있다는 두려움을 가지고 있었다. 성도들 중에도 이러한 두려움으로부터 자유하지 못하고 이전의 사고에 매여 있는 자들도 있었다.

8 음식은 우리를 하나님 앞에 내세우지 못하나니 성도들 중에는 우상의 제물에 대해 얽매이지 않고 자유로운 자들도 있었다. 우상이 실제로 존재하지 않기에 그것에 바친 제물은 먹는 사람에게 아무런 영향을 끼칠 수 없다고 확신한 것이다. 이것이 올바른 생각이며 바울 또한 그렇게 생각했다. 음식은 성도들과 하나님 사이의 관계에 아무런 영향을 주지 못한다.

9-10 교회 안에도 우상 제물에 대한 온전한 지식이 없는 연약한 자들이 있었다. 그들은 우상에게 바친 제물을 먹는 것에 대해 불편한 마음이 있었다. 이교도로 살다가 예수를 믿은지 얼마 되지 않은 성도였을 가능성이 큰데, 그들의 눈에는 제물을 먹는 것이 우상을 인정하는 것처럼 보였을 것이다. 같은 교회 성도가 우상 제물을 거리낌 없이 먹는 모습을 보았다고 상상해 보면 충분히 그럴 수 있는 일이다. 하나님께서는 먼저 믿은 성도가 자신의 지식에 근거한 확신에 찬 행동으로 연약한 성도를 흔들리게 하는 것을 원하지 않으신다.
우상의 집 바울 당시 고린도를 비롯한 도시의 이방 신전에는 제물을 먹는 식당이 있었다. 거기서 마을 사람들이 모여 함께 식사를 하기도 하고 잔치를 벌이기도 했다.

11-13 내 형제를 실족하지 않게 하리라 그리스도인에게 자유는 유대교와 구별되는 표지와 같다. 바울은 율법으로부터 자유로운 복음을 전하고 더 이상 율법에 얽매이지 말고 자유로운 신앙생활을 해야 한다고 가르쳤다. 그런데 자유를 행사함에 있어서 반드시 고려해야 하는 것이 있는데, 그것은 자신의 자유로운 행동으로 인해 다른 누군가가 넘어지지 않는지 살피는 것이다. 바울은 자유를 누리는 자의 양심이 아니라 형제의 양심을 고려하라고 가르친다. 그러면서 바울 본인도 누군가를 실족시킬 위험이 있다면 평생 고기를 먹지 않을 것이라고 말한다. 이처럼 다른 사람이 실족할 수 있는 상황에서는 자신의 자유를 제한할 줄 알아야 한다. 그렇지 않고 자유를 남용하여 형제에게 죄를 짓고 그의 약한 양심에 상처를 준다면 이는 곧 그리스도 앞에 죄를 짓는 것이다. 왜냐하면 예수님께서 그를 구원하기 위해 십자가에서 죽으셨을 만큼 그 형제가 소중한 존재이기 때문이다.

쉬운성경

7 그런데 누구나 이러한 진리를 아는 것은 아닙니다. 사람들 중에는 아직도 우상을 숭배하는 습관이 남아 있어서 우상에 바친 음식을 먹을 때 그것이 우상에 바친 음식이라고 생각하며 먹는 사람들이 있습니다. 그 사람들의 양심은 약해졌고, 더럽혀졌습니다.

8 그러나 우리를 하나님께 가까이 나아가게 하는 것은 음식이 아닙니다. 음식을 먹지 않는다고 해서 손해되는 것은 아니며, 음식을 먹는다고 해서 더 이로워지는 것도 아닙니다.

9 그렇지만 여러분에게 있는 자유를 행사할 때 그것이 믿음이 약한 성도들에게 걸림돌이 되지 않도록 주의하십시오.

10 지식이 있다는 여러분이 우상의 신전에서 음식을 먹고 있는 것을 믿음이 약한 성도가 본다면, 그가 용기를 얻어 그 사람처럼 우상에 제물로 바친 음식을 먹지 않겠습니까?

11 이렇게 되면, 믿음이 약한 성도는 여러분의 지식 때문에 망하게 되는 것입니다. 그리스도께서는 바로 그 성도를 위해 죽으셨습니다.

12 이런 식으로 여러분의 동료 성도들에게 죄를 짓고 그들의 약한 양심에 상처를 준다면, 여러분은 그리스도께 죄를 짓는 것입니다.

13 그러므로 내가 먹는 음식 때문에 내 동료 성도들이 걸려 넘어지게 되면 그 사람이 걸려 넘어지지 않도록 하기 위해 나는 평생 고기를 먹지 않을 것입니다.

저자의 묵상

올바른 신앙 지식은 성도에게 자유를 준다. 그렇기에 성도는 마땅히 참된 지식을 얻으려고 힘써야 한다. 그러나 지식만 있다면 그것은 불완전하다. 지식을 통해 얻게 된 자유를 만끽할 때 아직 그와 같은 지식을 소유하지 못한 사람들의 마음에 상처를 줄 수 있다. 그래서 바울은 지식과 함께 사랑이 필요하다고 말한다. 자신이 누리는 자유가 누군가에게 걸림돌이 되는 상황이 생길 수 있음을 기억하는 것은 중요하다. 만약 자신의 자유로운 행동으로 인해 다른 성도가 마음이 상하고 더 나아가 신앙이 흔들리는 심각한 어려움에 빠지게 된다면, 그 자유로운 행동을 한 성도는 그리스도께 죄를 짓는 결과를 가져온다. 그렇기에 자유를 누리려고 할 때 우리는 다른 사람들을 돌아보는 조심스러운 마음이 있어야 한다. 혹시 실족한 사람은 없는지 살펴야 한다. 바울은 분명 자유를 누릴 수 있지만 자신의 자유로 인해 누군가가 실족하게 된다면, 그것을 영원히 행사하지 않겠다고 선언한다. 우리의 자유는 다른 사람의 양심을 고려한 것이어야 한다.

무릎 기도 하나님, 아버지와 예수 그리스도에 대한 온전한 지식을 통해 진정한 자유를 누리고 다른 성도들을 배려하고 사랑하는 마음을 가지게 하소서.

ESV - 1 Corinthians 8

7 However, not all possess this knowledge. But some, through former association with idols, eat food as really offered to an idol, and their conscience, being weak, is defiled.

8 Food will not commend us to God. We are no worse off if we do not eat, and no better off if we do.

9 But take care that this right of yours does not somehow become a stumbling block to the weak.

10 For if anyone sees you who have knowledge eating* in an idol's temple, will he not be encouraged,* if his conscience is weak, to eat food offered to idols?

11 And so by your knowledge this weak person is destroyed, the brother for whom Christ died.

12 Thus, sinning against your brothers* and wounding their conscience when it is weak, you sin against Christ.

13 Therefore, if food makes my brother stumble, I will never eat meat, lest I make my brother stumble.

* 8:10 Greek *reclining at table*
* 8:10 Or *fortified*; Greek *built up*
* 8:12 Or *brothers and sisters*

7 association 관련 conscience 양심 defile 더럽히다 8 commend 내세우다 be worse off 더 가난하다 better off 형편이 더 나은 9 a stumbling block 걸림돌 12 wound 상하게 하다 13 stumble 걸려 넘어지다

23 사도로서의 권리

월 일

고린도전서 9:1-11 • 새찬송 325장 | 통일 359장

• 말씀묵상 전에 성령님의 인도하심을 구하는 기도를 드리십시오.

본문요약 | 바울은 '예'로 답을 할 수밖에 없는 16개의 질문을 던진다. 핵심은 자신의 사도직이 정당하다는 것이다. 고린도 교회 성도들 중 일부는 바울이 자비량으로 복음 전하는 모습을 보며 사도의 자격이 없다고 비난하기도 했다. 바울은 그들의 주장을 반박하며 효과적인 복음 전파를 위해 자신의 권리를 포기한 것이라고 밝힌다.

1 내가 자유인이 아니냐 사도가 아니냐 예수 우리 주를 보지 못하였느냐 주 안에서 행한 나의 일이 너희가 아니냐
2 다른 사람들에게는 내가 사도가 아닐지라도 너희에게는 사도이니 나의 사도 됨을 [1]주 안에서 인친 것이 너희라
3 나를 비판하는 자들에게 변명할 것이 이것이니
4 우리가 먹고 마실 권리가 없겠느냐
5 우리가 다른 사도들과 주의 형제들과 게바와 같이 믿음의 자매 된 아내를 데리고 다닐 권리가 없겠느냐
6 어찌 나와 바나바만 일하지 아니할 권리가 없겠느냐
7 누가 자기 비용으로 군 복무를 하겠느냐 누가 포도를 심고 그 열매를 먹지 않겠느냐 누가 양 떼를 기르고 그 양 떼의 젖을 먹지 않겠느냐
8 내가 사람의 예대로 이것을 말하느냐 율법도 이것을 말하지 아니하느냐
9 모세의 율법에 [ㄱ]곡식을 밟아 떠는 소에게 망을 씌우지 말라 기록하였으니 하나님께서 어찌 소들을 위하여 염려하심이냐
10 오로지 우리를 위하여 말씀하심이 아니냐 과연 우리를 위하여 기록된 것이니 밭 가는 자는 소망을 가지고 갈며 곡식 떠는 자는 함께 얻을 소망을 가지고 떠는 것이라
11 우리가 너희에게 신령한 것을 뿌렸은즉 너희의 육적인 것을 거두기로 과하다 하겠느냐

1) 또는 인친 것이 주 안에 있는 너희라 ㄱ. 신 25:4

1. 오늘 하나님께서 나에게 주신 깨달음은 무엇입니까?

2. 말씀을 어떻게 내 삶에 구체적으로 적용해야 합니까?

절별 해설

1 내가 자유인이 아니냐 바울은 예수 그리스도를 통해 죄의 권세로부터 해방되었기에 자유로운 판단과 행동을 할 수 있는 사람이다. 더 나아가 그는 자신의 권리를 주장하거나 포기할 자유를 가지고 있다.

주 안에서 행한 나의 일이 너희가 아니냐 복음의 불모지인 고린도에 바울을 통해 예수 그리스도의 복음이 전해지고 교회가 세워진 것은 그가 사도임을 입증하는 사실이다.

2 나의 사도됨을 주 안에서 인친 것이 너희라 '인친다'는 것은 눈으로 볼 수 있도록 도장을 찍는 것을 의미하는데, 고린도 교회의 존재 자체가 바울이 사도라는 분명한 증거가 된다.

3-4 우리가 먹고 마실 권리가 없겠느냐 고린도 교회 성도들 중 일부는 바울이 사도가 아니라고 비난하였다. 실제로 바울은 예수님의 열두 제자가 아니어서 여느 사도들과는 다른 부분이 있었다. 비난하는 자들을 향해 "(내가) 예수 우리 주를 보지 못하였느냐"(1절)라는 반문을 통해, 바울은 자신이 다메섹으로 가던 중에 부활하신 주님을 만났고 자신이 사도로 부름받았다고 밝힌다. 그렇기에 사도로 활동하는 동안 교회로부터 생계, 즉 기본 생활을 보장받을 권리가 그에게 있었다.

5 게바와 같이 믿음의 자매 된 아내를 데리고 다닐 권리가 없겠느냐 '게바'는 베드로의 원래 이름으로, 마가복음 1장 30절을 보면 그는 결혼을 하여 아내가 있었다. 당시 초대 교회는 사도들이 복음 증거를 위해 전도여행을 할 때 그들을 부양하는 세부적인 규정을 가지고 있었던 것으로 보인다.

6 바나바 바나바는 구브로 태생으로, 바울을 예루살렘 교회의 지도자들에게 처음으로 소개한 사람이다. 그는 바울의 초기 사역의 동역자이지만, 나중에는 독자적으로 각자 자기 사역을 하였다.

7 바울은 본절에서 군 복무, 포도나무 재배, 목양의 세 가지 비유를 들어, 하나님의 일꾼들이 수고에 대한 대가로 교회로부터 보수를 받는 것이 당연하다고 말한다.

9-10 곡식을 밟아 떠는 소에게 망을 씌우지 말라 기록하였으니 일반적인 예를 들어 자신의 권리 주장이 정당함을 말했던 바울은, 신명기 20장 6절 말씀을 인용하며 율법으로부터 근거를 가져온다. 모세의 율법에 따르면, 소가 곡식을 밟으면서 타작하는 고된 일을 하는 동안은 소가 곡식을 먹는 것이 허용되었다(신 25:4).

오로지 우리를 위하여 말씀하심이 아니냐 바울은 위의 말씀이

쉬운성경

1 내가 자유인이 아니란 말입니까? 내가 사도가 아니란 말입니까? 내가 우리 주 예수님을 보지 못했단 말입니까? 여러분 자신이 내가 주님 안에서 일한 수고의 열매가 아닙니까!

2 내가 다른 사람들에게는 사도가 아닐지라도 여러분에게는 확실한 사도입니다. 왜냐하면 여러분이 주님 안에서 나의 사도직을 인정해 주었기 때문입니다.

3 나를 비판하는 사람들에게 나의 입장을 이렇게 밝힙니다.

4 우리에게 먹고 마실 권리가 없습니까?

5 다른 사도들과 주님의 동생들과 게바가 그런 것처럼 우리는 신자인 아내를 데리고 다닐 권리가 없습니까?

6 나와 바나바만 생계를 위해 일해야 한단 말입니까?

7 자기가 비용을 대 가면서 군대 생활을 하는 사람이 어디에 있습니까? 포도 농사를 지으면서 그 포도원에서 나는 포도를 따 먹지 않는 농부가 어디 있으며, 양을 기르면서 거기서 나는 젖을 마시지 않는 사람이 또 어디에 있겠습니까?

8 내가 사회에서 일어나는 일만 가지고 이렇게 말하는 것은 아닙니다. 율법에도 이런 말이 있지 않습니까?

9 모세의 율법에 이같이 기록되어 있습니다. "곡식을 타작하는 소의 입에 망을 씌우지 마라." 하나님께서 소를 생각해서 이 말씀을 하신 줄 아십니까?

10 아니면 우리 모두를 위한 말씀이겠습니까? 이 말씀은 우리를 위해 기록된 말씀이 분명합니다. 밭을 가는 사람은 당연히 어떤 소망을 가지고 밭을 갈며, 곡식을 타작하는 사람이 대가를 기대하며 일하는 것은 당연합니다.

11 우리가 여러분에게 영적인 것을 뿌렸다면, 우리가 여러분이 갖고 있는 물질을 거두어들인다고 해서 지나치다고 할 수 있겠습니까?

단지 가축을 위한 것이 아니라 말씀 사역을 감당하는 사역자들을 위한 것이라고 말한다. 그럼으로써 그리스도의 일꾼인 자신이 보수를 받을 자격이 있다고 설명한다.

저자의 묵상

마땅히 누릴 권리를 포기하는 것은 쉽지 않은 일이다. 그런데 그 일로 인해 오히려 비난과 오해가 생긴다면 아주 힘들 것이다. 더 좋은 결과를 기대하며 기꺼이 희생하고 헌신했는데, 돌아오는 결과가 오히려 더 안 좋을 때 우리는 실의에 빠지기 쉽다. 바울의 상황이 그러했다. 그러나 바울은 자신을 비난하는 자들을 향해 욕설을 퍼붓거나 자신의 섭섭함을 노골적으로 드러내지 않는다. 본문의 16개의 질문을 떠올리면서 바울이 감당했어야 할 마음의 고통을 생각해 보자. 바울은 차근차근 설명하며 그들의 마음을 얻으려 애쓰고 있다. 우리도 교회 일을 하다 보면 이런 상황에 처하게 될 때가 있다. 나름 열심히 자기 시간을 내고 때론 물질로도 섬겼는데, 돌아오는 말은 비난과 조소일 때가 있다. '내가 이런 말까지 들으며 이 일을 계속 해야 하나?' 하는 생각이 들 수도 있다. 그러나 그런 상황에서도 묵묵히 인내하며 그 일을 계속하는 것이 좋다. 진심으로 오랜 기간 일하다 보면 사람들의 생각도 바뀔 것이다. 더 중요한 것은 언제나 우리의 마음을 아시는 하나님께서 우리를 보시며 기뻐하신다는 것이다. 우리는 사람의 일꾼이 아니라 하나님의 일꾼이다.

무릎 기도 | 하나님, 저에게 맡겨 주신 일을 최선을 다해 감당하기 원합니다. 사람들의 시선과 말에 흔들리지 않고 저의 중심을 보시는 하나님만 바라보며 끝까지 순종하게 하소서.

ESV - 1 Corinthians 9

1 Am I not free? Am I not an apostle? Have I not seen Jesus our Lord? Are not you my workmanship in the Lord?
2 If to others I am not an apostle, at least I am to you, for you are the seal of my apostleship in the Lord.
3 This is my defense to those who would examine me.
4 Do we not have the right to eat and drink?
5 Do we not have the right to take along a believing wife,* as do the other apostles and the brothers of the Lord and Cephas?
6 Or is it only Barnabas and I who have no right to refrain from working for a living?
7 Who serves as a soldier at his own expense? Who plants a vineyard without eating any of its fruit? Or who tends a flock without getting some of the milk?
8 Do I say these things on human authority? Does not the Law say the same?
9 For it is written in the Law of Moses, "You shall not muzzle an ox when it treads out the grain." Is it for oxen that God is concerned?
10 Does he not certainly speak for our sake? It was written for our sake, because the plowman should plow in hope and the thresher thresh in hope of sharing in the crop.
11 If we have sown spiritual things among you, is it too much if we reap material things from you?

* 9:5 Greek *a sister as wife*

1 workmanship 솜씨 2 seal 도장 apostleship 사도의 직분 3 examine 심문하다 6 work for a living 먹고 살기 위해 일하다 7 at one's own expense 사비로 vineyard 포도원 tend (가축을) 지키다 9 muzzle 재갈을 물리다 tread out 밟아서 (알맹이를) 내다 10 plow (밭을) 갈다 thresh 타작하다 11 reap 거두다 material 물질적인

24

월 일

사도의 의무

고린도전서 9:12-18 • 새찬송 320장 | 통일 350장

• 말씀묵상 전에 성령님의 인도하심을 구하는 기도를 드리십시오.

본문요약 | 바울은 자신이 사도로서 교회의 도움을 받을 수 있지만 자신의 권리를 다 사용하지 않는 이유를 설명한다. 바울은 자신을 불러 복음 전하는 일을 감당하게 하신 하나님을 기억하며 자신의 권리 행사가 그리스도의 복음을 전하는 데 걸림돌이 되지 않도록 절제하고 있다.

12 다른 이들도 너희에게 이런 권리를 가졌
거든 하물며 우리일까 보냐 그러나 우리
가 이 권리를 쓰지 아니하고 범사에 참는
것은 그리스도의 복음에 아무 장애가 없
게 하려 함이로다
13 성전의 일을 하는 이들은 성전에서 나는
것을 먹으며 제단에서 섬기는 이들은 제
단과 함께 나누는 것을 너희가 알지 못하
느냐
14 이와 같이 주께서도 복음 전하는 자들이
복음으로 말미암아 살리라 명하셨느니라
15 그러나 내가 이것을 하나도 쓰지 아니하
였고 또 이 말을 쓰는 것은 내게 이같이
하여 달라는 것이 아니라 내가 차라리 죽
을지언정 누구든지 내 자랑하는 것을 헛
된 데로 돌리지 못하게 하리라
16 내가 복음을 전할지라도 자랑할 것이 없
음은 내가 부득불 할 일임이라 만일 복음
을 전하지 아니하면 내게 화가 있을 것이
로다
17 내가 내 자의로 이것을 행하면 상을 얻으
려니와 내가 자의로 아니한다 할지라도
나는 사명을 받았노라
18 그런즉 내 상이 무엇이냐 내가 복음을 전
할 때에 값없이 전하고 복음으로 말미암
아 내게 있는 권리를 다 쓰지 아니하는
이것이로다

1. 오늘 하나님께서 나에게 주신 깨달음은 무엇입니까?

2. 말씀을 어떻게 내 삶에 구체적으로 적용해야 합니까?

절별 해설

12 우리가 이 권리를 쓰지 아니하고 범사에 참는 것은 복음을 전하는 사역자들이 고린도 교회로부터 재정적인 후원을 받을 수 있다고 한다면, 바울에게는 두말할 나위가 없다. 왜냐하면 고린도 교회는 바울로 인해 세워진 교회요, 바울은 교회를 위해 누구보다 더 수고한 자이기 때문이다. 그러나 바울은 하나님의 일꾼으로서 자신에게 그와 같은 정당한 권리가 있지만 사용하지 않았다. 그 이유는 이 일로 인해 복음을 받아들이지 못하는 사람들이 있을까 하는 염려 때문이었다.

13-14 구약성경에서도 성전과 제단을 섬기는 자들에게 상응하는 재정적인 대가를 주라고 언급하고 있다. 그뿐만 아니라 바울은 주님의 말씀도 언급한다. "주께서도 복음 전하는 자들이 복음으로 말미암아 살리라 명하셨느니라." 바울은 마태복음 10장 10절에서 예수께서 말씀하신 "일꾼이 자기의 먹을 것 받는 것이 마땅함이라"는 말씀을 알고 있었던 것 같다. 이것은 초대 교회의 다른 성도들과 사역자들도 알고 있던 내용이었다.

15 내가 차라리 죽을지언정 누구든지 내 자랑하는 것을 헛된 데로 돌리지 못하게 하리라 그러나 바울은 자발적으로 자신의 권리를 포기하고 있다. 그가 이렇게 하는 이유는 더 큰 상을 바라기보다는 예수 그리스도의 낮아짐과 희생을 자신의 삶에서도 실천하기를 원하는 마음 때문이었다. 사도로서의 정당한 권리 주장을 통해 바울이 재정적인 지원을 받기를 바라고 있다는 오해의 가능성을 아예 차단하고 있다.

16 내가 부득불 할 일임이라 바울은 자신이 직접 일함으로 생계를 꾸린다고 자랑할 것이 없음은, 복음을 전하는 일이 자신의 자발적인 선택이 아니라 예수 그리스도의 부르심 때문이라고 말한다. 자신에게는 복음 전파가 마땅히 감당해야 하는 소명이기에, 복음을 전하지 않으면 자신에게 화가 있을 것이라고 말한다. 그렇다고 바울 자신은 원하지 않는데 억지로 그 일을 하게 하신다는 의미는 아니다. 바울에게 복음 전하는 일은 종이 주인을 섬기는 일과 같은 의미다.

17 나는 사명을 받았노라 바울은 자신의 사역을 당시 집을 맡은 청지기의 역할에 견주어 설명한다. 청지기에게 요구되는 것이 충성이었던 것처럼, 바울도 자신에게 복음 전파의 일을 맡기신 하나님께 신실해야 한다고 말한다.

18 내 상이 무엇이냐 바울은 자신에게 있는 권리를 다 쓰지 않음으로 더 큰 상을 바라는 것이 아니냐는 오해를 불식시킨다. 바울은 그리스도를 통해 값없이 얻은 구원에 감사하며 복음을 전하는 것 자체로 만족하고 있다.

쉬운성경

12 다른 사람들이 여러분에게 이런 것을 요구하는 권리를 가졌다면, 우리는 그럴 권리가 더 있지 않겠습니까? 그러나 우리는 이 권리를 행사하지 않았습니다. 오히려 우리는 그리스도의 복음에 방해가 되지 않기 위해 모든 것을 참았습니다.

13 여러분은 성전에서 일하는 사람들이 성전에서 나오는 음식을 먹으며, 제단에서 봉사하는 사람들이 제단에 바친 것 중의 일부분을 나누어 가진다는 사실을 알지 못합니까?

14 이와 같이 주님께서도, 복음을 전하는 사람들은 복음을 전하는 일로 생활하라고 정하셨습니다.

15 그러나 나는 이러한 권리를 하나도 사용하지 않았습니다. 그렇다고 해서 여러분이 나에게 그렇게 해 주기를 바라서 이 편지를 쓰는 것은 아닙니다. 내가 가지고 있는 이러한 자부심을 빼앗기기보다는 차라리 굶어 죽는 편이 더 낫습니다.

16 내가 복음을 전한다 해도 자랑할 것이 없는 것은 그것이 내가 당연히 해야 하는 일이기 때문입니다. 만일 내가 복음을 전하지 않는다면 나에게 화가 내릴 것입니다.

17 만일 내가 자원해서 복음을 전한다면 당연히 보수를 받을 것입니다. 그러나 자원해서 하는 일이 아니라면, 이것은 내게 맡기신 직무를 다하는 것일 뿐입니다.

18 그러면 내가 받을 상이 무엇입니까? 바로 이것입니다. 내가 복음을 전할 때 아무 대가도 받지 않고 전하는 것과 복음을 전하면서 나의 권리를 사용하지 않는 것입니다.

저자의 묵상

바울에게는 한 가지 분명한 삶의 목적이 있었다. 그것은 믿지 않는 자들이 예수 그리스도를 통해 하나님께로 돌아오게 하는 것이었다. 바울은 그 분명한 소명을 이루기 위해 자신이 누릴 수 있는 것들도 포기하며 한 사람이라도 더 주님께로 돌아오도록 하기 위해 애썼다. 오늘날 우리 그리스도인들도 같은 소명을 가지고 살고 있다. 먼저 예수 그리스도를 믿은 자로서 우리의 말과 행동으로 한 사람이라도 더 주님께로 인도하는 삶을 살아야 한다. 자신의 평안과 안전이 우선이 되는 삶이 아니라 주님을 증거하는 삶을 살아야 한다. 우리 인생의 달음질은 무엇을 향하고 있는지 살펴보면 좋겠다. 우리가 열심히 공부하고 일하는 이유가 우리를 구원하신 예수 그리스도와 하나님을 위한 것이어야 한다. 이 땅의 썩어질 것을 위해 우리의 에너지를 쏟지 말고, 썩지 않을 궁극적인 구원과 영생을 바라보며 달리면 좋겠다. 이 땅에서의 삶이 끝나고 하나님 앞에 섰을 때, 우리 모두 칭찬을 들을 수 있도록 순간순간 최선을 다하기를 소망한다.

무릎기도 하나님, 저에게 놀라운 구원의 은총을 허락하시니 감사합니다. 은혜만이 아니라 저를 향하신 부르심도 기억하며 한 영혼 한 영혼을 주님께로 인도하는 증인의 삶을 살게 하소서.

ESV - 1 Corinthians 9

12 If others share this rightful claim on you, do not we even more? Nevertheless, we have not made use of this right, but we endure anything rather than put an obstacle in the way of the gospel of Christ.
13 Do you not know that those who are employed in the temple service get their food from the temple, and those who serve at the altar share in the sacrificial offerings?
14 In the same way, the Lord commanded that those who proclaim the gospel should get their living by the gospel.
15 But I have made no use of any of these rights, nor am I writing these things to secure any such provision. For I would rather die than have anyone deprive me of my ground for boasting.
16 For if I preach the gospel, that gives me no ground for boasting. For necessity is laid upon me. Woe to me if I do not preach the gospel!
17 For if I do this of my own will, I have a reward, but if not of my own will, I am still entrusted with a stewardship.
18 What then is my reward? That in my preaching I may present the gospel free of charge, so as not to make full use of my right in the gospel.

12 claim 권리 obstacle 장애물 13 altar 제단 share in …을 서로 나누다 sacrificial offering 희생 제물 14 get one's living 생활비를 벌다 15 deprive… of~ …에게서 ~를 빼앗다 16 preach 전하다 necessity 필요성 woe to …에게 화가 있을진저 17 reward 상 entrust 맡기다 stewardship 책무 18 charge 값

25 자유와 절제

월 일

고린도전서 9:19-27 • 새찬송 521장 | 통일 253장

• 말씀묵상 전에 성령님의 인도하심을 구하는 기도를 드리십시오.

본문요약 I 바울은 자신이 자유자임을 잘 알고 있다. 그러나 그의 삶을 보면 매인 자처럼 보인다. 바울은 유대인들에게는 유대인처럼, 이방인들에게는 이방인처럼, 약한 자들에게는 약한 자처럼 다가간다. 바울이 '여러 사람에게 여러 모습이 된' 이유는 한 사람이라도 더 구원하고자 하는 열망이 그에게 있었기 때문이다.

19 내가 모든 사람에게서 자유로우나 스스로 모든 사람에게 종이 된 것은 더 많은 사람을 얻고자 함이라
20 유대인들에게 내가 유대인과 같이 된 것은 유대인들을 얻고자 함이요 율법 아래에 있는 자들에게는 내가 율법 아래에 있지 아니하나 율법 아래에 있는 자 같이 된 것은 율법 아래에 있는 자들을 얻고자 함이요
21 율법 없는 자에게는 내가 하나님께는 율법 없는 자가 아니요 도리어 그리스도의 율법 아래에 있는 자이나 율법 없는 자와 같이 된 것은 율법 없는 자들을 얻고자 함이라
22 약한 자들에게 내가 약한 자와 같이 된 것은 약한 자들을 얻고자 함이요 내가 여러 사람에게 여러 모습이 된 것은 아무쪼록 몇 사람이라도 구원하고자 함이니
23 내가 복음을 위하여 모든 것을 행함은 복음에 참여하고자 함이라
24 운동장에서 달음질하는 자들이 다 달릴지라도 오직 상을 받는 사람은 한 사람인 줄을 너희가 알지 못하느냐 너희도 상을 받도록 이와 같이 달음질하라
25 이기기를 다투는 자마다 모든 일에 절제하나니 그들은 썩을 승리자의 관을 얻고자 하되 우리는 썩지 아니할 것을 얻고자 하노라
26 그러므로 나는 달음질하기를 향방 없는 것 같이 아니하고 싸우기를 허공을 치는 것 같이 아니하며
27 내가 내 몸을 쳐 복종하게 함은 내가 남에게 전파한 후에 자신이 도리어 버림을 당할까 두려워함이로다

1. 오늘 하나님께서 나에게 주신 깨달음은 무엇입니까?

2. 말씀을 어떻게 내 삶에 구체적으로 적용해야 합니까?

절별 해설

19 스스로 모든 사람에게 종이 된 것은 이 말은 실질적으로 바울이 종이 되었다는 의미가 아니라, 모든 사람을 섬길 의무가 자신에게 있다는 의미다. 바울이 그렇게 한 이유는 더 많은 사람을 구원의 길로 인도하기 위함이었다. 다른 사람을 위해 자신의 자유를 절제하는 바울의 모습은 당시 고린도 교회 성도들에게 꼭 필요한 것이었다.

20-22 바울은 유대인들에게는 자신이 율법으로부터 자유롭지만 마치 율법 아래 있는 자처럼 다가갔다. 또한 율법이 없는 이방인들에게는 자신이 그리스도의 법 아래 있지만 마치 율법이 없는 자처럼 다가갔다. 바울은 신앙적인 지식에서 자유를 누리는 자였지만 그렇지 못한 약한 자들을 배려하여 그들에게는 마치 자신이 자유를 누리지 못하는 약한 자처럼 다가갔다. 이러한 바울의 태도는 고린도 교회의 강한 자들이 배워야 하는 모습이었다. 바울이 이렇게 '여러 사람에게 여러 모습을' 띠게 된 이유는 어떻게 해서든 몇 사람이라도 더 구원하고자 함이었다.

23 내가 복음을 위하여 모든 것을 행함은 복음에 참여하고자 함이라 바울은 자신을 통해 그리스도의 복음을 받아들이게 된 자들과 복음이 말하는 복, 즉 구원을 함께 누리길 원하고 있다. 이것은 27절에서 남에게 복음을 전파한 후에 자신이 도리어 버림을 당하지 않고자 한다는 것과 맥을 같이한다. 바울의 관심은 믿지 않는 자들이 예수 그리스도의 복음을 잘 받아들이도록 하는 데 있었다. 그것을 위해서라면 그는 자신을 상대방에게 기꺼이 맞추었다.

24-25 너희도 상을 받도록 이와 같이 달음질하라 바울은 복음 진파의 사명을 운동 경기를 통해 설명한다. 선수들이 자기를 절제하고 훈련하고 상을 바라고 달리는 것처럼, 성도들도 썩지 않을 상을 얻기 위해 분투해야 한다고 강조한다. 이와 같은 비유는 고린도 교회 성도들에게는 적절한 것이었다. 당시 고린도에서는 이스무스[이스미안] 경기라는 큰 운동 경기가 벌어졌다. 이것은 올림픽 경기 다음으로 당시 사람들에게 인기 있었던 축제였다. 바울이 고린도에서 복음을 전할 때 이스무스[이스미안] 경기가 열렸을 가능성이 크다.

26-27 내가 내 몸을 쳐 복종하게 함은 달리기 경주 선수들이 결승선을 향해 달리고 권투나 레슬링 선수들이 상대를 이기기 위해 기술을 사용하는 것처럼, 복음 전하는 일도 분명한 목표가 있다. 바울은 운동선수들이 이기기에 적합한 몸을 만들기 위해 노력하는 것처럼, 자신도 복음의 효과적인 전파를 위해 고난을 견디며 절제하는 삶을 살고 있다는 것을 비유적으로 표현한다.

쉬운성경

19 나는 자유인이며, 어느 누구에게도 매여 있지 않습니다. 그러나 나는 되도록 많은 사람을 얻기 위해 스스로 많은 사람의 종이 되었습니다.

20 유대인들에게는 유대인들을 얻고자 유대인처럼 되었습니다. 율법 아래 있는 사람들을 대할 때는 비록 나 자신은 율법 아래 있지 않지만, 그들을 얻기 위해 율법 아래 있는 사람처럼 되었습니다.

21 율법 없는 사람들에게는, 비록 나 자신은 하나님의 율법을 떠난 사람이 아니라 그리스도의 율법 아래 있는 사람이지만, 율법 없는 사람들을 얻기 위해 율법 없는 사람처럼 되었습니다.

22 믿음이 약한 사람들에게는 약한 사람들을 얻기 위해서 약한 사람이 되었습니다. 내가 모든 사람들에게 그들과 같이 된 것은 아무쪼록 모든 방법을 다하여 그들 중에 몇 사람이라도 구원하기 위해서였습니다.

23 나는 복음이 주는 복에 참여하기 위해, 복음을 전하는 일이라면 무슨 일이든 하고 있습니다.

24 경기장에서 경주자들이 다 달려가지만 상을 받는 사람은 한 명뿐인 것을 알지 못하십니까? 이와 같이 여러분도 상을 받을 수 있도록 달리십시오.

25 경기를 하려는 사람은 모든 면에서 자기 절제를 하는 법입니다. 그들은 썩어 없어질 면류관을 얻으려고 절제를 하지만, 우리는 썩지 않을 면류관을 얻으려고 그렇게 합니다.

26 이처럼 나는 목표가 없는 사람처럼 달리지 않습니다. 나는 허공에다 주먹을 휘둘러 대는 사람처럼 싸우지 않습니다.

27 나는 내 몸을 쳐서 굴복시킵니다. 내가 다른 사람들에게는 복음을 전했으나, 정작 나 자신은 자격 미달이 될까* 두렵습니다.

* 9:27 쓸모없다고 버림을 받을까

저자의 묵상

오늘날 사람들은 각자 자신의 자유를 소리 높여 주장하는 시대를 살고 있다. 다른 사람의 말에 귀를 기울이기보다는 자신에게 유익이 될 수 있다면 자유를 마음껏 사용하려고 한다. 그러나 바울은 자신의 자유를 복음의 울타리 안에 가두고 있다. 그에게는 자신의 자유보다 복음 전파의 사명이 더 중요했기 때문이다. 바울은 유대인들, 이방인들 그리고 약한 자들에게 복음을 전할 때, 그들의 형편과 처지에서 복음이 가장 큰 효과를 발휘하도록 하기 위해 노력했다. 바울은 그들을 대할 때 마치 자신이 종인 것처럼 행동했다. 이러한 바울의 모습이 우리에게 있는지 잘 살펴보면 좋겠다. 우리가 만나는 사람들에게 복음을 전하고자 하는 열망이 있는지부터 점검해 보자. 가족, 친구 그리고 이웃을 그리스도의 복음을 통해 구원의 길로 인도하는 사명이 우리에게 있다. 또한 그들에게 복음을 전할 때 친절과 사랑으로 하자. 그러한 우리의 수고를 통해 우리가 사랑하는 자들이 하나님의 구원 백성이 되어 복음에 참여하게 된다면, 이것보다 더 큰 기쁨이 없을 것이다.

무릎 기도 하나님, 저에게 먼저 그리스도의 복음을 듣고 구원의 길을 걷게 하시니 감사합니다. 사랑하는 가족과 친구들에게 복음을 전할 때 그들도 영생의 복을 얻게 하소서.

ESV - 1 Corinthians 9

19 For though I am free from all, I have made myself a servant to all, that I might win more of them.
20 To the Jews I became as a Jew, in order to win Jews. To those under the law I became as one under the law (though not being myself under the law) that I might win those under the law.
21 To those outside the law I became as one outside the law (not being outside the law of God but under the law of Christ) that I might win those outside the law.
22 To the weak I became weak, that I might win the weak. I have become all things to all people, that by all means I might save some.
23 I do it all for the sake of the gospel, that I may share with them in its blessings.
24 Do you not know that in a race all the runners run, but only one receives the prize? So run that you may obtain it.
25 Every athlete exercises self-control in all things. They do it to receive a perishable wreath, but we an imperishable.
26 So I do not run aimlessly; I do not box as one beating the air.
27 But I discipline my body and keep it under control,* lest after preaching to others I myself should be disqualified.

* 9:27 Greek *I pummel my body and make it a slave*

22 by all means 어떠한 희생을 치르더라도 24 prize 상 obtain 얻다 25 athlete 운동선수 perishable 썩기 쉬운 wreath 화관 26 aimlessly 목표 없이 box 주먹으로 치다 27 discipline 단련하다 disqualify 자격을 박탈하다

26 선 줄로 생각하는 자는 넘어질까 조심하라

월 일

고린도전서 10:1-13 • 새찬송 300장 | 통일 406장

• 말씀묵상 전에 성령님의 인도하심을 구하는 기도를 드리십시오.

본문요약 | 바울은 이스라엘의 역사로부터 우상 숭배의 실례를 제시한다. 이스라엘 조상들은 홍해를 건너고 만나를 먹기도 했지만, 결국 하나님을 따르지 않고 우상 숭배를 했던 자들을 하나님께서 멸망시키셨다. 바울은 고린도 교회 성도들에게 그와 같은 잘못된 본보기를 따르지 말고 하나님만을 의지하는 삶을 살라고 권면한다.

1 형제들아 나는 너희가 알지 못하기를 원하지 아니하노니 우리 조상들이 다 구름 아래에 있고 바다 가운데로 지나며
2 모세에게 속하여 다 구름과 바다에서 [1]세례를 받고
3 다 같은 신령한 음식을 먹으며
4 다 같은 신령한 음료를 마셨으니 이는 그들을 따르는 신령한 반석으로부터 마셨으매 그 반석은 곧 그리스도시라
5 그러나 그들의 다수를 하나님이 기뻐하지 아니하셨으므로 그들이 광야에서 멸망을 받았느니라
6 이러한 일은 우리의 본보기가 되어 우리로 하여금 그들이 악을 즐겨 한 것 같이 즐겨 하는 자가 되지 않게 하려 함이니
7 그들 가운데 어떤 사람들과 같이 너희는 우상 숭배하는 자가 되지 말라 기록된 바 [ㄱ]백성이 앉아서 먹고 마시며 일어나서 뛰논다 함과 같으니라
8 그들 중의 어떤 사람들이 음행하다가 하루에 이만 삼천 명이 죽었나니 우리는 그들과 같이 음행하지 말자
9 그들 가운데 어떤 사람들이 주를 시험하다가 뱀에게 멸망하였나니 우리는 그들과 같이 시험하지 말자
10 그들 가운데 어떤 사람들이 원망하다가 멸망시키는 자에게 멸망하였나니 너희는 그들과 같이 원망하지 말라

1) 헬, 또는 침례 ㄱ. 출 32:6

11 그들에게 일어난 이런 일은 본보기가 되고 또한 말세를 만난 우리를 깨우치기 위하여 기록되었느니라
12 그런즉 선 줄로 생각하는 자는 넘어질까 조심하라
13 사람이 감당할 시험 밖에는 너희가 당한 것이 없나니 오직 하나님은 미쁘사 너희가 감당하지 못할 시험 당함을 허락하지 아니하시고 시험 당할 즈음에 또한 피할 길을 내사 너희로 능히 감당하게 하시느니라

1. 오늘 하나님께서 나에게 주신 깨달음은 무엇입니까?

2. 말씀을 어떻게 내 삶에 구체적으로 적용해야 합니까?

절별 해설

1 우리 조상들이 다 구름 아래에 있고 바다 가운데로 지나며
이스라엘 백성이 애굽에서 노예로 살고 있을 때 하나님께서는 그들을 건져 내셨다. 낮에는 구름 기둥으로 그들 가운데 임재하셨고, 홍해 바다를 걸어서 건너게 하셨다. 1-4절에서 반복되는 단어는 '다'라는 말이다. 개역개정에는 네 번 등장하지만 원문에는 다섯 번 나온다. '다 바다 가운데로 지나며'에서 '다'를 생략했다. 이 말이 의도하는 바는 모든 백성이 하나님의 은혜를 경험했다는 것이다.

2 모세에게 속하여 다 구름과 바다에서 세례를 받고 바울은 이스라엘 백성이 홍해를 걸어서 건넌 사건을 세례에 견주어서 설명한다. 이스라엘 백성은 하나님의 기적적인 인도하심으로 인해 애굽에서 광야로, 이후에는 약속의 땅을 향해 나아가게 되었다. 그들은 애굽에서의 종의 신분을 벗고 하나님의 백성이 되는 정체성의 변화를 겪었다. 이것은 죄와 사탄의 종노릇하던 우리가 예수 그리스도를 믿고 세례를 받음으로써 하나님의 백성과 자녀가 되는 것과 비교할 수 있다.

3-4 신령한 음식 … 신령한 음료 "신령한 음식"은 이스라엘 백성이 광야에서 먹은 만나를 의미한다(출 16:12-18). "신령한 음료"는 이스라엘 백성이 목마를 때 반석에서 솟아난 물을 가리킨다(출 17:1-6).

4 그 반석은 곧 그리스도시라 구약성경에서는 광야의 이스라엘 백성을 따르는 신령한 반석에 대해서 말하지 않지만, 바울은 그 반석을 그리스도시라고 말한다. 이스라엘 백성이 광야에서 먹었던 신령한 음식과 신령한 음료는 각각 그리스도의 살과 피(요 6:30-59)를 의미하는데, 이것을 일종의 주의 만찬으로 묘사하고 있다. 이것을 통해 성찬의 주인은 그리스도이심이 잘 드러난다.

5 그러나 그들의 다수를 하나님이 기뻐하지 아니하셨으므로
하나님께서 엄청난 기적과 은혜를 베푸셨지만, 이스라엘 백성 중 다수는 하나님을 시험하고 불순종함으로 광야에서 심판을 당했다.

6 이러한 일은 우리의 본보기가 되어 바울은 광야 세대 이스라엘 백성의 불순종과 그로 인한 실패를 본보기로 들어, 고린도 교회 성도들이 그들처럼 악을 즐거워하지 않기를 바라고 있다.

7 백성이 앉아서 먹고 마시며 일어나서 뛰논다 함과 같으니라 본절은 출애굽기 32장 6절을 인용한 것이다. 모세가 시

쉬운성경

1 성도 여러분, 여러분이 알았으면 하는 것이 있습니다. 그것은 우리 조상들이 다 구름 아래 있었으며, 바다를 무사히 건넜던 일입니다.

2 조상들은 모두 구름과 바다 가운데서 세례를 받아 모세에게 속하게 되었습니다.

3 조상들은 모두 같은 영적인 음식을 먹었으며

4 다 같은 영적인 물을 마셨습니다. 조상들은 그들의 동반자인 영적인 반석에서 나오는 물을 마신 것입니다. 그런데 이 반석은 그리스도였습니다.

5 그러나 하나님께서는 조상들 대부분을 기뻐하지 않으셔서, 그들은 광야에서 죽어 흩어지게 되었습니다.

6 이런 일은 우리에게 본보기가 되어, 우리는 그들처럼 악한 일을 즐겨하지 말라는 경고가 됩니다.

7 여러분 중에 우상 숭배를 하는 사람들이 있는데, 여러분은 그들처럼 우상 숭배하지 마십시오. 성경에 "백성들이 앉아 먹고 마셨으며 일어나 춤을 추었다"고 기록되어 있습니다.

8 조상들 중에 간음한 사람이 있었는데, 우리는 그들처럼 간음하지 맙시다. 그들이 간음하다가 하루에 이만 삼천 명이 죽임을 당했습니다.

9 또 우리 조상들 중에는 주님을 시험하다가 뱀에 물려 죽은 사람들이 있었습니다. 우리는 그들처럼 주님을 시험하지 맙시다.

10 조상들 중에는 불평을 늘어놓다가 멸망시키는 천사에게 멸망당한 사람들이 있었습니다. 그러니 여러분들은 불평하지 마십시오.

11 이 모든 일들은 우리 조상들에게 본보기로 일어난 일들이며, 세상의 종말이 다가오는 시대에 살고 있는 우리에게 경고를 하기 위해 기록되었습니다.

절별 해설

내산에 오른 후에 더디 내려오자, 이스라엘 백성은 금송아지 형상의 우상을 만들어 그것을 그들의 신으로 숭배하였다.

8 어떤 사람들이 음행하다가 하루에 이만 삼천 명이 죽었나니 본절은 민수기 25장 1-9절의 내용이다. 이스라엘이 싯딤에 머물러 있을 때, 가나안의 신 바알브올을 섬기고 모압 여인들과 간음하는 끔찍한 일이 벌어졌다. 그들은 겉으로는 하나님을 섬긴다고 하였지만, 마음으로는 전혀 하나님의 뜻을 따르지 않고 죄를 범하였다.

9 어떤 사람들이 주를 시험하다가 뱀에게 멸망하였나니 본절은 민수기 21장 5-6절의 내용이다. 이스라엘은 광야에서 물과 적절한 음식이 부족하다고 불평하였다. 심지어는 하나님께서 허락하신 만나에 대해서도 불평하였다. 백성이 하나님과 모세를 향하여 원망할 때, 하나님께서는 불뱀을 보내어 그들이 죽임을 당하게 하셨다.

13 시험 당함 성도에게도 온갖 시험이 있다. 그러나 하나님께서는 신실하셔서 자기 백성이 감당할 수 있는 일들만 허락하신다. 그들이 시험을 당할 때 또한 피할 길을 준비해 주시고 보호하신다.

12 그러므로 자기가 굳게 서 있다고 생각하는 사람은 넘어지지 않도록 주의하십시오.

13 누구나 겪는 시험 이외에 여러분에게 닥칠 시험은 없습니다. 하나님은 신실한 분이셔서 여러분이 감당할 수 있는 능력 이상의 시험을 당하도록 내버려 두지 않으십니다. 그리고 여러분이 시험을 당할 때에 시험을 견디고 거기서 빠져 나올 수 있는 길을 주십니다.

저자의 묵상

우리는 이스라엘 백성의 삶을 기억해야 한다. 그들은 하나님께서 베푸신 많은 은혜와 기적을 경험했다. 그럼에도 불구하고 그들은 상황이 어려우면 하나님을 의심하고 원망과 불평을 일삼았다. 그러자 하나님께서는 그들을 심판하셨다. 그들의 잘못된 본보기를 따르지 않는 것이 지혜롭다. 지금 우리의 삶을 잘 살펴보면 좋겠다. 예수를 믿노라고 말하면서 하나님의 뜻과 상관없는 모습으로 살고 있지는 않는가? 세례, 성찬, 주일예배에 정기적으로 참여하는 것이 우리가 하나님 백성이라는 것을 보장하지는 않는다. 매일의 삶에서 하나님의 임재를 바라며 그분의 뜻을 좇고자 하는 결단이 필요하다. 하나님께서는 우리에게 은혜를 충만하게 부어 주셨다. 그렇다고 선 줄로 생각하고 자만하면 안 된다. 하나님의 은혜를 경험한 자는 더 겸손하게 낮아져서 하나님을 전적으로 의지하는 삶을 살아야 한다. 시험을 당할 때에도 자신을 의지하지 않고 오직 신실하신 하나님만을 붙드는 것이 진정 지혜로운 삶이다. 여러분은 어떤가?

무릎기도 하나님, 하나님의 은총을 오늘도 새기며 교만하지 않고 겸손하게 주님만 의지하기 원합니다. 신실하신 아버지께서 저의 삶을 붙드심으로 넘어지지 않고 든든히 서게 하소서.

ESV - 1 Corinthians 10

1 For I do not want you to be unaware,
brothers,* that our fathers were all under the
cloud, and all passed through the sea,
2 and all were baptized into Moses in the
cloud and in the sea,
3 and all ate the same spiritual food,
4 and all drank the same spiritual drink. For
they drank from the spiritual Rock that
followed them, and the Rock was Christ.
5 Nevertheless, with most of them God was
not pleased, for they were overthrown* in
the wilderness.
6 Now these things took place as examples
for us, that we might not desire evil as they
did.
7 Do not be idolaters as some of them were;
as it is written, "The people sat down to eat
and drink and rose up to play."
8 We must not indulge in sexual immorality as
some of them did, and twenty-three
thousand fell in a single day.
9 We must not put Christ* to the test, as
some of them did and were destroyed by
serpents,
10 nor grumble, as some of them did and were
destroyed by the Destroyer.
11 Now these things happened to them as an
example, but they were written down for our
instruction, on whom the end of the ages
has come.
12 Therefore let anyone who thinks that he
stands take heed lest he fall.
13 No temptation has overtaken you that is not
common to man. God is faithful, and he will
not let you be tempted beyond your ability,
but with the temptation he will also provide
the way of escape, that you may be able to
endure it.

* 10:1 Or *brothers and sisters*
* 10:5 Or *were laid low*
* 10:9 Some manuscripts *the Lord*

1 unaware 알지 못하는 2 baptize 세례를 주다 5 overthrow 꺼꾸러뜨리다 wilderness 광야 6 take place 일어나다
8 indulge in …에 탐닉하다 sexual immorality 음행 9 put… to the test …을 시험하다 serpent 뱀 10 grumble 불평하다
12 take heed 주의하다 13 overtake …에게 닥치다 be common to …에 공통이다

• MEMO •

27 월 일

우상 숭배를 피하라

고린도전서 10:14-22 • 새찬송 310장 | 통일 410장

• 말씀묵상 전에 성령님의 인도하심을 구하는 기도를 드리십시오.

본문요약 I 성도로서 성찬에 임하는 것은 그리스도의 몸에 참여하는 것이라는 사실을 기억해야 한다. 이런 은혜를 경험한 자가 이방 신전의 우상에게 바쳐진 제물을 먹는 것은 귀신과 교제하기를 원하는 것과 별반 다르지 않다. 그러므로 주의 식탁과 귀신의 식탁에 겸하여 참여하지 않는 것이 지혜롭다.

14 그런즉 내 사랑하는 자들아 우상 숭배하는 일을 피하라
15 나는 지혜 있는 자들에게 말함과 같이 하노니 너희는 내가 이르는 말을 스스로 판단하라
16 우리가 축복하는 바 축복의 잔은 그리스도의 피에 참여함이 아니며 우리가 떼는 떡은 그리스도의 몸에 참여함이 아니냐
17 떡이 하나요 많은 우리가 한 몸이니 이는 우리가 다 한 떡에 참여함이라
18 육신을 따라 난 이스라엘을 보라 제물을 먹는 자들이 제단에 참여하는 자들이 아니냐
19 그런즉 내가 무엇을 말하느냐 우상의 제물은 무엇이며 우상은 무엇이냐
20 무릇 이방인이 제사하는 것은 귀신에게 하는 것이요 하나님께 제사하는 것이 아니니 나는 너희가 귀신과 교제하는 자가 되기를 원하지 아니하노라
21 너희가 주의 잔과 귀신의 잔을 겸하여 마시지 못하고 주의 식탁과 귀신의 식탁에 겸하여 참여하지 못하리라
22 그러면 우리가 주를 노여워하시게 하겠느냐 우리가 주보다 강한 자냐

1. 오늘 하나님께서 나에게 주신 깨달음은 무엇입니까?

2. 말씀을 어떻게 내 삶에 구체적으로 적용해야 합니까?

절별 해설

16 축복의 잔은 그리스도의 피에 참여함이 아니며 우리가 떼는 떡은 그리스도의 몸에 참여함이 아니냐 그리스도께서 제정하신 성만찬에 참여하는 것은 그리스도와 연합하는 것일 뿐만 아니라 다른 성도들과 하나 되는 것을 의미한다. 바울 사도는 12장 12-27절에서 교회를 한 몸으로 설명한다.

17 떡이 하나요 많은 우리가 한 몸이니 이는 우리가 다 한 떡에 참여함이라 당시 고린도 교회는 이방인들과 유대인들, 그리고 사회적으로 부유한 자들과 가난한 자들이 함께 섞여 신앙생활을 하고 있었다. "다 한 떡에 참여한다"는 것은 이와 같은 차이에도 불구하고 하나의 공동체를 이룬다는 것을 의미한다. 이것이 가능한 것은 교회가 한 몸, 즉 그리스도의 몸이기 때문이다.

18 육신을 따라 난 이스라엘을 보라 "육신을 따라"라는 말은 '영을 따라' 난 자들인 성도들과 구별되는 말이다. 구약 시대의 이스라엘 백성에게는 민족적인 혈통이 중요했다. 그러나 예수 그리스도께서 오신 후의 신약의 성도는 혈통이 아닌 영이 새롭게 됨을 통해 하나님 백성이 된 자들이다.
제물을 먹는 자들이 제단에 참여하는 자들이 아니냐 음식을 먹는 것을 그 음식을 제공하는 종교의식에 참여하는 것과 연결시키고 있다. 이방 신전에서 음식을 먹는 것은 그 신전에서 섬기는 신과 교제하는 것과 연결된다.

21 주의 식탁과 귀신의 식탁에 겸하여 참여하지 못하리라 성찬에 참여하는 것이 예수 그리스도와의 교제를 의미하는 것처럼, 이교도의 제사에 바쳐진 음식을 먹는 것은 그 신과의 연합을 원하는 것이라 할 수 있다. 그렇기에 이와 같은 행동은 분명히 주님을 노엽게 하는 것이다.

22 그러면 우리가 주를 노여워하시게 하겠느냐 우리가 주보다 강한 자냐 구약성경에서 종종 하나님은 '질투하시는 하나님'으로 등장하신다(출 20:5; 34:14; 신 4:24; 5:9; 6:15; 수 24:19; 겔 23:25; 나 1:2; 슥 1:14; 8:2). 하나님의 백성이 하나님만을 섬기지 않고 다른 이방신을 섬길 때, 하나님께서는 그것을 허용하지 않으시고 그들을 벌하셨다. 왜냐하면 하나님과 이스라엘 백성은 어느 누구도 그 사이에 낄 수 없는 배타적이고 특별한 관계이기 때문이다. 고린도 교회의 어떤 성도들은 그들이 우상 제물에 대한 올바른 지식을 가지고 있다고 생각하여 거리낌 없이 이방 신전의 제사와 식탁 교제에 참여하였다. 바울은 이러한 행동은 주님께서 허락하시지 않는다는 것을 분명히 밝힌다.

쉬운성경

14 그러므로 나의 사랑하는 여러분, 우상 숭배를 멀리하십시오.

15 나는 여러분에게 판단력이 있다고 생각하여 이 말씀을 드립니다. 내가 하는 말을 판단해 보십시오.

16 우리가 축복하는 축복의 잔이 그리스도의 피에 참여하는 것이 아니란 말입니까? 또 우리가 나누어 먹는 빵이 그리스도의 몸에 참여하는 것이 아니란 말입니까?

17 빵이 하나이기에, 우리 모두가 하나의 빵을 먹는 것은 우리가 여럿이라도 모두 하나의 몸인 것입니다.

18 이스라엘 사람들을 생각해 보십시오. 희생 제물을 먹는 사람들은 제단에 참여하는 사람들이 아닙니까?

19 내가 말하려는 것이, 우상에 바친 음식이나 우상이 무슨 대단한 것이라도 된다는 의미로 들립니까? 그렇지 않습니다.

20 사람들이 제단에 바치는 것은 귀신에게 바치는 것이지 하나님께 바치는 것이 아닙니다. 나는 여러분들이 귀신과 사귀는 사람이 되는 것을 원하지 않습니다.

21 여러분은 주님의 잔을 마시고 동시에 귀신의 잔을 마실 수는 없으며, 주님의 식탁에 참여하면서 귀신의 식탁에 참여할 수는 없습니다.

22 우리가 주님을 질투하게 만들어서야 되겠습니까? 우리가 주님보다 더 강한 자란 말입니까?

저자의 묵상

'양다리를 걸치다'라는 말이 있다. 이 말은 어떤 것에 마음을 다 쏟지 않고 또 다른 것에도 마음을 두는 것을 의미한다. 흔히 연애를 할 때 한 사람만이 아니라 다른 사람에게도 마음을 주고 만날 때 사용한다. 구약 이스라엘 백성의 삶도 양다리를 걸치는 삶이었다. 그들이 전적으로 하나님을 떠난 적은 많지 않았다. 이스라엘은 하나님도 섬기고 다른 이방신도 섬겼다. 하나님께서는 그러한 행동을 옳다고 인정하지 않으셨다. 십계명에도 분명히 기록된 것처럼, 하나님께서는 하나님 자신 외에는 다른 신을 만들지 말고 그것에게 절하거나 섬기지 말라고 명령하셨다. 오늘날 우리 삶에도 이러한 양다리 걸치기의 모습은 없는지 잘 살펴보면 좋겠다. 주님과 물질을 함께 섬기지 않는가? 부와 명예가 자신에게 평안과 안전을 가져다준다고 생각하지 않는가? 그러한 모습은 바울이 고린도 교회 성도들을 향해 "주의 잔과 귀신의 잔을 겸하여 마시지 못하고 주의 식탁과 귀신의 식탁에 겸하여 참여하지 못한다"고 경고한 것과 흡사하다. 오직 주님 한 분만 섬기는 성도가 되어야 한다.

무릎 기도 하나님, 주님 한 분만으로 만족하기 원합니다. 세상의 물질과 명예에 마음을 빼앗기지 않고 오직 주님만 의지하며 평안과 기쁨을 누리는 복된 삶을 살게 하소서.

ESV - 1 Corinthians 10

14 Therefore, my beloved, flee from idolatry.
15 I speak as to sensible people; judge for
yourselves what I say.
16 The cup of blessing that we bless, is it not a
participation in the blood of Christ? The
bread that we break, is it not a participation
in the body of Christ?
17 Because there is one bread, we who are
many are one body, for we all partake of the
one bread.
18 Consider the people of Israel:* are not those
who eat the sacrifices participants in the
altar?
19 What do I imply then? That food offered to
idols is anything, or that an idol is anything?
20 No, I imply that what pagans sacrifice they
offer to demons and not to God. I do not
want you to be participants with demons.
21 You cannot drink the cup of the Lord and
the cup of demons. You cannot partake of
the table of the Lord and the table of demons.
22 Shall we provoke the Lord to jealousy? Are
we stronger than he?

* 10:18 Greek *Consider Israel according to the flesh*

14 idolatry 우상 숭배 15 sensible 현명한 16 participation 참여 17 partake of …을 함께하다 18 consider 생각하다 19 imply 암시하다 20 pagan 이방인 demon 귀신 22 provoke 자극하여 …시키다 jealousy 질투

28 하나님의 영광을 위하여

월 일

고린도전서 10:23-11:1 • 새찬송 331장 | 통일 375장

• 말씀묵상 전에 성령님의 인도하심을 구하는 기도를 드리십시오.

본문요약 | 성도들은 시장에서 파는 고기를 먹는 것이 신앙적인 측면에서 괜찮은가 하는 의문을 가졌다. '모든 것이 가하다'는 고린도 교회의 일부 성도들의 주장에 대해 바울은 '그러나 모든 것이 유익한 것은 아니다'라는 말로 응답한다. 바울은 다른 사람의 양심을 고려해야 하고, 모든 것은 하나님의 영광을 위한 것이어야 한다고 가르친다.

23 모든 것이 가하나 모든 것이 유익한 것은 아니요 모든 것이 가하나 모든 것이 덕을 세우는 것은 아니니
24 누구든지 자기의 유익을 구하지 말고 남의 유익을 구하라
25 무릇 시장에서 파는 것은 양심을 위하여 묻지 말고 먹으라
26 이는 땅과 거기 충만한 것이 주의 것임이라
27 불신자 중 누가 너희를 청할 때에 너희가 가고자 하거든 너희 앞에 차려 놓은 것은 무엇이든지 양심을 위하여 묻지 말고 먹으라
28 누가 너희에게 이것이 제물이라 말하거든 알게 한 자와 그 양심을 위하여 먹지 말라
29 내가 말한 양심은 너희의 것이 아니요 남의 것이니 어찌하여 내 자유가 남의 양심으로 말미암아 판단을 받으리요
30 만일 내가 감사함으로 참여하면 어찌하여 내가 감사하는 것에 대하여 비방을 받으리요
31 그런즉 너희가 먹든지 마시든지 무엇을 하든지 다 하나님의 영광을 위하여 하라
32 유대인에게나 헬라인에게나 하나님의 교회에나 거치는 자가 되지 말고
33 나와 같이 모든 일에 모든 사람을 기쁘게 하여 자신의 유익을 구하지 아니하고 많은 사람의 유익을 구하여 그들로 구원을 받게 하라

1 내가 그리스도를 본받는 자가 된 것 같이 너희는 나를 본받는 자가 되라

1. 오늘 하나님께서 나에게 주신 깨달음은 무엇입니까?

2. 말씀을 어떻게 내 삶에 구체적으로 적용해야 합니까?

절별 해설

23-24 모든 것이 가하나 모든 것이 유익한 것은 아니요 오늘 본문은 8장 1절에서 제기한 우상의 제물 문제에 관한 결론적인 교훈을 제시하고 있다. '모든 것이 가하다'는 일부 고린도 교회 성도들의 주장에 대해 바울은 '그러나 모든 것이 유익한 것은 아니다'라고 응수한다. 자기의 유익이 아니라 남의 유익을 구하는 분명한 원칙이 필요하다.

25-26 시장에서 파는 것은 양심을 위하여 묻지 말고 먹으라 바울 당시에는 이방 신전에서 제의에 사용된 고기가 시장에 유통되는 경우가 많았다. 그런데 사람들은 판매되는 고기가 제사에 사용된 고기인지 아닌지 명확히 알기 어려웠다. 그러므로 우상에게 바쳤던 제물일지도 모르는 고기를 먹으면서, 믿음이 약한 자들은 마음에 거리낌을 가지는 경우가 많았다. 그러나 바울은 모든 음식은 하나님께서 주신 것이기에 감사함으로 먹으면 문제가 되지 않는다고 권고한다.

27-28 이 구절에서는 믿지 않는 자들의 음식 초청에 대한 신자들의 태도가 어떠해야 하는지를 설명하고 있다. 예수를 믿지 않는 자가 성도를 이방 신전이 아닌 자기 집이나 공적인 식사 자리에 초대하여 음식을 차린 경우에는 묻지 말고 먹으라고 말한다. 그런데 만약 초대한 사람이 제물이라고 말하는 경우는 그 사람과 그의 양심을 위해 먹지 말라고 권면한다.

29 내가 말한 양심은 너희의 것이 아니요 남의 것이니 이 구절에서 '남의 것'은 믿음이 연약한 성도의 양심이나 믿지 않는 자의 양심을 가리킨다. 먹는 사람의 양심이 아니라 그가 먹는 모습을 보고 거리낌을 가지게 되는 상대방의 양심을 의미한다.
어찌하여 내 자유가 남의 양심으로 말미암아 판단을 받으리요 우상에게 바친 제물을 먹는 것이 아무런 문제가 되지 않는다고 생각하는 자들은, 자기의 자유로운 행동이 믿음이 약한 형제나 믿지 않는 자들에게 걸림돌이 될 수 있음을 알고 자유를 자제할 줄 알아야 한다.

30-31 감사하는 마음으로 식탁에 참여했지만, 다른 사람에게 비방을 받게 된다면 그것은 바람직하지 않다. 그렇기에 먹든지 마시든지 무엇을 하든지 다 하나님의 영광을 위한 행동을 하고 있는지 잘 살펴야 한다.

33 나와 같이 모든 일에 모든 사람을 기쁘게 하여 하나님을 기쁘시게 하기보다 다른 사람의 비위를 맞추고 그들을 기쁘게 하라는 의미가 아니다. 다른 사람들이 상처 받거나 걸려 넘어지지 않도록 자신이 누릴 수 있는 자유를 절제하라는 뜻이다. 그렇게 하는 이유가 무엇일까? 바울은 많은 사람들이 그를 통

쉬운성경

23 "모든 것이 허용되었다"고 여러분은 말하지만, 모든 것이 다 유익한 것은 아닙니다. 또 "모든 것이 허용되었다"고들 그러지만 모든 것이 다 덕을 세우는 것은 아닙니다.

24 누구나 자기 유익을 구해서는 안 되고, 다른 사람의 유익을 구하여야 합니다.

25 시장에서 파는 고기는 어떤 것이 되었든지 양심을 위해 꼬치꼬치 캐묻지 말고 그냥 사 먹으십시오.

26 "땅과 그 안에 가득한 것이 다 주님의 것"이기 때문입니다.

27 주님을 믿지 않는 사람이 여러분을 식사에 초대하여 여러분이 그 집에 가거든 차려 놓은 음식은 양심을 위해 꼬치꼬치 캐묻지 말고 무엇이나 드십시오.

28 그러나 누가 "이 음식은 제물로 바쳤던 것이오"라고 말하면, 말해 준 그 사람과 그의 양심을 위해 그 음식을 먹지 마십시오.

29 내가 여기서 말하는 양심은 여러분 자신의 양심이 아니라 다른 사람의 양심을 의미하는 것입니다. 왜 나의 자유가 다른 사람의 양심에 의해 판단을 받아야 합니까?

30 내가 감사하고 음식을 먹는데 내가 음식을 먹은 것 때문에 비난받아야 할 이유가 어디에 있습니까?

31 그러므로 여러분은 먹든지 마시든지, 무엇을 하든지, 모든 것을 하나님의 영광을 위해 하십시오.

32 유대인에게나 이방인에게나 하나님의 교회에 걸림돌 같은 존재가 되지 마십시오.

33 나처럼 하십시오. 나는 나의 유익을 구하지 아니하고, 많은 사람들의 유익을 구하였습니다. 많은 사람들이 구원받도록 모든 면에서 모든 사람들을 기쁘게 하려고 하였습니다.

1 내가 그리스도의 본을 따른 것처럼, 여러분도 나의 본을 따르십시오.

해 구원받기를 원하고 있다. 바울은 자신의 행동이 다른 사람의 구원에 걸림돌이 아니라 구원을 이루는 디딤돌이 되길 바라고 있다.

저자의 묵상

그리스도인에게 부여된 자유는 엄청나다. 온 우주 만물을 창조하시고 다스리시는 하나님이 아버지이심을 알 때, 그리스도인은 많은 세상 사람들이 두려워하는 귀신과 미신으로부터 자유로울 수 있다. 한 분 하나님과 한 주이신 예수님에 대한 분명한 지식은 성도에게 담대함을 준다. 그러면 그러한 자유와 담대함을 마음껏 사용해도 될까? 바울은 '아니요'라고 말한다. 자신의 자유로운 행동이 누군가에게 걸림돌이 되고 양심에 불편함을 준다면 그 자유를 한껏 누리지 말라고 당부한다. 그 이유는 자신의 자유보다 다른 사람이 구원받는 것이 더 중요하기 때문이다. 바울 당시 우상 제물의 문제처럼 오늘날 우리에게는 조상을 위해 제사를 드리는 부분이 있다. 성도는 아무리 조상의 제사라 할지라도 참여하여 절을 하지 않는 것이 좋다. 제사 음식을 준비하는 것은 여간 고된 일이 아닐 수 없다. 음식 준비는 누구보다 열심히 하고 절하는 것만 열외로 해 달라고 정중히 요청하면 어떨까? 열심히 준비하는 모습을 보며 믿지 않는 가족들의 마음이 열릴 수도 있을 것이다.

무릎 기도 하나님, 오늘 저의 행동 하나하나가 하나님께 영광이 되길 원합니다. 또한 사람들이 저의 모습을 통해 유익을 얻고 주님이 살아계심을 분명히 알게 하소서.

ESV - 1 Corinthians 10-11

23 "All things are lawful," but not all things are helpful. "All things are lawful," but not all things build up.
24 Let no one seek his own good, but the good of his neighbor.
25 Eat whatever is sold in the meat market without raising any question on the ground of conscience.
26 For "the earth is the Lord's, and the fullness thereof."
27 If one of the unbelievers invites you to dinner and you are disposed to go, eat whatever is set before you without raising any question on the ground of conscience.
28 But if someone says to you, "This has been offered in sacrifice," then do not eat it, for the sake of the one who informed you, and for the sake of conscience–
29 I do not mean your conscience, but his. For why should my liberty be determined by someone else's conscience?
30 If I partake with thankfulness, why am I denounced because of that for which I give thanks?
31 So, whether you eat or drink, or whatever you do, do all to the glory of God.
32 Give no offense to Jews or to Greeks or to the church of God,
33 just as I try to please everyone in everything I do, not seeking my own advantage, but that of many, that they may be saved.
1 Be imitators of me, as I am of Christ.

23 lawful 적법한 25 raise a question 문제 삼다 on the ground of …의 이유로 conscience 양심 26 thereof 그것에 관하여 27 dispose 마음이 내키게 하다 28 for the sake of …을 위해 29 liberty 자유 be determined 결정되다 30 denounce 비방하다 32 give offense to …을 성나게 하다 33 advantage 유익 1 imitator 본받는 자

29 여자의 머리를 가리는 문제

월 일

고린도전서 11:2-16 • 새찬송 21장 | 통일 21장

• 말씀묵상 전에 성령님의 인도하심을 구하는 기도를 드리십시오.

본문요약 I 고린도전서 11-14장은 예배의 문제를 다룬다. 11장 2-16절은 여자가 예배 중에 어떤 태도를 취해야 하는지에 대해 설명한다. 바울의 메시지의 핵심은, 여자가 당시의 사회적인 통념을 깨뜨리는 행동을 통해 예배를 무질서하게 만들거나 가정의 질서를 어지럽혀서는 안 된다는 것이다.

2 너희가 모든 일에 나를 기억하고 또 내가 너희에게 전하여 준 대로 그 전통을 너희가 지키므로 너희를 칭찬하노라
3 그러나 나는 너희가 알기를 원하노니 각 남자의 머리는 그리스도요 여자의 머리는 남자요 그리스도의 머리는 하나님이시라
4 무릇 남자로서 머리에 무엇을 쓰고 기도나 예언을 하는 자는 그 머리를 욕되게 하는 것이요
5 무릇 여자로서 머리에 쓴 것을 벗고 기도나 예언을 하는 자는 그 머리를 욕되게 하는 것이니 이는 머리를 민 것과 다름이 없음이라
6 만일 여자가 머리를 가리지 않거든 깎을 것이요 만일 깎거나 미는 것이 여자에게 부끄러움이 되거든 가릴지니라
7 남자는 하나님의 형상과 영광이니 그 머리를 마땅히 가리지 않거니와 여자는 남자의 영광이니라
8 남자가 여자에게서 난 것이 아니요 여자가 남자에게서 났으며
9 또 남자가 여자를 위하여 지음을 받지 아니하고 여자가 남자를 위하여 지음을 받은 것이니
10 그러므로 여자는 천사들로 말미암아 권세 아래에 있는 표를 그 머리 위에 둘지니라
11 그러나 주 안에는 남자 없이 여자만 있지 않고 여자 없이 남자만 있지 아니하니라
12 이는 여자가 남자에게서 난 것 같이 남자도 여자로 말미암아 났음이라 그리고 모든 것은 하나님에게서 났느니라
13 너희는 스스로 판단하라 여자가 머리를 가리지 않고 하나님께 기도하는 것이 마땅하냐
14 만일 남자에게 긴 머리가 있으면 자기에게 부끄러움이 되는 것을 본성이 너희에게 가르치지 아니하느냐
15 만일 여자가 긴 머리가 있으면 자기에게 영광이 되나니 긴 머리는 가리는 것을 대신하여 주셨기 때문이니라
16 논쟁하려는 생각을 가진 자가 있을지라도 우리에게나 하나님의 모든 교회에는 이런 관례가 없느니라

1. 오늘 하나님께서 나에게 주신 깨달음은 무엇입니까?

2. 말씀을 어떻게 내 삶에 구체적으로 적용해야 합니까?

절별 해설

2 내가 너희에게 전하여 준 대로 그 전통을 너희가 지키므로 바울은 고린도 교회 성도들을 꾸짖었던 분위기를 바꾸어 그들을 칭찬한다. 칭찬의 내용은 바울이 그들에게 전해 준 전통을 잘 지킨다는 것이다. 여기서 말하는 전통은 예수님의 가르침을 의미한다. 바울은 결혼에 대해 다룰 때 주님의 가르침과 연결시켜 설명했다. 이어지는 성찬이나 15장의 부활을 다룰 때도 예수님의 말씀은 중요한 위치를 차지한다.

3 각 남자의 머리는 그리스도요 여자의 머리는 남자요 그리스도의 머리는 하나님이시라 "머리"는 일반적으로 지배와 권위의 개념을 가지지만, 어떤 문맥에서는 '출처' 혹은 '근원'으로 사용된다. 남자는 여자의 원천이요, 그리스도는 남자의 생명의 원천이라는 말로 이해할 수 있다. 또한 아들이신 그리스도는 아버지께로부터 세상에 파송되어 지상에서의 삶에서 전적으로 순종하셨다. 이런 측면에서 볼 때, 머리라는 단어를 우월과 지배가 아닌 긴밀한 관계를 나타내는 말로 이해하면 자연스러울 것 같다.

4-5 남자로서 머리에 무엇을 쓰고 기도나 예언을 하는 자는 그 머리를 욕되게 하는 것이요 이 구절에서 첫 번째로 등장하는 머리는 신체의 일부를, 두 번째 머리는 그리스도를 가리킨다. 기도나 예언은 공적인 예배를 의미하는데, 바울 당시 교회의 공적 예배에서 남자들은 머리에 아무것도 쓰지 않았지만 여자들은 머리에 수건과 같은 것을 썼다. 만약 여자가 공공장소에서 머리에 아무것도 쓰지 않으면, 그것은 남편을 욕보이는 것이라고 생각했다. 바울은 여자가 기도와 예언을 하는 것을 금하는 것이 아니라, 예배에 참여할 때 당시 사람들이 의아해하지 않도록 풍속을 따라 자연스럽게 행동하라고 말하고 있다.

5-6 이는 머리를 민 것과 다름이 없음이라 당시 여자가 머리를 밀거나 짧은 머리를 하는 것은 창녀나 이방 종교의 여사제처럼 남자를 유혹하는 행위로 간주될 수 있음을 바울은 지적하고 있다.

7-9 남자는 하나님의 형상과 영광 … 여자는 남자의 영광 바울의 말을 오해하여 남자만 하나님의 형상과 영광이고 여자는 아니라고 생각해서는 안 된다. 여자도 물론 하나님의 형상이다. 그러나 바울이 여기서 강조하는 것은 창조 질서다. 바울은 남자에 대해 설명할 때는 창세기 1장 26-27절로부터, 여자에 대해 설명할 때는 창세기 2장 18-23절로부터 근거를 가져온다. 하나님께서 남자를 먼저 만드시고 여자가 남자를

쉬운성경

2 여러분이 모든 일에 나를 기억하고 있고, 내가 여러분에게 전하여 준 것을 붙들고 있으므로 여러분을 칭찬합니다.

3 그러나 여러분이 깨달았으면 하는 것이 하나 있습니다. 그것은 모든 남자의 머리는 그리스도며, 여자의 머리는 남자이며, 그리스도의 머리는 하나님이시라는 사실입니다.

4 남자가 머리에 무엇을 쓰고 기도를 하거나 예언을 하면, 그것은 자기의 머리가 되시는 그리스도를 욕되게 하는 것입니다.

5 그러나 여자가 머리에 무엇을 쓰지 않고 기도를 하거나 예언을 하면, 그것은 자기의 머리를 욕되게 하는 것입니다. 그것은 삭발한 것이나 다름이 없습니다.

6 여자가 머리에 무엇을 쓰지 않으려면 머리를 밀어 버리십시오. 머리를 밀어 내는 것이 여자에게 부끄러운 것이라면 무엇으로든 머리를 가리기 바랍니다.

7 남자는 하나님의 형상과 영광이므로 머리를 가려서는 안 됩니다. 그러나 여자는 남자의 영광입니다.

8 그것은 남자가 여자로부터 생겨난 것이 아니라, 여자가 남자로부터 생겨났기 때문입니다.

9 또한 남자가 여자를 위해 창조된 것이 아니라, 여자가 남자를 위해 창조되었습니다.

10 그러므로 천사들 때문에, 여자는 권위의 표를 그 머리 위에 지녀야 합니다.

11 그러나 주님 안에서는 여자가 남자 없이 독자적으로 존재하지 않고, 남자도 여자 없이 독자적으로 존재하지 않습니다.

12 왜냐하면 여자가 남자로부터 생겨난 것처럼 남자는 여자를 통해 태어났기 때문입니다. 그러나 모든 것들이 하나님으로부터 생겨났습니다.

13 여러분 스스로 한번 판단해 보십시오. 여자가 머리에 무엇이든지 쓰지 않고 하나

절별 해설

위해 돕는 배필로 지어진 것을 상기시킨다. 여자가 예배 때 머리에 아무것도 쓰지 않거나 짧은 머리를 하는 것은 남자와 구별되는 정체성을 허무는 것이라고 생각하여 금하고 있다.

10 여자는 천사들로 말미암아 권세 아래에 있는 표를 그 머리 위에 둘지니라 남자와 여자 사이의 창조 질서를 인정하는 하나의 방편으로, 여자들은 예배 때 머리에 두건이나 수건을 썼다. 이것은 예배 때 질서를 유지하고 하나님의 말씀에 순종하는지를 살피는 임무를 맡은 천사들을 거스르지 않는 행동이었다.

11–12 앞에서 남자와 여자의 창조 질서에 관해 언급했던 바울은 '그러나'라는 말로 반전을 꾀한다. 바울은 당시 헬라의 관습을 존중하면서 동시에 남자와 여자가 하나님으로부터 난 동등한 존재임을 부각시킨다.

16 우리에게나 하나님의 모든 교회에는 이런 관례가 없느니라 바울은 고린도 교회 안에서 이 문제로 논쟁하려는 사람들이 있다는 사실을 알고 있었다. 다른 모든 교회들도 자신과 같은 입장이라고 밝힘으로 논쟁을 피하고 있다.

님께 기도하는 것이 옳은 일입니까?

14 자연 그 자체가 여러분에게 교훈하듯 이 남자가 머리를 길게 하면 명예롭지 못합니다.

15 그러나 여자가 긴 머리를 하는 것은 그 여자에게 영광이 됩니다. 긴 머리는 여자에게 머리를 가리는 역할을 합니다.

16 이 문제에 대해 다른 의견을 제기하는 사람이 있다면 내가 말할 수 있는 것은, 우리나 하나님의 교회나 이것 외에 다른 풍습은 받지 않았다는 사실입니다.

저자의 묵상

어느 시대 어느 사회나 고유한 문화와 관습이 있다. 그것을 깨뜨리는 것은 많은 사람에게 공연한 오해와 불편을 준다. 예배 때 여자들이 머리에 아무것도 쓰지 않는 것은 바울 당시 로마 제국의 도시에서는 수치스러운 행동으로 생각되었다. 바울은 당시의 관습을 깨뜨림으로써 많은 이들에게 불편한 마음을 주는 것보다 더 중요한 본질을 붙잡을 것을 권면한다. 무엇이 본질인가? 여자도 남자와 등등한 존재로 하나님 앞에서 예배에 참여하여 역할을 감당하는 것이다. 오늘날도 우리 시대에 통용되는 관습이 있다. 물론 바울 당시와 비교하면 우리는 매우 융통성이 있는 사회에서 살고 있다. 남자와 여자 사이의 역할의 구분도 많이 사라지고 있다. 옷차림도 자유로워졌다. 그러나 공적인 예배에 참석할 때 다른 사람에게 불편함을 주지 않는 옷차림을 하는 것은 중요하다. 예를 들면, 슬리퍼를 신거나 너무 짧은 옷을 입고 예배에 참석하는 것은 지양하는 것이 좋다. 예배드리러 가기 전 우리 모습을 거울에 비추어 보자. 예배를 위해 우리의 몸뿐만 아니라 마음도 잘 정돈하기를 소망한다.

무릎 기도 하나님, 저의 삶이 함께 신앙생활을 하는 다른 성도들에게 기쁨과 용기를 주게 하시고, 날마다 선한 모습으로 많은 이들에게 덕을 끼치는 은혜의 삶을 살게 하소서.

ESV - 1 Corinthians 11

2 Now I commend you because you remember
me in everything and maintain the traditions
even as I delivered them to you.
3 But I want you to understand that the head
of every man is Christ, the head of a wife* is
her husband,* and the head of Christ is
God.
4 Every man who prays or prophesies with his
head covered dishonors his head,
5 but every wife* who prays or prophesies
with her head uncovered dishonors her
head, since it is the same as if her head
were shaven.
6 For if a wife will not cover her head, then
she should cut her hair short. But since it is
disgraceful for a wife to cut off her hair or
shave her head, let her cover her head.
7 For a man ought not to cover his head,
since he is the image and glory of God, but
woman is the glory of man.
8 For man was not made from woman, but
woman from man.
9 Neither was man created for woman, but
woman for man.
10 That is why a wife ought to have a symbol
of authority on her head, because of the
angels.*
11 Nevertheless, in the Lord woman is not
independent of man nor man of woman;
12 for as woman was made from man, so man
is now born of woman. And all things are
from God.
13 Judge for yourselves: is it proper for a wife
to pray to God with her head uncovered?
14 Does not nature itself teach you that if a
man wears long hair it is a disgrace for him,
15 but if a woman has long hair, it is her glory?
For her hair is given to her for a covering.
16 If anyone is inclined to be contentious, we
have no such practice, nor do the churches
of God.

* 11:3 Greek *gunē*. This term may refer to a *woman* or a *wife*, depending on the context

* 11:3 Greek *anēr*. This term may refer to a *man* or a *husband*, depending on the context

* 11:5 In verses 5–13, the Greek word *gunē* is translated *wife* in verses that deal with wearing a veil, a sign of being married in first-century culture

* 11:10 Or *messengers*, that is, people sent to observe and report

2 commend 칭찬하다 deliver to …에 전해 주다 4 prophesy 예언하다 dishonor 명예를 손상시키다 5 uncover 벗다 as if 마치 …인 것처럼 6 disgraceful 불명예스러운 shave one's head 머리를 밀다 7 ought to do 마땅히 …해야 한다 10 authority 권위 11 independent of …와는 관계없이 12 as…, so~ …와 마찬가지로 ~하다 16 inclined …할 생각이 있는 contentious 논쟁하기 좋아하는

• MEMO •

30

월 일

성만찬 속의 분쟁

고린도전서 11:17-26 • 새찬송 254장 | 통일 186장

• 말씀묵상 전에 성령님의 인도하심을 구하는 기도를 드리십시오.

본문요약 | 고린도 교회 성도들은 주의 만찬을 나누기 위해 정기적으로 모였다. 그러나 주의 만찬을 잘못 행함으로 교회는 분열의 위기에 처하게 되었다. 바울은 이런 상황에서 주님께서 잡히시던 날 밤에 제자들과 나누신 마지막 만찬에 대해 설명한다.

17 내가 명하는 이 일에 너희를 칭찬하지 아니하나니 이는 너희의 모임이 유익이 못 되고 도리어 해로움이라
18 먼저 너희가 교회에 모일 때에 너희 중에 분쟁이 있다 함을 듣고 어느 정도 믿거니와
19 너희 중에 파당이 있어야 너희 중에 옳다 인정함을 받은 자들이 나타나게 되리라
20 그런즉 너희가 함께 모여서 주의 만찬을 먹을 수 없으니
21 이는 먹을 때에 각각 자기의 만찬을 먼저 갖다 먹으므로 어떤 사람은 시장하고 어떤 사람은 취함이라
22 너희가 먹고 마실 집이 없느냐 너희가 하나님의 교회를 업신여기고 빈궁한 자들을 부끄럽게 하느냐 내가 너희에게 무슨 말을 하랴 너희를 칭찬하랴 이것으로 칭찬하지 않노라
23 내가 너희에게 전한 것은 주께 받은 것이니 곧 주 예수께서 잡히시던 밤에 떡을 가지사
24 축사하시고 떼어 이르시되 이것은 너희를 위하는 내 몸이니 이것을 행하여 나를 기념하라 하시고
25 식후에 또한 그와 같이 잔을 가지시고 이르시되 이 잔은 내 피로 세운 새 언약이니 이것을 행하여 마실 때마다 나를 기념하라 하셨으니
26 너희가 이 [1]떡을 먹으며 이 잔을 마실 때마다 주의 죽으심을 그가 오실 때까지 전하는 것이니라

1) 헬, 떡덩이

1. 오늘 하나님께서 나에게 주신 깨달음은 무엇입니까?

2. 말씀을 어떻게 내 삶에 구체적으로 적용해야 합니까?

절별 해설

17 이 일에 너희를 칭찬하지 아니하나니 바울은 고린도 교회 성도들이 잘하는 부분은 칭찬하지만, 그렇지 못한 부분에 대해서는 책망한다. 이어서 다루게 될 성찬(주의 만찬)의 문제는 칭찬이 아니라 책망이 필요하다. 22절에서도 바울은 '내가 너희를 칭찬할 말이 없다'고 분명히 밝히고 있다. 교회의 유익을 위한 성찬이 오히려 해가 되어 버렸다.

18-19 너희 중에 분쟁이 … 너희 중에 파당이 바울은 교회 안에 분쟁이 있다는 말을 글로에의 일꾼들을 통해 들었다(1:11). 분쟁은 교회에 해를 끼치기도 하지만, 오히려 분쟁과 파당을 통해 진정으로 주님을 섬기는 자가 누구인지 드러나게 될 것이다.

20-21 너희가 함께 모여서 주의 만찬을 먹을 수 없으니 … 어떤 사람은 시장하고 어떤 사람은 취함이라 여기서 고린도 교회의 성찬의 문제가 잘 드러난다. 잘못은 그들이 함께 모여 주의 만찬을 하지 않은 것에서 출발했다. 초대 교회 당시에는 성찬(주의 만찬)이 공동 식사와 함께 행해진 것으로 보인다. 성도들이 각자 음식과 음료를 가지고 와서 서로 나누어 먹도록 되어 있었다. 하지만 일부 부유한 자들은 가난한 자들을 기다리지 않고 자기들이 가지고 온 음식을 먼저 먹고 마셨다. 그래서 일을 마치고 나중에 온 가난한 성도들은 먹을 것이 없어 배고프게 돌아가야 했다.

23 주 예수께서 잡히시던 밤에 떡을 가지사 예수께서 잡히시던 날 밤에 제자들과 함께하신 것이 '식사'였다는 것은, 그 만찬이 가지는 의미가 얼마나 큰지를 잘 보여준다.

24 이것은 너희를 위하는 내 몸이니 이것을 행하여 나를 기념하라 이스라엘 백성이 애굽의 종살이에서 해방된 것을 기념하는 의식인 유월절 만찬의 의미를 주님 자신을 통해 새롭게 하신다. 예수께서는 유월절 양으로 십자가에서 죽기까지 하나님께 순종하심으로 인간들을 진정으로 해방하는 일을 행하셨다. 그러기에 성찬은 예수님의 죽으심을 기념하는 거룩한 의식이다. 떡은 예수님의 몸을, 잔은 예수님의 피를 상징한다.

25-26 이 잔은 내 피로 세운 새 언약이니 이것을 행하여 마실 때마다 나를 기념하라 예레미야 31장 31절에 보면 하나님께서는 이스라엘 백성과 시내산에서 맺은 옛 언약과는 다른 '새 언약'에 대해 말씀하셨다. 그 예언은 하나님의 아들이신 예수께서 이 땅에 오셔서 십자가에서 완전한 제사를 드리심으로 성취되었다. 그렇기에 새로운 구원 공동체인 교회는 예수께서 다시 오시는 날까지 구원과 은혜의 근원인 예수님의 죽으심을 기념하고 새겨야 한다.

쉬운성경

17 이제부터 말하는 내용에 대해서는 여러분을 칭찬하지 않겠습니다. 그것은 여러분의 모임이 유익이 되는 것보다는 해가 되기 때문입니다.

18 첫째로, 내가 듣기로는 여러분이 교회에서 모일 때 파벌이 생긴다고 하는데, 나는 그것이 어느 정도는 사실이라고 믿습니다.

19 여러분 중에서 누가 하나님께 인정받는 사람인지 분명하게 드러나게 하기 위해서는 다른 점*도 있어야 할 것입니다.

20 그러니 여러분이 한자리에 모여 나누는 식사는 성만찬을 나누는 것이 아닙니다.

21 먹을 때 각자가 자기 것을 먼저 갖다 먹어 버리기 때문에 어떤 사람은 굶주리고, 어떤 사람은 술에 취합니다.

22 여러분에게 먹고 마실 집이 없습니까? 여러분이 하나님의 교회를 멸시하고 가난한 사람들에게 굴욕감을 주려는 것입니까? 내가 더 이상 무슨 말을 하겠습니까? 이런 행동에 대해 잘했다고 칭찬할까요? 이번 일에 대해서는 절대로 칭찬할 수가 없습니다.

23 내가 여러분에게 전해 준 것은 주님께 받은 것입니다. 주 예수님께서 배반당하시던 날 밤에 빵을 들고

24 감사 기도를 드리신 다음, 빵을 떼시고 이렇게 말씀하셨습니다. "이것은 너희를 위한 내 몸이다. 나를 기억하면서 이것을 행하여라."

25 똑같은 방법으로 식사 후에 잔을 들고 말씀하셨습니다. "이 잔은 내 피로 세우는 새 언약이다. 이 잔을 마실 때마다 나를 기억하면서 이것을 행하여라."

26 여러분은 이 빵을 먹고, 잔을 마실 때마다 주님이 오실 때까지 주님의 죽으심을 전하십시오.

* 11:19 분파, 파벌

저자의 묵상

원래의 의미가 사라지면 알맹이는 빠지고 껍데기만 남게 된다. 고린도 교회 성도들이 지켰던 성찬이 그 적절한 예다. 그들도 처음에는 그리스도의 십자가의 은혜를 기억하며 감사함으로 성찬을 행했을 것이다. 먼저 온 자들이 나중에 온 자들을 기다리며 함께 식사하기 위해 애썼을 것이다. 그러나 성찬의 의미가 퇴색될 때 그들은 더 이상 기다릴 이유를 찾지 못했고, 오히려 자신이 먼저 와서 먹을 수 있는 환경에서 사는 것이 특권처럼 여겨졌을 것이다. 부유한 자들의 그와 같은 행동은 가난한 자들을 부끄럽게 하는 것이었다. 우리의 신앙생활에도 이런 일들이 있을 수 있다. 처음에는 감사로, 은혜로 시작한 일이 나중에는 짐으로, 불평의 요소로 전락하기가 얼마나 쉬운가? 그렇기에 교회 안팎의 우리의 섬김의 모습을 살필 때 자신이 주님의 은혜에 머물러 있는지를 살펴야 한다. 그럴 때 비로소 우리의 섬김은 주님을 기쁘시게 하고 다른 사람에게 유익을 끼치는 섬김이 될 수 있다.

무릎기도 하나님, 예수님의 십자가를 통해 저를 죄에서 건져 주시고 하나님의 자녀가 되게 하시니 감사합니다. 오늘도 십자가로부터 흘러나오는 구원의 은혜와 감격을 누리게 하소서.

ESV - 1 Corinthians 11

17 But in the following instructions I do not commend you, because when you come together it is not for the better but for the worse.

18 For, in the first place, when you come together as a church, I hear that there are divisions among you. And I believe it in part,*

19 for there must be factions among you in order that those who are genuine among you may be recognized.

20 When you come together, it is not the Lord's supper that you eat.

21 For in eating, each one goes ahead with his own meal. One goes hungry, another gets drunk.

22 What! Do you not have houses to eat and drink in? Or do you despise the church of God and humiliate those who have nothing? What shall I say to you? Shall I commend you in this? No, I will not.

23 For I received from the Lord what I also delivered to you, that the Lord Jesus on the night when he was betrayed took bread,

24 and when he had given thanks, he broke it, and said, "This is my body, which is for* you. Do this in remembrance of me."*

25 In the same way also he took the cup, after supper, saying, "This cup is the new covenant in my blood. Do this, as often as you drink it, in remembrance of me."

26 For as often as you eat this bread and drink the cup, you proclaim the Lord's death until he comes.

* 11:18 Or *I believe a certain report*
* 11:24 Some manuscripts *broken for*
* 11:24 Or *as my memorial;* also verse 25

17 instruction 명령 18 division 분쟁 in part 어느 정도는 19 faction 당파 genuine 참된 recognize 인정하다 20 supper 만찬 22 despise 멸시하다 humiliate 창피를 주다 23 betray 배반하다 24 in remembrance of …를 기념하다 25 covenant 언약 26 as often as …할 때마다 proclaim 선포하다

31 올바른 성찬의 시행

월 일

고린도전서 11:27-34 • 새찬송 311장 | 통일 185장

• 말씀묵상 전에 성령님의 인도하심을 구하는 기도를 드리십시오.

본문요약 I 고린도 교회에서는 온 성도가 그리스도를 통해 하나 된 것을 되새기며 함께해야 하는 성찬의 자리가 분열과 나눔의 자리로 전락하고 말았다. 이런 상황에서 바울은 성찬을 잘못 행한 자들을 꾸짖으며 성도 각자가 자신을 살피고 그리스도의 몸인 다른 지체들을 돌봄으로 하나가 되라고 권면한다.

27 그러므로 누구든지 주의 [1)]떡이나 잔을 합당하지 않게 먹고 마시는 자는 주의 몸과 피에 대하여 죄를 짓는 것이니라
28 사람이 자기를 살피고 그 후에야 이 [1)]떡을 먹고 이 잔을 마실지니
29 주의 몸을 분별하지 못하고 먹고 마시는 자는 자기의 [2)]죄를 먹고 마시는 것이니라
30 그러므로 너희 중에 약한 자와 병든 자가 많고 잠자는 자도 적지 아니하니
31 우리가 우리를 살폈으면 판단을 받지 아니하려니와
32 우리가 판단을 받는 것은 주께 징계를 받는 것이니 이는 우리로 세상과 함께 정죄함을 받지 않게 하려 하심이라
33 그런즉 내 형제들아 먹으러 모일 때에 서로 기다리라
34 만일 누구든지 시장하거든 집에서 먹을지니 이는 너희의 모임이 판단 받는 모임이 되지 않게 하려 함이라 그밖의 일들은 내가 언제든지 갈 때에 바로잡으리라

1) 헬, 떡덩이 2) 헬, 심판

1. 오늘 하나님께서 나에게 주신 깨달음은 무엇입니까?

2. 말씀을 어떻게 내 삶에 구체적으로 적용해야 합니까?

절별 해설

27 주의 몸과 피에 대하여 죄를 짓는 것 예수님은 자신의 몸이 찢기고 피를 흘리는 십자가의 죽으심을 통해 다른 사람을 위한 희생을 보여주셨다. 이러한 예수님의 죽으심을 기념하는 성찬에서 자신의 유익만을 구하는 이기적인 행동은 결코 함께할 수 없다. 가난한 자들을 배려하지 않고 먼저 먹고 취하는 부자들의 행동은 자기희생을 실현한 주님의 몸과 피를 욕되게 하는 것이다.

28 사람이 자기를 살피고 그 후에야 이 떡을 먹고 이 잔을 마실지니 그러기에 성찬에 참여하는 자들은 먼저 자신을 잘 살펴야 한다. 과연 자신의 행동이 예수님의 희생적인 죽음을 닮아가는지, 또한 자신의 마음속에 그와 같은 이타적인 사랑이 자리 잡고 있는지 점검해야 한다.

29 주의 몸을 분별하지 못하고 먹고 마시는 자 "주의 몸을 분별하라"는 말은 십자가에서 살이 찢기시고 피를 흘리신 예수님의 순종의 몸, 대속의 몸을 기억하라는 의미다. 그렇지 않으면 주의 만찬이 단순한 만찬으로 전락해 버린다. 이것이 고린도 교회에 있었던 문제였다.
자기의 죄를 먹고 마시는 것이니라 "죄"는 원문에는 '심판'으로 되어 있다. 구원을 맛보고 누리는 성찬을 잘못 행하면 오히려 심판을 초래한다.

30 너희 중에 약한 자와 병든 자가 많고 잠자는 자도 적지 아니하니 고린도 교회 성도들 가운데 성찬에 그릇되게 참여하여 죄를 범한 자들이 있었다. 바울은 그들의 육체적인 질병과 죽음이 성만찬을 잘못 행한 때문이었다고 지적한다. 그렇다고 성찬 자체가 마술적인 신비한 능력이 있다고 생각해서는 안 된다. 성찬은 죽으시고 부활하신 예수 그리스도께서 현존하시는 엄숙하고 거룩한 자리이기에 자신을 살피는 일을 게을리해서는 안 된다.

31–32 성도가 자신을 살피지 않고 행동할 때 하나님의 판단, 즉 징계를 받게 된다. 하나님께서는 성도가 잘못하는 일에 대해 무관심하거나 방관하시지 않는다. 아버지가 잘못 행하는 아들을 징계하듯이, 하나님께서는 성도들의 잘못을 바로잡는 데 개입하신다. 그 목적은 성도들이 세상과 함께 심판받지 않도록 하기 위함이다.

33–34 내 형제들아 먹으러 모일 때에 서로 기다리라 이 구절은 성찬 시행에 관한 실제적 지침이다. 바울은 성찬(주의 만찬) 때 일을 마치고 늦게 모임에 오는 가난한 성도들을 위해 기다리라고 권면한다. 그럴 때 모든 성도가 하나 된 마음으로 성찬을 시행하게 되고 그리스도 안에서 하나라는 것을 깨닫게 된다.

쉬운성경

27 그러므로 누구든지 합당하지 않은 태도로 빵을 먹거나 주님의 잔을 마시는 사람은 주님의 몸과 피를 범하는 죄를 짓는 것입니다.

28 각 사람은 자신을 점검한 후에 빵을 먹고 잔을 마셔야 합니다.

29 주님의 몸이라는 인식이 없이 먹거나 마시는 사람은 자기에게 내릴 하나님의 심판을 먹고 마시는 것입니다.

30 이런 이유로 여러분 중에는 약한 사람이나 아픈 사람이 많이 있고, 죽은 사람들도 적지 않습니다.

31 우리가 자신을 분별하였더라면 심판을 받지 않았을 것입니다.

32 그러나 우리가 지금 주님에게서 심판을 받는 것은 세상과 함께 심판을 받지 않기 위해서입니다.

33 그러므로 나의 성도 여러분, 여러분이 먹으러 함께 모일 때, 서로 기다리십시오.

34 배고픈 사람이 있으면 집에서 식사를 하도록 하십시오. 그래서 여러분이 보이는 것이 심판받는 모임이 되지 않기를 바랍니다. 이외에 다른 문제들은 내가 여러분에게 가서 알려 드리겠습니다.

저자의 묵상

오늘 본문은 우리가 성찬식에 참여할 때 많이 묵상하는 본문이다. 크게 두 가지를 살펴보면 좋을 것 같다. 첫째는 자기 자신을 살펴보아야 한다. 삶에서 예수 그리스도의 십자가를 의지하며 대속의 은총에 감사하며 살고 있는가? 하나님께서 기뻐하시지 않는 삶의 모습은 없는가? 주님 보시기에 합당하지 않은 모습이 있다면 먼저 회개하고 은혜를 구하자. 둘째는 함께 신앙생활을 하는 다른 성도들과의 관계를 살펴보아야 한다. 혹시 자신의 그릇된 행동으로 인해 다른 성도가 힘들어하지 않는가? 교만한 말과 행동을 하지 않는가? 세상의 원리 중 하나인 끼리끼리 문화에 영향을 받아 자신과 다른 성도들을 멀리하고 불편해하지는 않는가? 학벌, 성별, 고향, 경제적인 여건 등의 차이가 만들어 낼 수 있는 벽이 예수님의 십자가를 통해 허물어졌는가? 이런 마음으로 잘 준비하여 성찬에 참여할 때 우리의 허물을 용서하시고 덮으시는 십자가의 은혜와 능력을 체험하게 될 것이다. 우리 모두 성찬이 주는 풍성한 은혜를 누리기를 소망한다.

무릎 기도 하나님, 십자가에서 보이신 예수님의 사랑이 항상 제 속에 충만하기 원합니다. 주님을 닮은 말과 행동을 통해 만나는 사람들에게 유익을 주는 삶을 살게 하소서.

ESV - 1 Corinthians 11

27 Whoever, therefore, eats the bread or drinks the cup of the Lord in an unworthy manner will be guilty concerning the body and blood of the Lord.
28 Let a person examine himself, then, and so eat of the bread and drink of the cup.
29 For anyone who eats and drinks without discerning the body eats and drinks judgment on himself.
30 That is why many of you are weak and ill, and some have died.*
31 But if we judged* ourselves truly, we would not be judged.
32 But when we are judged by the Lord, we are disciplined* so that we may not be condemned along with the world.
33 So then, my brothers,* when you come together to eat, wait for* one another—
34 if anyone is hungry, let him eat at home—so that when you come together it will not be for judgment. About the other things I will give directions when I come.

* 11:30 Greek *have fallen asleep* (as in 15:6, 20)
* 11:31 Or *discerned*
* 11:32 Or *when we are judged we are being disciplined by the Lord*
* 11:33 Or *brothers and sisters*
* 11:33 Or *share with*

27 unworthy 어울리지 않는 guilty 죄의 concerning …에 대하여 28 examine oneself 점검하다 29 discern 분별하다 judgment 심판 32 discipline 징계하다 condemn 정죄하다 34 give directions 지시하다

32 많은 은사와 한 분 성령님

월 일

고린도전서 12:1-11 • 새찬송 197장 | 통일 178장

• 말씀묵상 전에 성령님의 인도하심을 구하는 기도를 드리십시오.

본문요약 I 고린도전서 12-14장은 성령의 은사에 대해 다룬다. 고린도 교회는 다양한 성령의 은사를 경험했다. 그러나 그와 같은 열광적인 분위기는 교회에 유익이 되기보다 분열과 갈등을 일으켰다. 그런 상황에서 바울은 하나님께서 은사를 주신 목적은 교회와 성도의 유익을 위한 것임을 분명히 밝힌다.

1 형제들아 신령한 것에 대하여 나는 너희가 알지 못하기를 원하지 아니하노니
2 너희도 알거니와 너희가 이방인으로 있을 때에 말 못하는 우상에게로 끄는 그대로 끌려 갔느니라
3 그러므로 내가 너희에게 알리노니 하나님의 영으로 말하는 자는 누구든지 예수를 저주할 자라 하지 아니하고 또 성령으로 아니하고는 누구든지 예수를 주시라 할 수 없느니라
4 은사는 여러 가지나 성령은 같고
5 직분은 여러 가지나 주는 같으며
6 또 사역은 여러 가지나 모든 것을 모든 사람 가운데서 이루시는 하나님은 같으니
7 각 사람에게 성령을 나타내심은 유익하게 하려 하심이라
8 어떤 사람에게는 성령으로 말미암아 지혜의 말씀을, 어떤 사람에게는 같은 성령을 따라 지식의 말씀을,
9 다른 사람에게는 같은 성령으로 믿음을, 어떤 사람에게는 한 성령으로 병 고치는 은사를,
10 어떤 사람에게는 능력 행함을, 어떤 사람에게는 예언함을, 어떤 사람에게는 영들 분별함을, 다른 사람에게는 각종 방언 말함을, 어떤 사람에게는 방언들 통역함을 주시나니
11 이 모든 일은 같은 한 성령이 행하사 그의 뜻대로 각 사람에게 나누어 주시는 것이니라

1. 오늘 하나님께서 나에게 주신 깨달음은 무엇입니까?

2. 말씀을 어떻게 내 삶에 구체적으로 적용해야 합니까?

절별 해설

2 너희가 이방인으로 있을 때에 말 못하는 우상에게로 끄는 그대로 끌려 갔느니라 우상은 사람의 손으로 만든 것이기에 말을 할 수 없는 것이 당연하다. 그럼에도 불구하고 고린도 교회 성도들은 예수를 믿기 전에는 악한 영이 이끄는 대로 우상에게로 끌려다녔다.

3 성령으로 아니하고는 누구든지 예수를 주시라 할 수 없느니라 다른 이방 종교에서도 황홀경에 빠져 신비한 말을 하는 현상이 있었다. 그러나 그것의 참·거짓을 판별하는 기준이 있다. 성령이 역사하시면 예수님을 저주할 자라고 말하지 않고 주님이라고 고백하게 된다는 것이다.

4-6 이 구절에는 '여러 가지'와 '같다'가 반복하여 등장한다. 여러 가지 은사를 경험하다 보면 각자 자기가 받은 은사가 더 낫다고 주장하기 쉽다. 그러나 모든 은사는 한 분 성령님이 주시는 것이다. 마찬가지로 교회 안의 직분도 여러 가지다. 그러나 그 직분을 맡기시는 분은 한 분 주님이시다. 각자 감당하는 사역도 여러 가지나, 모든 사람 안에서 모든 일을 이루시는 분은 한 분 하나님이시다.

8 지혜의 말씀 고린도 교회 성도들에게 지혜는 논쟁거리 중 하나였다. 그래서 바울은 사람의 지혜와 하나님의 지혜가 얼마나 다른지를 편지의 앞부분에서 상세히 다루었다. 사람의 지혜는 하나님의 지혜와 결코 견줄 수 없다. 예수 그리스도께서 달려 죽으신 십자가에서 하나님의 지혜가 드러났다. 그러므로 십자가에 달리신 예수 그리스도께서 참된 하나님의 지혜의 근원임을 알고 그것을 선포하는 것이다.

지식의 말씀 고린도 교회 성도들은 자신들이 지닌 특별한 지식을 자랑하고 교만했다(8:1-11). 그러나 참된 지식은 그리스도를 통해서 주어지고, 그 지식은 많은 사람들을 옳은 데로 인도하는 힘이 있다. 이런 측면에서 지식의 말씀은 그리스도에 대해 분명히 가르치는 것이라 할 수 있다.

9 믿음 '믿음도 은사에 속하는가?' 하고 의아하게 생각할 수도 있다. 믿음은 하나님의 은사다. 왜냐하면 예수를 그리스도로 고백하는 모든 성도는 자발적인 깨달음에 의한 것이 아니라 성령께서 믿음을 주시기에 가능하기 때문이다. 그러나 여기서 말하는 "믿음"은 성령님의 능력에 대해 다른 사람들보다 더 신뢰하는 것을 의미한다. 이러한 믿음을 가진 성도는 어떤 상황에서도 주님을 부인하지 않고 굳센 믿음을 드러낸다. 초대 교회 성도들이 박해를 받을 때에, 이런 믿음을 통해 예수 그리스도가 더 분명하게 드러나기도 했다.

쉬운성경

1 성도 여러분, 나는 여러분이 성령께서 주시는 선물들에 대해 모르기를 원치 않습니다.

2 여러분은 이방인으로 있었을 때, 말도 못하는 우상의 이끌림을 받았다는 사실을 아실 것입니다.

3 그러므로 여러분에게 알려 드릴 것이 있습니다. 하나님의 성령으로 말하는 사람은 "예수님은 저주받은 사람이다"라고 말하지 않으며, 성령을 통하지 않고는 "예수님은 주님이시다"라고 말할 수 없습니다.

4 선물은 다양하지만 성령은 같은 성령이십니다.

5 섬기는 일은 다양하지만 주님은 같은 주님이십니다.

6 일하는 것은 여러 가지이지만 모든 사람 속에서 모든 일을 하시는 분은 같은 하나님이십니다.

7 성령께서 각 사람에게 나타나신 것은 공동의 이익을 얻게 하려는 것입니다.

8 어떤 이는 성령으로부터 지혜의 말씀을, 다른 사람은 동일한 성령에게서 지식의 말씀을 받았습니다.

9 또 어떤 사람은 같은 성령으로부터 믿음을, 다른 사람은 병 고치는 능력을,

10 다른 사람은 기적을 행할 수 있는 능력을, 또 다른 사람은 예언을, 다른 사람은 영들을 구별할 수 있는 능력을, 또 다른 사람들은 다양한 언어로 말할 수 있는 능력을, 어떤 사람은 그 언어들을 통역할 수 있는 선물을 받았습니다.

11 이 모든 일은 한 분이신 같은 성령께서 하시는 일입니다. 성령께서는 그분이 원하시는 대로 각 사람에게 이런 것들을 나누어 주십니다.

저자의 묵상

우리는 눈앞에 보이는 현상에 우선적으로 관심을 기울일 때가 많다. 그것은 육신을 지닌 우리 인간의 한계다. 그러나 드러나는 것에 집중할 때, 우리는 그 속에서 역사하는 본질을 놓치기 쉽다. 성도의 은사, 직분 그리고 사역도 마찬가지다. 바울은 다양한 은사에 대해 말한다. 지혜의 말씀, 지식의 말씀, 믿음, 병 고침, 능력 행함, 예언, 영을 분별함, 방언, 통역 등이다. 기억할 것은 은사는 여러 가지이지만, 그것들을 주시는 성령님은 한 분이시라는 사실이다. 그러기에 성도는 자기가 가진 은사가 더 우월하다고 생각하여 교만하게 행동해서는 안 된다. 성령께서는 교회의 공적인 유익을 위해 개개인에게 가장 적합한 은사를 나누어 주셨다. 직분과 사역도 마찬가지다. 직분에 낮고 높음이 있을 수 없고, 사역도 더 중요하고 덜 중요한 것이 있을 수 없다. 교회가 교회답게 하나님의 일을 잘 감당하고 구원의 은혜 안에 견실하게 서 있도록 하기 위해 성령께서 주신 것이다. 자신의 은사, 직분 그리고 사역을 잘 돌아보아 하나님이 영광받으시는 아름다운 것이 되기를 소망한다.

무릎기도 하나님, 저에게 맡겨 주신 은사, 직분과 사역을 잘 감당할 수 있는 지혜와 능력을 주소서. 스스로 교만하지 않고 항상 겸손하게 교회를 섬기고 세상에서 빛과 소금의 역할을 잘 감당하게 하소서.

ESV - 1 Corinthians 12

1 Now concerning* spiritual gifts,* brothers,* I do not want you to be uninformed.

2 You know that when you were pagans you were led astray to mute idols, however you were led.

3 Therefore I want you to understand that no one speaking in the Spirit of God ever says "Jesus is accursed!" and no one can say "Jesus is Lord" except in the Holy Spirit.

4 Now there are varieties of gifts, but the same Spirit;

5 and there are varieties of service, but the same Lord;

6 and there are varieties of activities, but it is the same God who empowers them all in everyone.

7 To each is given the manifestation of the Spirit for the common good.

8 For to one is given through the Spirit the utterance of wisdom, and to another the utterance of knowledge according to the same Spirit,

9 to another faith by the same Spirit, to another gifts of healing by the one Spirit,

10 to another the working of miracles, to another prophecy, to another the ability to distinguish between spirits, to another various kinds of tongues, to another the interpretation of tongues.

11 All these are empowered by one and the same Spirit, who apportions to each one individually as he wills.

* 12:1 The expression *Now concerning* introduces a reply to a question in the Corinthians' letter; see 7:1
* 12:1 Or *spiritual persons*
* 12:1 Or *brothers and sisters*

1 spiritual 영적인 uninformed 모르는 2 pagan 이방인 lead astray 미혹시키다 mute 말 못하는 3 accursed 저주받은 6 empower 권능을 부여하다 7 manifestation 나타남 8 utterance 말 10 prophecy 예언 distinguish between …을 분별하다 tongue 방언 interpretation 통역 11 apportion 배분하다 individually 각자에게

33 많은 지체와 한 몸

월 일

고린도전서 12:12-21 • 새찬송 218장 | 통일 369장

• 말씀묵상 전에 성령님의 인도하심을 구하는 기도를 드리십시오.

본문요약 I 바울은 교회에 주신 은사에 대해 설명할 때 한 몸에 있는 여러 지체를 예로 든다. 유대인이나 헬라인, 종이나 자유인과 같이 다양한 사람들이 교회에 존재하지만, 그와 같은 인간적인 배경을 뛰어넘어 하나 되게 하는 분은 바로 예수 그리스도시다. 그러기에 교회는 철저하게 그리스도 중심적이어야 한다.

12 몸은 하나인데 많은 지체가 있고 몸의 지체가 많으나 한 몸임과 같이 그리스도도 그러하니라
13 우리가 유대인이나 헬라인이나 종이나 자유인이나 다 한 성령으로 [1]세례를 받아 한 몸이 되었고 또 다 한 성령을 마시게 하셨느니라
14 몸은 한 지체뿐만 아니요 여럿이니
15 만일 발이 이르되 나는 손이 아니니 몸에 붙지 아니하였다 할지라도 이로써 몸에 붙지 아니한 것이 아니요
16 또 귀가 이르되 나는 눈이 아니니 몸에 붙지 아니하였다 할지라도 이로써 몸에 붙지 아니한 것이 아니니
17 만일 온 몸이 눈이면 듣는 곳은 어디며 온 몸이 듣는 곳이면 냄새 맡는 곳은 어디냐
18 그러나 이제 하나님이 그 원하시는 대로 지체를 각각 몸에 두셨으니
19 만일 다 한 지체뿐이면 몸은 어디냐
20 이제 지체는 많으나 몸은 하나라
21 눈이 손더러 내가 너를 쓸 데가 없다 하거나 또한 머리가 발더러 내가 너를 쓸 데가 없다 하지 못하리라

1) 헬, 또는 침례

1. 오늘 하나님께서 나에게 주신 깨달음은 무엇입니까?

2. 말씀을 어떻게 내 삶에 구체적으로 적용해야 합니까?

절별 해설

12 그리스도도 그러하니라 그리스도의 몸인 교회는 여러 지체로 이루어진 몸과 같아서 다양성과 통일성이 존재한다.

13 유대인이나 헬라인이나 유대인과 헬라인은 언어와 생각 그리고 가치관 등에서 공통점보다 차이점이 많았다. 유대인들은 헬라인들을 볼 때 서로 상종할 수 없는 이방인으로 생각했다. 또한 헬라인들은 유대인들을 볼 때 해괴한 신을 믿으며 다른 사람들과 어울릴 줄 모르는 고집불통의 사람들이라고 생각했다.
종이나 자유인이나 당시 종과 주인의 관계는 미국의 흑인 노예와 주인의 관계 정도는 아니어도 분명 다른 신분과 지위로 확연히 구분된 것이 사실이었다. 매우 대조적인 사람들이 교회라는 공동체의 일원이 되었다. 이것은 매우 놀라운 일이 아닐 수 없다. 무엇으로 인해 그것이 가능했을까? 이어지는 내용이 이것을 설명한다.
다 한 성령을 마시게 하셨느니라 이것은 한 성령으로 세례를 받았다는 것을 의미한다. 세례를 받을 때 물에 잠기는 행동은 예수 그리스도와 함께 죽었다는 것을 의미하고, 다시 물에서 나오는 것은 그리스도를 통해 새로운 생명을 얻게 되었음을 상징적으로 보여준다. 성령의 세례를 통해 그리스도 안에 있는 누구나 새로운 피조물이 되게 하신다.

15-17 만일 발이 이르되 … 또 귀가 이르되 발이 손에게 "나는 손이 아니니 몸에 붙지 않았다"고 말한다고 해서 발이 몸에 붙어 있지 않은 것이 아니다. 귀가 눈에게 그렇게 말한다고 해서 귀가 몸에 붙지 않은 것도 아니다. 이 본문을 통해, 고린도 교회 안에 자기의 은사를 더 소중히 여기고 다른 것은 낮게 여기는 풍토가 있었다는 것을 짐작할 수 있다. 몸이 하나의 기능을 하는 기관으로만 되어 있다면 그것은 온전한 몸의 역할을 할 수 없는 것처럼, 은사도 마찬가지다.

18 이제 하나님이 그 원하시는 대로 지체를 각각 몸에 두셨으니 자기가 가진 것을 자랑함으로 분파와 다툼이 생긴 고린도 교회의 상황은 마치 하나의 기관으로 된 몸과 같은 모습이다. 자기의 것에 집중하는 것이 아니라 그것을 주신 하나님께 집중할 때, 교회는 본연의 모습을 되찾게 된다.

21 내가 너를 쓸 데가 없다 눈이 손에게 쓸데가 없다고 말하거나 머리가 발에게 쓸데가 없다고 말할 수 없다. 그런데 고린도 교회에는 다른 성도를 얕잡아 보고, 그들이 가진 것은 아무것도 아니라 여기고 오직 자신의 것만을 내세우는 사람들이 있었다.

쉬운성경

12 몸은 하나이지만 많은 지체들이 있고, 몸에 지체들이 많이 있지만 한 몸인 것처럼 그리스도도 그와 같습니다.

13 우리는 유대인이든지, 그리스인이든지, 종이든지, 자유인이든지, 모두 한 성령으로 세례를 받아 한 몸을 이루었고, 모두 한 성령을 모시게 되었습니다.

14 몸은 하나의 지체가 아니라 많은 지체들로 이루어져 있습니다.

15 발이 "나는 손이 아니므로 몸의 일부가 아니다"라고 말한다고 해서 발이 몸의 일부분이 아니라고 하겠습니까?

16 귀가 "나는 눈이 아니므로 몸의 일부가 아니다"라고 말한다고 해서 몸의 일부분이 아니라고 하겠습니까?

17 온몸이 눈이라면 어떻게 듣겠습니까? 온몸이 귀라면 어떻게 냄새를 맡겠습니까?

18 그러나 사실 하나님께서는 그분이 원하시는 대로 몸 안에 각각 다른 기능을 하는 여러 지체를 두셨습니다.

19 모든 것이 하나의 지체뿐이라면 몸은 어디 있겠습니까?

20 그러나 지금 그런 것처럼 지체는 많아도 몸은 하나입니다.

21 눈이 손에게 "너는 내게 필요 없어!"라고 할 수 없으며, 머리가 발에게 "너는 내게 쓸데없어!"라고 말할 수 없습니다.

저자의 묵상

바울은 그리스도의 몸인 교회를 사람의 몸에 견주어 설명한다. 몸의 각 지체가 고유한 역할을 감당하는 것처럼, 그리스도의 몸의 지체도 각자 맡은 일을 잘 감당해야 한다. 또한 서로를 용납하고 한마음으로 연합해야 한다. 교만한 마음이 들지 않도록 하는 것이 중요하다. 결국은 자기에 대해 과대평가하고 상대방을 업신여길 때 문제가 생긴다. 발이 손에게, 귀가 눈에게 자기의 우월성을 주장한다면, 몸이 그 기능을 제대로 할 수 있겠는가? 다른 사람을 나보다 낫게 여기는 마음이 절대적으로 필요하다. 교회 성도들을 보면 정말 다양하다. 교회가 아니면 세상에서 만나지 않았을 사람들이 한 교회에서 함께 신앙생활을 한다. 이것은 세상 사람들의 눈에는 기적일 것이다. 그럼 무엇이 이런 엄청난 기적을 가능하게 했을까? 바로 예수 그리스도시다. 예수님의 죽으심과 부활을 통해 이 놀라운 변화가 일어났다. 우리의 생명의 근원 되시는 예수님을 날마다 묵상하자. 또한 함께 신앙생활을 하는 친구와 성도를 귀하게 대할 때 교회는 더 아름다워질 것이다.

무릎기도 하나님, 오늘도 오직 주님만 바라보며 주님으로부터 흘러나오는 생명력과 지혜를 누리게 하소서. 또 믿음의 친구들의 삶도 붙들어 주소서.

ESV - 1 Corinthians 12

12 For just as the body is one and has many members, and all the members of the body, though many, are one body, so it is with Christ.
13 For in one Spirit we were all baptized into one body—Jews or Greeks, slaves* or free—and all were made to drink of one Spirit.
14 For the body does not consist of one member but of many.
15 If the foot should say, "Because I am not a hand, I do not belong to the body," that would not make it any less a part of the body.
16 And if the ear should say, "Because I am not an eye, I do not belong to the body," that would not make it any less a part of the body.
17 If the whole body were an eye, where would be the sense of hearing? If the whole body were an ear, where would be the sense of smell?
18 But as it is, God arranged the members in the body, each one of them, as he chose.
19 If all were a single member, where would the body be?
20 As it is, there are many parts,* yet one body.
21 The eye cannot say to the hand, "I have no need of you," nor again the head to the feet, "I have no need of you."

* 12:13 For the contextual rendering of the Greek word *doulos*, see Preface
* 12:20 Or *members*; also verse 22

12 member 몸의 일부 13 be baptized 세례를 받다 14 consist of …로 이루어지다 15 belong to …에 속하다 18 as it is 현 상황에서는 arrange 배열하다 21 have need of …을 필요로 하다

34 존귀함을 받은 약한 지체

월 일

고린도전서 12:22-31 • 새찬송 208장 | 통일 246장

• 말씀묵상 전에 성령님의 인도하심을 구하는 기도를 드리십시오.

본문요약 I 은사와 사역의 경우에 불필요한 것은 하나도 없다. 상대적으로 덜 중요해 보이는 은사와 사역일지라도 실제로는 없어서는 안 되는 요긴한 것들이다. 교회에서 눈에 잘 띄는 일을 하는 성도나 사역도 중요하지만, 드러나지 않는 사역과 일을 감당하는 성도가 있어 그리스도의 몸인 교회는 조화를 이루게 된다.

22 그뿐 아니라 더 약하게 보이는 몸의 지체
가 도리어 요긴하고
23 우리가 몸의 덜 귀히 여기는 그것들을 더
욱 귀한 것들로 입혀 주며 우리의 아름답
지 못한 지체는 더욱 아름다운 것을 얻느
니라 그런즉
24 우리의 아름다운 지체는 그럴 필요가 없
느니라 오직 하나님이 몸을 고르게 하여
부족한 지체에게 귀중함을 더하사
25 몸 가운데서 분쟁이 없고 오직 여러 지체
가 서로 같이 돌보게 하셨느니라
26 만일 한 지체가 고통을 받으면 모든 지체
가 함께 고통을 받고 한 지체가 영광을 얻
으면 모든 지체가 함께 즐거워하느니라
27 너희는 그리스도의 몸이요 지체의 각 부
분이라
28 하나님이 교회 중에 몇을 세우셨으니 첫
째는 사도요 둘째는 선지자요 셋째는 교
사요 그 다음은 능력을 행하는 자요 그 다
음은 병 고치는 은사와 서로 돕는 것과 다
스리는 것과 각종 방언을 말하는 것이라
29 다 사도이겠느냐 다 선지자이겠느냐 다
교사이겠느냐 다 능력을 행하는 자이겠느
냐
30 다 병 고치는 은사를 가진 자이겠느냐 다
방언을 말하는 자이겠느냐 다 통역하는
자이겠느냐
31 너희는 더욱 큰 은사를 사모하라 내가 또
한 가장 좋은 길을 너희에게 보이리라

1. 오늘 하나님께서 나에게 주신 깨달음은 무엇입니까?

2. 말씀을 어떻게 내 삶에 구체적으로 적용해야 합니까?

절별 해설

22 더 약하게 보이는 몸의 지체 고린도 교회 안에는 지식을 가지고 있다고 생각하는 강자와 그렇지 못한 약자가 있었다. 그뿐만 아니라 사회적으로 가난하고 지위가 낮은 성도들도 있었다. 세상적인 관점에서 보면 답은 분명하다. 강자가 약자를 무시하고 자기가 원하는 대로 행동하면 된다. 그러나 교회는 세상과 다르다. 바울은 약하게 보이는 지체가 더 요긴하다고 말한다. 성도뿐만 아니라 은사와 사역도 마찬가지다. 덜 중요해 보이고 눈에 드러나지 않는 은사와 사역도 반드시 필요한 것들이다.

23 덜 귀히 여기는 그것들 … 우리의 아름답지 못한 지체 이 표현은 성(性)과 관련된 몸의 지체를 말하는 것으로, 당시 여러 문화권에서 수치를 피하기 위해 가리는 경우가 많았다. 여기서는 교회 안에 있는 가난하고 지위가 낮은 성도를 뜻한다.

24-25 우리의 아름다운 지체 옷으로 덮지 않아 눈에 띄는 몸의 지체를 가리키며, 사회적으로 높은 지위에 있는 성도를 의미한다.
오직 하나님이 몸을 고르게 하여 부족한 지체에게 귀중함을 더하사 하나님의 방법은 세상의 방법과 다르다. 하나님은 부족한 지체를 멸시하거나 무시하지 않으시고, 그들에게 가치와 명예를 주셔서 몸이 연합되게 하심으로 분쟁이 없이 서로 돌보게 하신다.

28-30 첫째는 … 둘째는 … 셋째는 … 그 다음은 … 바울은 교회의 직분에 대해 말할 때 순서를 매긴다. 첫째는 사도, 둘째는 선지자, 셋째는 교사 순이다. 사도들은 예수님이 공생애를 시작하실 때부터 승천하실 때까지 예수님과 함께했던 자들이다. 예수님의 제자들이 이 사도 그룹에 속하고 부활하신 주님을 만난 바울도 사도에 해당한다. 이들에게는 주님으로부터 들은 말씀과 주님이 행하신 일들을 선포하는 책임이 있었다. 선지자들은 예언을 하던 사람들로 사도가 부여한 역할 안에서 말씀을 전하는 자들이었다. 교사들은 구약성경에 예언된 그리스도와 그분의 구원 사역의 의미를 전하는 자들이었다. 이 세 직분은 말씀과 관련된 것으로 교회의 기초가 된다.

그다음에 이어지는 다섯 가지 은사는 능력을 행하는 것, 병 고치는 은사, 서로 돕는 것, 다스리는 것과 각종 방언을 말하는 은사다. 모든 사람이 다 사도거나 선지자일 수 없고, 모든 사람이 동일한 은사만을 가질 수도 없다. 하나님께서는 각자에게 맞는 직분과 은사를 주셨다.

31 더욱 큰 은사 원문에는 '은사들'이라는 복수로 되어 있다. 이 구절에서 말하는 "더욱 큰 은사"는 신령한 것들, 특별히

쉬운성경

22 이와는 반대로 몸에서 더 약해 보이는 부분이 오히려 요긴하며,

23 몸에서 고귀하지 못하다고 생각하는 지체를 우리는 더욱 고귀하게 대하고 볼품없는 부분들을 더 품위 있게 꾸밉니다.

24 반면에 우리 몸 중에서 아름다워 보이는 부분들은 특별히 그럴 필요가 없습니다. 하나님께서는 몸의 지체들을 함께 모아 부족한 지체들에게 더욱 큰 영광을 주셨습니다.

25 그래서 우리 몸에 나뉨이 없게 하시고 몸의 여러 지체들이 서로 돌보며 살게 하셨습니다.

26 몸의 한 지체가 고통을 당하면 모든 지체가 함께 고통을 당하고, 한 지체가 영광을 받으면 모든 지체가 함께 기뻐합니다.

27 여러분들은 그리스도의 몸이며, 한 사람 한 사람은 그 몸의 지체입니다.

28 하나님께서 교회 안에 일할 사람들을 세우셨습니다. 첫째는 사도들이요, 둘째는 예언자들이요, 셋째는 교사들이요, 그다음에는 기적을 행하는 사람들이요, 또한 병 고치는 능력이 있는 사람들이요, 다른 사람들을 도와주는 사람들이요, 또 지도력이 있는 사람들, 그리고 방언을 말하는 사람들입니다.

29 모든 사람이 다 사도이겠습니까? 모두가 예언자이겠습니까? 모두가 교사이겠습니까? 모든 사람이 기적을 행하는 사람이겠습니까?

30 또 모두가 병 고치는 능력이 있는 사람이겠습니까? 모두가 방언으로 말하는 사람이겠습니까? 모두가 방언을 통역하는 사람이겠습니까?

31 하지만 여러분들은 더 큰 선물을 받도록 간절히 구하십시오. 이제 나는 여러분에게 가장 좋은 길을 보여 드리겠습니다.

예언과 관련된다고 볼 수 있다(14:1,4-5). 복수형이기에 단수형으로 쓰인 '가장 좋은 길'과는 다르다.
가장 좋은 길 바울이 고린도전서 13장에서 다루게 될 사랑을 의미한다. 사랑은 여러 은사 중 하나라기보다는 다양한 은사들이 주님이 기뻐하시는 대로 사용되도록 하는 기본적인 태도와 자질이며, 성도가 추구해야 하는 기독교 최고의 덕목이다.

저자의 묵상

바울(사울)은 예수 믿는 성도를 결박하여 예루살렘으로 잡아 오기 위해 다메섹으로 가던 도중에 부활하신 주님을 만났다. 주님은 바울(사울)을 향해 "사울아 사울아 네가 어찌하여 나를 박해하느냐"고 물으셨다(행 9:4). 바울(사울)은 부활하신 주님을 박해한 적이 없다. 단지 예수 믿는 자를 박해했을 뿐이다. 그런데 주님은 그들이 당하는 고통을 마치 자신이 당하는 것처럼 말씀하셨다. 몸의 한 지체가 아프면 다른 부분도 아픔을 느끼는 것처럼 말이다. 바울의 '그리스도의 몸으로서의 교회'에 대한 이해는 다메섹 도상의 경험으로부터 만들어진 것 같다. 그리스도의 몸으로서의 교회는 각각의 지체를 소중히 여기고 함께 돌보는 일을 해야 한다. 영광과 아픔을 함께하는 공동체가 바로 교회다. 오늘날 교회에는 개인주의가 만연해 있다. 다른 성도를 돌아보기보다는 자기 자신만 잘하면 된다는 생각이 강하다. 옆집에 사는 이웃이 누구인지 모르는 것처럼, 같은 교회를 출석하는 사람들에게도 관심이 점점 줄어들고 있다. 이것은 바람직한 모습이 아니다. 교회 안에 나의 도움을 필요로 하는 연약한 지체가 누군지 잘 살피는 노력이 필요하다.

무릎 기도 하나님, 제가 그리스도의 몸의 지체가 되는 은혜를 누리게 하시니 감사합니다. 저의 도움을 필요로 하는 연약한 지체를 잘 섬기며 돌보아 그리스도의 몸을 아름답게 세우게 하소서.

ESV - 1 Corinthians 12

22 On the contrary, the parts of the body that seem to be weaker are indispensable,
23 and on those parts of the body that we think less honorable we bestow the greater honor, and our unpresentable parts are treated with greater modesty,
24 which our more presentable parts do not require. But God has so composed the body, giving greater honor to the part that lacked it,
25 that there may be no division in the body, but that the members may have the same care for one another.
26 If one member suffers, all suffer together; if one member is honored, all rejoice together.
27 Now you are the body of Christ and individually members of it.
28 And God has appointed in the church first apostles, second prophets, third teachers, then miracles, then gifts of healing, helping, administrating, and various kinds of tongues.
29 Are all apostles? Are all prophets? Are all teachers? Do all work miracles?
30 Do all possess gifts of healing? Do all speak with tongues? Do all interpret?
31 But earnestly desire the higher gifts. And I will show you a still more excellent way.

22 on the contrary 그와는 반대로 indispensable 필수의 23 honorable 고귀한 bestow an honor on …에 명성을 부여하다 unpresentable 볼품없는 modesty 겸손 24 compose 구성하다 lack …이 없다 25 division 분쟁 26 suffer 고통을 겪다 28 appoint 세우다 apostle 사도 30 possess 소유하다

☐ 묵상 체크

35 사랑의 찬가

월 일

고린도전서 13:1-7 • 새찬송 298장 | 통일 35장

• 말씀묵상 전에 성령님의 인도하심을 구하는 기도를 드리십시오.

본문요약 I 바울은 사랑이 없는 성도에 대해 세 가지를 말한다. 그는 다른 이의 감정을 상하게 하며, 아무것도 아니며, 그의 행위에는 아무런 유익이 없다. 그러므로 사랑에 대해 분명히 알고 그것을 실천하는 삶을 살아야 한다. 이것이 바울이 사랑을 묘사할 때 동사를 사용하는 이유이다.

1 내가 사람의 방언과 천사의 말을 할지라
도 사랑이 없으면 소리 나는 구리와 울리
는 꽹과리가 되고
2 내가 예언하는 능력이 있어 모든 비밀과
모든 지식을 알고 또 산을 옮길 만한 모든
믿음이 있을지라도 사랑이 없으면 내가
아무 것도 아니요
3 내가 내게 있는 모든 것으로 구제하고 또
내 몸을 불사르게 내줄지라도 사랑이 없
으면 내게 아무 유익이 없느니라
4 사랑은 오래 참고 사랑은 온유하며 시기
하지 아니하며 사랑은 자랑하지 아니하며
교만하지 아니하며
5 무례히 행하지 아니하며 자기의 [1)]유익을
구하지 아니하며 성내지 아니하며 악한
것을 생각하지 아니하며
6 불의를 기뻐하지 아니하며 진리와 함께
기뻐하고
7 모든 것을 참으며 모든 것을 믿으며 모든
것을 바라며 모든 것을 견디느니라

1) 헬. 것을

1. 오늘 하나님께서 나에게 주신 깨달음은 무엇입니까?

2. 말씀을 어떻게 내 삶에 구체적으로 적용해야 합니까?

절별 해설

1 사람의 방언과 천사의 말 원문에는 '사람들과 천사들의 방언'으로 되어 있다. "사람의 방언"은 사람들이 일상적으로 사용하는 말과 외국어와 사투리를 들 수 있다. "천사의 말"은 예배 중 황홀경에 빠졌을 때 하는 신비한 말로 사람들은 그것이 천사의 말이라고 생각했다. 당시 고린도 교회는 은사가 풍성한 교회였다. 성도 중에는 예배 때 방언을 하는 자들이 있었고 그것을 귀하게 생각했던 것 같다(1:5; 14:5). 그러나 천사의 말로 여겨지는 방언을 하는 사람이라 할지라도 그에게 사랑이 없으면 아무것도 아닌 것으로 전락하고 만다. 그만큼 성도에게 사랑은 필수적이다.
소리 나는 구리와 울리는 꽹과리 만약 사랑이 없으면 사람의 방언과 천사의 말이라 할지라도 무의미한 소음에 불과하다.

2-3 사랑이 없으면 내가 아무 것도 아니요 … 사랑이 없으면 내게 아무 유익이 없느니라 2절과 3절에서 '모든'이 반복적으로 사용된다. 모든 비밀, 모든 지식, 또 산을 옮길 만한 모든 믿음은 성도들이 간절히 소유하기 원하는 것들이다. 그러나 이런 것들을 가지고 있다고 할지라도 사랑이 없으면 그 사람은 아무것도 아니다. 또한 자신이 가진 모든 것으로 구제하고 자기 몸을 불사르게 내주는 헌신이 있을지라도 사랑이 없으면 그 섬김은 무의미하다.

4-7 사랑은 오래 참고 사랑은 온유하며 4절에서 7절까지는 사랑을 의인화하여 묘사한다. 명사를 사용하여 묘사하지 않고 동사를 사용함으로써 사랑에는 구체적인 행동과 실천이 중요하다는 것을 보여준다. 사랑은 오래 참고 온유하다. 또한 사랑은 시기, 자랑, 교만, 무례함, 자기 유익을 구함, 성냄과 악한 것을 생각함과 불의를 기뻐함과 같은 부정적인 것을 멀리한다.

5 자기의 유익 헬라어 원문에는 '자기의 것'이라 되어 있다. 이것은 자기만을 위하는 개인주의적인 모습을 가리킨다.

7 "모든 것"이 네 번 반복적으로 사용된다. 사랑은 모든 것을 참으며, 모든 것을 믿으며, 모든 것을 바라며, 모든 것을 견딘다. 사랑은 다른 사람의 허물을 포용하고 받아들이며, 오늘을 믿음으로 살고, 하나님의 약속을 기대하며, 어려움 중에도 인내하게 한다. 이런 사랑의 모습은 예수 그리스도께서 보여주신 것으로 고린도 교회 성도들의 교만한 모습과는 대조된다.

쉬운성경

1 내가 사람의 방언과 천사의 말을 하더라도 내게 사랑이 없다면, 나는 울리는 종과 시끄러운 꽹과리와 다를 게 없습니다.

2 내가 예언하는 선물을 받고, 모든 비밀과 모든 지식을 헤아리고, 또 산을 옮길 만한 믿음을 가지고 있다 하더라도 내게 사랑이 없다면, 나는 아무것도 아닙니다.

3 내가 내 모든 재산을 나누어 주고 내 몸을 불사르게 내어 준다 하더라도 사랑이 없으면 내가 얻는 것은 아무것도 없습니다.

4 사랑은 오래 참습니다. 사랑은 친절합니다. 사랑은 시기하지 않습니다. 사랑은 자랑하지 않습니다. 사랑은 교만하지 않습니다.

5 사랑은 무례히 행동하지 않습니다. 사랑은 자기 유익을 구하지 않습니다. 사랑은 쉽게 성내지 않습니다. 사랑은 원한을 품지 않습니다.

6 사랑은 불의를 기뻐하지 않고 진리와 함께 기뻐합니다.

7 사랑은 모든 것을 덮어 주며, 모든 것을 믿으며, 모든 것을 소망하며, 모든 것을 견뎌 냅니다.

저자의 묵상

성도의 사랑은 삶에서 구체적인 모습으로 드러나야 한다. 누군가를 사랑한다고 말하지만 행동이 따르지 않는다면 그것은 진정한 사랑이 아니다. 예언, 비밀, 지식, 믿음과 같은 종교적인 탁월함을 가지고 있어도 사랑이 없으면 그것은 아무 쓸모없는 것이 되고 만다. 오히려 독이 되어 자랑하고 교만하며 다른 사람에게 무례히 행하게 한다. 사랑을 실천할 때 자신의 한계를 분명히 아는 것이 중요하다. 교만한 사람의 입에서는 자기가 모든 것을 알고 행하는 것 같은 거드름이 배어 나온다. 그러나 진정으로 사랑을 행하는 자의 입에서는 겸손의 말이 나온다. 불완전한 우리가 이 세상에서 사는 동안 예수 그리스도의 사랑을 본받는 것은 매우 중요하다. 본문의 '사랑'이라는 주어를 '예수님'으로 바꾸어도 좋다. "예수님은 오래 참고 예수님은 온유하며 시기하지 아니하며…." 예수님께서는 이런 사랑을 친히 행동으로 우리에게 보이셨다. 우리는 그 사랑을 받은 자답게 십자가에서 자기를 내주신 예수님을 본받는 자로 살아야 할 것이다.

무릎 기도 예수님께서 보여주신 십자가의 사랑을 날마다 묵상하며 예수님을 본받는 자로 살기 원합니다. 저의 삶에서 만나는 사람들을 온유함으로 대하고 겸손한 모습으로 섬기게 하소서.

ESV - 1 Corinthians 13

1 If I speak in the tongues of men and of angels, but have not love, I am a noisy gong or a clanging cymbal.
2 And if I have prophetic powers, and understand all mysteries and all knowledge, and if I have all faith, so as to remove mountains, but have not love, I am nothing.
3 If I give away all I have, and if I deliver up my body to be burned,* but have not love, I gain nothing.
4 Love is patient and kind; love does not envy or boast; it is not arrogant
5 or rude. It does not insist on its own way; it is not irritable or resentful;*
6 it does not rejoice at wrongdoing, but rejoices with the truth.
7 Love bears all things, believes all things, hopes all things, endures all things.

* 13:3 Some manuscripts *deliver up my body* [to death] *that I may boast*
* 13:5 Greek *irritable and does not count up wrongdoing*

1 gong 징 clang 땡그랑 하고 울리다 3 deliver up 넘겨주다 4 patient 오래 참는 arrogant 교만한 5 insist on …을 고집하다 irritable 화를 잘 내는 resentful 분개한 7 bear 참다 endure 견디다

36 끝없는 사랑

월 일

고린도전서 13:8-13 • 새찬송 218장 | 통일 369장

• 말씀묵상 전에 성령님의 인도하심을 구하는 기도를 드리십시오.

본문요약 I 사랑은 은사 중 하나가 아니라 은사들이 조화롭게 제 기능을 발휘할 수 있도록 하는 '가장 좋은 길'이다. 여러 은사들은 이 땅에서만 유효하여 언젠가 그 역할이 끝나는 때가 있다. 그러나 사랑은 영원하다. 그러기에 믿음, 소망, 사랑이라는 성도의 세 가지 중요한 덕 중에서도 사랑이 으뜸이다.

8 사랑은 언제까지나 떨어지지 아니하되 예
언도 폐하고 방언도 그치고 지식도 폐하
리라
9 우리는 부분적으로 알고 부분적으로 예언
하니
10 온전한 것이 올 때에는 부분적으로 하던
것이 폐하리라
11 내가 어렸을 때에는 말하는 것이 어린 아
이와 같고 깨닫는 것이 어린 아이와 같고
생각하는 것이 어린 아이와 같다가 장성
한 사람이 되어서는 어린 아이의 일을 버
렸노라
12 우리가 지금은 거울로 보는 것 같이 희미
하나 그 때에는 얼굴과 얼굴을 대하여 볼
것이요 지금은 내가 부분적으로 아나 그
때에는 주께서 나를 아신 것 같이 내가 온
전히 알리라
13 그런즉 믿음, 소망, 사랑, 이 세 가지는 항
상 있을 것인데 그 중의 [1]제일은 사랑이라

1) 헬, 더 큰 것은

1. 오늘 하나님께서 나에게 주신 깨달음은 무엇입니까?

2. 말씀을 어떻게 내 삶에 구체적으로 적용해야 합니까?

절별 해설

8 사랑은 언제까지나 떨어지지 아니하되 … 지식도 폐하리라 본절에서는 사랑을 다른 은사와 비교한다. 예언, 방언, 지식과 같은 은사는 고린도 교회 성도들이 가지기 원했던 은사 중에서 상위에 위치한 것이었다. 이런 은사들은 다른 사람의 눈에 띄기 쉬워 관심을 끌게 했다. 그러나 바울은 분명히 말한다. 사랑은 영원히 지속되지만 예언, 방언, 지식과 같은 은사들은 일시적이고 유한하다. 사랑의 영원성은 인간인 우리에게 달려 있지 않다. 하나님께서 예수 그리스도 안에서 성도인 우리를 영원히 사랑하셨기에, 우리의 사랑 또한 그것에 근거하여 영원한 가치를 지니게 된다. 성도는 항상 하나님의 사랑 위에서 사랑을 행해야 한다. 마치 일만 달란트 빚을 탕감받은 자가 자기에게 백 데나리온 빚진 자를 용서하는 심정으로 더 큰 사랑에 순복하는 형태로 드러나야 한다. 안타깝게도 고린도 교회 성도들은 자신들이 가진 예언, 방언, 지식과 같은 은사를 자랑함으로써 교회와 다른 성도들에게 유익이 되지 못했다.

9-10 온전한 것이 올 때에는 부분적으로 하던 것이 폐하리라 여기서는 '부분적인 것'과 '온전한 것'이 대조를 이룬다. 지식과 예언은 부분적이고 불완전하다. '온전한 것'은 하나님에 대한 온전한 지식을 의미하는데, 이것은 예수 그리스도께서 다시 오심으로 가능하게 된다.

11 장성한 사람이 되어서는 어린 아이의 일을 버렸노라 이 구절에서 "어린 아이와 같다"는 말이 세 번 반복된다. 어린아이처럼 말하고 인식하고 생각하다가 어른이 되어서는 어린아이 때의 모습을 버리는 것처럼, 성숙한 성도는 성령을 통해 온전하게 행동하게 된다.

12 지금은 거울로 보는 것 같이 희미하나 오늘날의 거울과 달리 당시는 청동으로 된 거울을 사용하였다. 당연히 거울에 비치는 모습은 희미하고 일그러진 경우가 많았다. 우리가 하나님을 아는 것도 분명하지 않다. 예수께서 다시 오시는 날에 성도는 하나님에 대해 더 분명하게 알게 된다. 그러나 성도인 우리가 잊지 말아야 하는 것은 하나님이 우리를 아신다는 사실이다. 이 변함 없는 사랑으로 인해 우리는 하나님을 아는 자로 산다. 나를 아시고 사랑하시는 하나님을 알게 될 때 자신에 대해서도 더 분명히 알게 된다.

13 그 중의 제일은 사랑이라 고린도 교회 성도들은 방언, 예언, 그리고 지식에 관심이 많았다. 그러나 바울은 성도의 세 가지 중요한 덕인 믿음, 소망, 사랑에 관심을 기울이게 한다. 그러면서 그중에서 가장 큰 것은 사랑이라고 분명히 말한다.

쉬운성경

8 사랑은 영원합니다. 예언은 있다가도 없고, 방언도 있다가 그치며, 지식도 있다가 사라질 것입니다.

9 우리가 지금은 부분적으로 알며, 부분적으로 예언하지만

10 완전한 것이 오면 부분적인 것은 사라지게 될 것이기 때문입니다.

11 내가 어렸을 때는 말하는 것이 어린아이와 같고, 생각하는 것이 어린아이와 같고, 깨닫는 것이 어린아이와 같았지만, 어른이 되어서는 유치한 것들을 버렸습니다.

12 지금은 우리가 거울을 통해 보는 것 같이 희미하게 보지만, 그때에는 얼굴과 얼굴을 마주 보듯이 보게 될 것입니다. 지금은 우리가 부분적으로 알지만 그때에는 하나님께서 나를 아신 것처럼 완전하게 알게 될 것입니다.

13 그런즉 믿음, 소망, 사랑, 이 세 가지는 항상 있을 것인데, 그중에서 가장 위대한 것은 사랑입니다.

저자의 묵상

이전 시대보다 '사랑'이라는 말을 더 쉽고 편하게 쓰게 된 요즘이다. 그러나 역설적이게도 사랑과는 거리가 먼 일들이 오늘날 우리 주변에서 많이 일어난다. 사랑은 구호로 되는 것이 아님을 깨닫게 해 준다. 성도에게 있어서 참사랑은 '누군가를 사랑해야겠다'는 자신의 의지적인 결단으로부터 시작되지 않는다는 것을 알아야 한다. 우리의 사랑은 하나님의 사랑에 잇대어 있지 않으면 언제 사라지게 될지 모른다. 그러기에 날마다 하나님이 우리에게 베푸신 사랑을 기억해야 한다. 곱씹고 마음 깊이 간직해야 한다. 하나뿐인 아들을 십자가에 내어 주심으로 우리를 하나님의 아들과 딸이 되게 하신 그 놀라운 사랑은 어느 누구도 우리에게서 빼앗을 수 없다. 심지어 사망도 우리를 하나님의 사랑에서 끊을 수 없다. 왜냐하면 우리를 향한 그 사랑은 영원한 하늘나라로 이어져 우리를 그곳으로 인도하고, 거기서도 계속될 것이기 때문이다.

무릎 기도 하나님, 저를 지금까지 사랑하시고 또한 영원토록 사랑해 주실 것에 감사합니다. 저도 아버지 사랑을 전하고 나누는 자로 살도록 인도하소서.

ESV - 1 Corinthians 13

8 Love never ends. As for prophecies, they will pass away; as for tongues, they will cease; as for knowledge, it will pass away.
9 For we know in part and we prophesy in part,
10 but when the perfect comes, the partial will pass away.
11 When I was a child, I spoke like a child, I thought like a child, I reasoned like a child. When I became a man, I gave up childish ways.
12 For now we see in a mirror dimly, but then face to face. Now I know in part; then I shall know fully, even as I have been fully known.
13 So now faith, hope, and love abide, these three; but the greatest of these is love.

8 prophecy 예언 tongue 방언 cease 그치다 knowledge 지식 10 partial 부분적인 11 reason 논리적으로 생각하다 childish 어린아이 같은 12 dimly 희미하게 13 abide 남다

☐ 묵상 체크

37 예언과 방언

월 일

고린도전서 14:1-11 • 새찬송 285장 | 통일 209장

• 말씀묵상 전에 성령님의 인도하심을 구하는 기도를 드리십시오.

본문요약 I 14장에서는 성령의 은사들 중에서 특별히 예언과 방언에 대해 다룬다. 바울은 방언보다는 예언의 은사를 더 강조한다. 그 이유는 방언은 그것을 말하는 개인에게 유익이 되지만, 예언은 교회에 유익이 되기 때문이다. 바울은 공동체의 유익과 덕을 항상 생각하라고 권면한다.

1 사랑을 추구하며 신령한 것들을 사모하되
특별히 예언을 하려고 하라
2 방언을 말하는 자는 사람에게 하지 아니
하고 하나님께 하나니 이는 알아듣는 자
가 없고 영으로 비밀을 말함이라
3 그러나 예언하는 자는 사람에게 말하여
덕을 세우며 권면하며 위로하는 것이요
4 방언을 말하는 자는 자기의 덕을 세우고
예언하는 자는 교회의 덕을 세우나니
5 나는 너희가 다 방언 말하기를 원하나 특
별히 예언하기를 원하노라 만일 방언을
말하는 자가 통역하여 교회의 덕을 세우
지 아니하면 예언하는 자만 못하니라
6 그런즉 형제들아 내가 너희에게 나아가서
방언으로 말하고 계시나 지식이나 예언이
나 가르치는 것으로 말하지 아니하면 너
희에게 무엇이 유익하리요
7 혹 피리나 거문고와 같이 생명 없는 것이
소리를 낼 때에 그 음의 분별을 나타내지
아니하면 피리 부는 것인지 거문고 타는
것인지 어찌 알게 되리요
8 만일 나팔이 분명하지 못한 소리를 내면
누가 전투를 준비하리요
9 이와 같이 너희도 혀로써 알아듣기 쉬운
말을 하지 아니하면 그 말하는 것을 어찌
알리요 이는 허공에다 말하는 것이라
10 이같이 세상에 소리의 종류가 많으나 뜻
없는 소리는 없나니
11 그러므로 내가 그 소리의 뜻을 알지 못하
면 내가 말하는 자에게 [1]외국인이 되고 말
하는 자도 내게 [1]외국인이 되리니

1) 또는 야만인

1. 오늘 하나님께서 나에게 주신 깨달음은 무엇입니까?

2. 말씀을 어떻게 내 삶에 구체적으로 적용해야 합니까?

절별 해설

1 사랑을 추구하며 신령한 것들을 사모하되 성도들은 13장에서 설명한 사랑 안에서 영적인 은사들을 구해야 한다.
특별히 예언을 하려고 하라 바울은 교회에 유익이 되는 것으로 예언의 은사를 강조한다. 이 구절에서 "예언"은 단순히 미래에 어떤 일이 일어날지를 알리는 것이 아니라, 성령의 인도하심을 따라 교회에 필요한 말씀을 전달하는 것이다. 그래서 칼빈과 루터와 같은 종교 개혁자들은 설교가 예언의 은사와 연관이 있다고 주장했다.

2 이는 알아듣는 자가 없고 영으로 비밀을 말함이라 사도행전 2장의 방언과 이 구절의 방언은 다르다. 사도행전 2장에서는 로마 제국의 여러 지역에서 온 자들이 사도들이 하는 말을 저마다 자기가 태어난 지방의 말로 알아들었다. 그러나 이 구절에서 말하는 방언은 성도가 기도 때 하는, 보통 사람들은 알아들을 수 없는 말을 의미한다.

3 예언하는 자는 사람에게 말하여 덕을 세우며 권면하며 위로하는 것이요 방언과 달리 예언은 사람들이 알아들을 수 있는 말이었다. 예언의 내용은 덕, 권면 그리고 위로였다. 하나님의 뜻을 풀어 설명함으로써 성도들이 자신을 돌아보고 하나님 앞에서 올바른 삶을 살게 했다.

4-5 나는 너희가 다 방언 말하기를 원하나 특별히 예언하기를 원하노라 방언은 개인적인 유익이 있으나 예언은 교회에 덕이 된다. 바울은 방언이 필요 없다고 말하지 않는다. 바울은 고린도 교회 성도들이 방언을 하길 원한다. 그러나 특별히 예언의 은사를 누리길 원한다. '모든 것을 덕을 세우기 위하여 하라'(14:26)는 것이 은사 활용의 기본 원칙이기 때문에, 방언보다 예언이 더 유익하다. 방언의 경우도 통역이 이루어진다면 예언처럼 교회에 유익이 될 수 있다. 그러나 방언에 항상 통역이 있는 것은 아니었다.

6 그런즉 형제들아 내가 너희에게 나아가서 바울이 자신의 사역을 들어 방언에 대하여 설명한다. 성도들이 알아들을 수 없는 방언으로 그들에게 말한다면 유익이 없다는 것이다. "계시, 지식, 예언, 가르치는 것", 이 네 가지 은사는 모두 명료한 말을 사용하여 성도들에게 직접적인 유익이 됨을 분명히 말한다.

7-8 피리, 거문고의 경우에 음을 잘 분별하여 불 때 소음이 아닌 아름다운 음악이 된다. 또한 나팔의 경우에도 다양한 음색을 활용하여 다른 소리를 내는 것이 중요하다. 예를 들면 군인들은 다양한 나팔 소리를 듣고 그들이 어떤 행동을 취해야 하는지 알 수 있다. 바울은 통역 없는 방언의 무익함을 악기를

쉬운성경

1 여러분은 사랑을 추구하십시오. 영적인 선물을 간절히 바라되, 그중에서도 특히 예언하기를 구하십시오.

2 방언을 말하는 사람은 사람에게 말하는 것이 아니라 하나님께 말하기 때문에, 그가 하는 말을 알아들을 수 있는 사람이 없습니다. 그 사람은 성령으로 하나님의 비밀들을 말하는 것입니다.

3 이와는 달리 예언하는 사람은 사람에게 말합니다. 그는 사람들에게 덕을 세우며, 용기를 북돋우고 위로를 주는 말을 합니다.

4 방언을 말하는 사람은 자기 자신에게만 덕을 세우지만, 예언하는 사람은 교회에 덕을 세웁니다.

5 나는 여러분 모두가 방언을 말하기를 원하지만, 더욱 원하는 것은 예언하는 것입니다. 교회에 덕을 세우기 위해서는, 통역하는 사람이 없다면 방언을 말하는 것보다는 예언하는 사람이 더 위대합니다.

6 성도 여러분, 내가 여러분에게 가서 방언으로 말하고, 계시나 지식이나 예언이나 교훈으로 말하지 않는다면, 방언으로 말하는 것이 여러분에게 무슨 유익이 되겠습니까?

7 마찬가지로 피리나 거문고와 같이 생명이 없는 악기가 악보대로 명확하게 구별되는 소리를 내지 않으면, 그것이 무엇을 연주하는지 어떻게 알겠습니까?

8 나팔수가 분명한 소리를 내지 않으면 누가 전투 준비를 할 수 있겠습니까?

9 이처럼 여러분도 방언으로 알아듣지 못하는 말을 하면, 여러분이 말하는 것을 어떻게 알아들을 수 있겠습니까? 그것은 단지 허공에다 대고 말하는 것에 불과합니다.

절별 해설

비유로 들어 설명한다. 피리나 거문고가 악보대로 음을 내지 못하거나 나팔수가 정확한 소리를 내지 못한다면, 아무런 유익이 없는 소음이 되고 만다. 마찬가지로 통역이 없는 방언은 말하는 개인에게만 유익일 뿐 다른 사람에게는 아무런 소용이 없다.

9 이는 허공에다 말하는 것이라 당시 고린도에는 세계 각국으로부터 온 사람들이 있었다. 저마다 자기 나라 말로 하기에 듣는 사람이 알아들을 수 없는 경우도 있었는데, 그것은 마치 허공에 대고 말하는 것과 같았다.

11 내가 말하는 자에게 외국인이 되고 말하는 자도 내게 외국인이 되리니 "외국인"으로 번역한 단어의 원뜻은 '야만인'이다. 당시에는 헬라어를 알지 못해 자기 나라 말로 말하는 사람에게 사용했던 단어다. 서로에게 '외국인이 된다'라는 것은 뜻이 통하지 않아 의사소통이 되지 않는 모습을 설명한다. 방언을 말하는 경우도 이와 같다.

10 세상에는 여러 종류의 다양한 소리가 있고, 그 어느 것도 의미가 없는 소리는 없습니다.

11 내가 그 소리의 의미를 이해하지 못하면, 나는 그 사람에게 외국인이 되고, 그 사람도 내게 외국인이 될 것입니다.

저자의 묵상

'66권의 성경이 완성된 이후에도 방언이나 예언과 같은 성경에 나오는 은사들이 유효한가?' 하는 논의가 있다. 나는 개인적으로 성경에 나오는 은사들이 여전히 존재한다고 믿는다. 그러나 은사에 대한 오해가 있다. 방언을 하지 못하면 구원받지 못한다고 가르치거나, 예언을 미래에 일어날 어떤 일로만 생각하고 미래를 알고자 집착하는 것은 잘못된 행동이다. 물론 하나님께서 자기에게 주실 은사를 구하는 것은 중요하다. 그러나 은사는 전적으로 하나님이 주시는 선물이다. 바울은 예언을 더 사모하라고 가르치는데, 그 이유는 교회에 덕이 되기 때문이다. 덕, 권면, 위로가 되는 예언은 신비한 말이라기보다는 하나님의 뜻이 담긴 말로 생각하는 것이 좋다. 이렇게 보면 우리는 자주 예언을 말하고 듣는 셈이다. 예배 때 듣는 설교 말씀이 바로 하나님의 뜻을 설명하고 있다. 그 말씀에는 관심이 없고 신비한 것만 찾고 있지는 않는지 살펴볼 일이다. 하나님의 말씀을 잘 듣고 깨달아 위로와 권면의 말을 하며 사는 것이 신비한 방언을 말하는 것보다 더 소중하다.

무릎기도 하나님, 예배 때 듣는 설교 말씀과 개인 묵상 때 읽는 성경말씀을 통해 하나님의 뜻을 잘 분별하기 원합니다. 덕을 끼치고 위로와 귀한 권면을 주는 말씀의 사람으로 살게 하소서.

ESV - 1 Corinthians 14

1 Pursue love, and earnestly desire the
spiritual gifts, especially that you may
prophesy.
2 For one who speaks in a tongue speaks
not to men but to God; for no one under-
stands him, but he utters mysteries in the
Spirit.
3 On the other hand, the one who prophesies
speaks to people for their upbuilding and
encouragement and consolation.
4 The one who speaks in a tongue builds up
himself, but the one who prophesies builds
up the church.
5 Now I want you all to speak in tongues, but
even more to prophesy. The one who
prophesies is greater than the one who
speaks in tongues, unless someone inter-
prets, so that the church may be built up.
6 Now, brothers,* if I come to you speaking
in tongues, how will I benefit you unless I
bring you some revelation or knowledge or
prophecy or teaching?
7 If even lifeless instruments, such as the
flute or the harp, do not give distinct notes,
how will anyone know what is played?
8 And if the bugle gives an indistinct sound,
who will get ready for battle?
9 So with yourselves, if with your tongue you
utter speech that is not intelligible, how will
anyone know what is said? For you will be
speaking into the air.
10 There are doubtless many different
languages in the world, and none is without
meaning,
11 but if I do not know the meaning of the lan-
guage, I will be a foreigner to the speaker
and the speaker a foreigner to me.

* 14:6 *Or brothers and sisters*; also verses 20, 26, 39

1 pursue 추구하다 earnestly 진심으로 prophesy 예언하다 2 utter 말하다 3 consolation 위로 5 interpret 통역하다 6 benefit …에게 유익하다 revelation 계시 7 instrument 악기 distinct 다른 note 음 8 bugle 나팔 9 intelligible 이해할 수 있는 10 doubtless 확실히 meaning 의미

• MEMO •

☐ 묵상 체크

38 교회에 덕을 세우라

월 일

고린도전서 14:12-19 • 새찬송 91장 | 통일 91장

• 말씀묵상 전에 성령님의 인도하심을 구하는 기도를 드리십시오.

본문요약 I 성도가 영적인 은사를 구해야 하는 이유는 그 은사가 개인적인 자랑과 만족이 아니라 교회의 유익을 위한 것이 되기 때문이다. 그런 측면에서 바울은 방언보다 예언을 더 사모하라고 말한다. 왜냐하면 예언의 말씀을 듣고 자신의 삶을 돌아보고 하나님께로 돌이킬 수 있기 때문이다.

12 그러므로 너희도 영적인 것을 사모하는 자인즉 교회의 덕을 세우기 위하여 그것이 풍성하기를 구하라
13 그러므로 방언을 말하는 자는 통역하기를 기도할지니
14 내가 만일 방언으로 기도하면 나의 영이 기도하거니와 나의 마음은 열매를 맺지 못하리라
15 그러면 어떻게 할까 내가 영으로 기도하고 또 마음으로 기도하며 내가 영으로 찬송하고 또 마음으로 찬송하리라
16 그렇지 아니하면 네가 영으로 축복할 때에 [1]알지 못하는 처지에 있는 자가 네가 무슨 말을 하는지 알지 못하고 네 감사에 어찌 아멘 하리요
17 너는 감사를 잘하였으나 그러나 다른 사람은 덕 세움을 받지 못하리라
18 내가 너희 모든 사람보다 방언을 더 말하므로 하나님께 감사하노라
19 그러나 교회에서 내가 남을 가르치기 위하여 깨달은 마음으로 다섯 마디 말을 하는 것이 일만 마디 방언으로 말하는 것보다 나으니라

1) 또는 은사를 받지 못한 자가

1. 오늘 하나님께서 나에게 주신 깨달음은 무엇입니까?

2. 말씀을 어떻게 내 삶에 구체적으로 적용해야 합니까?

절별 해설

12 그러므로 너희도 영적인 것을 사모하는 자인즉 고린도 교회 성도들은 영적인 은사를 사모했고, 하나님께서 그들에게 은사를 풍성하게 부어 주셨다. 그러나 받은 은사를 잘못 사용하게 되면 오히려 혼란스러워지고 만다. 바울은 성령의 은사는 철저하게 교회의 덕을 세우는 것이 되어야 한다고 가르친다.

13-14 바울은 방언을 예로 들어 설명한다. 방언을 말하는 사람은 통역의 은사를 구하라고 한다. 방언은 영으로 하는 것이기에 통역의 은사가 없으면 말하는 사람조차 무슨 말을 하고 있는지 알지 못한다. 그러면 결국 이성적인 판단을 하고 결정을 하는 마음에는 아무런 유익이 되지 않는다. 바울은 이것을 "나의 마음은 열매를 맺지 못하리라"는 말로 표현한다. 방언을 하는 자가 자신이 하는 말을 알지 못한다면, 예배 때 그 방언을 듣는 자들은 도무지 알아듣지 못하게 된다. 그러기에 방언을 말하는 자는 통역의 은사를 구하라고 한다.

15-16 그러면 어떻게 할까 바울은 이 문제의 해결책을 제시한다. 15절에서 영과 마음(이성)은 서로 대조적으로 묘사되었는데, 바울은 영과 이성이 하나 된 기도와 찬송을 해결책으로 제시한다. 이것은 방언과 통역이 함께 행해질 때 가능한 일이다. 영으로 하는 방언 기도와 찬양의 내용을 통역을 통해 알게 될 때, 비로소 이성도 기도와 찬양에 동참할 수 있다. 이것은 공적인 예배에서는 필수적이다. 통역을 통해 방언으로 하는 간구와 찬양을 이해하게 될 때, 비로소 다른 사람들도 아멘으로 화답하며 감사할 수 있게 된다.

17 너는 감사를 잘하였으나 그러나 다른 사람은 덕 세움을 받지 못하리라 방언으로 감사의 내용을 말하여도 듣는 다른 사람들이 그 말이 무엇을 의미하는지 알지 못한다면 결국 그들은 함께 감사하지 못하게 된다. 그뿐만 아니라 함께 감사하고 찬양해야 할 예배의 자리가 소외의 자리로 전락할 수도 있다.

18-19 방언의 은사를 강조하는 고린도 교회 성도들에게 바울 자신도 개인 기도 때 방언을 누구보다 많이 한다고 밝힌다. 고린도 교회 성도들 중 어떤 이들은 바울이 방언을 못하기 때문에 방언을 경시한다고 생각했을 수도 있다. 바울은 그들의 생각을 교정하며 자신도 방언의 유익을 누리고 있다고 말한다. 그러나 방언은 그리스도의 몸인 교회에 유익을 주는 데 한계가 있다. 바울은 이해할 수 없는 '일만 마디 방언'보다 사람들이 이해할 수 있는 '다섯 마디 가르침'이 더 소중하다고 가르친다. 바울이 13장에서 강조한 사랑의 실천이 영적인 은사를 사용하는 데도 매우 중요하게 적용되어야 한다는 것을 잘 보여준다.

쉬운성경

12 여러분에게 있어서도 마찬가지입니다. 여러분이 영적인 선물을 간절히 바라고 있으니, 여러분은 교회에 덕을 세우는 선물을 넘치게 받을 수 있도록 힘쓰십시오.

13 이런 이유로, 방언으로 말하는 사람은 자기가 말하는 것을 통역할 수 있게 해 달라고 기도해야 합니다.

14 혹시 내가 방언으로 기도하게 된다면 내 영은 기도하지만, 내 마음은 아무런 열매가 없습니다.

15 그렇다면 어떻게 하면 좋겠습니까? 나는 영으로 기도하면서 마음으로도 기도하겠습니다. 또, 영으로 찬양하면서 마음으로도 찬양하겠습니다.

16 그렇지 않고 여러분이 영으로만 하나님께 감사한다면, 거기에 참석한 초심자가 여러분의 말을 알아듣지 못하는데 어떻게 여러분이 드린 감사에 "아멘"이라고 말하겠습니까?

17 여러분이 감사한 것 자체는 잘한 일이었는지 몰라도 다른 사람에게는 덕을 세우지 못하는 것입니다.

18 나는 내가 여러분 중의 어느 누구보다도 더 많이 방언을 말하는 것으로 인해 하나님께 감사드립니다.

19 그러나 나는 교회에서 방언으로 만 마디를 말하는 것보다 알아들을 수 있는 언어로 다섯 마디를 말하기를 원합니다.

저자의 묵상

비범한 것은 우리의 주의를 끈다. 교회에서 누군가가 알지 못하는 말로 기도와 찬양을 드린다고 생각해 보라. 황홀경에 빠져 두 손을 들고 기쁨에 도취된 몸짓을 하고 있다고 생각해 보라. 그것을 경험하는 개인에게는 유익이 있을 수도 있다. 그는 하나님과의 개인적인 사귐을 경험할 수도 있다. 그러나 교회라는 공동체를 염두에 두고 생각해 볼 때 그것은 아무런 유익이 되지 못할 수도 있다. 아직 그와 같은 은사를 알지 못한 사람이나 예수님을 믿지 않는 사람들에게는 그런 모습이 미친 것처럼 보일 수 있기 때문이다. 그렇기에 개인의 만족을 위한 방언보다 공동체를 위한 예언의 말씀이 더 중요하다. 깨닫는 마음으로 하는 다섯 마디의 말이 알아들을 수 없는 일만 마디의 방언보다 더 중요하다. 그러기에 바울은 성령의 지배 아래서 영과 이성이 조화를 이루어 하나님께 기도하고 찬양하기를 원한다. 알아들을 수 있는 말로 전하는 십자가 복음의 선포가 황홀함 속에서 분출하는 수많은 방언보다 더 강력하고 효과가 있다.

무릎 기도 하나님, 성령 안에서 드리는 저의 기도와 찬송이 주님께 열납되기 원합니다. 또한 저의 입으로 예수 그리스도의 십자가와 부활을 전하게 하셔서 믿지 않는 자들이 주님께로 돌아오게 하소서.

ESV - 1 Corinthians 14

12 So with yourselves, since you are eager for manifestations of the Spirit, strive to excel in building up the church.
13 Therefore, one who speaks in a tongue should pray that he may interpret.
14 For if I pray in a tongue, my spirit prays but my mind is unfruitful.
15 What am I to do? I will pray with my spirit, but I will pray with my mind also; I will sing praise with my spirit, but I will sing with my mind also.
16 Otherwise, if you give thanks with your spirit, how can anyone in the position of an outsider* say "Amen" to your thanksgiving when he does not know what you are saying?
17 For you may be giving thanks well enough, but the other person is not being built up.
18 I thank God that I speak in tongues more than all of you.
19 Nevertheless, in church I would rather speak five words with my mind in order to instruct others, than ten thousand words in a tongue.

* 14:16 Or *of him that is without gifts*

12 eager for …을 열망하여 manifestation 나타남 strive 힘쓰다 excel in …에서 뛰어나다 14 unfruitful 열매 맺지 않은 16 position 처지 thanksgiving 감사 19 instruct 가르치다

39 판단하는 성숙한 성도

월 일

고린도전서 14:20-25 • 새찬송 368장 | 통일 486장

• 말씀묵상 전에 성령님의 인도하심을 구하는 기도를 드리십시오.

본문요약 | 하나님께서 이사야 선지자를 통해 심판과 멸망의 메시지를 전달하셨으나 이스라엘 백성은 순종하지 않았다. 그러자 다른 방언을 말하는 이방 사람들을 통해 이스라엘의 심판을 예고하셨지만, 그것 또한 듣지 않자 하나님께서는 이스라엘을 심판하셨다. 이러한 예에서 볼 수 있는 것처럼 방언은 믿지 않는 자들을 위한 심판의 증거요, 예언은 믿는 자들을 위한 은혜의 표징이 된다.

20 형제들아 지혜에는 아이가 되지 말고 악에는 어린 아이가 되라 지혜에는 장성한 사람이 되라

21 율법에 기록된 바 [ㄱ]주께서 이르시되 내가 다른 방언을 말하는 자와 다른 입술로 이 백성에게 말할지라도 그들이 여전히 듣지 아니하리라 하였으니

22 그러므로 방언은 믿는 자들을 위하지 아니하고 믿지 아니하는 자들을 위하는 표적이나 예언은 믿지 아니하는 자들을 위하지 않고 믿는 자들을 위함이니라

23 그러므로 온 교회가 함께 모여 다 방언으로 말하면 [1)]알지 못하는 자들이나 믿지 아니하는 자들이 들어와서 너희를 미쳤다 하지 아니하겠느냐

24 그러나 다 예언을 하면 믿지 아니하는 자들이나 알지 못하는 자들이 들어와서 모든 사람에게 책망을 들으며 모든 사람에게 판단을 받고

25 그 마음의 숨은 일들이 드러나게 되므로 엎드리어 하나님께 경배하며 하나님이 참으로 너희 가운데 계신다 전파하리라

1) 또는 은사를 받지 못한 자들 ㄱ. 사 28:11 이하

1. 오늘 하나님께서 나에게 주신 깨달음은 무엇입니까?

2. 말씀을 어떻게 내 삶에 구체적으로 적용해야 합니까?

절별 해설

20 지혜에는 아이가 되지 말고 악에는 어린 아이가 되라 지혜에는 장성한 사람이 되라 바울은 3:1-3과 연결시켜 고린도 교회 성도들이 '지혜', 즉 생각과 깨달음에 있어 장성한 자처럼 행동하고 악에 대해서는 순결하길 바라고 있다. 이것은 앞에서 말한 방언을 말하는 것에도 적용될 수 있다. 바울은 방언을 주신 목적을 따라 사용하여 성도들 사이에 어려움이 발생하지 않도록 해야 한다고 권면한다.

21 다른 방언을 말하는 자와 다른 입술로 이 백성에게 말할지라도 바울은 이사야 28장 11-12절을 인용한다. 하나님께서는 불순종하는 이스라엘을 향해 이사야 선지자를 통해 여러 차례 심판을 예언하셨다. 그러나 그들은 하나님의 말씀을 듣지 않았다. 그러자 하나님께서는 이스라엘을 침략하기 위해 올라온 앗수르 군대를 통해 하나님의 뜻을 드러내셨다. 그러나 끝내 이스라엘 백성은 하나님의 메시지(예언의 말씀)를 듣기를 거부했고, 결국 이스라엘은 하나님의 심판을 맛보게 되었다.

22 방언은 … 믿지 아니하는 자들을 위한 표적 여기서 말하는 표적은 부정적인 의미를 지닌다. 믿지 않는 자들이 성도들이 말하는 방언을 듣고 봄으로써 하나님의 존재에 대해 알게 된다는 말이 아니라 정반대의 내용을 바울은 말하고 있다. 믿지 않는 자들은 방언을 들어도 그 내용을 알 수 없다. 그렇기에 믿지 않는 상태에 머물게 되어 결국은 하나님의 심판을 받게 된다. 이런 측면에서 방언은 그들에게 심판의 표징이 된다. 반면에 예언은 그 말을 듣는 자들이 자신의 잘못을 깨닫고 죄에서 돌이키도록 하는 역할을 하기에 은혜의 표징이 된다. 그러므로 방언은 심판의 표징, 예언은 은혜의 표징이 된다.

23 알지 못하는 자들 '은사를 받지 못한 자들'을 가리킨다. 성도들이 모여 다 방언으로 말하면, 방언의 은사를 받지 못한 성도들이나 믿지 않는 자들은 그 광경을 보며 미쳤다고 생각할 것이다.

24-25 방언과는 달리 예언은 믿지 않는 자들과 은사를 알지 못하는 자들 모두에게 유익을 준다. 그들은 성도들이 하는 예언을 통해 자신의 잘못을 깨닫고 뉘우치게 된다. 예언의 말씀을 통해 그들의 마음속에 감추어진 것이 무엇인지 알게 됨으로써 결국 하나님께 나아가 예배하게 된다. 이러한 모습은 방언하는 자들을 향해 미쳤다고 평가하는 것과는 정반대로 "하나님이 참으로 너희 가운데 계신다"라고 인정하게 된다.

쉬운성경

20 성도 여러분, 생각하는 데 있어서는 어린아이가 되지 마십시오. 악에 대해서는 갓난아이가 되어야 하겠지만, 생각하는 데 있어서는 어른이 되어야 합니다.

21 율법에 이런 기록이 있습니다.
주님께서 말씀하시기를, "다른 방언하는 사람들과 외국인의 입술을 통해 이 백성에게 말할지라도 저희가 오히려 나의 말을 듣지 않을 것이다."*

22 그러므로 방언은 믿는 사람들이 아니라 믿지 않는 사람들을 위해 주신 표적이지만, 예언은 믿지 않는 사람들이 아니라 믿는 사람들을 위해 주신 것입니다.

23 만일 모든 교회가 한 자리에 모여서 저마다 방언으로 말한다면, 깨달음이 적은 사람이나 믿지 않는 사람이 교회에 들어와서는 여러분을 정신 나갔다고 하지 않겠습니까?

24 그러나 모든 사람이 예언하고 있는데 믿지 않는 사람이나 깨달음이 적은 사람이 들어오면 그들은 모든 사람들에 의해 자기가 죄인이라는 책망을 받고 모든 사람들에게 심판을 받아,

25 그 사람 속에 감춰진 것들이 백일하에 드러날 것이며, 그 사람은 무릎을 꿇고 하나님을 경배하며 "참으로 하나님께서 여러분 가운데 계십니다"라고 외칠 것입니다.

* 14:21 사 28:11-12에 기록되어 있다.

저자의 묵상

성도가 은사를 사용할 때 지혜가 요구된다. 어린아이는 자기가 가진 것을 자랑하고자 하는 마음이 커서 상대방을 고려하지 못하는 경우가 많다. 자칫하면 성도의 은사 사용도 그럴 수 있다. 예수님에 대해 잘 모르지만, 이제 예수님에 대해 배우고 알고자 하는 마음으로 교회에 출석하는 분들이 있다. 그런 분들과 교제하거나 기도 모임을 하게 될 때 먼저 믿은 성도들이 지혜롭게 처신해야 한다. 성령의 은사 체험을 한 기존의 성도들이 그들을 배려하지 않고 방언으로 기도하거나 찬양하면, 그 광경을 지켜보는 초신자들의 경우에는 두려운 마음이 생길 수 있다. 그 결과 믿음을 갖기를 두려워하고 예수님을 아는 길에서 떠날 수도 있다. 그러기에 성도 간의 교제에서는 이성적으로도 알아들을 수 있는 말씀으로 초신자들과 불신자들을 권면하는 지혜가 필요하다. 다른 사람을 향한 배려와 사랑이 뒷받침될 때, 성령의 은사는 교회의 덕을 세우고 다른 사람을 유익하게 하는 선한 도구로 사용될 수 있다. 우리 각자의 은사 사용이 어떤지 살펴보면 좋겠다.

무릎 기도 하나님, 저에게 주신 은사를 잘 사용하기 원합니다. 제가 만나는 교회 안팎의 사람들을 사랑과 겸손의 마음으로 대함으로 저를 통해 그리스도가 증거되게 하소서.

ESV - 1 Corinthians 14

20 Brothers, do not be children in your thinking. Be infants in evil, but in your thinking be mature.

21 In the Law it is written, "By people of strange tongues and by the lips of foreigners will I speak to this people, and even then they will not listen to me, says the Lord."

22 Thus tongues are a sign not for believers but for unbelievers, while prophecy is a sign* not for unbelievers but for believers.

23 If, therefore, the whole church comes together and all speak in tongues, and outsiders or unbelievers enter, will they not say that you are out of your minds?

24 But if all prophesy, and an unbeliever or outsider enters, he is convicted by all, he is called to account by all,

25 the secrets of his heart are disclosed, and so, falling on his face, he will worship God and declare that God is really among you.

* 14:22 Greek lacks *a sign*

20 infant 어린아이 mature 성숙한 22 prophecy 예언 23 speak in tongues 방언으로 말하다 out of one's mind 미친
24 convict 유죄를 선고하다 call… to account …에게 책임을 묻다 25 disclose 드러내다 fall on one's face 엎드리다

□ 묵상 체크

40

월 일

질서의 하나님

고린도전서 14:26-33 • 새찬송 15장 | 통일 55장

• 말씀묵상 전에 성령님의 인도하심을 구하는 기도를 드리십시오.

본문요약 I 본문은 고린도 교회에서의 예배 상황을 엿보게 하는 구절이다. 교회가 예배로 모일 때에 찬송시, 가르치는 말씀, 계시, 방언과 통역 등이 있었다. 바울은 무질서하게 드려지는 예배에 질서를 부여하라고 권면한다. 방언을 동시에 하지 말고 차례를 지켜 하고, 한 사람이 통역함으로써 품위와 질서를 갖추라고 권면한다.

26 그런즉 형제들아 어찌할까 너희가 모일 때에 각각 찬송시도 있으며 가르치는 말씀도 있으며 계시도 있으며 방언도 있으며 통역함도 있나니 모든 것을 덕을 세우기 위하여 하라
27 만일 누가 방언으로 말하거든 두 사람이나 많아야 세 사람이 차례를 따라 하고 한 사람이 통역할 것이요
28 만일 통역하는 자가 없으면 교회에서는 잠잠하고 자기와 하나님께 말할 것이요
29 예언하는 자는 둘이나 셋이나 말하고 다른 이들은 분별할 것이요
30 만일 곁에 앉아 있는 다른 이에게 계시가 있으면 먼저 하던 자는 잠잠할지니라
31 너희는 다 모든 사람으로 배우게 하고 모든 사람으로 권면을 받게 하기 위하여 하나씩 하나씩 예언할 수 있느니라
32 예언하는 자들의 영은 예언하는 자들에게 제재를 받나니
33 하나님은 무질서의 하나님이 아니시요 오직 화평의 [1]하나님이시니라 모든 성도가 교회에서 함과 같이

1) 또는 하나님이시니 모든 성도의 교회에서 그러하니라

1. 오늘 하나님께서 나에게 주신 깨달음은 무엇입니까?

2. 말씀을 어떻게 내 삶에 구체적으로 적용해야 합니까?

절별 해설

26 너희가 모일 때에 이 구절은 초대 교회의 예배하는 모습을 보여준다. 바울은 당시 고린도 교회에서 행했던 예배의 구성 요소에 대해 말한다. 당시 예배를 구성하는 요소에는 찬송시, 가르치는 말씀, 계시, 방언, 통역 등이 있었다. 바울이 여기서 말하는 것들은 예배의 순서보다는 예배의 다양한 현상을 의미하는 것으로 보는 것이 적절하다. 바울은 각각의 성도들이 하나님께로부터 받은 은사를 사용할 때 자신의 은사가 더 중요하다고 주장하지 말고, 모든 활동은 교회의 덕을 세우기 위한 것이어야 한다고 가르친다.

27–28 이 구절에서 바울은 방언이 예배 때 유익이 될 수 있는 방법을 제시한다. 한꺼번에 여러 사람이 방언을 하면 혼란스러울 수밖에 없다. 두세 사람이 차례를 정해서 하고 반드시 통역을 해야 한다. 만일 통역을 하는 사람이 없으면 방언을 큰 소리로 하지 말고 잠잠히 자신과 하나님께 조용히 말하라고 권면한다.

29 예언하는 자는 둘이나 셋이나 말하고 다른 이들은 분별할 것이요 바울이 중요하게 생각했던 예언이지만 역시 질서를 지키는 것이 중요하다. 방언처럼 예언도 두세 명 정도가 해야 하고, 그 내용에 대해 즉각적으로 분별해야 한다. 이것은 분별의 은사를 지닌 어떤 사람에 의해 가능하기도 하고, 그 예언을 듣는 성도 전체가 분별할 수도 있다. 그렇지 않으면 거짓 교훈에 빠질 수 있다.

30–31 어떤 사람에게 성령의 계시가 있어 그것을 말하는데, 옆에 있는 사람이 계시를 받게 되면 먼저 말하던 사람은 조용히 해야 한다. 이렇게 차례를 지켜 하나씩 질서 있게 예언할 때, 모든 성도들이 예언들을 통해 배우고 권면을 받을 수 있다. 이렇게 함으로써 한 사람이 주도적으로 발언하는 것을 막을 수 있다.

32 예언하는 자들의 영은 예언하는 자들에게 제재를 받나니 하나님의 말씀을 받아서 전하는 자는 자기 심령을 제어할 수 있어야 하고, 자기가 하는 예언에 대해 책임을 느끼며 엄중히 해야 한다. 이것은 또한 예언을 할 때 자기 차례가 주어질 때까지 기다려야 한다는 의미도 포함한다. 왜냐하면 통제 불능의 상태는 성령님께서 원하시는 예배의 모습이 아니기 때문이다. 예배의 대상이 되시는 하나님은 분명 무질서의 하나님이 아니시고 화평의 하나님이시다. 무아경에 빠져 외치는 예언은 하나님의 뜻을 전하는 것이라기보다는 하나님의 뜻이 들리지 않게 하는 걸림돌이 될 수 있다. 무분별하게 행하는 예언은 화평의 하나님을 무질서의 하나님으로 전락시키는 도구가 될 수 있기에 경계해야 한다.

쉬운성경

26 성도 여러분, 어떻게 하면 좋겠습니까? 여러분이 함께 모일 때, 어떤 사람에게는 찬송할 것이 있고, 어떤 사람은 가르칠 것이 있고, 또 다른 사람에게는 계시가 있고, 방언도 있고, 통역하는 것도 있을 것입니다. 이 모든 것은 교회의 덕이 되게 행하십시오.

27 누군가 방언을 말하게 되는 경우, 두 사람 혹은 기껏해야 세 사람 정도만 말하게 하십시오. 그것도 한 번에 한 사람씩 말하고, 한 사람은 통역을 하십시오.

28 통역하는 사람이 없으면 교회에서는 방언을 하지 말고, 자기 자신과 하나님께만 말하십시오.

29 예언하는 사람의 경우에는 두세 명이 말하고, 다른 사람은 그들이 말하는 것을 분별하도록 하십시오.

30 그러나 만일 앉아 있는 다른 사람에게 계시가 내리면, 먼저 예언하던 사람은 예언을 그쳐야 합니다.

31 이래야 여러분 모두가 차례대로 예언할 수 있게 되어 모든 사람들이 교훈과 격려를 받게 됩니다.

32 예언자들의 영은 예언자들의 지기 절제에 의해 통제를 받습니다.

33 하나님은 무질서의 하나님이 아니라 평화의 하나님이십니다. 성도들의 모든 교회에서 그렇게 하듯이,

저자의 묵상

고린도 교회의 예배는 무질서하고 시끄러웠던 것 같다. 그래서 바울은 질서를 강조한다. 오늘날 우리의 예배와 비교해 보면 많은 부분에서 다르다. 우리가 드리는 예배는 얼마나 질서정연한가? 사회자, 기도자, 찬양대, 설교자 등 순서를 맡은 자들이 정해져 있다. 주보도 있다. 그러다 보니 예배에 참석한 성도들이 구경꾼이 되기 쉽다. 그저 순서를 따라 수동적으로 참여하는 경우가 많다. 예배에서 수동성을 탈피하는 것은 매우 중요하다. 고린도 교회처럼 무질서한 예배를 드리자는 것이 아니라 자발적으로 예배의 순서마다 신령과 진리로 온 맘 다해 드리자는 것이다. 여러분이 드리는 예배는 어떤가? 매주 드리는 예배에서 하나님의 임재를 경험하는가? 만약 경험하지 못한다면 이유가 무엇일까? 준비되지 않은 예배를 드림이 원인이 아닐까? 이 세상의 어떤 권세자보다 크신 우리 하나님께 나아갈 때에 몸과 마음을 가다듬고 하나님의 임재를 사모하는 마음으로 나아가고 있는가? 마음으로 잘 준비하는 것은 참된 예배를 위한 필수 사항이다.

무릎 기도 하나님, 저를 예배자로 살게 하시니 감사합니다. 온 마음과 정성을 다해 예배드리게 하시고, 예수님의 십자가의 은총을 힘입어 은혜의 보좌 앞으로 담대히 나아가게 하소서.

ESV - 1 Corinthians 14

26 What then, brothers? When you come together, each one has a hymn, a lesson, a revelation, a tongue, or an interpretation. Let all things be done for building up.

27 If any speak in a tongue, let there be only two or at most three, and each in turn, and let someone interpret.

28 But if there is no one to interpret, let each of them keep silent in church and speak to himself and to God.

29 Let two or three prophets speak, and let the others weigh what is said.

30 If a revelation is made to another sitting there, let the first be silent.

31 For you can all prophesy one by one, so that all may learn and all be encouraged,

32 and the spirits of prophets are subject to prophets.

33 For God is not a God of confusion but of peace. As in all the churches of the saints,

26 hymn 찬송가 revelation 계시 27 at most 기껏해야 29 weigh 평가하다 31 encourage 격려하다 32 subject 지배를 받는 33 confusion 혼란 saint 성도

권별주삶

아가페 주삶 GBS

- 1주(1회-7회) _ 고린도전서 1:18-25
  기독교 신앙의 핵심은 그리스도의 십자가입니다.
- 2주(8회-14회) _ 고린도전서 3:10-17
  우리는 하나님의 성전입니다.
- 3주(15회-21회) _ 고린도전서 6:1-11
  우리는 하나님의 자녀입니다.
- 4주(22회-28회) _ 고린도전서 10:1-13
  죄를 멀리하고 하나님을 의지하십시오.
- 5주(29회-35회) _ 고린도전서 12:12-27
  동고동락(同苦同樂)하는 공동체, 교회
- 6주(36-42회) _ 고린도전서 13:8-13
  그중에 제일은 사랑이라

* GBS 해설서는 뒷면에 있습니다

기독교 신앙의 핵심은 그리스도의 십자가입니다.

고린도전서 1:18-25 | 새찬송 144장 • 통일 144장

주간 말씀묵상 나눔

지난 한 주간 말씀을 묵상한 것이나 삶에 적용한 것이 있으면 돌아가며 간단히 나누어 봅시다.

• 오늘의 성경공부 목표

기독교에서 예수 그리스도의 십자가가 어떤 의미를 가지고 있는지 살펴보고, 또 나의 신앙에서 그 의미를 찾아봅시다.

18 십자가의 도가 멸망하는 자들에게는 미
련한 것이요 구원을 받는 우리에게는 하
나님의 능력이라
19 기록된 바
내가 지혜 있는 자들의 지혜를 멸하고
총명한 자들의 총명을 폐하리라
하였으니
20 지혜 있는 자가 어디 있느냐 선비가 어디
있느냐 이 세대에 변론가가 어디 있느냐
하나님께서 이 세상의 지혜를 미련하게
하신 것이 아니냐
21 하나님의 지혜에 있어서는 이 세상이 자
기 지혜로 하나님을 알지 못하므로 하나
님께서 전도의 미련한 것으로 믿는 자들
을 구원하시기를 기뻐하셨도다
22 유대인은 표적을 구하고 헬라인은 지혜
를 찾으나
23 우리는 십자가에 못 박힌 그리스도를 전
하니 유대인에게는 거리끼는 것이요 이
방인에게는 미련한 것이로되
24 오직 부르심을 받은 자들에게는 유대인
이나 헬라인이나 그리스도는 하나님의
능력이요 하나님의 지혜니라
25 하나님의 어리석음이 사람보다 지혜롭고
하나님의 약하심이 사람보다 강하니라

• 함께 읽어보기

초대 교회 시대의 교부 중에 저스틴 마터라는 사람이 있었습니다. 그는 특별히 변증가로서 활동하였는데, 당시 기독교에 대한 오해에 대항하여 복음의 교리를 지키고 예수 그리스도를 전파하는 데 평생을 헌신하다가 순교하였습니다. 그런데 바울은 이 본문에서 이러한 변증 즉, 뛰어난 언변이나 논리를 부정적으로 이야기를 하는 것처럼 보입니다. 그러나 잘 보면 바울이 말을 잘하는 사람이나 논리적인 변증의 방식 자체를 폄하하는 것이 아니라는 것을 알 수 있습니다. 그렇다면 바울은 무엇을 이야기하고 싶어 하는 걸까요? 어느 시대이건 사람들에게 환영받지 못하는 것들이 있는데 십자가도 그러하였습니다. 십자가는 삶의 실패였고 나약한 것의 상징이었습니다. 그런데 복음은 십자가를 건너뛰어서 듣기 좋은 말이나 인간의 논리로 설명할 수 없습니다. 바울은 이 십자가를 피하는 것이 아니고 오히려 더욱 십자가의 도를 이야기하고 있습니다.

도입 질문

1 기독교 신앙이 없는 사람에게 복음을 전해 본 적이 있습니까? 그 경험을 나눠 봅시다. 만약 지금 누군가에게 복음을 전한다면 당신은 어떤 이야기를 하겠습니까?

함께 나누기

2 바울이 멸망하는 자들에게는 미련한 것이고 구원을 받는 우리에게는 하나님의 능력이라고 이야기한 것은 무엇입니까? 18절

3 지혜 있는 자, 선비, 변론가의 공통점은 무엇입니까? 20절

4 '자기 지혜'와 대조적인 하나님의 방식은 무엇입니까? 21절

5 복음을 전할 때 그리스도의 십자가를 이야기하는 것은 왜 어렵습니까? 십자가가 나의 신앙에서 중요하고 감동이 됩니까? 솔직하게 그룹 안에서 나눠 봅시다.

6 유대인과 헬라인은 무엇을 찾고 구합니까? 22절

7 십자가에 못 박힌 그리스도는 왜 유대인에게는 거리끼는 것이 됩니까? 23절, 신 21:23

8 나는 내 지혜와 생각과 능력보다 하나님이 훨씬 뛰어나다는 것을 인정합니까? 그것이 나를 복음으로 인도하고 있습니까?

9 오늘 성경공부를 통해 나누고 싶거나 깨달은 것이 있으면 이야기해 봅시다.

주간 그룹성경공부 • GBS

2주차 (8회~14회)

우리는 하나님의 성전입니다.

고린도전서 3:10-17 | 새찬송 289장 • 통일 208장

주간 말씀묵상 나눔

지난 한 주간 말씀을 묵상한 것이나 삶에 적용한 것이 있으면 돌아가며 간단히 나누어 봅시다.

• 오늘의 성경공부 목표

우리 신앙의 터가 무엇이고 성도의 삶은 어떠해야 하며 어떻게 가능한지 살펴봅시다.

10 내게 주신 하나님의 은혜를 따라 내가
지혜로운 건축자와 같이 터를 닦아 두매
다른 이가 그 위에 세우나 그러나 각각
어떻게 그 위에 세울까를 조심할지니라
11 이 닦아 둔 것 외에 능히 다른 터를 닦
아 둘 자가 없으니 이 터는 곧 예수 그
리스도라
12 만일 누구든지 금이나 은이나 보석이나
나무나 풀이나 짚으로 이 터 위에 세우면
13 각 사람의 공적이 나타날 터인데 그 날
이 공적을 밝히리니 이는 불로 나타내고
그 불이 각 사람의 공적이 어떠한 것을
시험할 것임이라
14 만일 누구든지 그 위에 세운 공적이 그
대로 있으면 상을 받고
15 누구든지 그 공적이 불타면 해를 받으리
니 그러나 자신은 구원을 받되 불 가운
데서 받은 것 같으리라
16 너희는 너희가 하나님의 성전인 것과 하
나님의 성령이 너희 안에 계시는 것을
알지 못하느냐
17 누구든지 하나님의 성전을 더럽히면 하
나님이 그 사람을 멸하시리라 하나님의
성전은 거룩하니 너희도 그러하니라

• 함께 읽어보기

성경은 우리의 신앙을 종종 건축물에 비유합니다. 예수님께서는 산상수훈을 지혜로운 건축자와 어리석은 건축자의 이야기로 마무리하십니다(마 7:24-27). 바울도 우리의 신앙을 건축물로, 자신을 건축자로 비유하고 있습니다. 바울은 건축물에 있어서 가장 중요한 것이 바로 터라는 것을 잘 알고 있습니다. 바울은 예수 그리스도만이 우리의 신앙의 터라는 것을 강조하며, 자신이 한 일은 터를 세운 것이라고 이야기합니다. 그러나 터만 세우면 건축이 끝나는 것이 아닙니다. 그 위에 무엇인가를 세워 가야 비로소 집이 완성되는 것입니다. 기초도 중요하지만 그 위에 무엇을 세울 것인가도 역시 중요합니다. 예수 그리스도를 믿는 사람은 그에 걸맞은 삶을 살아야 하는 것입니다. 성경은 우리의 삶의 끝에 예수 그리스도가 다시 오시는 그 날이 있다는 것을 계속해서 상기시켜 줍니다.

도입 질문

1 기초가 부실해서 무너진 건물이나 실패했던 일을 주위에서 한번 찾아봅시다.

함께 나누기

2 바울은 자신을 무엇에 비유하고 있습니까? 10절

3 바울이 닦은 터는 무엇입니까? 11절

4 바울이 예로 든 예수 그리스도의 터 위에 세워지는 사람의 공적에는 어떤 것들이 있습니까? **12절**

5 나의 신앙이 그리스도의 터 위에 세워졌는지 그리고 그리스도의 터에 어울리는 삶을 살고 있는지 살펴봅시다.

6 각 사람의 공적을 시험하는 것은 무엇입니까? **13절**

7 바울은 본문에서 누가 하나님의 성전이라고 이야기합니까? **16절**

8 우리가 하나님의 성전이라면 우리는 성전으로서 어떻게 살아가야 합니까? **17절**

9 오늘 성경공부를 통해 나누고 싶거나 깨달은 것이 있으면 이야기해 봅시다.

우리는 하나님의 자녀입니다.

고린도전서 6:1-11 | 새찬송 430장 • 통일 456장

주간 말씀묵상 나눔

지난 한 주간 말씀을 묵상한 것이나 삶에 적용한 것이 있으면 돌아가며 간단히 나누어 봅시다.

• 오늘의 성경공부 목표

믿는 성도는 공동체 내에서 다툼이 일어날 때 서로 어떻게 풀어 가야 하는지를 배워 봅시다.

1 너희 중에 누가 다른 이와 더불어 다툼이 있는데 구태여 불의한 자들 앞에서 고발하고 성도 앞에서 하지 아니하느냐
2 성도가 세상을 판단할 것을 너희가 알지 못하느냐 세상도 너희에게 판단을 받겠거든 지극히 작은 일 판단하기를 감당하지 못하겠느냐
3 우리가 천사를 판단할 것을 너희가 알지 못하느냐 그러하거든 하물며 세상 일이랴
4 그런즉 너희가 세상 사건이 있을 때에 교회에서 경히 여김을 받는 자들을 세우느냐
5 내가 너희를 부끄럽게 하려 하여 이 말을 하노니 너희 가운데 그 형제간의 일을 판단할 만한 지혜 있는 자가 이같이 하나도 없느냐
6 형제가 형제와 더불어 고발할 뿐더러 믿지 아니하는 자들 앞에서 하느냐
7 너희가 피차 고발함으로 너희 가운데 이미 뚜렷한 허물이 있나니 차라리 불의를 당하는 것이 낫지 아니하며 차라리 속는 것이 낫지 아니하냐
8 너희는 불의를 행하고 속이는구나 그는 너희 형제로다
9 불의한 자가 하나님의 나라를 유업으로 받지 못할 줄을 알지 못하느냐 미혹을 받지 말라 음행하는 자나 우상 숭배하는 자나 간음하는 자나 탐색하는 자나 남색하는 자나

10 도적이나 탐욕을 부리는 자나 술 취하는 자나 모욕하는 자나 속여 빼앗는 자들은 하나님의 나라를 유업으로 받지 못하리라

11 너희 중에 이와 같은 자들이 있더니 주 예수 그리스도의 이름과 우리 하나님의 성령 안에서 씻음과 거룩함과 의롭다 하심을 받았느니라

• 함께 읽어보기

교회나 기독교 공동체에 속해서 사람들과 지내다 보면 참 좋은 사람들이 많다는 것에 감동하게 됩니다. 그러나 공동체에 좀 더 깊이 들어가게 되면 서로 불편한 관계가 있다는 것을 발견하게 됩니다. 그리고 때로는 도저히 풀 수 없을 것 같은 깊은 원한이 묻어 있는 관계가 있는데, 심지어는 가족 안에서도 그렇다는 것을 발견하고 놀라게 됩니다. 서로 간에 갈등이 심화되면 법정 고소까지 마다하지 않고 싸우게 됩니다. 각자의 이야기를 들어 보면 모두가 정의롭다고 주장합니다. 분명히 누군가는 불의한 일을 하고 있을지도 모릅니다. 또 누군가는 억울하게 손해를 보고 있습니다. 오늘 본문에서 바울은 성도가 자신의 재산이나 자존심보다 더 소중하게 지켜야 할 것이 있다는 점을 이야기하고 있습니다. 하나님을 사랑하고 내 이웃을 내 몸처럼 사랑하는 것이 율법의 최고 덕목입니다. 바울은 우리에게 진정한 의로움이 무엇인지 가르쳐 주고 있습니다.

도입 질문

1 교회 공동체 안에서 서로 상처를 주거나 싸우는 모습을 본 적이 있습니까? 그런 모습을 볼 때 어떤 마음이 들었습니까?

함께 나누기

2 불의한 자들은 어떤 사람들을 가리킵니까? 1절

3 성도는 마지막 날에 무엇을 판단합니까? 2–3절

4 교회에서 경히 여김을 받는 자들은 누구를 가리킵니까? 4절

5 왜 형제가 형제를 고발하고 믿지 않는 사람들에게까지 찾아가서 판결을 맡긴다고 생각합니까? 공동체 내에서 나는 그러하지 않은지 살펴봅시다.

6 바울은 고린도 교인들을 책망하면서 무엇을 권면하고 있습니까? 6–8절

7 지금은 예수 그리스도 안에 있는 고린도 교인들이 과거에는 어떤 일을 행한 사람들이었다고 이야기합니까? 9–11절

8 복음을 듣고 난 후 우리는 무엇이 얼마나 달라졌는지 이야기해 봅시다. 그리고 나의 변화는 내가 복음을 듣고 믿었음을 확실히 보증합니까?

9 오늘 성경공부를 통해 나누고 싶거나 깨달은 것이 있으면 이야기해 봅시다.

주간 그룹성경공부 • GBS

4주차 (22회~28회)

죄를 멀리하고 하나님을 의지하십시오.

고린도전서 10:1-13 | 새찬송 420장 • 통일 212장

주간 말씀묵상 나눔

지난 한 주간 말씀을 묵상한 것이나 삶에 적용한 것이 있으면 돌아가며 간단히 나누어 봅시다.

• 오늘의 성경공부 목표

하나님을 거역하는 자들이 무엇 때문에 멸망하는지 살펴보고, 우리는 어떻게 해야 그들과 같은 길을 걷지 않고 구원을 얻을 수 있는지 살펴봅시다.

1 형제들아 나는 너희가 알지 못하기를 원하지 아니하노니 우리 조상들이 다 구름 아래에 있고 바다 가운데로 지나며
2 모세에게 속하여 다 구름과 바다에서 세례를 받고
3 다 같은 신령한 음식을 먹으며
4 다 같은 신령한 음료를 마셨으니 이는 그들을 따르는 신령한 반석으로부터 마셨으매 그 반석은 곧 그리스도시라
5 그러나 그들의 다수를 하나님이 기뻐하지 아니하셨으므로 그들이 광야에서 멸망을 받았느니라
6 이러한 일은 우리의 본보기가 되어 우리로 하여금 그들이 악을 즐겨 한 것 같이 즐겨 하는 자가 되지 않게 하려 함이니
7 그들 가운데 어떤 사람들과 같이 너희는 우상 숭배하는 자가 되지 말라 기록된 바 백성이 앉아서 먹고 마시며 일어나서 뛰논다 함과 같으니라
8 그들 중의 어떤 사람들이 음행하다가 하루에 이만 삼천 명이 죽었나니 우리는 그들과 같이 음행하지 말자
9 그들 가운데 어떤 사람들이 주를 시험하다가 뱀에게 멸망하였나니 우리는 그들과 같이 시험하지 말자
10 그들 가운데 어떤 사람들이 원망하다가 멸망시키는 자에게 멸망하였나니 너희는 그들과 같이 원망하지 말라
11 그들에게 일어난 이런 일은 본보기가 되고 또한 말세를 만난 우리를 깨우치기 위하여 기록되었느니라
12 그런즉 선 줄로 생각하는 자는 넘어질까 조심하라
13 사람이 감당할 시험 밖에는 너희가 당한

것이 없나니 오직 하나님은 미쁘사 너희가 감당하지 못할 시험 당함을 허락하지 아니하시고 시험 당할 즈음에 또한 피할 길을 내사 너희로 능히 감당하게 하시느니라

• 함께 읽어보기

구약에서 가장 중요한 사건을 하나 꼽으라면 많은 사람이 출애굽 사건이라고 이야기할 것입니다. 그 사건은 많은 영화를 만들어 냈을 정도로 세상에서도 유명한 이야기지만, 신학적으로도 가장 중요한 사건 중의 하나입니다. 그것은 우리의 구원의 밑그림을 그려 주기 때문입니다. 그러나 출애굽 사건은 암울한 이야기로 가득합니다. 어떻게 하면 구원에서 멀어지고 멸망할 수 있는지에 관한 이야기가 넘치도록 많습니다. 하나님께서 우리에게 이러한 어두운 역사를 남기신 이유는 우리를 사랑하셔서 우리로 그 길을 가지 않도록 경계하기 위해서입니다. 바울은 이 본문에서 좋은 이야기보다는 멸망하는 이야기를 하면서 '하지 말기' 리스트를 읽어 줍니다. 그러한 것들을 하는 자들은 하나님 나라에 들어갈 수 없기 때문입니다. 그러면서도 바울은 어떻게 시험을 극복해 낼 수 있는지 그 해법을 남겨 놓습니다.

도입 질문

1 몸에 좋은 약이 입에는 쓰고 입에 단 사탕이 이를 썩게 만드는 것처럼, 보이는 것과 그 실체가 다른 경우가 종종 있습니다. 주위에서 이러한 것들을 찾아봅시다.

함께 나누기

2 우리 조상들은 누구를 가리킵니까? 1절

3 이 구절에서 네 번이나 반복해서 나온 단어를 찾아봅시다. 1–4절

4 그들의 조상은 결국 어떻게 되었습니까? 5절

5 바울이 금지하며 하지 말라고 했던 것들 중 최근 내가 가장 많이 하는 것을 하나만 골라 봅시다. 7–10절 혹시 나눌 수 있다면 서로를 위해서 기도하고, 아니더라도 개인적으로 그 부분을 개선할 수 있도록 기도해 봅시다.

6 바울이 조상들의 멸망에 대한 이야기를 한 이유가 무엇입니까? 6, 11절

7 우리가 시험을 감당할 수 있는 근본적인 이유는 무엇입니까? 13절

8 최근에 감당하기 버거운 일이 있다면 하나씩 나눠 봅시다. 그리고 그 부분에 대해서 서로 비슷한 경험이 있다면 하나님께서 어떻게 도우셨는지 이야기해 봅시다.

9 오늘 성경공부를 통해 나누고 싶거나 깨달은 것이 있으면 이야기해 봅시다.

동고동락(同苦同樂)하는 공동체, 교회

고린도전서 12:12-27 | 새찬송 220장 • 통일 278장

주간 말씀묵상 나눔

지난 한 주간 말씀을 묵상한 것이나 삶에 적용한 것이 있으면 돌아가며 간단히 나누어 봅시다.

• 오늘의 성경공부 목표

교회는 어떤 공동체인지 생각해 봅시다.

12 몸은 하나인데 많은 지체가 있고 몸의 지체가 많으나 한 몸임과 같이 그리스도도 그러하니라
13 우리가 유대인이나 헬라인이나 종이나 자유인이나 다 한 성령으로 세례를 받아 한 몸이 되었고 또 다 한 성령을 마시게 하셨느니라
14 몸은 한 지체뿐만 아니요 여럿이니
15 만일 발이 이르되 나는 손이 아니니 몸에 붙지 아니하였다 할지라도 이로써 몸에 붙지 아니한 것이 아니요
16 또 귀가 이르되 나는 눈이 아니니 몸에 붙지 아니하였다 할지라도 이로써 몸에 붙지 아니한 것이 아니니
17 만일 온 몸이 눈이면 듣는 곳은 어디며 온 몸이 듣는 곳이면 냄새 맡는 곳은 어디냐
18 그러나 이제 하나님이 그 원하시는 대로 지체를 각각 몸에 두셨으니
19 만일 다 한 지체뿐이면 몸은 어디냐
20 이제 지체는 많으나 몸은 하나라
21 눈이 손더러 내가 너를 쓸 데가 없다 하거나 또한 머리가 발더러 내가 너를 쓸 데가 없다 하지 못하리라
22 그뿐 아니라 더 약하게 보이는 몸의 지체가 도리어 요긴하고
23 우리가 몸의 덜 귀히 여기는 그것들을 더욱 귀한 것들로 입혀 주며 우리의 아름답지 못한 지체는 더욱 아름다운 것을 얻느니라 그런즉
24 우리의 아름다운 지체는 그럴 필요가 없느니라 오직 하나님이 몸을 고르게 하여 부족한 지체에게 귀중함을 더하사
25 몸 가운데서 분쟁이 없고 오직 여러 지

체가 서로 같이 돌보게 하셨느니라
26 만일 한 지체가 고통을 받으면 모든 지
체가 함께 고통을 받고 한 지체가 영광
을 얻으면 모든 지체가 함께 즐거워하느
니라
27 너희는 그리스도의 몸이요 지체의 각 부
분이라

• 함께 읽어보기

교회는 어떤 공동체일까요? 이 질문에 대해 가장 탁월한 대답을 해 줄 수 있는 사람을 한 사람을 꼽으라면 사도 바울일 것입니다. 바울은 회심 후 이방인들에게 복음을 전했고, 전도여행을 가는 곳곳마다 교회를 세웠습니다. 바울이 안디옥에 세운 교회는 기독교 역사상 가장 먼저 세워진 이방인 교회였습니다. 바울은 각 지역에 세워진 교회에, 혹은 교회의 지도자들에게 편지를 써서 안부를 묻고, 교회의 중요한 문제들에 대해 가르치고 권면했습니다. 따라서 바울의 서신서를 읽다 보면 교회는 어떤 공동체인지, 교회의 구성원은 어떤 가르침을 따라야 하는지, 공동체의 구성원은 어떤 삶을 살아야 하는지를 자연스럽게 배울 수가 있습니다. 오늘 본문에는 교회 공동체가 어떻게 연합하고 어떤 방식으로 하나가 되어야 하는지에 대한 바울의 탁월한 설명이 담겨 있습니다. 함께 말씀을 나누며 교회에 대한 생각을 정리하는 시간을 갖도록 합시다.

도입 질문

1 오늘 본문에서 바울은 교회를 인간의 몸에 비유합니다. 그 외에 교회는 무엇에 비유될 수 있을까요? 각자의 생각을 나누어 봅시다.

함께 나누기

2 바울은 인간의 몸에서 어떤 특징을 발견할 수 있다고 말합니까? 12절

3 바울은 "유대인이나 헬라인이나 종이나 자유인이나" 다 무엇으로 세례(혹은 침례)를 받았다고 말합니까? 13절

4 하나의 몸에 각기 다른 지체가 존재하는 이유는 무엇입니까? 18절

5 하나님은 몸의 부족한 지체에게 무엇을 더하시는 분입니까? 24절

6 한 지체가 고통을 받으면 모든 지체가 함께 고통을 받고, 한 지체가 영광을 얻으면 모든 지체가 함께 즐거워하는 이유는 무엇일까요? 26절

7 바울은 교회와 교회를 이루는 각각의 성도를 무엇이라고 정의합니까? 27절

8 사도 바울은 "더 약하게 보이는", "덜 귀히 여기는", "아름답지 못한" 지체들을 교회가 더 귀하게 여겨야 한다고 말합니다. 22–23절 바울의 권면이 현대 사회의 교회 공동체에 주는 교훈은 무엇이라고 생각합니까? 각자의 의견을 나누어 봅시다.

9 오늘 성경공부를 통해 나누고 싶거나 깨달은 것이 있으면 이야기해 봅시다.

그중에 제일은 사랑이라

고린도전서 13:8-13 | 새찬송 468장

주간 말씀묵상 나눔

지난 한 주간 말씀을 묵상한 것이나 삶에 적용한 것이 있으면 돌아가며 간단히 나누어 봅시다.

• 오늘의 성경공부 목표

사랑이 다른 은사나 가치와 다른 점은 무엇이며 왜 그 어떤 것보다 위에 있는지 알아봅시다.

8 사랑은 언제까지나 떨어지지 아니하되
예언도 폐하고 방언도 그치고 지식도 폐
하리라
9 우리는 부분적으로 알고 부분적으로 예
언하니
10 온전한 것이 올 때에는 부분적으로 하던
것이 폐하리라
11 내가 어렸을 때에는 말하는 것이 어린 아
이와 같고 깨닫는 것이 어린 아이와 같고
생각하는 것이 어린 아이와 같다가 장성
한 사람이 되어서는 어린 아이의 일을 버
렸노라
12 우리가 지금은 거울로 보는 것 같이 희미
하나 그때에는 얼굴과 얼굴을 대하여 볼
것이요 지금은 내가 부분적으로 아나 그
때에는 주께서 나를 아신 것 같이 내가
온전히 알리라
13 그런즉 믿음, 소망, 사랑, 이 세 가지는
항상 있을 것인데 그 중의 제일은 사랑
이라

• 함께 읽어보기

각 교회마다 특징이 있는데 특별히 은사가 많이 나타나는 교회가 있습니다. 제가 다니던 교회 중에도 그런 교회가 있었는데 대부분의 사람들이 방언을 했습니다. 방언을 하지 못하는 사람이 들어와도 시간이 지나면 대부분 방언을 했고 어떤 사람은 천국을 경험하는 입신의 체험을 했다고도 했습니다. 그에 따른 부작용도 있었는데 은사를 체험하지 못한 사람은 영적인 열등감을 갖기도 하고 방언을 받더라도 더 유창하고 다양한 방언을 구사하는 사람이 영적인 능력이 뛰어난 것처럼 여겨졌습니다. 그러다 보니 하나님의 말씀대로 사는 것보다 더 다양하고 특별한 은사를 받는 것이 목표가 되어 갔습니다. 은사는 좋은 것이지만 제 역할을 하지 못했을 때 오히려 문제가 될 수도 있습니다.

도입 질문

1 교회 안에서 볼 수 있는 은사는 무엇이 있습니까? 그중 내가 갖고 싶은 은사가 있다면 나눠 봅시다.

함께 나누기

2 언제까지나 떨어지지 않는 것은 무엇입니까? 8절

3 폐하거나 그치는 것은 무엇입니까? 8절

4 바울은 지금 우리의 지식과 예언이 어떠하다고 말합니까? 9절

5 나에게는 어떤 은사가 있습니까? 나에게 주어진 은사로 공동체를 섬겨 봅시다.

6 부분적으로 하던 것이 폐하여질 때는 언제입니까? 10절

7 항상 있는 세 가지는 무엇이며 그중에 제일은 무엇입니까? 13절

8 내가 속한 공동체에서 나의 사랑이 필요한 사람이 있습니까?

9 오늘 성경공부를 통해 나누고 싶거나 깨달은 것이 있으면 이야기해 봅시다.

권별주삶

아가페 주삶 GBS 해설서

1 가이드》 우리가 복음을 전할 때 다른 사람에게 말하는 내용을 살펴본다면, 평소에 신앙에서 중요하게 생각하는 것이 무엇인지 알 수 있을 것입니다. 어떤 이야기가 쉽게 나오고 어떤 것이 말하기 꺼려지는지 솔직하게 이야기해 봅시다.

2 답》 십자가의 도

해설》 바울은 평생을 복음을 전하다가 그 복음 때문에 순교를 당한 사도였습니다. 그는 복음을 전할 때마다 사람들이 듣기 싫어하는 부분이 있다는 것을 매번 경험하였는데, 그것은 바로 십자가였습니다. 그래서 바울은 십자가가 멸망하는 자들에게는 미련한 것이라고 이야기합니다. 그들은 십자가를 싫어하였고 무시하였습니다. 그럼에도 불구하고 바울은 더욱 소리 높여 십자가의 도를 전하였습니다.

3 답》 말과 글의 전문가들

해설》 여기에서 선비는 성경을 필사하고 가르치는 서기관을 이야기하며, 변론가는 철학자를 말합니다. 즉 여기에 나오는 지혜자와 함께 이들은 글과 말에 있어서 전문가들이며 최고의 지식인을 가리킵니다. 그러나 복음을 듣고 교회에 먼저 들어온 사람들은 이러한 사람들이 아니라 배우지 못한 가난한 자들과 노예들이었습니다.

4 답》 전도의 미련한 것

해설》 전도가 미련하다는 것은 그 내용이 사람들이 싫어하는 그리스도의 십자가이기 때문입니다. 또한 그것은 논리로 이야기할 수 없기 때문입니다. 일반적인 지식은 해박한 지식과 그 지식을 설명하는 훌륭한 말로 전달됩니다. 그러나 복음은 우리의 마음이 약간 바뀌는 것이 아니라 전적으로 성령님이 주시는 새로운 마음으로 새로워져야 듣고 받아들일 수 있습니다.

5 가이드》 아무리 중요하다고 말하더라도 내가 이해하고 감동이 되지 않으면 그것은 내 삶을 바꾸지 못하며 다른 사람에게 전달할 수도 없습니다. 십자가는 기독교의 핵심이지만, 교회를 오랫동안 다닌 사람들도 십자가의 의미를 제대로 이해하지 못하거나, 십자가가 신앙의 중심에 있지 않습니다. 나에게 십자가가 어떤 의미를 가지는지 진지하게 살펴봅시다.

6 답》 표적, 지혜

해설》 예수님이 오셨을 때도 유대인들은 표적을 구했습니다. 그들에게 표적의 의미는 이스라엘을 대적하는 나라에 심판을 내리고 그들에게는 강한 나라를 세워 주시는 것이었습니다. 그러나 진정한 표적은 심판받아야 할 그들을 구원하기 위해서 예수 그리스도가 십자가에서 죽으시고 부활하신 것이었습니다. 당시 헬라인에게 지혜는 사회적인 지위와 명예와 부를 안겨다 주는 것이었습니다.

7 답》 나무에 달린 자는 하나님께 저주를 받은 것이기 때문

해설》 신명기의 율법은 '나무에 달린 자는 하나님께 저주를 받았음이니라'(신 21:23)라고 말합니다. 그래서 유대인들은 십자가에서 죽는 것은 하나님의 저주라고 생각하였습니다. 그러나 그들은 자신들의 죄 때문에 하나님께서 당신의 독생자에게 저주를 부었다는 사실을 깨닫지 못하였습니다.

8 가이드》 복음은 사람의 뛰어난 지혜와 논리로 이해하는 것이 아닙니다. 복음은 나의 죄로 인하여 내가 하나님의 지혜에서 떠나 바르게 생각하지 못한다는 것을 인정하고, 하나님의 온전한 주권을 인정하여 그분의 말씀 앞에 머리를 숙이고 순종하는 것입니다. 그럴 때 하나님이 나에게 행하신 사랑이 예수 그리스도의 십자가였다는 것을 인정하게 됩니다. 그것이 바로 복음입니다.

*서로 기도 제목을 나누면서 뒤에 있는 기도 노트를 활용하십시오(p.165-167).

1 가이드》 한국 사람을 대표하는 말에 '빨리 빨리'가 있습니다. 그만큼 우리는 '빠름'에 익숙해져 있습니다. 우리는 기초가 잘 되어 있지 않아서 발생하는 사고 소식을 주위에서 많이 듣습니다. 다리나 건물이 무너지기도 하고 나라가 통째로 위기에 처한 경험을 하기도 합니다. 그 모든 것은 터가 견고하지 않았기 때문에 발생한 사고입니다.

2 답》 지혜로운 건축자

해설》 바울은 집을 짓는 장면을 묘사하면서 스스로를 지혜로운 건축자로 부릅니다. 그는 능숙하게 집의 터를 세우고 있습니다. 그런데 바울은 자신의 탁월함이 하나님의 은혜 때문이라고 말합니다. 우리가 무엇인가를 잘할 수 있다면, 그것은 하나님이 주셨기 때문입니다.

3 답》 예수 그리스도

해설》 기독교 신앙의 기초는 예수 그리스도가 되어야 합니다. 그 말은 우리가 구원받을 수 있는 유일한 길이 예수 그리스도 안에 있고, 우리는 그분 안에서만 축복된 삶을 누릴 수 있으며 그분 밖에는 심판과 죽음만 있다는 뜻입니다. 다른 어떤 가르침이나 탁월한 사람의 업적이나 선행도 기독교 신앙의 기초가 될 수 없습니다.

4 답》 금, 은, 보석, 나무, 풀, 짚

해설》 바울이 직접 언급하지는 않았지만 불에 견딜 수 있는 것과 타 버리는 것 두 가지로 나눌 수 있습니다. 금, 은, 보석은 불에 타지 않으며 따라서 바람직하고 좋은 공적을 나타냅니다. 반면에 나무나 풀 그리고 짚은 불에 타 버리는 바람직하지 않은 공적을 나타냅니다. 여기에서의 공적은 선생의 가르침으로 보는 사람이 있지만 모든 성도의 삶으로도 볼 수 있습니다.

5 가이드》 우리의 삶은 종종 나에 대한 걱정으로 압도되어서 방향을 잃을 때가 많이 있습니다. 지금 나의 고민을 차지하는 가장 큰 것 하나를 꺼내서 살펴보십시오. 그것은 하나님을 향한 것입니까? 아니면 나에게 몰두하고 있기 때문입니까? 내 삶이 예수 그리스도의 기초 위에 세워져 있고 삶의 방향이 그에 맞게 가고 있는지 돌아봅시다.

6 답》 불

해설》 "그 날"은 예수 그리스도가 다시 오시는 최후의 심판을 의미합니다. 불은 하나님께서 심판하실 때 나타나는 불(마 13:24,30; 살후 1:8)을 의미합니다. 모든 사람에게는 마지막 날이 있습니다. 그리고 그때 모두 심판대에 오를 것입니다. 성도 역시 마찬가지입니다. 그리스도의 재림 날 성도의 공적에 대한 '불 시험'이 있을 것입니다. 예수 그리스도의 기초 위에 서 있다고 모두가 안전한 것은 아닙니다. 모든 성도 역시 자신들의 삶을 가지고 하나님 앞에 서게 될 날이 있을 것입니다.

7 답》 너희, 예수 그리스도를 믿는 성도

해설》 예수 그리스도께서 십자가에서 죽으신 후 성전의 휘장이 찢어졌습니다. 그리고 하나님은 친히 그리스도 안에서 우리 안에 거하십니다. 그러하기에 믿는 우리는 하나님의 성전이 되는 것입니다.

8 가이드》 성전의 특징은 거룩하다는 것입니다. 그런데 거룩은 한 가지 죄로 인해서 더럽혀집니다. 그러면 거룩한 삶이 어떻게 가능할까요? 우리는 예수 그리스도의 터 위에 세워져야 합니다. 바울이 지혜로운 건축자가 될 수 있었던 것이 하나님의 은혜였던 것처럼, 우리는 매일 거룩한 삶을 살도록 하나님의 은혜를 의지해야 합니다.

1 가이드》 어떤 사람들은 싸움 구경만큼 재미있는 것이 없다고 하지만, 서로 사랑해야 할 성도끼리 싸우는 것만큼 민망하고 보기 싫은 모습은 없을 것입니다. 특별히 교인이 아닌 사람이 그 장면을 보았을 때, 그것은 보기 싫은 것만이 아니라 예수 그리스도를 욕되게 합니다.

2 답》 하나님을 믿지 않는 재판관

해설》 일차적으로는 법정에서 소송을 다루는 재판관을 가리키는데, 특별히 교회 밖에 있는 사람들 즉, '믿지 아니하는 자들'입니다(6절).

3 답》 세상과 천사

해설》 성도는 마지막 날이 오면 예수님과 함께 세상을 심판하고 또 천사들마저 심판할 것입니다(유 1:14-15; 마 19:28). 성도는 자신의 그러한 지위를 알아야 하는데, 성도끼리 싸우면서 세상 사람들에게 판결을 맡기니 바울의 마음이 답답했을 것입니다.

4 답》 교회 밖에 있는 사람들

해설》 어떤 사람들은 이들이 교회에 속해 있으면서도 경히 여김을 받는 자들이라고 이야기하는데, 바울이 교회에 속한 사람을 어떤 이유에서든지 경멸적으로 이야기하는 것은 생각할 수 없습니다. 이들은 교회 밖에 있는 사람들 즉, 불신자들입니다. 바울은 예수님과 함께 세상을 심판할 성도들이 사소한 일들로 불신자들에게 판단을 맡기는 것에 대해서 비판하고 있습니다.

5 가이드》 형제끼리 서로 고발하는 이유는 손해를 보고 싶지 않기 때문입니다. 그리고 내가 더 옳다는 것을 증명하고 싶어서일 것입니다. 그러나 성도의 싸움은 교회에 큰 상처를 남기게 됩니다. 그럼에도 불구하고 그들은 교회보다 자신의 이익이 더 중요하기 때문에 싸우는 것입니다. 나도 그러한 사소한 일에 큰 의미를 부여하고 누군가를 미워하고 있지 않은지 살펴보아야 합니다.

6 답》 서로 고발하는 것보다 차라리 불의를 당하고 속는 것이 나음

해설》 바울은 고린도 교회가 성도들 사이에서 일어난 분쟁을 불신자들이 재판하는 세상 법정에서 해결하려는 태도를 책망합니다. 불의를 당하고 속는다는 표현을 보면, 그들은 경제적인 부분에서 다투고 있는 것 같습니다. 바울은 차라리 불이익을 당하고 손해를 보더라도 성도로서의 모습을 지키는 것이 더 중요하다고 권면합니다.

7 답》 불의를 행하는 자들

해설》 고린도 교인들은 대부분 이방인들이었고, 과거에는 9절과 10절에 있는 열 가지 목록에 해당되는 죄인들이었습니다. 그들은 바울과 다른 그리스도인들이 전한 복음을 듣고 변화를 받았습니다. 그런데 그들이 다시 그러한 불의를 행하고 있는 것입니다. 그것도 같은 형제들에게 말입니다. 바울은 그것을 책망하고 있습니다.

8 가이드》 복음은 우리를 완전히 뒤바꾸어 놓습니다. 복음을 듣기 전 우리의 모습은 불의한 사람들이었습니다. 그러나 복음이 우리 안에 들어올 때 삼위 하나님이 모두 일하셔서 우리를 죄에서 씻어 내고 거룩하게 그리고 의롭게 하십니다. 11절 원문에는 '그러나'가 씻음, 거룩함, 의롭다 하심 앞에 각각 포함되어 있습니다. 거듭난 이후의 삶은 완전히 달라지기 때문입니다. 복음을 듣고 달라지지 않는 경우는 불가능하며, 다시 돌아가는 일도 있어서는 안 됩니다. 더군다나 그러한 불의를 같은 형제에게 행해서는 더욱 안 되는 것입니다.

*서로 기도 제목을 나누면서 뒤에 있는 기도 노트를 활용하십시오(p.165-167).

1 가이드》 대표적인 것이 죄일 것입니다. 죄는 누구나 유혹에 빠질 만큼 처음에는 하고 싶지만 결국에는 우리의 인격을 망가뜨립니다. 선한 일은 반대로 시작은 어렵지만 결국에는 우리에게 깊은 행복을 가져다줍니다.

2 답》 이스라엘 백성

해설》 바울이 지금부터 하는 이야기는 출애굽 사건입니다. 따라서 여기에 나오는 우리 조상들은 이스라엘 백성입니다. 바울은 주로 이방인들로 이루어진 고린도 교인들에게 이스라엘 백성을 '우리 조상들'이라고 소개합니다. 그것은 교회가 이스라엘 열두 지파를 대신하여 이어 가기 때문입니다.

3 답》 다

해설》 개역개정에서는 네 번이지만 원어에서는 동일한 글자가 다섯 번 반복됩니다. 바울은 많은 이스라엘 백성이 광야에서 불순종으로 멸망당했지만, 그들 모두는 하나님의 은혜를 그 어느 누구보다도 많이 경험했다는 것을 강조합니다. 그들 모두는 예외 없이 모두 하나님이 보내신 구름의 인도와 홍해가 갈라지는 기적과 만나와 반석의 물을 경험했습니다.

4 답》 다수가 멸망을 받았음

해설》 애굽을 떠났던 이스라엘 백성은 여호수아와 갈렙을 제외하고는 모두 광야에서 죽었습니다. 큰 은혜에도 불구하고 그들은 우상을 숭배하고 음행하며 하나님을 시험하고 원망했기 때문이었습니다. 구원은 은혜가 주어져서 얻는 것이 아니라 그 은혜에 반응함으로 이루어지는 것입니다.

5 가이드》 바울은 이스라엘이 출애굽 사건에서 보여줬던 불순종을 구체적으로 나열합니다. 우리도 살면서 이러한 잘못을 하게 됩니다. 인생의 중요한 선택에서 하나님께 의지하지 않고 내 뜻대로 하지는 않는지 또는 하나님보다 더 큰 인생의 목적이 있는지(우상), 하나님이 허락하시지 않는 음행을 하고 있지는 않는지 또는 하나님을 시험하거나 원망하지는 않는지 자신을 돌아봅시다.

6 답》 우리의 본보기로 삼아서 우리를 깨우치기 위해서

해설》 출애굽을 했던 이스라엘 백성은 구약의 역사상 하나님의 역사하심을 가장 많이 경험한 세대였을 것입니다. 그럼에도 불구하고 그들의 다수는 광야에서 멸망당했습니다. 우리도 세례를 받았다고 해서, 하나님의 은혜의 경험이 있었다고 해서 마음을 놓아서는 안 됩니다. 왜냐하면 그러다가 멸망당한 사람들이 실제로 있기 때문입니다.

7 답》 하나님의 미쁘심

해설》 우리는 죄에 대항하여 싸워야 합니다. 죄를 즐겨하는 자는 하나님의 나라를 유업으로 받을 수 없기 때문입니다. 그렇지만 우리가 죄의 시험을 이기는 것이 쉽지는 않습니다. 그러나 바울은 우리가 그러한 시험을 감당할 수 있는 이유는 하나님의 미쁘심 때문이라고 이야기합니다. 하나님은 우리의 상태를 아십니다. 그렇기 때문에 우리가 최선을 다하여 죄의 유혹과 시험에 대항하되 그때마다 하나님께 의지해야 합니다. 그러면 하나님은 피할 길을 열어 주십니다.

8 가이드》 그리스도인에게도 고난은 항상 있습니다. 그리고 죄에 대한 유혹이 없어지는 것도 아닙니다. 그러나 구원받은 우리는 죄에 굴복하지 않도록 싸워야 합니다. 시험을 이겨야 합니다. 그런데 우리가 그 시험에 대항하다 보면 도와주시는 손길을 경험하게 될 것입니다. 나의 믿음(my faith)에 의지하기보다는 하나님의 미쁘심(His faithfulness)에 의지하십시오. 그리고 그런 경험을 서로 나누고 기도할 때 우리는 공동체의 경험을 하게 될 것입니다.

*서로 기도 제목을 나누면서 뒤에 있는 기도 노트를 활용하십시오(p.165-167).

1 가이드》 예를 들면 교회를 병원에 비유할 수 있을 것입니다. 죄라는 질병을 겪고 있는 인간이 예수님이라는 의사를 만나 고침을 받는 곳이기 때문입니다. 교회는 목욕탕에 비유될 수도 있습니다. 죄의 때를 깨끗이 씻어 내는 곳이기 때문입니다. 교회의 본질을 이해하기 쉽게 설명하기 위해 어떤 비유를 사용할 수 있을지를 생각해 보고, 각자의 참신한 아이디어를 나누어 봅시다.

2 답》 몸은 하나인데 많은 지체가 있고 몸의 지체가 많으나 한 몸임

해설》 바울은 인간의 몸이 각기 다른 지체들로 연결되어 있음에도 불구하고 서로 조화를 이루며 하나의 몸을 이룬다는 원리를 교회에 적용합니다. "그리스도도 그러하니라"라는 구절은 '그리스도의 몸 된 교회도 그러하니라'의 의미로 이해할 수 있습니다. 인간의 몸에 다양한 지체가 존재하듯이 교회 안에도 다양한 사회적, 문화적, 민족적 배경을 가진 구성원들이 존재합니다. 이러한 다양성(혹은 다름)은 종종 교회 안에 갈등의 요인이 되기도 하지만, 교회는 다름에서 비롯된 갈등을 극복하고 하나 됨을 이루어야 합니다. 그것은 교회가 그리스도의 몸이기 때문입니다.

3 답》 한 성령으로

해설》 "유대인이나 헬라인이나 종이나 자유인이나"라는 구절에서 알 수 있듯이, 바울 당시 고린도 교회 구성원들의 민족적 배경과 사회적 지위는 서로 달랐습니다. 그렇다면 서로 다른 구성원들이 하나가 될 수 있는 근거는 무엇이었을까요? 바울은 교회의 구성원이 모두가 예외 없이 한 성령의 세례(침례), 즉 한 성령의 일하심을 통해 회심을 경험했다는 사실을 그 근거로 제시합니다.

4 답》 하나님께서 그 원하시는 대로 지체를 각각 몸에 두셨기 때문에

해설》 바울은 "하나님이 그 원하시는 대로"라는 구절을 통해 교회 안에 다양한 구성원을 허락하신 분이 하나님이시라는 사실을 분명히 합니다. 그러므로 만약 우리가 세상의 기준을 가지고 교회 공동체의 어떤 구성원을 무시하고 업신여긴다면, 그 구성원을 향한 하나님의 목적과 계획을 무시하고 업신여기는 것과 다를 바가 없습니다. 교회라는 공동체 안에서 "쓸데가 없는" 사람은 단 한 명도 없습니다(21절 참고).

5 답》 귀중함

해설》 신앙적 우월감에 사로잡힐 때 우리는 종종 연약한 지체들의 신앙을 비난하고 경멸하며 그들에게 "부족한" 신앙인이라는 낙인을 찍습니다. 그러나 비난과 경멸은 하나님의 방식이 아닙니다. 바울은 부족한 지체에게 귀중함을 더하는 것이 하나님의 방식이라고 말합니다. 부족할수록 더 귀중하게 여김을 받아야 하는 곳이 교회입니다. 이 사실을 늘 기억해야 할 것입니다.

6 가이드》 두통을 앓고 있다고 생각해 봅시다. 고통을 받는 것은 머리뿐만이 아닙니다. 우리의 온몸은 같은 고통을 느낍니다. 왜냐하면 우리의 몸이 유기적으로 연결되어 있기 때문입니다. 쉽게 말해, 우리의 몸은 고통을 함께 느낄 수밖에 없도록 창조되었기 때문입니다. 바울은 이러한 원리를 교회에 적용하면서 한 가지 가르침을 더하고 있는데, 그것은 바로 교회는 고통뿐만 아니라 영광도 함께 누리는 공동체라는 사실입니다.

7 답》 그리스도의 몸 / 지체의 각 부분

해설》 27절은 오늘 본문의 결론에 해당합니다. 12–26절에서 바울이 교회를 몸에 비유하며 여러 가지 설명을 했던 이유는, 교회가 그리스도의 몸이고 각각의 성도는 그리스도의 몸을 이루는 각 부분이라는 진리를 가르쳐 주기 위함이었습니다. 바울의 이러한 가르침은 그의 다른 서신서에서도 발견됩니다(엡 1:23, 4:12, 5:30; 골 1:24 참고).

8 가이드》 세상은 '적자생존'의 원리가 적용되는 곳, 다시 말해 약한 자들, 덜 귀한 자들, 아름답지 못한 자들은 주목받지 못하고 결국엔 도태되는 곳입니다. '적자생존'은 끝없는 경쟁과 낙오를 낳습니다. 그러나 교회는 적자생존의 원리가 당연시되는 곳이 아닙니다. 예수 그리스도의 가르침을 따라 약한 자들을 더 귀중히 여기는 곳, 서로의 부족함을 채우며 함께 생존하는 곳, 경쟁이 아니라 협력하는 곳입니다. 이것이 바로 바울이 말해 주고 싶었던 교회의 모습일 것입니다.

1 가이드》 교회 안에서 보고 경험한 은사들이 있다면 나눠 봅시다. 은사는 좋은 영향을 미치기도 하지만 부정적인 영향이나 논란을 만들어 내기도 합니다. 자신의 공동체 내에서는 어땠는지 나눠 봅시다. 또한 내가 갖고 싶은 은사가 있다면 그 이유도 이야기해 봅시다.

2 답》 사랑

해설》 고린도 교회는 유독 은사가 많은 교회였습니다. 은사는 교회를 섬기는 데 도움이 되는 선물이었지만 그것이 변질되어 영적인 능력으로 생각하고 과시하는 사람들이 생겼습니다. 은사가 그들을 교만하게 만들었습니다. 교만은 사람들을 사랑으로부터 멀어지게 합니다. 그러나 때가 되면 은사는 역할을 다하고 없어지겠지만 사랑은 영원할 것입니다.

3 답》 예언, 방언, 지식

해설》 사랑은 지속되지만 예언, 방언 그리고 지식은 일시적으로 존재하다가 사라지는 은사들입니다. 이 세 가지뿐만 아니라 모든 은사는 그 역할을 다하면 사라지게 될 것입니다. 그렇기 때문에 성도는 은사로 인해 교만할 수 없습니다. 나에게 주어진 은사로 최선을 다해서 공동체를 사랑하고 섬겨야 합니다.

4 답》 부분적

해설》 우리는 은사를 통해 부분적으로 알고 이해할 수 있습니다. 그러나 완전하게는 아닙니다. 지식의 은사를 받았다고 하나님을 온전히 아는 것이 아니며 예언의 은사를 받아도 하나님의 말씀을 부분적으로만 이해할 수 있습니다. 따라서 우리는 은사로 인해 교만하지 않고 더욱더 겸손해야 할 것입니다.

5 가이드》 많은 사람이 은사를 찬사를 받을 수 있는 탁월함이나 신비로운 것으로 한정합니다. 그러나 탁월하지는 않아도 공동체를 섬길 만한 것이 나에게 있다면 그것도 은사라고 할 수 있습니다. 다른 사람의 이야기를 잘 들어주는 것이나 조용히 정리정돈을 하는 것도 훌륭한 은사입니다. 나에게 은사라고 할 만한 것이 있는지 찾아보고 그것으로 어떻게 공동체를 섬길 수 있을지 이야기해 봅시다.

6 답》 온전한 것이 올 때

해설》 모든 것이 완성되는 때, 즉 예수님이 재림하시고 마지막 심판을 거친 후 새 하늘과 새 땅이 완성되는 때입니다. 그때는 더 이상 은사가 필요없습니다. 은사는 불완전한 지금 우리에게 하나님의 말씀을 알게 해 주고 우리의 연약한 신앙을 도와주는 역할을 합니다. 그때는 모든 것을 선명하게 알게 되고 완전한 의로움을 가지게 되기 때문에 예언이나 방언이나 지식의 은사는 불필요합니다.

7 답》 믿음, 소망, 사랑 / 사랑

해설》 다른 은사들과 다르게 믿음, 소망, 사랑은 영원히 지속됩니다. 물론 마지막 날의 믿음과 소망은 고난을 겪고 있는 지금의 것과는 다를 것입니다. 하지만 모든 것이 완성되는 그때도 우리는 하나님을 신뢰하고 의지하며 하나님 안에 소망을 두게 될 것입니다. 사랑이 그중에서 제일인 이유는 믿음과 소망의 궁극적인 목적이 하나님의 사랑을 알고 그분을 의지하고 신뢰하며 영원토록 사랑하는 것이기 때문입니다.

8 가이드》 어느 공동체나 사랑이 필요한 사람으로 가득합니다. 그런데 항상 사랑을 구하는 사람은 가득하고 실천하는 사람은 적습니다. 내가 속한 공동체에서 나의 사랑이 필요한 사람을 한두 사람 떠올려 봅시다. 그리고 그들을 위해 구체적으로 무엇을 할 수 있는지 고민해 보고 가능하면 지속적으로 사랑을 실천해 봅시다.

*서로 기도 제목을 나누면서 뒤에 있는 기도 노트를 활용하십시오(p.165–167).

기도 노트 *Prayer Note*

- 하나님께서 기도에 응답하셨으면 'Yes', 거절하셨으면 'No', 보류 중이시면 'Wait'에 체크해 보세요. 시간이 흐른 뒤 하나님의 세심한 인도하심을 느낄 수 있습니다.

날짜 Date	기도 대상 Who	기도 제목 Title	응답 여부		
			Yes	No	Wait

Prayer Note

날짜 Date	기도 대상 Who	기도 제목 Title	응답 여부		
			Yes	No	Wait

Prayer Note

날짜 Date	기도 대상 Who	기도 제목 Title	응답 여부 Yes	 No	 Wait

권별주삶

아가페 주삶

고린도전후서(상)

초판 1쇄 발행 2024년 1월 31일

지은이 이풍인

펴낸이 곽성종
기획편집 홍주미, 이가람
디자인 이병용, 정육남

펴낸곳 ㈜아가페출판사
등록 제21-754호(1995년 4월 12일)
주소 (08806) 서울시 관악구 남부순환로 2082-33 성광빌딩 6층
전화 584-4835(본사)
팩스 586-3078(본사)
홈페이지 www.agape25.com

ISBN 978-89-537-1949-1 (04230)
ISBN 978-89-537-1934-7 (세트)

아가페 출판사

본문이 있는 채움 쓰기성경®

스탠다드 (중)
4권 세트
낱권 시리즈

성경 본문의 가독성이 뛰어나고 1:1로 맞추어 필사할 수 있는 쓰기성경!

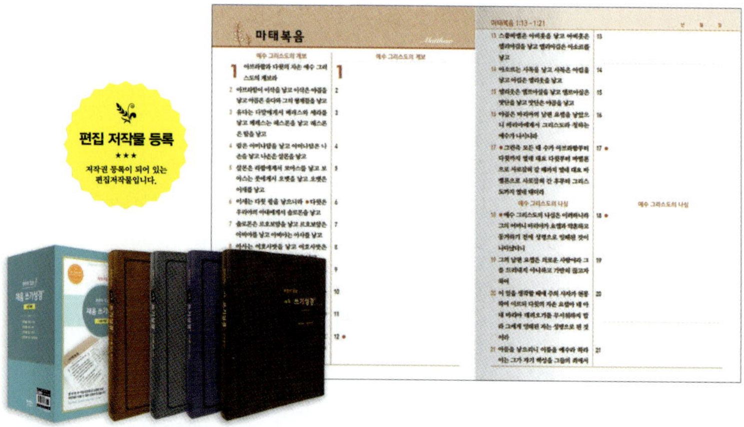

스탠다드 (중) 4권 세트	〈개역개정〉 세트 정가 : ~~116,000원~~ →112,000원		
	낱권 정가	구약 ❶, ❷, ❸권 / 신약	각 권 29,000원

개역개정 낱권 시리즈

모세오경	창 세 기	정가 8,000원
	출애굽기	정가 7,000원
	레 위 기	정가 7,000원
	민 수 기	정가 7,000원
	신 명 기	정가 7,000원
	세트 (할인가)	정가 32,000원
역사서	여호수아 · 사사기 · 룻기	정가 9,000원
	사무엘상 · 하	정가 9,500원
	열왕기상 · 하	정가 9,500원
	역대상 · 하	정가 10,000원
	에스라 · 느헤미야 · 에스더	정가 7,000원
	세트 (할인가)	정가 40,000원
시가서	욥 기	정가 8,000원
	시 편	정가 12,000원
	잠언 · 전도서 · 아가	정가 8,000원
	세트 (할인가)	정가 25,000원
예언서	이사야	정가 9,000원
	예레미야 · 예레미야애가	정가 10,000원
	에스겔 · 다니엘	정가 10,000원
	호세아~말라기	정가 8,000원
	세트 (할인가)	정가 33,000원
사복음서	마태복음	정가 8,500원
	마가복음	정가 8,000원
	누가복음	정가 8,500원
	요한복음	정가 8,500원
	세트 (할인가)	정가 28,500원
사도행전 ~ 요한계시록	사도행전	정가 8,500원
	로마서 · 고린도전후서	정가 9,000원
	갈라디아서~히브리서	정가 9,000원
	야고보서~요한계시록	정가 8,500원
	세트 (할인가)	정가 30,000원

밑글씨 매일 쓰기성경®

4권 세트

낱권 시리즈

밑글씨가 있어 성경책 대조 없이 간편하게 쓸 수 있는 쓰기성경!

4권 세트			
〈개역개정〉 세트 정가 : ~~116,000원~~ → 112,000원		〈새번역〉 세트 정가 : ~~100,000원~~ → 95,000원	
구약 ❶, ❷, ❸권	각 권 29,000원	구약 ❶, ❷, ❸권	각 권 25,000원
신약		신약	

낱권 시리즈			
낱권 시리즈	구약	❶ 창세기 – 레위기	정가 12,000원
		❷ 민수기 – 룻기	정가 13,000원
		❸ 사무엘상 · 하	정가 10,000원
		❹ 열왕기상 · 하	정가 10,000원
		❺ 역대상 · 하	정가 10,000원
		❻ 에스라 – 욥기	정가 10,000원
		❼ 시편 · 잠언 · 전도서 · 아가	정가 12,000원
		❽ 이사야 – 예레미야애가	정가 12,000원
		❾ 에스겔 – 말라기	정가 12,000원
	신약	❶ 사복음서 : 마태복음 – 요한복음	정가 12,000원
		❷ 사도행전 – 고린도후서	정가 10,000원
		❸ 갈라디아서 – 요한계시록	정가 10,000원

DREAM 감사&기도

감사와 기도를 드림(DREAM)으로 드리다. 한 권에 감사와 기도 모두 담으세요!

로즈핑크, 민트 | 크기 120*171 | 192면 | 각권 10,800원

담다 · 설교노트

말씀을 담다, 말씀을 살아내다. 삶의 지표가 되는 귀한 말씀, 소중히 담아보세요!

대 설교 100편 기록

인디고블루, 인디핑크 | 크기 120*171 | 224면 | 각권 10,800원

소 설교 70편 기록

네이비, 모카베이지 | 크기 100*165 | 144면 | 각권 9,500원

* 50부 이상 주문 시 교회명을 무료로 찍어드립니다.

권별주삶

아가페 주삶

• 주야로 묵상하는 삶 •

고린도전후서(하)

주삶의 정신 1

『주삶』은 에티오피아 내시에게
말씀을 해석해 준 빌립 집사의 역할을 하기 원합니다.

말씀을 올바르게 깨닫기 위해서는 빌립과 같은 신령한 조력자가 필요합니다.
이제 『주삶』은 '객관적이고 정확한 절별 해설'을 통해
그리스도인의 매일 말씀묵상을 돕고자 합니다.

주삶의 정신 2

'묵상'은 하루 중 가장 방해받지 않는
귀중한 시간에 하는 것입니다.
그리고 깨달은 말씀을 종일 생각하는 것입니다.

진정한 그리스도인이 되기 위해서는 묵상한 말씀을 늘 되새겨야 합니다.
그것이 주야로 묵상하는 삶이며 '주삶의 정신'입니다.

주삶의 정신 3

'오늘 말씀묵상을 하지 않으면 밥을 먹지 않겠다.'
참된 성도는 굳은 결심의 소유자여야 합니다.

매일 말씀묵상을 하지 않으면 영혼이 병들고 성장하지 않기 때문입니다.
일주일에 한두 끼만 먹는 사람이
건강한 삶을 살 수 없는 것과 마찬가지 이치입니다.

Contents

해설 집필자 소개

이풍인 _ 고린도전후서

- 계명대학교 영문학과 졸업
- 총신대학교 신학대학원(목회학 석사)
- 하버드대학교 신학석사
- 옥스퍼드대학교 신학박사(히브리서 전공)
- 개포동교회 담임목사
- 총신대학교 신학대학원 신약학 교수

GBS 및 해설서_ 김건일, 황재욱

권별주삶

아가페 주삶

• 주야로 묵상하는 삶 •

고린도전후서(하)

AGAPE
[주]아가페출판사

아가페 주삶 단체 활용법

「권별주삶」의 특징

• 「권별주삶」은 가족, 교회 소그룹, 직장 신우회 등 각종 성경공부 모임에 활용하면 좋습니다.

• 「권별주삶」은 날짜에 구애받지 않는 7일 동안의 개인 묵상과 1일의 주간성경공부(GBS)로 구성되어 있습니다.

「권별주삶」의 단체 활용법

➤ 매일 개인적으로 묵상하고, 1주일에 1회씩 모여 GBS 모임을 가지면 좋습니다.

- 개인묵상 시간을 통해 말씀을 묵상합니다.
- 7일째 주간성경공부 모임에서 한 주 동안 묵상한 말씀을 삶에 적용하고 체험과 깨달음을 서로 공유합니다.

➤ 「권별주삶」은 각종 성경공부 모임의 계획에 맞춰 차별화된 스케줄 구성이 가능합니다.

아가페

주삶 개인 활용법

「권별주삶」의 특징

- 「권별주삶」은 날짜가 특정되지 않아 순차적으로 깊이 있는 말씀묵상이 가능합니다.
- 「권별주삶」은 개인별 맞춤 스케줄에 따라 시간을 활용함으로써, 하나님의 말씀을 거듭 상고하고 깊이 체험할 수 있게 도와줍니다.

「권별주삶」의 개인 활용법

➤ 아래 「권별주삶」의 개인 활용법을 따라 꾸준히 묵상하면서 하나님과 동행하세요.

- 먼저 묵상을 시작하는 날짜를 기록합니다. 개인 스케줄에 맞춰 날짜와 관계없이 성경을 이어서 빠짐없이 묵상할 수 있습니다.
- 개인묵상 시간을 통해 말씀을 묵상합니다.
- 7일째 주간성경공부 모임에서 한 주 동안 묵상한 말씀을 삶에 적용하고 체험과 깨달음을 서로 공유합니다.
- 교훈과 묵상한 것을 메모합니다. 묵상과 적용이 「권별주삶」의 깊이 있는 해설과 곁들여져 말씀을 더욱 쉽게 이해하는 나만의 묵상노트가 됩니다.
- 「권별 주삶」 시리즈를 권별로 모아 두세요. 성경의 문맥을 살려 그 자체로 말씀을 쉽게 이해하게 해 주는 훌륭한 성경해설서로 활용할 수 있습니다.

*** 「권별주삶」을**

**나만의 묵상노트이자 성경해설서로 만든다는 목표를 가지고 꾸준히 하면,
하나님과의 친밀한 교제 안에서 변화된 자신을 체험할 수 있습니다.**

아가페

주삶 개인 말씀묵상 활용법

1 날짜 기록

묵상한 날짜를
기록합니다.

2 찬양과 기도

먼저 찬양한 후, 성령님의
도우심을 구하는 기도를
드립니다.

3 본문요약

'본문요약'을 읽고
흐름을 파악합니다.

4 개역개정성경 읽기

성경 본문을 정독합니다.

☐ 묵상 체크

41

월 일

모든 것을 적당하고 질서 있게 하라

고린도전서 14:34-40 • 새찬송 410장 | 통일 468장

• 말씀묵상 전에 성령님의 인도하심을 구하는 기도를 드리십시오.

본문요약 | 교회에서 예배로 모일 때에 남편이 아닌 다른 남자들에게 질문함으로 예배를 무질서하게 만드는 여자들이 있었던 것 같다. 바울은 무질서한 방언과 예언을 막기 위해 상황에 따라 '잠잠하라'고 했던 권면을 여자들에게 적용한다. 또한 예언과 방언을 품위 있고 질서 있게 하라고 권면한다.

34 여자는 교회에서 잠잠하라 그들에게는 말
하는 것을 허락함이 없나니 율법에 이른
것 같이 ㄱ오직 복종할 것이요
35 만일 무엇을 배우려거든 집에서 자기 남
편에게 물을지니 여자가 교회에서 말하는
것은 부끄러운 것이라
36 하나님의 말씀이 너희로부터 난 것이냐
또는 너희에게만 임한 것이냐
37 만일 누구든지 자기를 선지자나 혹은 신
령한 자로 생각하거든 내가 너희에게 편
지하는 이 글이 주의 명령인 줄 알라
38 만일 누구든지 알지 못하면 [1]그는 알지 못
한 자니라
39 그런즉 내 형제들아 예언하기를 사모하며
방언 말하기를 금하지 말라
40 모든 것을 품위 있게 하고 질서 있게 하라

1) 어떤 사본에, 알지 못하는 대로 두라
ㄱ. 창 3:16

10

1. 오늘 하나님께서 나에게 주신 깨달음은 무엇입니까?

2. 말씀을 어떻게 내 삶에 구체적으로 적용해야 합니까?

7 묵상과 적용

'묵상과 적용' 질문을 통해 깨달은 말씀과
적용한 내용을 적습니다.

'말씀묵상'은

말씀과 기도를 통해 날마다 하나님의 음성에 귀 기울이고 그 음성을 따라 살아가고자 하는 그리스도인을 위한 경건의 시간입니다. '말씀묵상'은 하루 중 가장 귀중한 시간에 아무도 방해하지 않는 곳에서 해야 합니다. 그리고 깨달은 말씀을 주야로 묵상하는 것입니다.

절별 해설

34-35 여자는 교회에서 잠잠하라 여자는 예배 때에 아무 말도 하지 말고 가만히 있어야 한다는 말일까? 만약 그런 뜻이라면 여자들의 경우에 머리에 무엇을 쓰고 기도하거나 예언하라고 말한 11:5의 내용과 상충된다. 이 표현은 당시 헬라의 문화적인 배경에서 이해할 필요가 있다. 고린도는 아가야 지역의 수도로 헬라화된 도시였고 헬라 문화가 깊이 영향을 미치는 곳이었다. 바울 당시에는 여자가 공적인 자리에서 남자에게 질문하는 것이 허락되지 않았다. 그런데 기독교인들의 경우는 그리스도 안에서 누리는 자유를 만끽하고자 여자들도 남자들에게 질문하는 경우가 있었고, 그 결과 혼란이 초래되기도 했다. 바울은 그런 상황에서 여자가 예배 의식을 방해하거나 엉뚱한 질문으로 인해 질서가 깨뜨려지는 일이 없도록 하라고 권면한다. 가정에서 물을 수 있는 질문을 공적인 예배의 자리에서 물음으로 무질서하게 되면서, 원래의 의도대로 예배가 진행되지 않는 경우가 발생했던 것으로 보인다.

36 하나님의 말씀이 너희로부터 난 것이냐 또는 너희에게만 임한 것이냐 고린도 교회 성도들의 은사 체험은 교만과 자랑으로 이어졌다. 바울로부터 그리스도의 복음을 들었던 그들은 바울의 영적인 권위를 무시했다. 그들은 마치 자기들이 예수 그리스도로부터 직접 계시를 받은 자처럼 행동하고 …
계시가 주어진 것처럼 착각하고 있다.

37-38 내가 너희에게 편지하는 이 글이 주…
바울은 성도들 중에 영적인 은사가 있어…
신령한 자로 여기는 자들을 향해 말한다. …
인 은사들로 인해 그들은 스스로를 과대평…
한 자기 이해는 바울이 사도라는 사실을 …
가르침을 가볍게 여기는 결과를 불러일으…
향해 지금 이 편지가 단지 바울 자신의 개…
는 것을 넘어 주님의 명령인 줄 알아야 한…
고 그들의 올바른 반응을 촉구하는데, 만일…
면을 받지 않는다면 그들 스스로가 신령하…
러내는 것이 되고 만다.

39-40 모든 것을 품위 있게 하고 질서 있게 …
중시한다고 해서 방언을 금하지는 않는다. …
하기를 사모해야 하고 방언을 금지해서도 안…
모든 것을 품위 있고 질서 있게 하는 것이다…
절하게'라는 말로 이해할 수 있다. 바울이 …
사용의 기준은 '적절하고 질서 있게' 하는 것…
그 은사들을 주신 질서와 화평의 하나님의…

쉬운성경

34 여자는 교회에서 말없이 있어야 합니다. 여자들이 말하는 것은 허락되지 않았습니다. 율법에서 말하듯이 여자들은 복종해야 합니다.

35 혹시 배우고 싶은 것이 있으면, 집에서 자기 남편들에게 물어보십시오. 여자가 교회에서 말하는 것은 여자 자신에게 부끄러운 일입니다.

36 하나님의 말씀이 여러분에게서 나왔습니까? 아니면, 하나님의 말씀이 여러분에게만 내렸습니까?

37 누구든지 자기를 예언자나 영적인 선물을 받은 자로 생각하는 사람이 있으면, 내가 여러분에게 쓴 것이 주님의 계명이라는 것을 명심하십시오.

38 이러한 사실을 인정하지 않는 사람은, 자신도 인정받지 못할 것입니다.

39 그러므로 나의 성도 여러분, 예언하기를 간절히 바라십시오. 그리고 방언으…

5 쉬운성경 읽기

쉬운성경을 정독하며 본문을 대조합니다.

6 절별 해설

'절별 해설'을 참고하며 읽습니다.

8 저자의 묵상

절별 해설 집필자가 묵상 후 전하는 메시지입니다.

저자의 묵상

교회의 예배와 모임은 '품위'와 '질서'를 갖추어야 한다. 바로 이것이 바울이 은사에 대해 말하면서 내리는 핵심 결론이다. 개인적인 기도 시간에 큰 소리로 기도하고 방언을 하는 것은 문제가 되지 않는다. 그러나 성도들이 모여 기도하는 시간에 너무 큰 소리로 말하여 다른 사람들이 기도하는 데 방해가 되는 것은 삼가야 한다. 너무 큰 소리로 기도하는 사람으로 인해 기도를 드리지 못했던 경험은 대부분의 성도들이 가진 공통된 경험일 것이다. 그뿐만 아니라 여러 사람이 함께하는 기도 모임에서 큰 소리로 방언을 말함으로 인해 다른 사람들이 기도하는 데 지장을 주는 경우도 있다. 찬양을 드리는 경우도 마찬가지다. 너무 큰 소리로 찬양을 하여 다른 사람에게 방해가 되지 않도록 조심할 필요가 있다. 다른 사람들의 찬양 소리와 어우러져서 조화와 균형 있는 찬양이 하나님께 드려져야 한다. 자신의 열정이 다른 사람에게 걸림돌이 되지 않도록 하는 배려와 사랑이 필요하다.

무릎 기도 하나님, 우리가 드리는 기도와 찬양을 기뻐 받으시기를 원합니다. 주일 예배에서 온 성도들이 한마음으로 드리는 찬양과 기도를 받으시고 저희에게 은혜를 내려 주소서.

9 무릎 기도

'무릎 기도'로 기도합니다.

ESV - 1 Corinthians 14

34 the women should keep silent in the
churches. For they are not permitted to
speak, but should be in submission, as the
Law also says.
35 If there is anything they desire to learn, let
them ask their husbands at home. For it is
shameful for a woman to speak in church.
36 Or was it from you that the word of God
came? Or are you the only ones it has
reached?
37 If anyone thinks that he is a prophet, or
spiritual, he should acknowledge that the
things I am writing to you are a command
of the Lord.
38 If anyone does not recognize this, he is not
recognized.
39 So, my brothers, earnestly desire to
prophesy, and do not forbid speaking in
tongues.
40 But all things should be done decently and
in order.

34 permit 허락하다 submission 복종 35 shameful 부끄러운 37 acknowledge 알다 command 명령 38 recognize 인지하다 39 forbid 금하다 40 decently 품위 있게 in order 질서 있게

12

10

한글과 영어 본문(ESV) 대조를 통해 본문의 바른 뜻을 파악할 수 있습니다.

아가페

주삶 단체 활용법 – 소그룹·구역예배

1

주중에 전 구성원이 개인적으로 매일 말씀을 묵상하고, 1주일에 1회씩 모여 GBS 교재 부분을 가지고 나눕니다.

2

GBS를 시작할 때 지난 한 주간 개인 묵상을 통해 깨달은 것이나 삶에 적용한 일이 있으면 한 사람씩 돌아가며 나눕니다.

구역예배, 청년부 성경공부, 직장 신우회 등 각종 성경공부 모임에 활용하면 좋습니다.

주간 그룹성경공부 • GBS

1주차 (43회~49회)

죽은 자들이 어떻게 다시 살아나며 어떠한 몸으로 오느냐?

고린도전서 15:35–49 | 새찬송 488장 • 통일 539장

주간 말씀묵상 나눔

지난 한 주간 말씀을 묵상한 것이나 삶에 적용한 것이 있으면 돌아가며 간단히 나누어 봅시다.

• 오늘의 성경공부 목표

성경이 말하는 죽은 자의 부활에 대한 올바른 지식을 갖도록 합시다.

35 누가 묻기를 죽은 자들이 어떻게 다시
살아나며 어떠한 몸으로 오느냐 하리니
36 어리석은 자여 네가 뿌리는 씨가 죽지
않으면 살아나지 못하겠고
37 또 네가 뿌리는 것은 장래의 형체를 뿌
리는 것이 아니요 다만 밀이나 다른 것
의 알맹이 뿐이로되
38 하나님이 그 뜻대로 그에게 형체를 주시
되 각 종자에게 그 형체를 주시느니라
39 육체는 다 같은 육체가 아니니 하나는
사람의 육체요 하나는 짐승의 육체요 하
나는 새의 육체요 하나는 물고기의 육체
라
40 하늘에 속한 형체도 있고 땅에 속한 형
체도 있으나 하늘에 속한 것의 영광이
따로 있고 땅에 속한 것의 영광이 따로
있으니
41 해의 영광이 다르고 달의 영광이 다르며
별의 영광도 다른데 별과 별의 영광이
다르도다
42 죽은 자의 부활도 그와 같으니 썩을 것
으로 심고 썩지 아니할 것으로 다시 살
아나며
43 욕된 것으로 심고 영광스러운 것으로 다
시 살아나며 약한 것으로 심고 강한 것
으로 다시 살아나며
44 육의 몸으로 심고 신령한 몸으로 다시
살아나나니 육의 몸이 있은즉 또 영의
몸도 있느니라
45 기록된 바 첫 사람 아담은 생령이 되었
다 함과 같이 마지막 아담은 살려 주는
영이 되었나니
46 그러나 먼저는 신령한 사람이 아니요 육
의 사람이요 그 다음에 신령한 사람이니
라
47 첫 사람은 땅에서 났으니 흙에 속한 자

139

'말씀묵상'은

말씀과 기도를 통해 날마다 하나님의 음성에 귀 기울이고 그 음성을 따라 살아가고자 하는 그리스도인을 위한 경건의 시간입니다. '말씀묵상'은 하루 중 가장 귀중한 시간에 아무도 방해하지 않는 곳에서 해야 합니다. 그리고 깨달은 말씀을 주야로 묵상하는 것입니다.

이거니와 둘째 사람은 하늘에서 나셨느
니라
48 무릇 흙에 속한 자들은 저 흙에 속한 자
와 같고 무릇 하늘에 속한 자들은 저 하
늘에 속한 이와 같으니
49 우리가 흙에 속한 자의 형상을 입은 것
같이 또한 하늘에 속한 이의 형상을 입
으리라

• 함께 읽어보기

마지막 날에 우리의 몸은 영의 몸일까요? 아니면 육의 몸일까요? 부활하신 예수님의 몸에 대한 복음서 기자들의 진술은 이 질문에 대한 중요한 힌트를 줍니다. 첫 번째는 요한복음 20장 19절입니다. 예수님이 부활하신 날 제자들은 유대인들을 두려워하여 모인 곳의 문을 닫았습니다. 그러나 예수님은 그들 가운데 나타나셨습니다. 여기까지만 본다면 예수님은 영으로 부활하셨다고 말할 수 있을 것입니다. 그러나 두 번째는 예수님이 몸으로 부활하셨다는 진술입니다. 누가복음 24장 36-43절에서 예수님이 제자들에게 나타나 "너희에게 평강이 있을지어다"라고 말씀하셨을 때 놀란 제자들은 예수님을 영이라고 생각했습니다. 그러나 예수님은 자신의 몸을 보이시며 이렇게 말씀하셨습니다. "내 손과 발을 보고 나인 줄 알라 또 나를 만져 보라 영은 살과 뼈가 없으되 너희 보는 바와 같이 나는 있느니라." 심지어 예수님은 제자들이 갖다 드린 구운 생선 한 토막을 잡수셨습니다. 이 두 가지 일화는 영과 육이라는 이분법적 사고로 부활하신 예수님의 몸을 설명할 수 없다는 사실을 가르쳐 줍니다. 오늘 본문에서 바울은 죽은 자의 부활에 관해 설명하면서, 마지막 날에 우리는 예수님의 형상을 따라 부활하게 될 것이라고 말합니다. 함께 말씀을 나누며 성경이 말하는 마지막 부활에 대한 올바른 견해를 정립해 봅시다.

도입 질문

1 예수께서 다시 오실 그 날에 나는
어 봅시다.

함께 나누기

2 죽은 자의 부활에 관해 회의적인
니까? 35절

3 바울은 죽은 자의 부활을 무엇에

3

GBS 순서에 따라 리더가 진행하며, 각자 묵상을 통해 느낀 것과 깨달은 것을 나눕니다.

4 땅에 뿌린 씨에게 각각의 종자를 따라 형체를 주시는 분은 누구십니까? 38절

5 바울은 42-44절에서 현재의 몸과 부활한 몸을 각각 어떻게 묘사합니까?

6 바울은 예수 그리스도를 첫 사람 아담과 비교하며 마지막 아담이라고 부릅니다. 첫 사람은 무엇이 되었고, 마지막 아담은 무엇이 되었습니까? 45절

7 첫 사람(아담)과 둘째 사람(예수 그리스도)은 각각 어디에서 났고 어디에 속한 자입니까? 바울은 부활의 날에 우리가 어떤 형상을 입게 될 것이라고 말합니까? 47-49절

8 고린도 교회의 일부 성도들은 예수님의 몸이 무덤에서 부활하셨다는 것은 인정하면서도, 이미 죽은 자들이 몸을 가지고 부활할 것은 인정하지 않았습니다. 그들이 가지고 있는 지식으로는 몸의 부활을 이해할 수도 없고 받아들일 수도 없었기 때문일 것입니다. 내가 가진 지식으로 하나님을 도저히 이해할 수 없을 때, 그때 나에게 필요한 것은 무엇일까요? 각자의 생각을 나누어 봅시다.

9 오늘 성경공부를 통해 나누고 싶거나 깨달은 것이 있으면 이야기해 봅시다.

"복 있는 사람은
악인들의 꾀를 따르지 아니하며
죄인들의 길에 서지 아니하며
오만한 자들의 자리에 앉지 아니하고
오직 여호와의 율법을 즐거워하여
그의 율법을 주야로 묵상하는도다"
- 시편 1:1-2 -

41~80days

41 모든 것을 적당하고 질서 있게 하라

월 일

고린도전서 14:34-40 • 새찬송 410장 | 통일 468장

• 말씀묵상 전에 성령님의 인도하심을 구하는 기도를 드리십시오.

본문요약 I 교회에서 예배로 모일 때에 남편이 아닌 다른 남자들에게 질문함으로 예배를 무질서하게 만드는 여자들이 있었던 것 같다. 바울은 무질서한 방언과 예언을 막기 위해 상황에 따라 '잠잠하라'고 했던 권면을 여자들에게 적용한다. 또한 예언과 방언을 품위 있고 질서 있게 하라고 권면한다.

34 여자는 교회에서 잠잠하라 그들에게는 말하는 것을 허락함이 없나니 율법에 이른 것 같이 ㄱ오직 복종할 것이요
35 만일 무엇을 배우려거든 집에서 자기 남편에게 물을지니 여자가 교회에서 말하는 것은 부끄러운 것이라
36 하나님의 말씀이 너희로부터 난 것이냐 또는 너희에게만 임한 것이냐
37 만일 누구든지 자기를 선지자나 혹은 신령한 자로 생각하거든 내가 너희에게 편지하는 이 글이 주의 명령인 줄 알라
38 만일 누구든지 알지 못하면 [1]그는 알지 못한 자니라
39 그런즉 내 형제들아 예언하기를 사모하며 방언 말하기를 금하지 말라
40 모든 것을 품위 있게 하고 질서 있게 하라

1) 어떤 사본에, 알지 못하는 대로 두라
ㄱ. 창 3:16

1. 오늘 하나님께서 나에게 주신 깨달음은 무엇입니까?

2. 말씀을 어떻게 내 삶에 구체적으로 적용해야 합니까?

절별 해설

34-35 여자는 교회에서 잠잠하라 여자는 예배 때에 아무 말도 하지 말고 가만히 있어야 한다는 말일까? 만약 그런 뜻이라면 여자들의 경우에 머리에 무엇을 쓰고 기도하거나 예언하라고 말한 11:5의 내용과 상충된다. 이 표현은 당시 헬라의 문화적인 배경에서 이해할 필요가 있다. 고린도는 아가야 지역의 수도로 헬라화된 도시였고 헬라 문화가 깊이 영향을 미치는 곳이었다. 바울 당시에는 여자가 공적인 자리에서 남자에게 질문하는 것이 허락되지 않았다. 그런데 기독교인들의 경우는 그리스도 안에서 누리는 자유를 만끽하고자 여자들도 남자들에게 질문하는 경우가 있었고, 그 결과 혼란이 초래되기도 했다. 바울은 그런 상황에서 여자가 예배 의식을 방해하거나 엉뚱한 질문으로 인해 질서가 깨뜨려지는 일이 없도록 하라고 권면한다. 가정에서 물을 수 있는 질문을 공적인 예배의 자리에서 물음으로 무질서하게 되면서, 원래의 의도대로 예배가 진행되지 않는 경우가 발생했던 것으로 보인다.

36 하나님의 말씀이 너희로부터 난 것이냐 또는 너희에게만 임한 것이냐 고린도 교회 성도들의 은사 체험은 교만과 자랑으로 이어졌다. 바울로부터 그리스도의 복음을 들었던 그들은 바울의 영적인 권위를 무시했다. 그들은 마치 자기들이 예수 그리스도로부터 직접 계시를 받은 자처럼 행동하고, 그들에게만 계시가 주어진 것처럼 착각하고 있다.

37-38 내가 너희에게 편지하는 이 글이 주의 명령인 줄 알라 바울은 성도들 중에 영적인 은사가 있어서 자신을 선지자나 신령한 자로 여기는 자들을 향해 말한다. 그들이 누리는 영적인 은사들로 인해 그들은 스스로를 과대평가하고 있다. 이러한 자기 이해는 바울이 사도라는 사실을 인정하지 않고 그의 가르침을 가볍게 여기는 결과를 불러일으켰다. 바울은 그들을 향해 지금 이 편지가 단지 바울 자신의 개인적인 의견을 말하는 것을 넘어 주님의 명령인 줄 알아야 한다고 강조한다. 그리고 그들의 올바른 반응을 촉구하는데, 만일 그들이 바울의 권면을 받지 않는다면 그들 스스로가 신령하지 않은 자임을 드러내는 것이 되고 만다.

39-40 모든 것을 품위 있게 하고 질서 있게 하라 바울이 예언을 중시한다고 해서 방언을 금하지는 않는다. 성도들이 예언을 말하기를 사모해야 하고 방언을 금지해서도 안 된다. 중요한 것은 모든 것을 품위 있고 질서 있게 하는 것이다. "품위 있게"는 '적절하게'라는 말로 이해할 수 있다. 바울이 제시하는 영적 은사 사용의 기준은 '적절하고 질서 있게' 하는 것이다. 이렇게 할 때 그 은사들을 주신 질서와 화평의 하나님의 뜻을 이루게 된다.

쉬운성경

34 여자는 교회에서 말없이 있어야 합니다. 여자들이 말하는 것은 허락되지 않았습니다. 율법에서 말하듯이 여자들은 복종해야 합니다.

35 혹시 배우고 싶은 것이 있으면, 집에서 자기 남편들에게 물어보십시오. 여자가 교회에서 말하는 것은 여자 자신에게 부끄러운 일입니다.

36 하나님의 말씀이 여러분에게서 나왔습니까? 아니면, 하나님의 말씀이 여러분에게만 내렸습니까?

37 누구든지 자기를 예언자나 영적인 선물을 받은 자로 생각하는 사람이 있으면, 내가 여러분에게 쓴 것이 주님의 계명이라는 것을 명심하십시오.

38 이러한 사실을 인정하지 않는 사람은, 자신도 인정받지 못할 것입니다.

39 그러므로 나의 성도 여러분, 예언하기를 간절히 바라십시오. 그리고 방언으로 말하는 것을 막지 마십시오.

40 다만 모든 것을 적당하게 하고 질서 있게 하십시오.

저자의 묵상

교회의 예배와 모임은 '품위'와 '질서'를 갖추어야 한다. 바로 이것이 바울이 은사에 대해 말하면서 내리는 핵심 결론이다. 개인적인 기도 시간에 큰 소리로 기도하고 방언을 하는 것은 문제가 되지 않는다. 그러나 성도들이 모여 기도하는 시간에 너무 큰 소리로 말하여 다른 사람들이 기도하는 데 방해가 되는 것은 삼가야 한다. 너무 큰 소리로 기도하는 사람으로 인해 기도를 드리지 못했던 경험은 대부분의 성도들이 가진 공통된 경험일 것이다. 그뿐만 아니라 여러 사람이 함께하는 기도 모임에서 큰 소리로 방언을 말함으로 인해 다른 사람들이 기도하는 데 지장을 주는 경우도 있다. 찬양을 드리는 경우도 마찬가지다. 너무 큰 소리로 찬양을 하여 다른 사람에게 방해가 되지 않도록 조심할 필요가 있다. 다른 사람들의 찬양 소리와 어우러져서 조화와 균형 있는 찬양이 하나님께 드려져야 한다. 자신의 열정이 다른 사람에게 걸림돌이 되지 않도록 하는 배려와 사랑이 필요하다.

무릎 기도 하나님, 우리가 드리는 기도와 찬양을 기뻐 받으시기를 원합니다. 주일 예배에서 온 성도들이 한마음으로 드리는 찬양과 기도를 받으시고 저희에게 은혜를 내려 주소서.

ESV - 1 Corinthians 14

34 the women should keep silent in the
churches. For they are not permitted to
speak, but should be in submission, as the
Law also says.
35 If there is anything they desire to learn, let
them ask their husbands at home. For it is
shameful for a woman to speak in church.
36 Or was it from you that the word of God
came? Or are you the only ones it has
reached?
37 If anyone thinks that he is a prophet, or
spiritual, he should acknowledge that the
things I am writing to you are a command
of the Lord.
38 If anyone does not recognize this, he is not
recognized.
39 So, my brothers, earnestly desire to
prophesy, and do not forbid speaking in
tongues.
40 But all things should be done decently and
in order.

34 permit 허락하다 submission 복종 35 shameful 부끄러운 37 acknowledge 알다 command 명령 38 recognize 인지하다 39 forbid 금하다 40 decently 품위 있게 in order 질서 있게

42

월 일

그리스도의 부활에 대한 증언

고린도전서 15:1-11 • 새찬송 164장 | 통일 154장

• 말씀묵상 전에 성령님의 인도하심을 구하는 기도를 드리십시오.

본문요약 | 바울은 성도의 부활에 관한 설명을 하면서 예수 그리스도의 부활에 관한 몇 가지 증거를 제시한다. 예수님은 성경대로 우리 죄를 위해 죽으시고, 성경대로 사흘 만에 다시 살아나셨다(3-4절). 예수님은 게바와 열두 제자와 오백여 형제에게 나타나셨고(5-6절), 그 후에 야고보와 모든 사도와 바울에게 보이셨다(7-8절).

1 형제들아 내가 너희에게 전한 복음을 너
희에게 알게 하노니 이는 너희가 받은 것
이요 또 그 가운데 선 것이라
2 너희가 만일 내가 전한 그 말을 굳게 지키
고 헛되이 믿지 아니하였으면 그로 말미
암아 구원을 받으리라
3 내가 받은 것을 먼저 너희에게 전하였노
니 이는 성경대로 그리스도께서 우리 죄
를 위하여 죽으시고
4 장사 지낸 바 되셨다가 성경대로 사흘 만
에 다시 살아나사
5 게바에게 보이시고 후에 열두 제자에게와
6 그 후에 오백여 형제에게 일시에 보이셨
나니 그 중에 지금까지 대다수는 살아 있
고 어떤 사람은 잠들었으며
7 그 후에 야고보에게 보이셨으며 그 후에
모든 사도에게와
8 맨 나중에 만삭되지 못하여 난 자 같은 내
게도 보이셨느니라
9 나는 사도 중에 가장 작은 자라 나는 하나
님의 교회를 박해하였으므로 사도라 칭함
받기를 감당하지 못할 자니라
10 그러나 내가 나 된 것은 하나님의 은혜로
된 것이니 내게 주신 그의 은혜가 헛되지
아니하여 내가 모든 사도보다 더 많이 수
고하였으나 내가 한 것이 아니요 오직 나
와 함께하신 하나님의 은혜로라
11 그러므로 나나 그들이나 이같이 전파하매
너희도 이같이 믿었느니라

1. 오늘 하나님께서 나에게 주신 깨달음은 무엇입니까?

2. 말씀을 어떻게 내 삶에 구체적으로 적용해야 합니까?

절별 해설

1-2 내가 너희에게 전한 복음을 너희에게 알게 하노니 이는 너희가 받은 것이요 또 그 가운데 선 것이라 예수님의 부활에 관한 메시지는 결코 새로운 것이 아니다. 바울은 예수 그리스도의 죽으심과 사흘 만에 부활하신 것을 내용으로 하는 복음을 고린도 교회 성도들에게 전하였고, 그것은 그들의 신앙의 기초가 되었다. 그러나 복음을 듣는 것에 그쳐서는 안 된다. 들은 말씀을 단단히 붙잡고 지킬 때 구원을 받는다. 예수님께서도 듣고 행하는 것의 중요성을 모래 위와 반석 위에 집을 짓는 것으로 대조적으로 설명하셨다(마 7:24-27).

3-4 내가 받은 것을 먼저 너희에게 전하였노니 바울이 고린도 교회 성도들에게 전한 것은 자신이 만들어 낸 것이 아니라 교회의 전통 속에 있는 복음의 내용이다. 그것은 확실한 역사적인 근거에 기초하고 있으며, 예수님의 죽으심과 부활을 눈으로 직접 목격한 사도들이 전승의 주체가 되었다. '받다'와 '전하다'라는 말을 통해 마치 이어달리기를 하는 주자들이 바통을 주고받듯이 전승이 퍼져 가는 과정을 설명하고 있다.

성경대로 바울은 이 표현을 두 번 사용함으로써 예수님의 죽으심과 부활이 구약성경에 이미 계시된 것이었다고 말한다. 의인의 고난과 영광에 대해 다루는 시편 16편 8-11절과 시편 22편, 메시아의 대속적 죽음에 대해 설명하는 이사야서 53장, 그리고 하나님의 백성의 죄를 깨끗하게 하는 대속죄일 제사에 대해 말하는 레위기 16장 등 많은 구약성경 구절들이 예수 그리스도의 죽으심과 부활을 예언하고 있다.

4 사흘 만에 하루는 24시간, 그리고 3일이면 72시간이라고 생각하기 쉽다. 그러나 유대인들은 그런 의미로 사용하지 않았다. "사흘 만에"라는 표현은 '셋째 날에'와 같은 뜻이다. 이렇게 이해하면 예수님께서 십자가에 달리신 금요일도 하루로 계산한다. 토요일이 둘째 날이고, 그다음 날은 셋째 날이 된다. 셋째 날 새벽에 예수님께서 부활하셨다.

5-7 예수님의 부활에 관한 증인들이 많다. 이들은 들어서 믿게 된 자들이 아니라 직접 본 자들이다. 주님은 다시 살아나신 후에 베드로라고도 불린 게바와 열두 제자에게 나타나셨다. 물론 가룟 유다는 예수님의 부활을 보지 못했다. 엄밀히 말하면 열한 제자인데, 통상 사용하던 대로 열두 제자라는 명칭을 쓰고 있다. 그 후에 주님은 오백여 형제, 예수님의 동생 야고보와 모든 사도에게 나타나셨다. "모든 사도"가 정확히 누구를 가리키는지는 알 수 없으나, 열두 제자 외에 예수님의 부활을 목격한 어떤 사람들을 가리키는 것으로 보인다.

쉬운성경

1 성도 여러분, 내가 여러분에게 전파한 복음에 대해 여러분에게 알려 드리려고 합니다. 여러분이 받아 그 안에 굳게 선 복음 말입니다.

2 내가 여러분에게 전파한 말씀을 굳게 붙들고 헛되이 믿지 않으면, 여러분은 이 복음으로 구원을 얻습니다.

3 내가 받은 가장 중요한 것을 여러분에게 전해 주었습니다. 그리스도께서 성경에 기록된 대로 우리 죄를 위해 죽으신 것과

4 장사 지낸 바 되었다가 성경에 기록된 대로 삼 일 만에 다시 살아나셨다는 것과

5 그리고는 베드로에게 나타나시고, 그 후에 열두 제자에게 나타나시고,

6 그 후에 한번에 오백 명이 넘는 사람들에게도 나타나셨다는 사실입니다. 그 사람들 중에는 이미 죽은 사람들도 있지만, 대부분은 아직도 살아 있습니다.

7 그 후에 야고보에게, 그다음에 모든 사도들에게 나타나시고,

8 맨 마지막으로 조산아와 같은 나에게도 나타나셨습니다.

9 나는 모든 사도들 중에서 가장 작은 사람입니다. 나는 과거에 하나님의 교회를 핍박했던 사람이기 때문에 사도라고 불릴 자격이 없습니다.

10 그러나 지금의 나는 하나님의 은혜로 된 것이므로 내게 베푸신 그분의 은혜가 헛되지 않습니다. 나는 다른 사도들보다 더 열심히 일하였습니다. 그러나 그 일은 내가 한 것이 아니라 나와 함께하시는 하나님의 은혜로 한 것이었습니다.

11 내가 되었든지 아니면 그 사람들이 되었든지 간에 우리가 전파한 복음은 이런 내용이고, 여러분은 이것을 믿었습니다.

8 맨 나중에 만삭되지 못하여 난 자 같은 내게도 보이셨느니라 부활하신 주님을 마지막으로 만나 뵌 증인은 사도 바울이다. 바울은 복음을 전하는 사역자로 부름받았지만 자신이 하찮고 부족한 존재라고 말한다.

저자의 묵상

'이천 년 전에 팔레스타인에서 일어난 예수님의 부활을 어떻게 믿을 수 있을까? 진짜 사실일까?' 하는 의문을 가지는 사람들이 많다. 혹 이 글을 읽는 여러분도 그런 생각을 하지 않는가? 우리가 예수님의 부활을 믿는 데 도움이 되는 두 가지가 있다. 하나는, 예수님의 부활을 직접 목격한 증인들이 기록한 신약성경을 우리가 가지고 있다. 다른 하나는, 그 기록이 사실임을 우리에게 확증해 주시는 성령님이 계신다. 과거에 일어난 일을 기록한 여러 책들이 있다. 그 책에 적힌 내용을 그대로 믿기 어려운 경우도 있다. '성경에 기록된 예수님의 부활도 마찬가지가 아닐까?'라고 생각할 수 있다. 그러나 염려할 것 없다. 이천 년 전의 사건이지만 마치 오늘 내 눈앞에서 벌어지고 있는 일처럼 믿게 하시는 성령님의 역사가 있다. 성령님은 인간의 이성을 뛰어넘는 하나님의 구원 사건을 우리 마음으로 받아들이게 하신다. 이것은 하나님의 은혜 없이는 불가능한 일이다. 성령께서 하시지 않으면 지구상의 어떤 사람도 예수님의 부활을 믿지 못할 것이다. 우리는 그 은혜를 누린 자로 살고 있다.

무릎 기도 하나님, 예수님의 죽으심과 부활 사건을 믿게 하시니 감사합니다. 저의 삶이 복음 위에 견고하게 세워져 날마다 하나님이 주시는 은혜와 기쁨을 누리며 살게 하소서.

ESV - 1 Corinthians 15

1 Now I would remind you, brothers,* of the gospel I preached to you, which you received, in which you stand,
2 and by which you are being saved, if you hold fast to the word I preached to you—unless you believed in vain.
3 For I delivered to you as of first importance what I also received: that Christ died for our sins in accordance with the Scriptures,
4 that he was buried, that he was raised on the third day in accordance with the Scriptures,
5 and that he appeared to Cephas, then to the twelve.
6 Then he appeared to more than five hundred brothers at one time, most of whom are still alive, though some have fallen asleep.
7 Then he appeared to James, then to all the apostles.
8 Last of all, as to one untimely born, he appeared also to me.
9 For I am the least of the apostles, unworthy to be called an apostle, because I persecuted the church of God.
10 But by the grace of God I am what I am, and his grace toward me was not in vain. On the contrary, I worked harder than any of them, though it was not I, but the grace of God that is with me.
11 Whether then it was I or they, so we preach and so you believed.

* 15:1 Or *brothers and sisters*; also verses 6, 31, 50, 58

1 remind… of~ …에게 ~을 알게 하다 preach to …에게 전하다 2 in vain 헛되이 3 deliver 넘겨주다 of importance 중요한 in accordance with …에 따라 Scripture 성경 5 appear to …에게 나타나다 7 apostle 사도 8 (be) untimely born 조산하다 9 unworthy 어울리지 않는 persecute 박해하다 10 grace 은혜

☐ 묵상 체크

43 부활 신앙

월 일

고린도전서 15:12-19 • 새찬송 175장 | 통일 162장

• 말씀묵상 전에 성령님의 인도하심을 구하는 기도를 드리십시오.

본문요약 I 고린도 교회 성도들 중에 죽은 자의 부활이 없다고 말하는 자들이 있었다. 이들은 영은 선하고 몸은 악하다는 이원론적인 사상의 영향을 받아, 육체는 악한 것이고 몸이 부활한다는 것은 있을 수 없는 일이라고 생각했던 것 같다. 이들의 생각은 교회를 어지럽히는 것이어서 바울은 분명한 경고와 가르침을 주고 있다.

12 그리스도께서 죽은 자 가운데서 다시 살아나셨다 전파되었거늘 너희 중에서 어떤 사람들은 어찌하여 죽은 자 가운데서 부활이 없다 하느냐
13 만일 죽은 자의 부활이 없으면 그리스도도 다시 살아나지 못하셨으리라
14 그리스도께서 만일 다시 살아나지 못하셨으면 우리가 전파하는 것도 헛것이요 또 너희 믿음도 헛것이며
15 또 우리가 하나님의 거짓 증인으로 발견되리니 우리가 하나님이 그리스도를 다시 살리셨다고 증언하였음이라 만일 죽은 자가 다시 살아나는 일이 없으면 하나님이 그리스도를 다시 살리지 아니하셨으리라
16 만일 죽은 자가 다시 살아나는 일이 없으면 그리스도도 다시 살아나신 일이 없었을 터이요
17 그리스도께서 다시 살아나신 일이 없으면 너희의 믿음도 헛되고 너희가 여전히 죄 가운데 있을 것이요
18 또한 그리스도 안에서 잠자는 자도 망하였으리니
19 만일 그리스도 안에서 우리가 바라는 것이 다만 이 세상의 삶뿐이면 모든 사람 가운데 우리가 더욱 불쌍한 자이리라

1. 오늘 하나님께서 나에게 주신 깨달음은 무엇입니까?

2. 말씀을 어떻게 내 삶에 구체적으로 적용해야 합니까?

절별 해설

12 너희 중에서 어떤 사람들은 어찌하여 죽은 자 가운데서 부활이 없다 하느냐 고린도 교회의 어떤 성도들은 예수님의 부활을 부정하지는 않았지만 죽은 자의 부활은 없다고 생각했다. 왜 그런 생각을 했을까? 고린도전서 4장 8절을 통해 짐작해 보면, 그들은 예수님의 재림 이후에나 있을 법한 영적인 체험을 이미 누리고 있었던 것처럼 보인다. 다른 성도들과 비교할 때 자신은 영적으로 차원이 다른 삶을 살고 있기에, 예수님의 재림을 통한 몸의 부활이 더 이상 필요 없다고 생각했던 것 같다.

13 만일 죽은 자의 부활이 없으면 그리스도도 다시 살아나지 못하셨으리라 13절과 16절에서 두 번이나 죽은 자의 부활을 그리스도의 부활과 연결시킨다. 죽은 자의 부활을 믿지 않는 자들이 예수님의 부활을 부정하지는 않았다. 그런데 바울은 죽은 자의 부활이 없으면 그리스도도 다시 살아나지 못하셨을 것이라고 말한다. 그 이유는 예수님의 부활은 그것으로 끝이 아니라 재림을 통해 성도들을 부활시켜 온전한 하나님의 백성으로 살게 하시는 하나님의 중요한 구원 계획의 일부요 결정적인 사건이기 때문이다. 그러므로 성도의 부활을 부정하면 그것은 예수님의 부활을 부정하는 것으로까지 연결될 수 있다.

15 또 우리가 하나님의 거짓 증인으로 발견되리니 죽은 자의 부활이 없다면 하나님께서 그리스도도 다시 살리지 않으셨을 것이다. 만약 그렇다면, 바울을 비롯한 사도들이 증거하는 예수님의 부활은 하나님께서 하시지도 않은 일을 하신 것처럼 말하는 거짓말에 불과하다.

17 너희가 여전히 죄 가운데 있을 것이요 예수님의 부활이 없다면, 예수님의 죽음과 부활을 통해 죄 사함을 받게 된다는 가르침도 거짓일 수밖에 없다. 그렇다면 성도들은 자신의 죄의 문제를 해결하지 못한 채 죄 가운데 있을 수밖에 없다.

18 그리스도 안에서 잠자는 자 그리스도께서 하나님의 아들이심을 믿고 죽은 성도들을 의미한다.

19 모든 사람 가운데 우리가 더욱 불쌍한 자이리라 죽은 자의 부활이 없다면, 그것을 소망하고 사는 성도들이 가장 어리석고 불쌍한 자일 수밖에 없다. 왜냐하면 성도는 이 세상이 전부가 아니고 장차 주어질 하나님 나라를 소망하는 자이기 때문이다. 하나님 나라를 소망하는 것은 이 땅에서의 삶에 큰 영향을 미친다. 부활 이후의 영원한 삶을 바라보며 이 땅의 삶을 영원에 맞추어 사는 그들에게 부활이 없다면, 이 땅에서의 수고와 헌신은 물거품이 되고 말 것이다. 그러나 그런 일은 결코 일어나지 않는다.

쉬운성경

12 그리스도께서 죽은 자들 가운데서 다시 살아나셨다고 우리가 전파하는데, 여러분 중에서 죽은 자들의 부활이 없다고 말하는 사람이 있는 것은 어찌된 일입니까?

13 죽은 자들의 부활이 없다면, 그리스도께서도 다시 살아나지 못하셨을 것입니다.

14 그리고 그리스도께서 다시 살아나지 못하셨다면, 우리가 전파한 복음도 헛되며 여러분의 믿음도 헛될 것입니다.

15 그뿐만이 아닙니다. 우리는 하나님께서 그리스도를 다시 살리셨다고 그분에 대해 증언했으니, 하나님에 대해 거짓 증언한 사람들로 판명될 것입니다. 죽은 자들이 다시 살아나지 못한다면, 하나님께서 그리스도를 다시 살리지 않았을 것입니다.

16 참으로 죽은 자들이 다시 살아나는 일이 없다면 그리스도께서도 다시 살아나지 못했을 것입니다.

17 그리고 그리스도께서 살아나지 않으셨다면 믿음은 공허한 것이 될 뿐더러 여러분은 여전히 죄 가운데 있을 것입니다.

18 그렇게 되면 그리스도를 믿다가 죽은 사람들도 멸망했을 것입니다.

19 우리가 그리스도 안에서 소망하는 것이 이 세상 삶에 그친다면, 우리는 이 세상 어느 누구보다도 불쌍한 사람들일 것입니다.

저자의 묵상

하나님의 아들이신 예수님께서 이 땅에 오셔서 우리의 죄를 대신하여 십자가에서 죽으심으로 우리를 깨끗하게 하셨다. 우리가 죽어야 할 자리에서 예수님께서 대신 죽으신 것이다. 예수님의 죽으심을 믿을 때 우리의 죄의 문제가 해결된다. 그뿐만 아니라 의로우신 예수님이 죽은 자들 사이에 계실 수 없어 하나님께서 그를 부활시키셨다. 우리가 예수님의 부활을 믿을 때 그분의 의가 우리에게 전가되어 하나님께서 우리를 의롭다고 인정하신다. 그렇다고 해서 우리가 완전히 의로워진 것은 아니다. 예수님께서 이 땅에 다시 오실 때 우리의 몸도 변할 것이다. 죽은 성도들은 몸의 부활을 경험하게 될 것이다. 그렇기에 구원의 완성을 가져다주는 예수님의 재림을 우리는 갈망하며 살아야 한다. 예수님의 십자가를 통해 우리가 '이미' 하나님의 백성이 되었지만 '아직' 완전한 구원을 경험하지는 않았다. 그렇기에 우리는 '이미'와 '아직'의 긴장 속에서 살고 있다. 우리를 온전하게 하실 주님을 바라보며 영원을 준비하는 삶을 살기를 소망한다.

무릎 기도 하나님, 예수님의 죽음을 통해 하나님의 자녀가 되게 하시니 감사합니다. 예수님의 재림을 통해 몸이 온전하게 될 것을 기대하며 오늘도 영원을 준비하는 삶을 살게 하소서.

ESV - 1 Corinthians 15

12 Now if Christ is proclaimed as raised from the dead, how can some of you say that there is no resurrection of the dead?
13 But if there is no resurrection of the dead, then not even Christ has been raised.
14 And if Christ has not been raised, then our preaching is in vain and your faith is in vain.
15 We are even found to be misrepresenting God, because we testified about God that he raised Christ, whom he did not raise if it is true that the dead are not raised.
16 For if the dead are not raised, not even Christ has been raised.
17 And if Christ has not been raised, your faith is futile and you are still in your sins.
18 Then those also who have fallen asleep in Christ have perished.
19 If in Christ we have hope* in this life only, we are of all people most to be pitied.

* 15:19 *Or we have hoped*

12 proclaim 선포하다 raise from the dead 부활하다 resurrection 부활 15 misrepresent 잘못 전하다 testify 증언하다
17 futile 헛된 18 perish 멸망하다 19 pity 불쌍히 여기다

44 모든 사람의 생명이신 그리스도

월 일

고린도전서 15:20-28 • 새찬송 423장 | 통일 213장

• 말씀묵상 전에 성령님의 인도하심을 구하는 기도를 드리십시오.

본문요약 | 예수님의 부활은 죽음을 주관하는 세력을 이기셨다는 증거가 된다. 부활의 첫 열매이신 예수님 안에 있는 자는 새 생명을 얻게 된다. 이 놀라운 은혜를 입은 성도는 죄악과 사망의 권세에서 벗어난 자답게 날마다 깨어 의를 행하고 죄를 짓지 말며 영생과 부활의 삶을 살아야 한다.

20 그러나 이제 그리스도께서 죽은 자 가운데서 다시 살아나사 잠자는 자들의 첫 열매가 되셨도다
21 사망이 한 사람으로 말미암았으니 죽은 자의 부활도 한 사람으로 말미암는도다
22 아담 안에서 모든 사람이 죽은 것 같이 그리스도 안에서 모든 사람이 삶을 얻으리라
23 그러나 각각 자기 차례대로 되리니 먼저는 첫 열매인 그리스도요 다음에는 그가 강림하실 때에 그리스도에게 속한 자요
24 그 후에는 마지막이니 그가 모든 통치와 모든 권세와 능력을 멸하시고 나라를 아버지 하나님께 바칠 때라
25 그가 모든 원수를 그 발 아래에 둘 때까지 반드시 왕 노릇 하시리니
26 맨 나중에 멸망 받을 원수는 사망이니라
27 [ㄱ]만물을 그의 발 아래에 두셨다 하셨으니 만물을 아래에 둔다 말씀하실 때에 만물을 그의 아래에 두신 이가 그 중에 들지 아니한 것이 분명하도다
28 만물을 그에게 복종하게 하실 때에는 [1)]아들 자신도 그 때에 만물을 자기에게 복종하게 하신 이에게 복종하게 되리니 이는 하나님이 만유의 주로서 만유 안에 계시려 하심이라

1) 또는 아들도 그 때에 스스로 만물을 자기에게 복종하게 하신 이에게 복종하리라
ㄱ. 시 8:6

1. 오늘 하나님께서 나에게 주신 깨달음은 무엇입니까?

2. 말씀을 어떻게 내 삶에 구체적으로 적용해야 합니까?

절별 해설

20 첫 열매 예수 그리스도께서 죽은 자 가운데서 다시 살아나셔서 잠자는 자들의 첫 열매가 되셨다. 여기서 "첫 열매"는 추수 때 처음 얻는 열매라는 뜻뿐만 아니라, 본격적인 추수가 시작될 때 많은 열매가 있을 것을 기대하게 하는 의미가 내포되어 있다. 그렇기에 예수님의 부활은 마지막 때에 예수를 믿고 죽은 성도들의 육체가 부활할 것을 보증하는 표징이 된다.

21-22 아담 안에서 모든 사람이 죽은 것 같이 그리스도 안에서 모든 사람이 삶을 얻으리라 '한 사람'으로 인한 대표성의 원리가 중요하게 작용한다. 아담 한 사람의 불순종으로 인해 모든 사람이 사망 권세 아래 놓이게 된 것처럼, 예수 그리스도 한 분의 순종으로 말미암아 모든 사람이 생명을 얻게 되었다. 이것은 바울이 로마서 5장 12-21절에서도 분명히 설명하고 있다. 22절에서 모든을 두 번 반복해서 사용하는데, 이 의미를 오해하지 말아야 한다. 먼저 아담을 통해 사망을 설명할 때 사용한 '모든'은 어느 누구도 예외가 없다는 것을 의미한다. 하지만 그리스도를 통한 생명을 설명할 때 사용한 '모든'은 어느 누구도 예외 없이 다 구원을 얻게 된다는 것은 아니다. 이들은 그리스도께 속한 모든 자, 즉 성도를 말한다. 성경은 성도들은 영생을, 믿지 않는 자들은 영벌을 받게 된다고 분명히 말한다.

23-24 각각 자기 차례대로 되리니 그리스도의 부활은 성도의 부활과 직결된다. 부활을 통해 만물을 새롭게 하시는 놀라운 계획을 가지고 계신 하나님께서 정하신 순서에 따라 회복의 과정이 펼쳐진다. 먼저는 그리스도께서 부활의 첫 열매가 되신다. 다음은 그리스도께서 재림하실 때 그에게 속한 자들이 부활할 것이다. 마지막으로 하나님께 대적하는 모든 권세와 능력이 멸망당하고 이 땅이 그리스도의 통치로 회복될 것이다. 그리스도께서는 회복된 나라를 아버지 하나님께 바침으로 하나님의 통치가 영원히 지속될 것이다.

25-26 그가 모든 원수를 그 발 아래에 둘 때까지 반드시 왕 노릇 하시리니 그리스도께서는 사탄을 비롯한 모든 악한 세력을 멸하시고 왕으로서 만물을 다스리실 것이다. 인간을 위협하고 지배했던 사망 권세는 그리스도의 부활로 인해 결정적인 패배를 맛보았지만, 여전히 권세를 부리고 있다. 그러나 마지막 날에 그리스도께서 사망을 영원히 멸하시고 궁극적인 승리를 이루실 것이다. 이 구절에서 "반드시"는 하나님께서 계획하신 일이기에 필히 이루어진다는 것을 보여준다.

28 하나님이 만유의 주로서 만유 안에 계시려 하심이라 이 구절은 모든 것에 충만하고 모든 것을 다스리는 하나님 나라의 성격을 잘 설명하고 있다.

쉬운성경

20 그러나 이제 그리스도께서는 죽은 자들 가운데서 다시 살아나, 잠자는 자들의 첫 열매가 되셨습니다.

21 죽음이 한 사람을 통해 온 것처럼 죽은 자들의 부활도 한 사람을 통해 옵니다.

22 아담 안에서 모든 사람이 죽은 것같이 그리스도 안에서 모든 사람이 생명을 얻게 될 것입니다.

23 하지만 각각 차례가 있습니다. 첫 열매이신 그리스도께서 먼저요, 그다음에는 그리스도께서 재림하실 때, 그리스도께 속한 사람들입니다.

24 그리고 나서 그리스도께서 모든 권력과 모든 권세와 능력을 멸하고, 나라를 하나님 아버지께 돌려 드릴 마지막 때가 올 것입니다.

25 그리스도께서는 모든 원수를 자기의 발아래 두실 때까지 당연히 왕 노릇 해야 합니다.

26 그리스도께 멸망받을 마지막 원수는 죽음입니다.

27 성경에 "하나님께서 모든 것을 그분의 발아래 복종시키셨다"*라고 기록되어 있습니다. 여기서 모든 것을 그분의 발아래 복종시킨다고 할 때는, 모든 것을 그리스도 아래 두신 하나님 자신은 그 안에 포함되지 않는다는 것이 분명합니다.

28 하나님께서 모든 것을 하나님의 아들 아래 복종시키실 때에는, 아들 자신도 모든 것을 자기 아래 두신 아버지께 복종할 것입니다. 그리하여 하나님께서 우주의 주님으로서 만물을 지배하실 것입니다.

* 15:27 시 8:6에 기록되어 있다.

저자의 묵상

성도는 이 땅에서 사는 동안 부활에 대한 소망을 품고 살아야 한다. 눈에 보이는 세상이 전부가 아니고, 보이지 않는 하나님께서 개인의 삶과 이 땅의 역사를 주관하고 계심을 믿어야 한다. 아담의 범죄로 모든 사람이 사망의 권세 아래에서 살게 되었지만, 예수 그리스도의 죽으심과 부활로 말미암아 영생의 길이 열리게 되었다. 예수님의 부활은 우리도 장차 부활하게 될 것임을 보증하는 증거다. 예수 그리스도께서 이 땅에 다시 오시는 날에 이미 죽은 성도들은 몸의 부활을 경험할 것이다. 하나님을 대적하는 모든 세력은 멸망당하고 완전히 의로운 하나님의 나라가 세워질 것이다. 우리는 그 나라에서 영원히 거하게 될 것이다. 그 나라는 이 땅에서 우리가 경험하는 것과는 완전히 다를 것이다. 그렇기에 우리는 그 나라를 소망하며 살아야 한다. 이 땅에서 우리에게 주어진 삶을 사는 동안 하나님 나라에 속한 자답게 깨어 날마다 의를 행함으로 하나님께서 기뻐하시는 삶을 살아야 한다.

무릎 기도 하나님, 아버지의 자녀답게 날마다 영생과 부활의 소망을 가지고 살기 원합니다. 오늘 저의 삶이 주께서 받으시기에 합당한 의롭고 선한 것으로 가득하게 하소서.

ESV - 1 Corinthians 15

20 But in fact Christ has been raised from the dead, the firstfruits of those who have fallen asleep.
21 For as by a man came death, by a man has come also the resurrection of the dead.
22 For as in Adam all die, so also in Christ shall all be made alive.
23 But each in his own order: Christ the firstfruits, then at his coming those who belong to Christ.
24 Then comes the end, when he delivers the kingdom to God the Father after destroying every rule and every authority and power.
25 For he must reign until he has put all his enemies under his feet.
26 The last enemy to be destroyed is death.
27 For "God* has put all things in subjection under his feet." But when it says, "all things are put in subjection," it is plain that he is excepted who put all things in subjection under him.
28 When all things are subjected to him, then the Son himself will also be subjected to him who put all things in subjection under him, that God may be all in all.

* 15:27 Greek *he*

20 firstfruits 첫 열매 21 resurrection 부활 24 rule 통치 authority 권세 25 reign 지배하다 27 plain 명백한 except 제외하다 28 subject 복종시키다

45 월 일

부활에 근거를 둔 성도의 삶

고린도전서 15:29-34 • 새찬송 165장 | 통일 155장

• 말씀묵상 전에 성령님의 인도하심을 구하는 기도를 드리십시오.

본문요약 I 고린도 교회 성도들 중 어떤 이들은 믿지 않고 죽은 가족을 위해 세례를 받았다. 바울은 그러한 행동 이면에는 부활에 대한 소망이 존재한다고 말한다. 바울은 복음을 전하며 목숨이 위태로운 상황에 여러 차례 처했지만 부활에 대한 소망으로 담대할 수 있었다고 고백한다.

29 만일 죽은 자들이 도무지 다시 살아나지 못하면 죽은 자들을 위하여 [1]세례를 받는 자들이 무엇을 하겠느냐 어찌하여 그들을 위하여 [1]세례를 받느냐
30 또 어찌하여 우리가 언제나 위험을 무릅쓰리요
31 형제들아 내가 그리스도 예수 우리 주 안에서 가진 바 너희에 대한 나의 자랑을 두고 단언하노니 나는 날마다 죽노라
32 내가 사람의 방법으로 에베소에서 맹수와 더불어 싸웠다면 내게 무슨 유익이 있으리요 죽은 자가 다시 살아나지 못한다면 내일 죽을 터이니 먹고 마시자 하리라
33 속지 말라 악한 동무들은 선한 행실을 더럽히나니
34 깨어 의를 행하고 죄를 짓지 말라 하나님을 알지 못하는 자가 있기로 내가 너희를 부끄럽게 하기 위하여 말하노라

1) 헬, 또는 침례

1. 오늘 하나님께서 나에게 주신 깨달음은 무엇입니까?

2. 말씀을 어떻게 내 삶에 구체적으로 적용해야 합니까?

절별 해설

29 죽은 자들을 위하여 세례를 받는 자들이 무엇을 하겠느냐 어찌하여 그들을 위하여 세례를 받느냐 고린도 교회 성도들 중에는 이미 세상을 떠난 가족을 위해 대신 세례를 받는 사람들이 있었다. 그들은 세례를 마치 신비한 능력을 지닌 마술적인 행동으로 오해했던 것 같다. 예수를 믿지 않고 죽었지만 이후에 후손들이 그 사람을 위해 세례를 받으면 그는 구원을 얻을 수 있다고 생각했다. 바울은 그러한 행동을 인정하지는 않는다. 그러나 그것이 그들이 부활을 믿는다는 증거라고 말하고 있다.

30-31 나는 날마다 죽노라 죽음 이후 부활이 없다면, 바울이 위험을 무릅쓰고 복음을 전하는 것은 헛된 일이다. 바울은 부활에 대한 분명한 확신 속에서 위험과 죽음에 처하는 것을 두려워하지 않았다. 바울은 날마다 죽음의 위험을 당하지만, 자신이 위축되는 것이 아니라 오히려 담대하고 소망을 가지게 된다고 고백한다.

32 내가 사람의 방법으로 에베소에서 맹수와 더불어 싸웠다면 사도행전이나 바울의 편지에서 그가 에베소에서 맹수와 싸웠다는 기록은 없다. 그것으로 미루어 볼 때 바울이 말하는 것을 문자적으로 해석하기는 어렵다. 이 표현은 그가 맹수와 싸우는 것과 같은 고난을 당했음을 의미하는 것으로 볼 수 있다. 바울은 자신이 엄청난 시련 앞에서도 도망하지 않고 맞설 수 있었던 것은 부활 신앙 때문에 가능했다고 밝힌다.

33-34 속지 말라 악한 동무들은 선한 행실을 더럽히나니 바울은 성도들에게 '악한 동무들', 즉 부활에 대해 잘못된 생각을 가지고 있는 자들의 말에 현혹되지 말라고 당부한다. 부활이 없다고 믿는 자는 선하게 살 이유가 없기에 그들의 악한 행동은 좋지 못한 영향을 끼칠 수 있다. 반면에 성도는 정신을 바짝 차리고 의를 행하고 죄를 짓지 말아야 한다.

하나님을 알지 못하는 자 부활을 부인하는 것은 하나님을 알지 못한다는 증거다. 왜냐하면 하나님께서 우리에게 보이신 가장 큰 사랑과 구원의 사건이 바로 예수 그리스도의 죽으심과 부활이기 때문이다. 몸의 부활을 믿지 않는 것은 결과적으로 하나님의 구원 계획을 모르는 것이고, 하나님에 대해서 모르는 것으로 간주할 수 있다. 바울에게는 부활이 매우 중요한 사실이기에, 그는 성도의 몸의 부활을 부정하는 자들을 용납하기보다는 그들을 부끄럽게 해서라도 진리를 밝히고자 한다.

쉬운성경

29 죽은 자들이 다시 살아나는 일이 없다면 죽은 자들을 위해 대리로 세례를 받는 사람들은 왜 세례를 받는 것입니까? 죽은 사람들이 도무지 살아나지 않는다면 그 사람들이 죽은 자들을 위해 세례를 받는 이유는 무엇입니까?

30 우리의 경우는 어떻습니까? 우리는 무슨 이유로 매 순간 위험에 처한단 말입니까?

31 성도 여러분, 우리 주 예수 그리스도 안에서 내가 여러분에 대해 가지고 있는 자랑을 두고 확신 있게 말합니다만, 나는 날마다 죽습니다.

32 내가 에베소에서 사나운 짐승들과 싸운 것이 단순히 인간적인 이유에서였다면 내가 얻은 것이 무엇이겠습니까? 죽은 자들이 다시 살아나는 일이 없다면 "먹고 마시자. 내일이면 죽을 목숨"이라고 하지 않겠습니까?

33 속지 마십시오. "나쁜 친구를 사귀면 좋은 습관도 나쁘게 됩니다."

34 정신을 똑바로 차리고 죄짓지 마십시오. 여러분 중에 하나님에 대해 무지한 사람들이 더러 있어서, 여러분이 부끄러운 줄을 알라고 이 말을 하는 것입니다.

저자의 묵상

성도가 장차 경험하게 될 몸의 부활은 기독교(그리스도교)의 신앙의 본질에 해당한다. 사소한 부분은 사랑으로 포용하는 것이 덕이 될 수 있다. 그러나 신앙의 핵심적인 내용은 타협해서는 안 된다. 부활에 대한 소망은 단지 미래에 국한되는 것이 아니라 현재의 삶에도 영향을 미친다. 장차 있을 하나님의 심판과 성도의 부활을 믿는 성도는 이 땅에서의 삶에서 의롭게 살려고 애쓰게 된다. 고난이 와도 피하지 않고 당당히 맞서서 싸운다. 그 이유는 이 땅에서의 삶을 판단하시고 그것에 따라 보응하시는 하나님이 계시기 때문이다. 오늘날 많은 사람들은 초자연적인 것을 거부한다. 예수님을 믿는다는 사람들 중에도 육체의 부활을 믿지 않는 자들이 있다. 그들은 부활을 절대적인 것으로 인정하지 않고 상대화시킨다. 부활이 없다고 믿는 사람들은 어디를 향해 달려야 하는지 모르는 사람과도 같다. 그러나 성도는 죽음 너머 부활을 소망하며 결승선을 향해 달린다. 하나님께서 그런 성도들의 삶을 살피시고 영생의 삶으로 인도하실 것이다.

무릎 기도 하나님, 어떤 상황에서도 부활 소망을 가지고 살기 원합니다. 마지막 날에 주 앞에 설 때 칭찬을 들을 수 있도록 죄는 멀리하고 의를 행하며 살 수 있게 지혜와 능력을 주소서.

ESV - 1 Corinthians 15

29 Otherwise, what do people mean by being baptized on behalf of the dead? If the dead are not raised at all, why are people baptized on their behalf?
30 Why are we in danger every hour?
31 I protest, brothers, by my pride in you, which I have in Christ Jesus our Lord, I die every day!
32 What do I gain if, humanly speaking, I fought with beasts at Ephesus? If the dead are not raised, "Let us eat and drink, for tomorrow we die."
33 Do not be deceived: "Bad company ruins good morals."*
34 Wake up from your drunken stupor, as is right, and do not go on sinning. For some have no knowledge of God. I say this to your shame.

* 15:33 Probably from Menander's comedy *Thais*

29 baptize 세례를 주다 on behalf of …을 위하여 31 protest 단언하다 33 bad company 악한 친구들 ruin 더럽히다 moral 행실 34 wake up from …에서 깨어나다 drunken stupor 술에 취해 인사불성인 상태 shame 부끄러움

46 몸의 부활에 대한 질문

월 일

고린도전서 15:35-41 • 새찬송 180장 | 통일 168장

• 말씀묵상 전에 성령님의 인도하심을 구하는 기도를 드리십시오.

본문요약 | 죽은 자들이 어떻게 살아나고 어떤 몸을 가지게 되느냐는 두 가지 의문에 대해 바울은 씨앗을 비유로 들어 설명한다. 땅에 뿌려진 씨앗이 썩어 죽은 후에 변화된 형체로 다시 살아나는 것처럼, 사람을 비롯한 만물이 하나님에 의해 각기 새로운 형체를 가지게 되었다. 부활을 통해서도 새로운 몸을 주실 것이다.

35 누가 묻기를 죽은 자들이 어떻게 다시 살
아나며 어떠한 몸으로 오느냐 하리니
36 어리석은 자여 네가 뿌리는 씨가 죽지 않
으면 살아나지 못하겠고
37 또 네가 뿌리는 것은 장래의 형체를 뿌리
는 것이 아니요 다만 밀이나 다른 것의 알
맹이 뿐이로되
38 하나님이 그 뜻대로 그에게 형체를 주시
되 각 종자에게 그 형체를 주시느니라
39 육체는 다 같은 육체가 아니니 하나는 사
람의 육체요 하나는 짐승의 육체요 하나
는 새의 육체요 하나는 물고기의 육체라
40 하늘에 속한 형체도 있고 땅에 속한 형체
도 있으나 하늘에 속한 것의 영광이 따로
있고 땅에 속한 것의 영광이 따로 있으니
41 해의 영광이 다르고 달의 영광이 다르며
별의 영광도 다른데 별과 별의 영광이 다
르도다

1. 오늘 하나님께서 나에게 주신 깨달음은 무엇입니까?

2. 말씀을 어떻게 내 삶에 구체적으로 적용해야 합니까?

절별 해설

35 죽은 자들이 어떻게 다시 살아나며 어떠한 몸으로 오느냐 이 말은 고린도 교회 성도들 중에 부활을 의심하는 자들이 던진 질문이거나 아니면 바울이 부활에 대해 설명하기 위해 던진 질문일 수 있다. 첫 번째 질문은 죽은 자들의 부활이라는 일반적인 내용을 담고 있고, 두 번째 질문은 구체적으로 어떤 몸을 지니게 되는가 하는 것이다. 구약성경에서 하나님은 에스겔에게 마른 뼈들을 보여주시며 "인자야 이 뼈들이 능히 살 수 있겠느냐"라고 물으신다(겔 37:3). 물론 이것은 개인의 부활이 아니라 민족으로서의 이스라엘의 회복을 담고 있다. 핵심은 하나님의 새로운 창조를 통해서 이와 같은 일이 가능하다는 것이다. 이처럼 개인의 부활도 마른 뼈들이 살아나는 것과 같은 하나님의 재창조 행위의 결과다.

36-38 하나님이 그 뜻대로 그에게 형체를 주시되 바울은 부활에 대해 설명해야 하는 대상을 향해 "어리석은 자여"라고 부른다. 지혜를 가지고 있다고 자랑하면서도 하나님의 구원 계획의 절정인 몸의 부활을 믿지 못하는 자들이 바울의 눈에는 어리석어 보였다. 창조 질서 중 하나는 씨앗을 땅에 뿌리고 시간이 지나면 그것이 썩고 죽은 것처럼 보인다는 것이다. 그러나 그 죽은 씨앗으로부터 새로운 생명이 탄생하는데 그것은 씨앗일 때와는 아주 다른 형체를 지닌다. 씨를 뿌리는 자들은 장래의 형체를 뿌리는 것이 아니라 씨앗을 뿌린다. 그러나 하나님께서 각 종자에 따라 형체를 주신다. 그래서 창조 세계에는 종자로부터 나온 다양한 형체들이 있다.

39-41 바울은 하나님께서 창조하신 것들이 다양한 형상을 지니고 있음을 창세기 1:20-27의 창조 기사에 근거하여 설명한다. 특히 바울은 '육체(*헬*, 사르크스; 영, flesh)', '형체(*헬*, 쏘마; 영, body)', 그리고 '영광(*헬*, 독사; 영, glory)'이라는 단어를 사용하여 피조물의 다름을 강조한다. 또한 40절에서는 '따로'라는 말로, 41절에서는 '다르다'라는 말을 반복해서 사용함으로 이 사실을 더 분명히 한다. 피조물의 육체는 각기 다르다. 사람의 육체, 짐승의 육체, 새의 육체와 물고기의 육체가 있다. 하늘에 속한 것도 있고 땅에 속한 것도 있는데, 각기 다른 형체(몸)를 지니고 있다. 각각의 영광도 서로 다르다. 해의 영광, 달의 영광, 별의 영광이 각기 다르다. 별들 사이에도 영광이 다르다. 바울이 이렇게 다양한 형체들에 따른 영광을 언급하는 것은, 이 땅에서 사람의 몸이 지니는 영광과 장차 부활의 몸에 주어질 영광이 얼마나 다른 것인지를 설명하기 위함이다.

쉬운성경

35 그러나 "죽은 자들이 어떻게 다시 살아나며, 또 그들은 어떤 몸으로 나오게 되느냐?"라고 묻는 사람이 있을 것입니다.

36 참으로 어리석습니다. 여러분이 뿌리는 씨는 죽지 않으면 살아나지 못합니다.

37 여러분이 뿌리는 것은 다 자란 몸이 아니라 밀이든 그 밖에 다른 곡식이든 단지 그 씨일 뿐입니다.

38 그러나 하나님께서는 그분의 계획대로 뿌린 것에 몸을 주시며, 씨앗 하나하나에 각각 알맞는 몸을 주십니다.

39 모든 육체가 똑같지는 않습니다. 사람의 육체가 있고, 동물의 육체가 있으며, 새의 육체가 있고, 물고기의 육체가 있습니다.

40 또한 하늘에 속한 몸만 있는 것이 아니라 땅에 속한 몸도 있습니다. 그러나 하늘에 속한 영광과 땅에 속한 영광이 각각 다릅니다.

41 해와 달과 별의 영광이 각각 다르고, 별들 사이에서도 그 영광은 각기 다릅니다.

저자의 묵상

오묘한 창조 섭리 중의 하나는 씨를 뿌리고 거두는 것이다. 작은 사과 씨앗을 심는 것을 생각해 보자. 땅에 심고 시간이 지나면 그 씨앗의 형체가 허물어진다. 마치 죽은 것처럼 보인다. 그러나 그것으로부터 싹이 난다. 줄기가 생기고 잎이 생겨 이후에는 큰 나무가 되고 사과가 주렁주렁 열린다. 작은 씨앗을 보며 사과나무와 탐스러운 열매를 상상할 수 있겠는가? 부활의 몸도 마찬가지다. 이 땅에서 사는 동안 우리의 몸을 보며 부활의 몸을 상상하는 것은 쉽지 않다. 지금 우리의 몸은 병들고 늙고 언젠가는 죽는다. 그러나 우리가 예수님을 그리스도로 믿을 때 우리의 운명은 달라진다. 장차 우리 몸이 예수 그리스도의 부활의 몸처럼 완전하게 될 것이다. 그것은 영원히 썩지 않으며 영광스럽고 강하다. 이것이 성도인 우리가 장차 누리게 될 영광이다. 이 땅에서의 몸과 완전히 다른 신령한 몸을 지니게 될 뿐만 아니라, 이 땅에서의 영광과 비교할 수 없는 완전한 하늘에 속한 영광을 누리게 될 것이다.

무릎 기도 하나님, 이 땅에서 사는 동안 저에게 주신 몸으로 하나님께서 기뻐하시는 일만 행하게 하시고, 영원한 나라에서 신령한 몸으로 주님을 찬양하는 그날을 날마다 사모하게 하소서.

ESV - 1 Corinthians 15

35 But someone will ask, "How are the dead raised? With what kind of body do they come?"
36 You foolish person! What you sow does not come to life unless it dies.
37 And what you sow is not the body that is to be, but a bare kernel, perhaps of wheat or of some other grain.
38 But God gives it a body as he has chosen, and to each kind of seed its own body.
39 For not all flesh is the same, but there is one kind for humans, another for animals, another for birds, and another for fish.
40 There are heavenly bodies and earthly bodies, but the glory of the heavenly is of one kind, and the glory of the earthly is of another.
41 There is one glory of the sun, and another glory of the moon, and another glory of the stars; for star differs from star in glory.

36 sow 뿌리다 come to life 활기를 띠다 37 bare 있는 그대로의 kernel 낟알 wheat 밀 grain 곡식 38 seed 씨앗
41 differ from …와 다르다

☐ 묵상 체크

47

월 일

하늘에 속한 형상

고린도전서 15:42-49 • 새찬송 540장 | 통일 219장

• 말씀묵상 전에 성령님의 인도하심을 구하는 기도를 드리십시오.

본문요약 I 바울은 첫 사람 아담과 마지막 아담이신 예수 그리스도의 비교를 통해, 이 땅에서 사는 동안 지니는 육의 몸과 부활을 통해 얻게 될 영의 몸을 설명한다. 부활의 몸은 육의 몸과는 다른 신령한 몸이요, 그리스도의 형상을 닮아 온전하게 변화될 몸이다.

42 죽은 자의 부활도 그와 같으니 썩을 것으로 심고 썩지 아니할 것으로 다시 살아나며
43 욕된 것으로 심고 영광스러운 것으로 다시 살아나며 약한 것으로 심고 강한 것으로 다시 살아나며
44 육의 몸으로 심고 신령한 몸으로 다시 살아나나니 육의 몸이 있은즉 또 영의 몸도 있느니라
45 기록된 바 ㄱ첫 사람 아담은 생령이 되었다 함과 같이 마지막 아담은 살려 주는 영이 되었나니
46 그러나 먼저는 신령한 사람이 아니요 육의 사람이요 그 다음에 신령한 사람이니라
47 첫 사람은 땅에서 났으니 흙에 속한 자이거니와 둘째 사람은 하늘에서 나셨느니라
48 무릇 흙에 속한 자들은 저 흙에 속한 자와 같고 무릇 하늘에 속한 자들은 저 하늘에 속한 이와 같으니
49 우리가 흙에 속한 자의 형상을 입은 것 같이 또한 하늘에 속한 이의 형상을 입으리라

ㄱ. 창 2:7

1. 오늘 하나님께서 나에게 주신 깨달음은 무엇입니까?

2. 말씀을 어떻게 내 삶에 구체적으로 적용해야 합니까?

절별 해설

42-44 죽은 자의 부활도 그와 같으니 성도의 부활도 창조 세계의 현상과 같다. 이 땅에서 사는 동안 사람의 몸은 부패하게 된다. 다른 말로 하면 땅에 속한 육체는 영광스럽지 않고 약한 몸이다. 그러나 하늘에 속한 부활의 몸은 이와 달리 썩지 않으며 영광스럽고 강하다. 성도의 육의 몸은 이후에 신령한 몸으로 다시 살아난다. 종말에 일어날 이 변화는 지금 우리의 상상을 뛰어넘는 극적인 변화일 것이다.

45 첫 사람 아담은 생령이 되었다 함과 같이 마지막 아담은 살려 주는 영이 되었나니 창세기 2장 7절의 "사람이 생령이 되니라"에 '첫'과 '아담'이 첨가되어 인용되고 있다. 첫 사람 아담은 '생령' 즉, 생명 있는 존재('영')였다. 아담을 '생령'이라 할 때는 목숨이나 생명을 뜻하는 단어(*헬*, 푸슈케; 영, soul)를 사용함으로써, 그리스도를 생명을 주는 '영'이라 묘사할 때 사용한 단어(*헬*, 프뉴마; 영, spirit)와 구분하고 있다. 마지막 아담이신 그리스도는 마지막 때에 새 창조의 능력이신 성령을 통해 만물을 새롭게 하는 역할을 담당하신다. 하나님께서 아담에게 생기를 불어넣으신 것처럼, 성도의 죽은 몸도 새롭게 하시는 일을 하신다.

46 먼저는 신령한 사람이 아니요 육의 사람이요 '사람'이라는 단어가 원문에는 없다. '신령한 것'과 '육의 것'으로 묘사되는데, 이 표현들은 몸을 지칭한다. 신령한 몸을 먼저 지니는 것이 아니라 육의 몸이 먼저다. 육의 몸을 거치고 이후에 신령한 몸을 가지게 된다는 의미다.

47 첫 사람 … 둘째 사람 "첫 사람"은 아담을 가리킨다. 그는 흙으로 지음 받았기에 유한한 생명을 지닌 존재였다. 반면에 "둘째 사람"은 예수 그리스도를 의미한다. 그가 '하늘에서 나셨다'는 말은 하늘에 속한 분으로 영원히 존재하신다는 의미다. '땅'과 '하늘'은 존재의 근원을 말해 주는 것으로, 땅은 유한하고 하늘은 영원하다는 생각이 말 속에 담겨 있다.

48-49 아담은 옛 사람을 대표하는 존재며, 그리스도는 새 사람을 대표하는 존재다. 사람은 태어날 때 아담처럼 흙에 속한 자의 몸을 지니고 태어난다. 그러나 성도는 그 몸만을 경험하는 자가 아니다. 성도는 '하늘에 속한 이', 즉 예수 그리스도의 형상을 입게 된다. 예수 그리스도께서 완전한 부활의 몸을 지니신 것처럼, 성도들의 몸도 완전히 변할 것이라는 사실을 '그리스도의 형상을 입는다'라는 말로 묘사한다.

쉬운성경

42 죽은 자들의 부활도 이와 같습니다. 썩을 몸을 심지만, 썩지 않을 몸으로 다시 살아납니다.

43 비천한 몸을 심지만, 영광스런 몸으로 다시 살아납니다. 또한 약한 몸을 심지만, 능력 있는 몸으로 다시 살아납니다.

44 자연적인 몸을 심지만, 영적인 몸으로 다시 살아납니다. 자연적인 몸이 존재한다면, 영적인 몸도 존재합니다.

45 성경에 "첫 사람 아담이 살아 있는 존재가 되었다"*고 기록된 것처럼 마지막 아담은 생명을 주는 영이 되었습니다.

46 그러나 신령한 몸이 먼저 있었던 것은 아닙니다. 자연적인 몸이 먼저 있었고, 그 후에 신령한 몸이 왔습니다.

47 첫 사람은 땅의 흙에서 나왔고, 둘째 사람은 하늘에서 났습니다.

48 땅에 속한 사람들은 땅에 속한 그 사람과 같고, 하늘에 속한 사람들은 하늘에 속한 그분과 같습니다.

49 우리가 땅에 속한 사람의 형상을 지니고 있는 것처럼 하늘에 속한 분의 형상을 지니게 될 것입니다.

* 15:45 창 2:7에 기록되어 있다.

저자의 묵상

평소에 옷을 대충 입고 다니던 사람이 멋진 옷을 입고 나타나면 확 달라 보이는 경우가 있다. 그럴 때 우리는 '옷이 날개'라는 말을 쓴다. 옷을 바꿔 입었을 뿐인데 풍기는 이미지와 인상이 확연히 다를 때가 많다. 바울은 성도의 몸의 변화를 말하면서, 이것을 옷을 바꿔 입는 것처럼 설명한다. 모든 사람은 아담처럼 땅에 속한 육의 몸을 지니고 태어나서 그 몸을 가지고 살아간다. 이 몸은 언젠가는 흙으로 돌아가는 유한한 몸이다. 그러나 예수 그리스도를 믿는 성도는 부활하신 그리스도처럼 하늘에 속한 부활의 몸을 입게 되는 날이 있다. 그것은 마치 걸인이 누더기 옷을 벗고 왕이나 왕비가 입는 화려한 옷으로 갈아입는 것과도 같다. 성도가 부활의 몸을 가지게 될 때 더 이상 죄와 사망의 권세 아래 있지 않고 의와 영생의 삶을 살게 된다. 이와 같은 놀라운 변화를 모든 성도는 간절히 소망해야 한다. 그뿐만 아니라 장차 누릴 영광스러운 부활의 몸과 어울리는 현재의 삶이 있다면 하나님께서 기뻐하실 것이다.

무릎기도 하나님, 예수 그리스도처럼 부활의 몸을 입게 될 날을 고대합니다. 오늘 저의 삶이 하나님께서 예비하신 영광의 모습과 잘 어울리는 삶이 되도록 지혜와 능력으로 임재하소서.

ESV - 1 Corinthians 15

42 So is it with the resurrection of the dead. What is sown is perishable; what is raised is imperishable.
43 It is sown in dishonor; it is raised in glory. It is sown in weakness; it is raised in power.
44 It is sown a natural body; it is raised a spiritual body. If there is a natural body, there is also a spiritual body.
45 Thus it is written, "The first man Adam became a living being";* the last Adam became a life-giving spirit.
46 But it is not the spiritual that is first but the natural, and then the spiritual.
47 The first man was from the earth, a man of dust; the second man is from heaven.
48 As was the man of dust, so also are those who are of the dust, and as is the man of heaven, so also are those who are of heaven.
49 Just as we have borne the image of the man of dust, we shall* also bear the image of the man of heaven.

* 15:45 Greek *a living soul*
* 15:49 Some manuscripts *let us*

42 resurrection 부활 perishable 썩기 쉬운 43 dishonor 치욕 44 spiritual 영의 48 as…, so~ …와 마찬가지로 ~하다 the dust 흙, 육신 49 bear 몸에 지니다

48 부활의 승리

월 일

고린도전서 15:50-58 • 새찬송 93장 | 통일 93장

• 말씀묵상 전에 성령님의 인도하심을 구하는 기도를 드리십시오.

본문요약 I 그리스도께서 적대 세력에게 최종적인 승리를 거두시는 때에 성도들의 몸도 변하게 된다. 사망의 권세는 완전히 깨뜨려지고 더 이상 성도에게 영향력을 행사하지 못하게 된다. 성도는 이러한 부활 신앙을 가지고 주의 일에 열심을 내며 살아야 한다. 주님 안에서 하는 수고 또한 결코 헛되지 않을 것이다.

50 형제들아 내가 이것을 말하노니 혈과 육
은 하나님 나라를 이어받을 수 없고 또한
썩는 것은 썩지 아니하는 것을 유업으로
받지 못하느니라
51 보라 내가 너희에게 비밀을 말하노니 우
리가 다 잠잘 것이 아니요 마지막 나팔에
순식간에 홀연히 다 변화되리니
52 나팔 소리가 나매 죽은 자들이 썩지 아니
할 것으로 다시 살아나고 우리도 변화되
리라
53 이 썩을 것이 반드시 썩지 아니할 것을 입
겠고 이 죽을 것이 죽지 아니함을 입으리
로다
54 이 썩을 것이 썩지 아니함을 입고 이 죽을
것이 죽지 아니함을 입을 때에는 [ㄱ]사망을
삼키고 이기리라고 기록된 말씀이 이루어
지리라
55 [ㄴ]사망아 너의 승리가 어디 있느냐 사망아
네가 쏘는 것이 어디 있느냐
56 사망이 쏘는 것은 죄요 죄의 권능은 율법
이라
57 우리 주 예수 그리스도로 말미암아 우리
에게 승리를 주시는 하나님께 감사하노니
58 그러므로 내 사랑하는 형제들아 견실하며
흔들리지 말고 항상 주의 일에 더욱 힘쓰
는 자들이 되라 이는 너희 수고가 주 안에
서 헛되지 않은 줄 앎이라

ㄱ. 사 25:8 ㄴ. 호 13:14

1. 오늘 하나님께서 나에게 주신 깨달음은 무엇입니까?

2. 말씀을 어떻게 내 삶에 구체적으로 적용해야 합니까?

절별 해설

50 혈과 육은 하나님 나라를 이어받을 수 없고 '혈과 육'과 '하나님 나라', '썩는 것'과 '썩지 아니하는 것'이 대조된다. 혈과 육은 썩지만, 하나님 나라는 썩지 않는다. 혈과 육을 가지고는 하나님 나라의 온전한 통치를 경험하지 못한다. 고린도 교회 성도들 중에 이미 부활 이후의 삶을 살고 있다고 착각하여 자신들에게는 부활이 필요 없다고 주장했던 자들을 향해, 바울은 그들의 생각이 잘못되었음을 지적하고 있다.

51 비밀 하나님의 지혜를 비밀(2:6 이하)이라고 했던 바울은 부활에 대해서 말할 때도 이 단어를 사용한다.
우리가 다 잠잘 것이 아니요 예수 그리스도의 재림 때에 성도들 중에 살아 있을 자들도 있음에 대해 말한다. 부활의 몸을 경험하기 위해 반드시 죽어야 하는 것은 아니라는 말이다.
마지막 나팔에 순식간에 홀연히 다 변화되리니 새로운 시대, 즉 새 하늘과 새 땅의 도래를 알리는 나팔 소리와 함께 살아 있는 성도들의 몸이 순식간에 변화될 것이다.

54 사망을 삼키고 이기리라고 기록된 말씀이 이루어지리라 이사야 25장 8절의 인용으로 인간의 몸을 대적하는 최후의 적은 사망이다. 그것은 모든 사람을 삼키고 굴복시킨다. 그러나 성도들에게 사망은 끝이 아니라 부활과 영생으로 나아가는 통로일 뿐이다. 성도는 사망을 삼키고 이기신 그리스도를 통해서 그 승리를 누리게 된다. 그것은 바로 몸의 부활을 통해서 가능하다.

55–57 호세아 13장 14절을 인용하며 사망을 벌에 비유한다. 사람을 쏘는 침을 가진 벌을 상상해 보라. 죄는 벌의 침과 같다. 죄를 죄로 규정하는 것은 율법이다. 율법을 통해 죄를 지었음을 알게 된 사람에게 필연적으로 주어지는 것은 사망이다. 그런데 예수 그리스도께서 우리를 대신하여 십자가에서 죽으심으로 우리의 죄를 깨끗하게 씻어 주셨다. 그렇기에 율법은 더 이상 우리를 죄인으로 정죄할 수 없다.

58 너희 수고가 주 안에서 헛되지 않은 줄 앎이라 영원한 하나님 나라에서 부활의 몸으로 살게 될 것을 믿는 성도는 이 땅에 사는 동안에 흔들리지 말고 주님의 일을 감당해야 한다. 예수 그리스도의 복음을 전하고, 삶을 통해 하나님의 선하심을 전해야 한다. 그와 같은 수고는 결코 물거품처럼 사라지는 것이 아니라 완성된 하나님 나라에서 누릴 영광과 기쁨으로 인도할 것이다.

쉬운성경

50 성도 여러분, 내가 분명히 선언하거니와 육체와 피는 하나님의 나라를 상속받을 수 없으며, 썩는 것은 썩지 아니하는 것을 상속받을 수 없습니다.

51 내가 여러분에게 비밀을 알려 드리겠습니다. 우리는 다 잠잘 것이 아니라 변화될 것입니다.

52 마지막 나팔 소리가 울릴 때, 눈 깜짝할 사이에 죽은 자들이 썩지 않을 몸으로 다시 살아나며, 우리는 변화될 것입니다.

53 썩을 몸은 반드시 썩지 않을 몸을 입어야 하며, 죽을 몸은 죽지 않을 몸을 입어야 합니다.

54 썩을 몸이 썩지 않을 몸을 입고, 죽을 몸이 죽지 않을 몸을 입게 되면 "승리가 죽음을 삼켜 버렸다"*고 기록된 말씀이 사실로 드러나게 될 것입니다.

55 "죽음아! 너의 승리가 어디 있느냐? 죽음아! 너의 찌르는 것이 어디 있느냐?"*

56 죽음이 찌르는 것은 죄이며, 죄의 힘은 율법입니다.

57 그러나 우리 주 예수 그리스도를 통해 우리에게 승리를 주시는 하나님께 감사합니다.

58 그러므로 나의 사랑하는 성도 여러분, 굳게 서서 흔들리지 말고 항상 주님의 일을 위해 자신을 드리십시오. 주님을 위해 일한 여러분의 수고는 결코 헛되지 않는 것임을 기억하시기 바랍니다.

* 15:54 사 25:8에 기록되어 있다.
* 15:55 호 13:14에 기록되어 있다.

저자의 묵상

사망의 권세를 지닌 사탄은 아담 이후의 모든 사람을 죽음의 공포 가운데 떨게 했다. 히브리서 2장 14-15절에서 말하는 것처럼, 사람들은 죽기를 무서워하며 한평생 종노릇하며 살았다. 죽음으로 모든 것이 끝이라고 생각하기에, 사람들은 죽음이라는 단어를 싫어하고 죽음에 대해 생각하는 것조차 싫어한다. 그러나 죄와 죽음의 권세 아래에서 사는 사람들을 구원하시기 위해 예수님께서 이 땅에 오셔서 우리를 대신하여 십자가에서 죽으셨다. 예수님도 사망의 권세 아래 놓이는 것처럼 보이셨다. 그러나 하나님께서 의로운 예수님을 죽음에서 부활시키심으로 사망의 권세가 처참하게 깨뜨려졌다. 예수님을 믿는 자들은 사망 권세를 이기신 주님을 통해 죽음에서 부활하여 영원한 삶을 살게 될 것이다. 그렇기에 장차 부활의 몸을 입게 될 성도는 이 땅에서의 삶에서 주님의 일을 기쁨으로 감당하는 것이 중요하다. 주 안에서 하는 수고는 결코 헛되지 않다. 주님을 위한 여러분의 작은 섬김도 빠뜨리지 않고 기억하실 것이다.

무릎 기도 하나님, 그리스도의 형상을 따라 저의 몸이 영화롭고 온전하게 될 것을 생각하니 감사합니다. 오늘도 주님께서 맡기신 자리에서 최선을 다하여 주님의 기쁨이 되는 삶을 살게 하소서.

ESV - 1 Corinthians 15

50 I tell you this, brothers: flesh and blood
cannot inherit the kingdom of God, nor
does the perishable inherit the imperishable.
51 Behold! I tell you a mystery. We shall not all
sleep, but we shall all be changed,
52 in a moment, in the twinkling of an eye, at
the last trumpet. For the trumpet will sound,
and the dead will be raised imperishable,
and we shall be changed.
53 For this perishable body must put on the
imperishable, and this mortal body must
put on immortality.
54 When the perishable puts on the imperish-
able, and the mortal puts on immortality,
then shall come to pass the saying that is
written: "Death is swallowed up in victory."
55 "O death, where is your victory? O death,
where is your sting?"
56 The sting of death is sin, and the power of
sin is the law.
57 But thanks be to God, who gives us the
victory through our Lord Jesus Christ.
58 Therefore, my beloved brothers, be
steadfast, immovable, always abounding in
the work of the Lord, knowing that in the
Lord your labor is not in vain.

50 inherit 상속하다 imperishable 썩지 않을 52 twinkling 눈 깜박할 사이 53 mortal 죽을 운명의 immortality 불멸 54 come to pass 실현되다 swallow up 삼키다 55 sting 찌름 58 beloved 가장 사랑하는 steadfast 부동의 immovable 흔들림이 없는 abound in …이 풍부하다 labor 수고 in vain 헛된

☐ 묵상 체크

49

월 일

주의 일에 힘쓰는 자

고린도전서 16:1-12 • 새찬송 436장 | 통일 493장

• 말씀묵상 전에 성령님의 인도하심을 구하는 기도를 드리십시오.

본문요약 I 바울은 빈곤을 겪고 있는 예루살렘 교회의 성도들을 돕기 위한 일에 고린도 교회 성도들이 자발적으로 동참해 줄 것을 촉구한다. 더불어 자신이 고린도를 방문할 계획이 있음도 알린다. 바울은 자신이 보낸 디모데를 성도들이 잘 대해 줄 것을 당부하며 그를 위한 추천의 내용도 적고 있다.

1 성도를 위하는 연보에 관하여는 내가 갈라디아 교회들에게 명한 것 같이 너희도 그렇게 하라

2 매주 첫날에 너희 각 사람이 수입에 따라 모아 두어서 내가 갈 때에 연보를 하지 않게 하라

3 내가 이를 때에 너희가 인정한 사람에게 편지를 주어 너희의 은혜를 예루살렘으로 가지고 가게 하리니

4 만일 나도 가는 것이 합당하면 그들이 나와 함께 가리라

5 내가 마게도냐를 지날 터이니 마게도냐를 지난 후에 너희에게 가서

6 혹 너희와 함께 머물며 겨울을 지낼 듯도 하니 이는 너희가 나를 내가 갈 곳으로 보내어 주게 하려 함이라

7 이제는 지나는 길에 너희 보기를 원하지 아니하노니 이는 만일 주께서 허락하시면 얼마 동안 너희와 함께 머물기를 바람이라

8 내가 오순절까지 에베소에 머물려 함은

9 내게 광대하고 유효한 문이 열렸으나 대적하는 자가 많음이라

10 디모데가 이르거든 너희는 조심하여 그로 두려움이 없이 너희 가운데 있게 하라 이는 그도 나와 같이 주의 일을 힘쓰는 자임이라

11 그러므로 누구든지 그를 멸시하지 말고 평안히 보내어 내게로 오게 하라 나는 그가 형제들과 함께 오기를 기다리노라

12 형제 아볼로에 대하여는 그에게 형제들과 함께 너희에게 가라고 내가 많이 권하였으되 지금은 갈 뜻이 전혀 없으나 기회가 있으면 가리라

1. 오늘 하나님께서 나에게 주신 깨달음은 무엇입니까?

2. 말씀을 어떻게 내 삶에 구체적으로 적용해야 합니까?

절별 해설

1 성도를 위하는 연보에 관하여는 고린도 교회 성도들의 질문 중의 하나가 연보(헌금)에 관한 질문이었다는 것을 알 수 있다. 바울은 이전에 그들에게 극심한 기근에 시달리는 예루살렘 교회의 성도들을 도울 것을 말이나 글로 전하였다. 고린도 교회 성도들은 구제의 대상과 목적에 대해 잘 알고 있었다. 그러나 어떤 방식으로 헌금을 모으는 것이 좋을지에 대해서 바울의 의견을 알고자 했다. 바울은 갈라디아에 있는 교회들이 연보했던 것처럼 하면 좋겠다고 말한다. 이것을 통해 예루살렘 교회를 위한 헌금은 한두 교회가 아닌 많은 이방인 교회들이 함께 연보한 공동 작업이었다는 것을 알 수 있다.

2 매주 첫날에 예수님의 부활을 기억하며 예배드리기 위해 모이는 때에 연보를 드리라고 바울은 구체적인 지침을 준다.
너희 각 사람이 수입에 따라 연보의 액수를 강제로 정하지 않고 각 사람의 수입에 따라 드리라고 권한다. 그렇게 할 때 모든 성도가 즐거운 마음으로 동참할 수 있고, 바울이 왔을 때 급하게 헌금하는 것을 피할 수 있다.

3 너희가 인정한 사람에게 편지를 주어 고린도 교회를 대표할 사람을 성도들이 선정하여 그들이 바울의 편지를 들고 예루살렘으로 가게 하겠다고 말한다.
너희의 은혜 고린도 교회 성도들이 모은 헌금을 가리킨다. 바울은 3차 전도여행을 마치고 예루살렘으로 향할 때 이방인 교회의 대표들과 동행한다. 그는 8-9년에 걸친 2-3차 전도여행 동안 이방인 교회로부터 헌금을 모으는 중대한 일을 진행했다. 바울이 왜 그렇게 했을까? 몇 가지로 생각해 볼 수 있다. 첫째는 이방인 교회 성도들이 가난한 예루살렘 교회 성도들을 그리스도의 사랑으로 돕게 하기 위함이다. 둘째는 이방인 교회의 헌금을 예루살렘 교회가 받음으로 이방인과 유대인 사이의 장벽이 허물어지고 그리스도 안에서 하나 되기를 원했다. 셋째는 이방인들이 종말에 예루살렘으로 선물을 들고 올 것이라는, 구약성경에 나타난 이방인의 종말 순례사상의 성취로 보았다(사 2:2-3; 60:4-7; 미 4:13).

5 마게도냐를 지난 후에 너희에게 가서 바울은 에베소에서 3년을 보냈는데, 3년이 다 될 무렵에 이 편지를 써서 디모데 편에 고린도 교회에 전달한 것으로 보인다. 에베소에서 고린도로 가는 길은 배로 가는 것과 마게도냐를 통과하는 육로가 있었는데, 바울은 후자를 선택하려고 한다.

6 너희가 나를 내가 갈 곳으로 보내어 주게 하려 함이라 바울은 짧게 고린도를 방문하기보다는 그들과 조금 더 길게 시간을 보내기를 원했다. 그러나 자신의 계획이 아닌 하나님의

쉬운성경

1 이제 성도들을 돕기 위한 헌금에 대해 말하고자 합니다. 내가 갈라디아의 여러 교회에게 지시한 대로 여러분도 그렇게 하십시오.

2 여러분은 매주 첫날 각자 할 수 있는 대로 자기 수입에 따라 얼마씩을 저축해 두십시오. 그리하여 내가 여러분에게 갈 때, 헌금을 하느라고 마음 쓰는 일이 없게 하십시오.

3 내가 그곳에 가게 되면 여러분이 인정하는 사람에게 내가 소개장을 주어 그가 여러분이 모은 선물을 예루살렘으로 가져가게 하겠습니다.

4 만일 나도 가는 것이 더 좋다면, 그들은 나와 함께 갈 것입니다.

5 나는 마케도니아에 갈 일이 있으니 그곳에 들렀다가 여러분에게 가려고 합니다.

6 여러분에게 가면 나는 얼마 동안, 여러분과 함께 지낼 것 같습니다. 어쩌면 그곳에서 겨울을 날지도 모르겠습니다. 그런 뒤에 다음 목적지가 어디든지 간에 여러분이 그리로 나를 보내 주시기 바랍니다.

7 나는 지금 지나가는 길에 잠깐 들러 여러분을 보려는 것이 아닙니다. 주님이 허락하신다면 한동안, 여러분과 함께 지내고 싶습니다.

8 그러나 오순절까지는 에베소에 머물 예정입니다.

9 나를 대적하는 자들이 많기는 하지만 많은 일을 할 수 있는 큰 문이 내게 열려 있기 때문입니다.

10 디모데가 그리로 가면 여러분과 지내는 동안, 아무런 두려움이 없게 해 주십시오. 디모데는 나와 마찬가지로 주님을 위해 일하는 사람입니다.

11 그러니 아무도 그를 업신여기지 마십시오. 디모데가 평안한 마음으로 내게 돌아오

절별 해설

인도를 따르는 것이 중요하다고 생각했다. 바울은 고린도 교회 성도들이 자신을 새로운 선교지든 예루살렘이든 하나님께서 인도하시는 곳으로 보내 주길 바라고 있다.

9 내게 광대하고 유효한 문이 열렸으나 대적하는 자가 많음이라 사도행전 19장을 통해서 우리는 바울이 에베소에서 당한 어려움을 알고 있다. 그럼에도 불구하고 바울은 하나님께서 그곳에서 자신을 통해 구원 사역을 펼치실 것이라 확신했다.

12 형제 아볼로에 대하여는 바울은 에베소에 있는 아볼로에게 형제들과 함께 고린도로 갈 것을 권유하였다. 그러나 아볼로는 고린도에 가지 않는 것이 문제를 해결하는 데 도움이 된다고 판단하여 에베소에 머물기로 했고, 바울은 그의 결단을 존중하였다.

게 해 주십시오. 나는 다른 성도들과 함께 디모데를 기다리고 있습니다.

12 형제 아볼로에 대해서 말씀드립니다. 나는 아볼로에게 성도 여러 명과 함께 여러분을 방문하라고 몇 번 권했으나, 지금은 가고 싶은 마음이 없는 것 같습니다. 그러나 아볼로는 기회가 되면 여러분을 보러 갈 것입니다.

저자의 묵상

바울은 기근 중에 있는 예루살렘 교회 성도들을 돕기 위해 각지에 있는 이방인 교회들에게 연보(헌금)를 부탁하였다. 바울은 연보의 구체적인 방법을 가르쳐 주었는데 그것은 연보를 즉흥적으로 하는 것이 아니라, 각자의 수입을 따라 미리 준비하였다가 예배로 모일 때 드리라는 것이었다. 중요한 것은 자발적인 동참이었다. 약 이천 년이 지난 오늘날도 마찬가지다. 억지로 헌금을 드리면 감사보다는 마음이 불편해지는 경우가 많다. 각자의 형편을 따라 감사함으로 준비하여 드리는 것이 좋다. 바울은 고린도를 방문할 계획을 알리며 그들과 꽤 오랜 시간을 보내길 바라는 마음을 전하고 있다. 그러나 중요한 것은 그 계획이 '주님이 허락하셔야' 가능하다고 생각했다는 것이다. 오늘날 우리의 삶도 마찬가지가 아니겠는가? 하나님의 자녀인 우리의 삶은 하나님의 손에 있다. 그분의 인도하심에 순종하며 한 걸음 한 걸음 걷는 것이 중요하다. 인생의 주도권을 자신이 쥐고 있지 않음을 고백하며 우리의 목자이신 하나님과 동행하는 삶을 살 때, 다윗처럼 "내게 부족함이 없습니다"라고 고백하게 될 것이다.

무릎 기도 하나님, 저에게 주신 시간, 재능, 물질과 건강을 주님을 위해 사용하는 지혜자로 살기 원합니다. 한 걸음 한 걸음 인도하셔서 주님의 일을 이루며 살게 하소서.

ESV - 1 Corinthians 16

1 Now concerning* the collection for the
saints: as I directed the churches of Galatia,
so you also are to do.
2 On the first day of every week, each of you
is to put something aside and store it up,
as he may prosper, so that there will be no
collecting when I come.
3 And when I arrive, I will send those whom
you accredit by letter to carry your gift to
Jerusalem.
4 If it seems advisable that I should go also,
they will accompany me.
5 I will visit you after passing through
Macedonia, for I intend to pass through
Macedonia,
6 and perhaps I will stay with you or even
spend the winter, so that you may help me
on my journey, wherever I go.
7 For I do not want to see you now just in
passing. I hope to spend some time with
you, if the Lord permits.
8 But I will stay in Ephesus until Pentecost,
9 for a wide door for effective work has opened
to me, and there are many adversaries.
10 When Timothy comes, see that you put
him at ease among you, for he is doing the
work of the Lord, as I am.
11 So let no one despise him. Help him on his
way in peace, that he may return to me, for
I am expecting him with the brothers.
12 Now concerning our brother Apollos, I
strongly urged him to visit you with the
other brothers, but it was not at all his will*
to come now. He will come when he has
opportunity.

* 16:1 The expression *Now concerning* introduces a reply to a question in the Corinthians' letter; see 7:1; also verse 12

* 16:12 Or *God's will for him*

1 collection 헌금 direct 명령하다 2 put··· aside ···을 따로 떼어 두다 store··· up ···을 비축하다 prosper 번영하다 3 accredit 파견하다 4 advisable 합당한 accompany 동행하다 5 intend to do ···하려고 생각하다 7 in passing 지나는 길에 8 Pentecost 오순절 9 adversary 적 10 put··· at ease ···를 편안하게 해 주다 11 despise 멸시하다 12 urge 열심히 권하다

• MEMO •

☐ 묵상 체크

50 그리스도의 은혜가 너희와 함께

월 일

고린도전서 16:13-24 • 새찬송 438장 | 통일 495장

• 말씀묵상 전에 성령님의 인도하심을 구하는 기도를 드리십시오.

본문요약 | 바울은 고린도 교회 성도들에게 깨어 믿음에 굳게 서서 강건하며 모든 일을 사랑으로 감당하라고 권면한다. 또한 여러 사람과 가정을 언급하며 주님 안에서 서로 문안하라고 부탁한다. 바울은 그리스도의 은혜와 바울 자신의 사랑이 성도들과 함께하기를 기원하는 것으로 편지를 끝맺는다.

13 깨어 믿음에 굳게 서서 남자답게 강건하라

14 너희 모든 일을 사랑으로 행하라

15 형제들아 스데바나의 집은 곧 아가야의 첫 열매요 또 성도 섬기기로 작정한 줄을 너희가 아는지라 내가 너희를 권하노니

16 이같은 사람들과 또 함께 일하며 수고하는 모든 사람에게 순종하라

17 내가 스데바나와 브드나도와 아가이고가 온 것을 기뻐하노니 그들이 너희의 부족한 것을 채웠음이라

18 그들이 나와 너희 마음을 시원하게 하였으니 그러므로 너희는 이런 사람들을 알아 주라

19 아시아의 교회들이 너희에게 문안하고 아굴라와 브리스가와 그 집에 있는 교회가 주 안에서 너희에게 간절히 문안하고

20 모든 형제도 너희에게 문안하니 너희는 거룩하게 입맞춤으로 서로 문안하라

21 나 바울은 친필로 너희에게 문안하노니

22 만일 누구든지 주를 사랑하지 아니하면 저주를 받을지어다 [1]우리 주여 오시옵소서

23 주 예수 그리스도의 은혜가 너희와 함께 하고

24 나의 사랑이 그리스도 예수 안에서 너희 무리와 함께 [2]할지어다

1) 또는 우리 주께서 임하셨도다 아람어, 마라나타
2) 어떤 사본에, 할지어다 아멘

1. 오늘 하나님께서 나에게 주신 깨달음은 무엇입니까?

2. 말씀을 어떻게 내 삶에 구체적으로 적용해야 합니까?

절별 해설

13-14 바울은 깨어 믿음에 굳게 서서 남자답게 행하고 강건하고 사랑으로 행하라는 다섯 가지 권면을 한다.

15 스데바나의 집은 곧 아가야의 첫 열매요 스데바나 집의 사람들은 그리스 남쪽 지방에 위치한 아가야에 있는 고린도의 첫 번째 개종자들 중에 속한다. 고린도전서 1장 16절을 보면 바울이 직접 그들에게 세례를 베풀었다. 스데바나는 브드나도와 아가이고와 더불어 바울이 에베소에 있을 때 그를 방문하였다.

17-18 바울은 앞 절에서 언급한 세 사람이 에베소에 온 것을 기뻐했는데, 그들은 바울의 부족한 것을 채워 주었다. 바울은 자신과 고린도 교회 성도들의 마음을 시원하게 해 준 이 사람들을 기억하라고 성도들에게 권면한다.

19 아굴라와 브리스가 사도행전 18장 2절은 이들 부부가 고린도에 오게 된 배경을 설명한다. 글라우디오 황제가 로마에서 유대인들을 추방하는 칙령을 내림으로 두 사람은 로마를 떠나 고린도에 정착하게 되었다. 바울은 고린도에서의 첫 번째 사역 기간 동안 천막 만드는 일을 하며 그들의 집에 머물렀다.
그 집에 있는 교회 아주 초기의 교회는 가정교회 형태를 띠었다. 성도들이 예배나 모임을 위해 자기 집을 개방하는 경우가 많았다. 아굴라와 브리스가의 경우도 여기에 해당한다.

20 너희는 거룩하게 입맞춤으로 서로 문안하라 초대 교회 당시 입맞춤은 순수한 성도의 사랑의 표현으로 사용되었다. 신약성경의 여러 편지에 동일한 표현이 등장한다(롬 16:16; 고후 13:11; 살전 5:26, 참고. 벧전 5:14).

21 나 바울은 친필로 너희에게 문안하노니 바울은 성도들에게 편지할 때 처음부터 끝까지 직접 쓰지 않은 경우도 있었다. 바울이 불러 주는 내용을 다른 사람이 받아 적기도 했다. 그러나 편지의 마지막 부분에는 자신이 직접 편지를 끝맺고 친필 사인을 하였다.

22 우리 주여 오시옵소서 예수 그리스도 안에서의 영광과 변화를 아는 자는 반드시 그리스도의 재림을 사모하며 '마라나타'를 외칠 수밖에 없다. 마라나타는 아람어로 '주여, 오시옵소서' 혹은 '주께서 오신다'라는 뜻이다.

23-24 예수님의 은혜와 바울의 사랑은 고린도 교회가 교회다운 모습을 갖추는 데 절대적으로 필요한 요소다. 바울은 그리스도 안에서 모든 자들을 향해 그의 사랑을 전하고 있다.

쉬운성경

13 깨어 믿음에 굳게 서서 용감하고 강건하십시오.

14 모든 일을 사랑으로 하십시오.

15 내가 여러분께 권합니다. 여러분도 아시겠지만, 스데바나 집안사람들은 아가야 지방에서 제일 먼저 그리스도인이 된 가정이며, 성도들을 섬기는 일에 헌신한 사람들입니다.

16 여러분은 이런 사람들과 또 그들과 함께 수고하는 모든 사람들에게 순종하십시오.

17 스데바나와 브드나도와 아가이고가 와서 나는 참 기쁩니다. 여러분을 만나지 못해 아쉬웠던 것을 이 사람들이 충족시켜 주었기 때문입니다.

18 이 세 사람들은 내 마음과 여러분의 마음을 상쾌하게 해 주었습니다. 여러분은 이런 사람들을 알아주시기 바랍니다.

19 아시아의 여러 교회가 여러분에게 문안드립니다. 아굴라와 브리스가와 다 함께 이 두 사람의 집에 모이는 교회가 주님 안에서 여러분에게 진심 어린 문안 인사를 드립니다.

20 이곳에 있는 모든 성도들이 문안드립니다. 여러분은 거룩한 입맞춤으로 인사를 나누십시오.

21 나 바울은 이 마지막 인사를 내 손으로 직접 쓰고 있습니다.

22 주님을 사랑하지 않는 사람이 있다면, 그 사람에게 하나님의 저주가 임할 것입니다. 주님, 오십시오!*

23 주 예수님의 은혜가 여러분과 함께하시기를 바랍니다.

24 나의 사랑이 그리스도 예수 안에서 여러분 모두에게 있기를 기원합니다. 아멘.

* 16:22 아람어도 '마라나타'이다.

저자의 묵상

오늘날은 예수 그리스도의 재림을 강조하면 이단 취급을 받기 십상이다. 그러나 곰곰이 생각해 보면, 그리스도의 재림이 없으면 심각한 문제가 발생한다. 하나님 나라의 완성이나 성도의 부활이 불가능해진다. 그렇기에 바울은 자신의 편지 말미에 '우리 주여 오시옵소서'라고 적고 있다. 바울은 편지의 끝부분에 스데바나, 브드나도, 아가이고, 아굴라와 브리스가의 이름을 거론한다. 이들은 복음을 전하는 선교사의 삶을 살고 있는 바울에게 많은 도움을 주고 기쁨을 준 사람들이다. 바울은 그들의 수고와 헌신을 기억하며 감사하고 있다. 오늘날은 교회 출석을 하지 않는 속칭 '가나안 성도들'이 늘고 있다. 그들은 헌신과 수고는 하지 않으려 하고 자기 마음에 들지 않는 조그만 일만 생겨도 교회를 떠난다. 그러나 성도는 공동체를 위한 헌신의 자리, 하나님 나라를 위한 수고의 자리를 잘 지키는 것이 중요하다. 교회를 섬기는 목회자가 여러분의 이름을 거론하며 감사하는 마음을 가진다면, 그것은 주님께서도 기뻐하시고 인정하시는 삶일 것이다.

무릎 기도 하나님, 이 땅에서 제게 주신 한 번뿐인 삶을 주님과 주님의 나라를 위해 잘 사용하기 원합니다. 오늘도 저의 이름이 좋은 일로 존귀하게 불리게 하소서.

ESV - 1 Corinthians 16

13 Be watchful, stand firm in the faith, act like men, be strong.
14 Let all that you do be done in love.
15 Now I urge you, brothers*—you know that the household* of Stephanas were the first converts in Achaia, and that they have devoted themselves to the service of the saints—
16 be subject to such as these, and to every fellow worker and laborer.
17 I rejoice at the coming of Stephanas and Fortunatus and Achaicus, because they have made up for your absence,
18 for they refreshed my spirit as well as yours. Give recognition to such people.
19 The churches of Asia send you greetings. Aquila and Prisca, together with the church in their house, send you hearty greetings in the Lord.
20 All the brothers send you greetings. Greet one another with a holy kiss.
21 I, Paul, write this greeting with my own hand.
22 If anyone has no love for the Lord, let him be accursed. Our Lord, come!*
23 The grace of the Lord Jesus be with you.
24 My love be with you all in Christ Jesus. Amen.

* 16:15 Or *brothers and sisters*; also verse 20
* 16:15 Greek *house*
* 16:22 Greek *Maranatha* (a transliteration of Aramaic)

13 watchful 조심하는 firm 굳게 15 urge 권하다 household 가정 convert 개종자 devote oneself to …에 헌신하다 16 subject 순종하는 17 make up for …을 보충하다 absence 부재; 부족 18 refresh 상쾌하게 하다 spirit 마음 give recognition to …을 인정하다 19 greeting 인사말 hearty 진심 어린 22 accursed 저주받은

고린도후서를 묵상하기 전에

저자 : 사도 바울

기록 시기

고린도전서보다 반 년 혹은 일 년 후인 AD 55년 말이나 56년 초에 기록된 것으로 보인다.

기록 배경

에베소에 머물고 있는 바울은 마게도냐를 지나 고린도에 가서 겨울을 지낼 계획을 가지고 있었다. 그런데 고린도로부터 들려오는 소식으로 인해 그는 곧장 고린도로 갔다. 바울은 거기서 황당한 일을 당한다. 어떤 사람이 바울을 극렬하게 비난했는데, 다른 성도들이 그를 저지하거나 바울 편에서 변호하지도 않았다. 바울은 이 일로 인해 큰 아픔을 겪었고, 계획을 변경하여 곧장 에베소로 돌아갔다(1:23; 2:1). 바울은 고린도 교회 성도들에게 '눈물의 편지'를 썼다. 자기를 비난했던 사람을 잘 치리하여 바울을 향한 교회의 마음을 보여줄 것을 요구했던 것으로 보인다. 안타깝게도 이 편지는 남아 있지 않다. 바울은 '눈물의 편지'를 디도를 통해 고린도 교회 성도들에게 전달했다. 애타게 기다리는 바울에게 디도가 가져온 소식은 그의 모든 시름을 덜게 했다. 고린도 교회가 바울을 비난했던 자를 처벌하였고 바울에게로 성도들의 마음이 모아졌기 때문이다. 그러나 고린도 교회에 또 다른 문제가 생겼다. 다른 복음을 전하는 거짓 교사들이 와서 바울을 폄하하고 성도들의 마음을 사로잡으려고 했다. 바울은 이런 상황에서 편지를 썼는데, 그것이 고린도후서다. 바울은 자신이 '눈물의 편지'를 쓸 때의 심정을 솔직하게 말하고, 성도들이 자기의 기대대로 잘 대처한 것에 대해 고마움을 표한다.

핵심 내용

고린도후서는 바울의 편지 중에서 목회자로서의 아픔이 고스란히 묻어 있는 가장 개인적인 편지다. 하지만 십자가의 의미에 대해 매우 분명하게 설명하고 있다. 바울은 '약함의 사도'로서의 자신을 분명히 보여주며, 또한 왜 자신이 고린도 교회 성도들의 도움을 받지 않으려 했는지도 잘 설명하고 있다. 바울이 자신을 질그릇이라고 묘사하는 것은 자신들의 강함을 자랑했던 거짓 교사들과는 대조되는 부분이다. 그럼 왜 바울은 자신의 약함, 즉 그가 당한 수많은 고난을 열거했을까? 그 이유는 자신의 약함에도 불구하고 능력으로 역사하는 그리스도의 복음의 역동성을 설명하기 위함이었다. 바울은 이 편지에서 약할 때 강함 되시는 그리스도를 노래하고 있다.

단락 구분

1. 머리말(1:1-11): 인사와 감사의 말
2. 방문 계획 변경의 이유(1:12-2:13)
3. 바울의 사역과 사도직에 대한 설명(2:14-7:16)
   1) 사역의 영광과 새 언약의 일꾼(2:14-3:6)
   2) 대조되는 두 일꾼(3:7-18)
   3) 질그릇에 담긴 보화(4:1-11)
   4) 사역하면서 당한 고난과 동기(4:12-5:10)
   5) 화해의 메시지와 사도직의 확증(5:11-6:10)
   6) 호소와 경고(6:11-7:4)
   7) 위기 해소 후의 기쁨(7:5-16)
4. 예루살렘 교회를 위한 연보(8:1-9:15)
5. 바울의 사도적 권위에 대한 변호(10:1-12:13)
   1) 비난에 대한 바울의 대응(10:1-11)
   2) 사도를 평가하는 척도(10:12-18)
   3) 바울의 자비량 선교의 이유(11:1-11)
   4) 사도로서의 고난과 수고(11:12-33)
   5) 주님이 주신 계시와 사도의 역할(12:1-13)
6. 바울의 방문 계획(12:14-13:13)

51 환난 중의 위로

월 일

고린도후서 1:1-11 • 새찬송 336장 | 통일 383장

• 말씀묵상 전에 성령님의 인도하심을 구하는 기도를 드리십시오.

본문요약 I 바울은 고린도 교회 성도들에게 인사말을 한 후 환난 가운데 있는 하나님의 백성을 위로하시는 하나님에 대해 찬양한다. 바울과 그의 동역자들을 위로하신 하나님께서 고린도 교회 성도들도 위로하실 것이라고 말한다. 그리스도의 고난에 동참할 때 그리스도의 위로도 넘치게 받는다.

1 하나님의 뜻으로 말미암아 그리스도 예수의 사도 된 바울과 형제 디모데는 고린도에 있는 하나님의 교회와 또 온 아가야에 있는 모든 성도에게
2 하나님 우리 아버지와 주 예수 그리스도로부터 은혜와 평강이 있기를 원하노라
3 찬송하리로다 그는 우리 주 예수 그리스도의 하나님이시요 자비의 아버지시요 모든 위로의 하나님이시며
4 우리의 모든 환난 중에서 우리를 위로하사 우리로 하여금 하나님께 받는 위로로써 모든 환난 중에 있는 자들을 능히 위로하게 하시는 이시로다
5 그리스도의 고난이 우리에게 넘친 것 같이 우리가 받는 위로도 그리스도로 말미암아 넘치는도다
6 우리가 환난 당하는 것도 너희가 위로와 구원을 받게 하려는 것이요 우리가 위로를 받는 것도 너희가 위로를 받게 하려는 것이니 이 위로가 너희 속에 역사하여 우리가 받는 것 같은 고난을 너희도 견디게 하느니라
7 너희를 위한 우리의 소망이 견고함은 너희가 고난에 참여하는 자가 된 것 같이 위로에도 그러할 줄을 앎이라
8 형제들아 우리가 아시아에서 당한 환난을 너희가 모르기를 원하지 아니하노니 힘에 겹도록 심한 고난을 당하여 살 소망까지 끊어지고
9 우리는 우리 자신이 사형 선고를 받은 줄 알았으니 이는 우리로 자기를 의지하지 말고 오직 죽은 자를 다시 살리시는 하나님만 의지하게 하심이라
10 그가 이같이 큰 사망에서 우리를 건지셨고 또 건지실 것이며 이후에도 건지시기를 그에게 바라노라
11 너희도 우리를 위하여 간구함으로 도우라 이는 우리가 많은 사람의 기도로 얻은 은사로 말미암아 많은 사람이 우리를 위하여 감사하게 하려 함이라

1. 오늘 하나님께서 나에게 주신 깨달음은 무엇입니까?

2. 말씀을 어떻게 내 삶에 구체적으로 적용해야 합니까?

절별 해설

1 하나님의 뜻으로 말미암아 바울은 자원해서가 아니라 하나님께서 예수 그리스도를 통해 그를 부르심으로 사도가 되었다.

형제 디모데 디모데는 바울이 고린도에서 교회를 세울 때 함께 동역했다. 바울은 그를 '아들'이라고 부르기도 했다(딤전 1:2,18; 딤후 1:2). 이 구절에서는 디모데를 '형제'라고 부름으로 고린도 교회 성도들이 그를 인정하고 부드러운 마음으로 대해 줄 것을 바라고 있다.

아가야 로마 제국의 행정 구역으로 마게도냐 아래에 위치했다. 오늘날의 그리스를 포함하는 지역으로 당시 수도는 고린도였다.

3 자비의 아버지, 모든 위로의 하나님 이와 같은 하나님에 대한 묘사는 구약성경에 기초한 것으로, 하나님은 죄인을 따뜻함과 사랑으로 대하시고 고통당하는 자를 위로하시는 아버지이다(사 51:12; 66:13).

4–5 하나님은 자비와 위로의 아버지시기에 바울과 동역자들이 환난을 당할 때 위로해 주셨다. 그 위로는 놀라운 능력을 발휘했는데, 그들은 하나님의 위로를 경험한 자로서 환난 중에 있는 자들을 위로할 수 있게 되었다. 성도는 그리스도와 연합된 자로서 그의 고난뿐만 아니라 위로에도 동참하게 된다.

6 우리가 환난 당하는 것도 … 우리가 위로를 받는 것도 바울이 교회에 대해 가지고 있는 독특한 생각이 잘 드러난다. 성도는 한 몸의 지체로 서로 연결되어 있다. 몸의 한 부분이 아프면 몸 전체가 힘든 것과 같은 이치다. 이처럼 바울과 고린도 교회 성도들 사이의 연합은 확고하다. 바울은 자신의 고난과 환난이 고린도 교회 성도들의 위로와 구원을 위한 것이었다고 말한다. 바울은 성도들이 구원 백성으로 살면서 환난과 고난으로부터 자유로운 삶을 살게 될 것이라고 말하지 않고, 고난을 견디게 하실 것이라고 한다. 복음을 전하던 중에 바울이 경험한 고난 중의 위로는 성도들에게도 적지 않은 위로가 되었다. 이 편지의 서두에서 바울이 자신과 성도들과의 긴밀한 관계에 대해 언급하는 이유는, 고린도 교회 성도들 중의 일부 대적자들이 바울과의 유대를 인정하지 않고 폄하했기 때문이다(10:1–18).

8–9 아시아에서 당한 환난 여기서 환난이 정확히 어떤 사건을 의미하는지 분명히 알기 어렵지만, 몇 가지 추측을 해 볼 수 있다. 바울이 중병에 걸렸거나 옥에 갇혔을 수도 있다. 또 다른 가능성은 에베소에서 은장색이 주도한 폭동으로 인

쉬운성경

1 하나님의 뜻에 의해 그리스도 예수의 사도가 된 나 바울과 형제 디모데는 고린도에 있는 하나님의 교회와 아가야 전 지역에 있는 모든 성도들에게 이 편지를 씁니다.

2 하나님 우리 아버지와 주 예수 그리스도께서 내리시는 은혜와 평강이 여러분에게 있기를 빕니다.

3 우리 주 예수 그리스도의 하나님과 아버지를 찬송합니다. 그분은 인자하신 아버지이시며, 모든 위로의 아버지이십니다.

4 하나님은 우리가 여러 가지 환난을 당할 때 위로해 주셔서, 우리가 하나님께 받은 위로로써 여러 환난을 당한 사람들을 위로할 수 있게 하셨습니다.

5 그리스도의 고난이 우리에게 넘쳐나는 것처럼, 그리스도로 말미암아 받는 우리의 위로도 넘치게 되었습니다.

6 우리가 환난을 당한다면, 이것은 여러분을 위로하고 구원받게 하기 위한 것입니다. 우리가 위로를 받는다면, 그것도 여러분을 위로해 주기 위한 것입니다. 이 위로로 여러분은 우리가 당하는 고난과 동일한 고난을 받을 때에 오래 참습니다.

7 여러분을 향한 우리의 소망은 확고합니다. 왜냐하면 여러분이 우리가 당하는 고난에 참여한 것처럼 우리가 받는 위로에도 참여하고 있음을 알기 때문입니다.

8 성도 여러분, 우리가 아시아 지방에서 당한 환난을 여러분이 알아주시기를 원합니다. 우리는 감당하기 어려운 환난을 당해, 삶의 소망조차 없었습니다.

9 마음속으로는 사망 선고를 받았다는 느낌마저 들었습니다. 그러나 이렇게 된 것은 우리 자신을 의지하지 않고, 죽은 자를 살리시는 하나님을 의지하도록 하기 위해서였습니다.

10 하나님께서는 이렇게 무서운 죽음의 위기에서 우리를 구원하셨으며, 앞으로도 구

절별 해설

해 위험한 지경까지 이른 것일 수도 있다(행 19:23-40). 어쨌든 바울은 죽음에 직면하여 살 소망까지 잃게 되었다. 자신의 힘으로는 전혀 출구를 찾을 수 없는 심각한 지경에 이르렀던 것 같다. 그러나 바울은 극심한 고난의 자리에서 죽은 자도 살리시는 하나님만 의지하는 법을 배우게 되었다.

10 그가 이같이 큰 사망에서 우리를 건지셨고 바울은 자신을 위기에서 건지시는 하나님을 확고하게 붙들었다. 그는 사망의 자리에서 건지시는 하나님을 체험했다. 바울이 겪은 이러한 경험은 장래의 어려움에서도 분명히 자신을 건져 주실 것이라는 흔들리지 않는 믿음을 가지게 해 주었다.

11 너희도 우리를 위하여 간구함으로 도우라 성도들의 합심 기도가 절실히 필요함을 아는 바울은 고린도 교회 성도들에게 기도를 요청한다.
많은 사람의 기도로 얻은 은사 "은사"라는 표현 대신 '선물'이나 '복'도 가능하다. 기도를 들으시고 응답하시는 하나님을 경험할 때, 다른 사람을 위해 기도한 자에게는 감사가 주어진다.

원하실 것입니다. 우리는 하나님께서 계속해서 우리를 구원해 주실 것이라는 소망을 하나님께 두겠습니다.

11 여러분도 기도로써 우리를 도와주십시오. 하나님께서 많은 사람들의 기도를 들으시고 우리에게 은혜를 주셨는데, 이 일로 말미암아 많은 사람이 하나님께 감사하게 될 것입니다.

저자의 묵상

성도가 즐겁고 기쁜 일이 있을 때만 하나님을 만나는 것은 아니다. 오히려 힘든 고난의 자리에서 하나님의 자비와 위로를 더 분명하게 경험할 때가 많다. 우리가 기쁠 때는 속삭이시는 하나님을 만난다고 한다면, 힘든 역경 속에서는 큰 소리로 말씀하시는 하나님을 만나게 된다. 그렇기에 지금 어려움에 처해 있다고 낙심할 필요가 없다. 자기 자신을 의지하려는 마음을 내려놓고 하나님만을 의지해야 한다. 그럴 때 큰 위로와 격려로 우리를 찾아오시는 하나님을 만나게 된다. 하나님을 만난 체험은 자신의 삶에 항상 함께하시는 하나님을 향한 믿음으로 인도하여 장래에도 함께하실 것을 믿어 의심하지 않게 된다. 또한 하나님의 위로를 경험한 성도는 고통과 환난 중에 있는 다른 성도들을 위로할 수 있다. 자신의 삶에서 경험했던 하나님의 생생한 위로와 자비의 손길을 전할 때, 그들도 낙심과 절망의 자리에서 일어나 하나님을 신뢰하는 기도의 자리로 나아갈 수 있다. 우리의 삶이 하나님의 풍성한 자비와 위로를 드러내고 비추는 아름다운 거울이 되기를 소망한다.

무릎 기도 하나님, 자비와 위로를 베푸셔서 지금 제가 여기 있음을 고백합니다. 항상 저의 삶에 함께하시는 아버지를 기억하며 고난 중에 있는 자들을 위로하고 세우는 자로 살게 하소서.

ESV - 2 Corinthians 1

1 Paul, an apostle of Christ Jesus by the will
of God, and Timothy our brother, To the
church of God that is at Corinth, with all the
saints who are in the whole of Achaia:
2 Grace to you and peace from God our
Father and the Lord Jesus Christ.
3 Blessed be the God and Father of our Lord
Jesus Christ, the Father of mercies and
God of all comfort,
4 who comforts us in all our affliction, so that
we may be able to comfort those who are
in any affliction, with the comfort with
which we ourselves are comforted by God.
5 For as we share abundantly in Christ's
sufferings, so through Christ we share
abundantly in comfort too.*
6 If we are afflicted, it is for your comfort and
salvation; and if we are comforted, it is for
your comfort, which you experience when
you patiently endure the same sufferings
that we suffer.
7 Our hope for you is unshaken, for we know
that as you share in our sufferings, you will
also share in our comfort.
8 For we do not want you to be unaware,
brothers,* of the affliction we experienced
in Asia. For we were so utterly burdened
beyond our strength that we despaired of
life itself.
9 Indeed, we felt that we had received the
sentence of death. But that was to make
us rely not on ourselves but on God who
raises the dead.
10 He delivered us from such a deadly peril,
and he will deliver us. On him we have set
our hope that he will deliver us again.
11 You also must help us by prayer, so that
many will give thanks on our behalf for the
blessing granted us through the prayers of
many.

* 1:5 Or *For as the sufferings of Christ abound for us, so also our comfort abounds through Christ*

* 1:8 Or *brothers and sisters*. In New Testament usage, depending on the context, the plural Greek word *adelphoi* (translated "brothers") may refer either to *brothers* or to *brothers and sisters*

1 apostle 사도 3 comfort 위로 4 affliction 고난 5 abundantly 많이 share in …을 서로 나누다 6 salvation 구원 8 unaware of …를 알지 못하는 utterly 완전히 burden 괴롭히다 beyond one's strength 힘에 부치는 despair of …의 희망을 상실하다 9 sentence of death 사형 선고 10 peril 위험 11 on one's behalf …를 위하여 grant 주다

• MEMO •

52 방문 계획 변경의 이유

월 일

고린도후서 1:12-24 • 새찬송 391장 | 통일 446장

• 말씀묵상 전에 성령님의 인도하심을 구하는 기도를 드리십시오.

본문요약 | 바울이 미리 알렸던 방문 계획과 다르게 고린도에 온 것을 두고 비난하는 자들이 있었다. 바울은 그들을 향해 갑작스럽게 계획을 변경할 정도로 자신이 믿지 못할 사람이 아님을 설명한다. 바울은 하나님과 이제까지의 자신의 삶, 그리고 순수한 동기를 설명하며, 성도들에게 자신을 이해해 줄 것을 요청하고 있다.

12 우리가 세상에서 특별히 너희에 대하여
하나님의 거룩함과 진실함으로 행하되 육
체의 지혜로 하지 아니하고 하나님의 은
혜로 행함은 우리 양심이 증언하는 바니
이것이 우리의 자랑이라
13 오직 너희가 읽고 아는 것 외에 우리가 다
른 것을 쓰지 아니하노니 너희가 완전히
알기를 내가 바라는 것은
14 너희가 우리를 부분적으로 알았으나 우리
주 예수의 날에는 너희가 우리의 자랑이
되고 우리가 너희의 자랑이 되는 그것이
라
15 내가 이 확신을 가지고 너희로 두 번 은혜
를 얻게 하기 위하여 먼저 너희에게 이르
렀다가
16 너희를 지나 마게도냐로 갔다가 다시 마
게도냐에서 너희에게 가서 너희의 도움으
로 유대로 가기를 계획하였으니
17 이렇게 계획할 때에 어찌 경솔히 하였으
리요 혹 계획하기를 육체를 따라 계획하
여 예 예 하면서 아니라 아니라 하는 일이
내게 있겠느냐
18 하나님은 미쁘시니라 우리가 너희에게 한
말은 예 하고 아니라 함이 없노라
19 우리 곧 나와 실루아노와 디모데로 말미
암아 너희 가운데 전파된 하나님의 아들
예수 그리스도는 예 하고 아니라 함이 되
지 아니하셨으니 그에게는 예만 되었느니
라
20 하나님의 약속은 얼마든지 그리스도 안에
서 예가 되니 그런즉 그로 말미암아 우리
가 아멘 하여 하나님께 영광을 돌리게 되
느니라
21 우리를 너희와 함께 그리스도 안에서 굳
건하게 하시고 우리에게 기름을 부으신
이는 하나님이시니
22 그가 또한 우리에게 인치시고 보증으로
우리 마음에 성령을 주셨느니라
23 내가 내 목숨을 걸고 하나님을 불러 증언
하시게 하노니 내가 다시 고린도에 가지
아니한 것은 너희를 아끼려 함이라
24 우리가 너희 믿음을 주관하려는 것이 아
니요 오직 너희 기쁨을 돕는 자가 되려 함
이니 이는 너희가 믿음에 섰음이라

1. 오늘 하나님께서 나에게 주신 깨달음은 무엇입니까?

2. 말씀을 어떻게 내 삶에 구체적으로 적용해야 합니까?

절별 해설

12 너희에 대하여 하나님의 거룩함과 진실함으로 행하되 바울은 자신의 사역이 하나님의 거룩함과 진실함으로 행한 것이었다고 증언한다. "거룩함"은 타락하고 더러운 세상에서 구별된 성도의 삶을 위해 필요하고, "진실함"은 숨기거나 거짓이 없음을 의미한다. 고린도 교회를 향한 바울의 사역이 그와 같았다.

13 우리가 다른 것을 쓰지 아니하노니 바울의 신실성을 인정하지 않으려는 일부 성도들의 주장에 대해, 바울 자신은 사역에서뿐만 아니라 그들에게 보낸 편지에서도 일관되게 신실했다고 주장한다.

14 너희가 우리를 부분적으로 알았으나 바울은 고린도 교회 성도들이 자신과 디모데에 대해 부분적으로는 신뢰했지만 완전히 알지는 못한다고 말한다.

너희가 우리의 자랑이 되고 우리가 너희의 자랑이 되는 그것이라 바울은 자신에 대한 성도들의 오해가 주님께서 재림하시는 날에 완전히 해소되기를 소망하고 있다. 그리하여 바울은 고린도 교회 성도들을 자랑하고 그들도 바울을 자랑하게 되기를 바라고 있다.

15-16 너희로 두 번 은혜를 얻게 하기 위하여 고린도전서 16장에서 밝힌 대로, 원래 바울의 계획은 마게도냐로 가는 길에 먼저 고린도에 들르고 돌아오는 길에 다시 들르는 것이었다. 그리고 그들이 자신을 예루살렘으로 보내 주기를 원했다. 바울은 고린도를 두 번 방문함으로써 자신의 사역을 통해 그들이 두 번 은혜 입기를 원했다. 그런데 바울의 방문 계획이 변경되었다. 바울은 짧게 고린도를 방문한 후 마게도냐로 갔다가 바로 에베소로 돌아갔다.

17 예 예 하면서 아니라 아니라 하는 일이 내게 있겠느냐 바울의 방문 계획의 변경을 두고, 바울에 대해 좋지 않게 생각했던 자들은 바울을 경솔하고 약속을 지키지 않는 사람이라고 비난했다. 바울은 자신이 약속을 어긴 것이 아니라 고린도 교회 성도들을 사랑하는 마음으로 방문을 연기한 것이라고 밝힌다.

18 우리가 너희에게 한 말은 예 하고 아니라 함이 없노라 바울이 고린도 교회 성도들에게 '아니오'라는 뜻으로 '예'라고 한 적은 없었다. 바울은 그들에게 자신이 말로만 방문하겠다고 하고 실제로는 방문할 생각이 없었다고 생각하지 말라고 당부한다.

19-20 예수 그리스도는 예 하고 아니라 함이 되지 아니하셨으니 그에게는 예만 되었느니라 고린도 교회의 대적자들은 바울을 공격함으로 그가 전한 복음까지 부정하게 하려는 의도를 가지고 있었다. 이런 상황에서 바울은 자신과 실루아노와 디모데가

쉬운성경

12 우리의 자랑은 이것입니다. 이에 대해서는 우리의 양심이 증언합니다. 우리는 하나님께로부터 오는 정직함과 성실함으로, 세상의 지혜가 아니라 하나님의 은혜를 따라 세상에서 처신하였습니다. 특히 여러분을 대할 때는 더욱 그러했습니다.

13 우리는 여러분이 읽고 이해할 수 없는 것은 쓰지 않았습니다.

14 여러분이 우리를 부분적으로밖에는 이해할 수 없었으나, 장차 우리 주 예수님의 날에 우리가 여러분을 자랑스러워하는 것처럼 여러분도 우리를 자랑스럽게 여길 수 있다는 것을 완전히 알게 되기를 소망합니다.

15 나에게 이러한 확신이 있었기에 처음에 여러분을 방문할 계획을 세웠던 것입니다. 그러면 여러분은 은혜를 두 배로 받게 될 것입니다.

16 나는 마케도니아로 가는 길에 여러분을 방문하고, 마케도니아에서 다시 돌아오는 길에 여러분에게 들러 여러분의 도움을 받아 유대로 갈 계획이었습니다.

17 내가 깊이 생각도 하지 않고 이런 계획을 세웠을 것 같습니까? 인간적인 동기로 계획을 세워 마음으로는 "아니오"라고 생각하면서 말로는 "예, 그렇습니다"라고 할 것 같습니까?

18 하나님께서 신실하신 것처럼, 우리는 여러분에게 "예"라는 말과 "아니오"라는 말을 동시에 하지 않았습니다.

19 실루아노와 디모데와 내가 여러분에게 전했던 하나님의 아들 예수 그리스도는 "예"라고 하면서 동시에 "아니오"가 되시는 분이 아니셨습니다. 그분에게는 항상 "예"만 있었습니다.

20 하나님의 모든 약속이 그리스도 안에서 "예"가 되었습니다. 그러므로 우리는 그리스도를 통해 "아멘"이라고 함으로써 하나님께 영광을 돌립니다.

절별 해설

성도들에게 전한 '하나님의 아들 예수 그리스도'가 신실하시다는 것을 언급한다. 그들이 전한 진실된 복음은 메신저[전달자]의 진실성을 증거하는 강력한 수단이 된다.

하나님의 약속은 얼마든지 그리스도 안에서 예가 되니 구약성경에 나타난 하나님의 약속은 그리스도 안에서 다 성취되었다.

그런즉 그로 말미암아 우리가 아멘 하여 바울은 우리가 '아멘'이라고 함으로써 하나님께서 그리스도 안에서 이루신 일을 인정하고 받음으로 하나님께 영광을 돌리는 것이라고 설명한다.

22 우리에게 인치시고 보증으로 우리 마음에 성령을 주셨느니라 바울은 자신의 신실함의 증거를 하나님의 행위에서 찾고 있다. 하나님은 바울이 전한 복음의 내용이 진실함을 그의 영이신 성령을 주심을 통해 확증하셨다.

23 내가 다시 고린도에 가지 아니한 것은 너희를 아끼려 함이라 바울은 자신이 고린도를 방문할 계획을 변경한 이유를 설명한다. 그가 예정대로 방문했을 때 일부 성도들과 고통스럽고 절망적인 대립에 직면할 가능성이 있음을 알았다. 그래서 바울은 성도들을 위하고 사랑하는 마음으로 방문을 연기하였다.

21 여러분과 우리를 그리스도 안에서 굳게 세우시는 분은 하나님이십니다. 하나님께서는 우리에게 기름을 부으시고

22 우리가 그분의 소유라는 표로 인을 치시고, 그 보증으로 우리 마음에 성령을 주셨습니다.

23 하나님을 내 증인으로 모시고 말하는 것인데, 내가 고린도에 가지 않은 것은 여러분을 아끼는 마음 때문입니다.

24 또한 여러분의 믿음을 우리 마음대로 지배하려고 했던 것도 아닙니다. 여러분이 믿음 위에 굳게 서 있으므로, 우리는 단지 여러분의 기쁨을 위해 여러분과 함께 일하는 사람일 뿐입니다.

저자의 묵상

바울은 자신을 오해하는 고린도 교회 성도들에게 강하게 반박하지 않고 차근차근 설명한다. 결코 자신이 경솔한 사람이거나 즉흥적인 사람이 아니라고 말한다. 바울은 이제까지 자신의 삶과 사역이 하나님의 거룩함과 진실함에 근거하였고, 이 말을 하면서도 양심에 아무런 거리낌이 없다고 밝힌다. 하나님께서 하신 모든 약속이 예수 그리스도 안에서 모두 성취되었고, 하나님께서는 그리스도 안에 있는 성도들에게 기름을 부으시고 인치시고 보증으로 성령을 주셨다. 하나님의 약속이 이중적이지 않고 분명한 것처럼, 바울 자신도 이중적이거나 가식적이지 않다고 변호한다. 바울은 고린도 교인들을 아끼는 마음 때문에 그들을 또다시 책망하지 않으려고 방문 계획을 변경한 것이다. 바울은 그가 목숨까지 걸고 복음을 전함으로 예수를 믿게 된 자들로부터 비난과 오해를 받았다. 얼마나 마음이 답답하고 아팠을까? 그럼에도 그는 아버지의 심정으로 차근차근 오해를 풀려고 노력하고 있다. 바울의 이러한 모습은 그리스도 안에서 누군가를 사랑하고 아끼는 것이 무엇인지를 잘 보여준다. 우리의 모습은 어떤가?

무릎 기도 하나님, 주의 자녀로 살 수 있도록 저에게 복음을 전해 준 많은 분들을 기억합니다. 그분들의 삶을 복되게 하시고 저도 다른 사람에게 복음을 전함으로 진정한 사랑을 실천하게 하소서.

ESV - 2 Corinthians 1

12 For our boast is this, the testimony of our conscience, that we behaved in the world with simplicity* and godly sincerity, not by earthly wisdom but by the grace of God, and supremely so toward you.

13 For we are not writing to you anything other than what you read and understand and I hope you will fully understand—

14 just as you did partially understand us—that on the day of our Lord Jesus you will boast of us as we will boast of you.

15 Because I was sure of this, I wanted to come to you first, so that you might have a second experience of grace.

16 I wanted to visit you on my way to Macedonia, and to come back to you from Macedonia and have you send me on my way to Judea.

17 Was I vacillating when I wanted to do this? Do I make my plans according to the flesh, ready to say "Yes, yes" and "No, no" at the same time?

18 As surely as God is faithful, our word to you has not been Yes and No.

19 For the Son of God, Jesus Christ, whom we proclaimed among you, Silvanus and Timothy and I, was not Yes and No, but in him it is always Yes.

20 For all the promises of God find their Yes in him. That is why it is through him that we utter our Amen to God for his glory.

21 And it is God who establishes us with you in Christ, and has anointed us,

22 and who has also put his seal on us and given us his Spirit in our hearts as a guarantee.*

23 But I call God to witness against me—it was to spare you that I refrained from coming again to Corinth.

24 Not that we lord it over your faith, but we work with you for your joy, for you stand firm in your faith.

* 1:12 Some manuscripts *holiness*
* 1:22 Or *down payment*

12 boast 자랑하다 testimony 증언 conscience 양심 simplicity 성실 sincerity 진실함 supremely 최고로 14 partially 부분적으로 17 vacillate 동요하다 19 proclaim 전파하다 21 establish 세우다 anoint 기름을 붓다 22 guarantee 보증 23 refrain 삼가다 24 lord it over …을 지배하다

• MEMO •

53 사랑을 그들에게 나타내라

월 일

고린도후서 2:1-11 • 새찬송 266장 | 통일 200장

• 말씀묵상 전에 성령님의 인도하심을 구하는 기도를 드리십시오.

본문요약 I 바울은 고린도 교회 성도들에게 다시는 근심 중에 나아가지 않기로 결심하며 눈물로 편지를 썼고, 그것 또한 그들을 사랑하는 마음에서 한 것임을 설명한다. 바울을 대적했던 자들을 성도들이 잘 치리한 것에 대해 칭찬함과 동시에 그들을 용서하고 사랑으로 대하라고 권면한다.

1 내가 다시는 너희에게 근심 중에 나아가지 아니하기로 스스로 결심하였노니

2 내가 너희를 근심하게 한다면 내가 근심하게 한 자 밖에 나를 기쁘게 할 자가 누구냐

3 내가 이같이 쓴 것은 내가 갈 때에 마땅히 나를 기쁘게 할 자로부터 도리어 근심을 얻을까 염려함이요 또 너희 모두에 대한 나의 기쁨이 너희 모두의 기쁨인 줄 확신함이로라

4 내가 마음에 큰 눌림과 걱정이 있어 많은 눈물로 너희에게 썼노니 이는 너희로 근심하게 하려 한 것이 아니요 오직 내가 너희를 향하여 넘치는 사랑이 있음을 너희로 알게 하려 함이라

5 근심하게 한 자가 있었을지라도 나를 근심하게 한 것이 아니요 어느 정도 너희 모두를 근심하게 한 것이니 어느 정도라 함은 내가 너무 지나치게 말하지 아니하려 함이라

6 이러한 사람은 많은 사람에게서 벌 받는 것이 마땅하도다

7 그런즉 너희는 차라리 그를 용서하고 위로할 것이니 그가 너무 많은 근심에 [1)]잠길까 두려워하노라

8 그러므로 너희를 권하노니 사랑을 그들에게 나타내라

9 너희가 범사에 순종하는지 그 증거를 알고자 하여 내가 이것을 너희에게 썼노라

1) 헬, 삼키울까

10 너희가 무슨 일에든지 누구를 용서하면 나도 그리하고 내가 만일 용서한 일이 있으면 용서한 그것은 너희를 위하여 그리스도 앞에서 한 것이니

11 이는 우리로 사탄에게 속지 않게 하려 함이라 우리는 그 계책을 알지 못하는 바가 아니로라

1. 오늘 하나님께서 나에게 주신 깨달음은 무엇입니까?

2. 말씀을 어떻게 내 삶에 구체적으로 적용해야 합니까?

절별 해설

1 내가 다시는 너희에게 근심 중에 나아가지 아니하기로 바울은 두 번째 고린도 교회 방문에서 좋지 못한 경험을 했다. 그래서 바울은 다시는 근심, 고통과 무거운 마음으로 방문하지 않겠다고 결심한다.

2-3 바울이 그런 결심을 한 이유는 바울과 고린도 교회 성도들 간의 관계가 특별하기 때문이었다. 바울의 기쁨과 격려가 되어야 할 고린도 교회 성도들이 오히려 자신을 근심하게 하고, 또한 반대로 자신도 그들을 근심하게 하는 것은 좋지 않다고 판단했다.

4 많은 눈물로 너희에게 썼노니 바울은 마음에 눌림과 걱정을 가지고 고린도 교회 성도들에게 편지를 썼다. 그 편지는 현재 남아 있지 않은데 격정적인 어투로 썼던 것 같다. 그렇다고 그들의 마음에 짐을 지우고 힘들게 하기 위해 편지를 쓴 것은 아니었다. 바울은 그들을 사랑하는 마음으로 편지를 썼고, 이후에 자신이 그들을 다시 방문할 때는 그들이 기쁨으로 대해 줄 것이라고 기대하는 마음을 담았다.

5-8 근심하게 한 자가 있었을지라도 … 너희를 권하노니 사랑을 그들에게 나타내라 바울이 두 번째로 고린도를 방문했을 때 바울을 심히 대적하는 자가 있었다. 왜 그랬는지는 분명히 알 수 없다. 바울을 실망시켰던 것은 성도들이 그를 제지하지 않고 가만히 보고 있었던 것이다. 그 일로 인해 바울은 근심 중에 고린도를 떠나게 되었고, 그를 징계하라는 내용을 담은 눈물의 편지를 쓰게 되었다(2:9 참고). 결국 고린도 교회는 바울의 조언을 따라 그를 엄하게 징계했다. 이제 바울은 뉘우친 그를 교회가 용서하고 위로하고 사랑으로 품으라고 권면한다. 권징의 궁극적인 목적은 잘못한 사람을 교회에서 쫓아냄으로 완전히 고립시키는 것이 아니라 그로 하여금 돌이킬 기회를 주는 것이다. 사랑에 근거한 권징이야말로 개인과 교회에 유익이 된다는 것을 잘 보여준다.

10 용서한 그것은 너희를 위하여 그리스도 앞에서 한 것이니 바울은 철저하게 자기의 권위를 약화시키고 용서의 주체로 고린도 교회 성도들을 거론한다. 바울 자신은 성도들의 결정에 동참할 것이며, 이것은 성도들과 바울의 삶에 현존하시는 그리스도를 따라 용서한 것이라고 말한다.

11 우리로 사탄에게 속지 않게 하려 함이라 만약 교회가 죄 지은 자를 오랜 기간 동안 징계하고 이후에 관심을 가지지 않고 방치한다면, 사탄이 그 사람을 낙심하게 하고 교회 성도들의 마음을 완악하게 만들 수 있다.

쉬운성경

1 나는 이번처럼 여러분의 마음을 아프게 하고 싶지 않아 다시는 방문하지 않겠다고 결심하였습니다.

2 내가 여러분의 마음을 아프게 했다면, 내가 슬프게 한 여러분 이외에 나를 기쁘게 해 줄 사람이 또 누가 있겠습니까?

3 내가 지난번 편지에 이런 내용을 쓴 것은 내가 여러분에게 가게 될 때 나를 기쁘게 해 주어야 할 사람들로부터 슬픔을 당할까 염려했기 때문입니다. 또한 나는 나의 기쁨이 곧 여러분의 기쁨이라는 것을 확신합니다.

4 지난번 편지는 여러 환난과 마음의 고통으로 인하여 많은 눈물을 흘리며 쓴 것입니다. 그러나 그 편지는 여러분을 슬프게 하려고 쓴 것이 아니라 여러분을 향한 나의 사랑이 얼마나 깊은지 알게 하려고 쓴 것이었습니다.

5 내 마음을 아프게 한 사람이 있었다면 그 사람은 나를 아프게 했다기보다 어느 정도는 여러분 모두를 아프게 한 것입니다. 내가 어느 정도라고 말한 것은 너무 심하게 말하지 않으려고 하는 것입니다.

6 많은 사람에게서 그 사람이 받은 처벌은 이미 그것으로 충분합니다.

7 이제는 그를 용서하고 위로하여 그 사람이 너무 슬퍼하거나 낙담하지 않게 해 주십시오.

8 그러므로 내가 여러분에게 간곡히 부탁합니다. 그 사람을 향한 여러분의 사랑을 다시 한번 보여주십시오.

9 내가 여러분에게 편지를 쓴 것은 모든 일에 순종하는지를 시험하여 알아보기 위해서였습니다.

10 여러분이 누군가를 용서한다면, 나도 그 사람을 용서하겠습니다. 그리고 용서할 일이 있어서 내가 용서한 것이 있다면, 그것은 그리스도 앞에서 여러분을 위해서 용서한 것입니다.

11 또한 이 일로 우리가 사탄에게 속지 않기 위해서였습니다. 사탄의 계획을 우리가 모르는 것이 아닙니다.

저자의 묵상

고린도 교회 성도들을 향한 바울의 사랑의 마음은 매우 컸다. 바울은 두 번째 방문 때 자기를 비난하는 사람을 막지 않은 성도들을 향한 섭섭한 마음이 있었지만, 곧 마음을 다잡고 성도들에게 눈물로 솔직한 심정을 담아 편지를 썼다. 그 편지를 받고 바울의 말에 순종한 성도들에게 고마운 마음을 표한다. 또한 교회에서 누구를 치리하는 목적은 그 사람을 완전히 믿음의 길에서 떠나도록 하는 것이 아니라, 회복시켜 구원의 길을 걷게 하는 것이란 사실을 알려 준다. 그래서 뉘우치는 그를 용서하고 위로하며 사랑으로 품으라고 권면한다. 바울은 자신이 쓴 편지에 고린도 교회 성도들이 어떻게 반응했는지를 알고 싶어 돌아오는 디도를 만나기 위해 마게도냐까지 갔던 이야기도 적고 있다. 오늘날은 권징이 사라진 시기다. 누구의 말도 잘 듣지 않으려는 분위기가 사회적으로 팽배해 있다. 이런 때에 우리는 잘못 행하는 성도를 보며 사랑이 담긴 솔직한 권면을 하고 있는가? 자신에게 잘못한 사람에게 용서와 위로를 하고 있는가? 우리 스스로를 잘 살펴보기를 소망한다.

무릎 기도 하나님, 주의 사랑받은 자답게 다른 이들을 사랑하며 살기 원합니다. 오늘도 제가 만나는 사람들을 사랑으로 대하고 저의 삶에서 자비와 위로의 하나님의 모습을 드러내게 하소서.

ESV - 2 Corinthians 2

1 For I made up my mind not to make another painful visit to you.
2 For if I cause you pain, who is there to make me glad but the one whom I have pained?
3 And I wrote as I did, so that when I came I might not suffer pain from those who should have made me rejoice, for I felt sure of all of you, that my joy would be the joy of you all.
4 For I wrote to you out of much affliction and anguish of heart and with many tears, not to cause you pain but to let you know the abundant love that I have for you.
5 Now if anyone has caused pain, he has caused it not to me, but in some measure—not to put it too severely—to all of you.
6 For such a one, this punishment by the majority is enough,
7 so you should rather turn to forgive and comfort him, or he may be overwhelmed by excessive sorrow.
8 So I beg you to reaffirm your love for him.
9 For this is why I wrote, that I might test you and know whether you are obedient in everything.
10 Anyone whom you forgive, I also forgive. Indeed, what I have forgiven, if I have forgiven anything, has been for your sake in the presence of Christ,
11 so that we would not be outwitted by Satan; for we are not ignorant of his designs.

1 make up one's mind 결심하다 4 anguish 고통 cause… pain …을 괴롭히다 5 in some measure 어느 정도 severely 심하게 6 majority 대부분 7 be overwhelmed by …에 주체를 못하다 excessive 과도한 8 reaffirm 다시 확인하다 9 obedient 순종하는 10 for one's sake …를 위하여 11 outwit 속이다 ignorant of …을 모르는

☐ 묵상 체크

54

월　일

그리스도의 향기

고린도후서 2:12-17 • 새찬송 497장 | 통일 274장

• 말씀묵상 전에 성령님의 인도하심을 구하는 기도를 드리십시오.

본문요약 I 복음을 전하는 사역자는 그리스도를 드러내는 향기가 되어야 한다. 이것은 구원받은 성도에게는 생명에 이르는 냄새요, 멸망하는 자들에게는 사망에 이르는 냄새가 된다. 복음 전하는 자의 직무는 말씀을 혼잡하게 하지 않고 순전함으로 전하는 것이다.

12 내가 그리스도의 복음을 위하여 드로아에 이르매 주 안에서 문이 내게 열렸으되
13 내가 내 형제 디도를 만나지 못하므로 내 심령이 편하지 못하여 그들을 작별하고 마게도냐로 갔노라
14 항상 우리를 그리스도 안에서 이기게 하시고 우리로 말미암아 각처에서 그리스도를 아는 냄새를 나타내시는 하나님께 감사하노라
15 우리는 구원 받는 자들에게나 망하는 자들에게나 하나님 앞에서 그리스도의 향기니
16 이 사람에게는 사망으로부터 사망에 이르는 냄새요 저 사람에게는 생명으로부터 생명에 이르는 냄새라 누가 이 일을 감당하리요
17 우리는 수많은 사람들처럼 하나님의 말씀을 혼잡하게 하지 아니하고 곧 순전함으로 하나님께 받은 것 같이 하나님 앞에서와 그리스도 안에서 말하노라

1. 오늘 하나님께서 나에게 주신 깨달음은 무엇입니까?

2. 말씀을 어떻게 내 삶에 구체적으로 적용해야 합니까?

절별 해설

12 내가 그리스도의 복음을 위하여 드로아에 이르매 에베소에서 일어난 폭동으로 인해 바울은 드로아로 갔을 가능성이 있다. 그러나 분명한 것은 그가 눈물로 쓴 편지를 고린도 교회 성도들에게 전달하는 역할을 맡았던 디도를 만나려고 했다는 점이다. 바울은 디도가 편지를 전달하고 고린도 교회의 상황을 알려 주기를 기다리고 있었다.
주 안에서 문이 내게 열렸으되 바울은 그곳에서도 가만히 있지 않고 복음을 전할 기회를 얻었다.

13 디도를 만나지 못하므로 … 마게도냐로 갔노라 바울은 고린도에서 돌아오는 디도를 드로아에서 만나려고 하였으나 그가 오지 않았다. 결국 바울은 디도를 만나러 마게도냐로 향했다. 이러한 행동을 통해 바울의 마음이 절박했음을 알 수 있다.

14 항상 우리를 그리스도 안에서 이기게 하시고 바울은 자신의 복음 전파의 삶을 당시 개선 행렬에 빗대어 설명한다. 로마 군대는 전쟁에서 승리하고 돌아올 때 주피터 신을 위한 제사를 드렸고 향을 피웠다. 이러한 모습은 바울 당시 사람들에게는 익숙한 장면이었다. 장군이 앞에 서고 전투에 참가했던 군사들이 뒤따르고 마지막에는 전쟁 포로들이 따랐다. 승리하신 그리스도께서 사탄을 무찌른 후에 개선장군처럼 앞에서 인도하고 바울과 사역자들은 포로로서 뒤를 따르는 모습이다. 바울은 자신의 인간적인 연약함과 한계에도 불구하고, 승리자이신 그리스도로 말미암은 영적 전투의 승리를 축하하는 개선 행렬에 함께하는 즐거움은 실로 크다는 것을 잘 알고 있었다.
우리로 말미암아 각처에서 그리스도를 아는 냄새를 나타내시는 하나님 개선 행렬이 로마 거리를 지날 때 향냄새가 온 시내를 가득 채웠던 것처럼, 바울은 자신의 고난으로 가득한 복음 전파 사역을 통해 십자가에 달려 죽으신 그리스도가 각지에 전파되게 하심에 대해 하나님께 감사하고 있다.

15-16 우리는 … 하나님 앞에서 그리스도의 향기니 복음 사역자들은 그리스도를 드러내는 향기인데, 이것은 반응에 따라 완전히 상반된 결과를 제공한다. 복음을 받아들이지 않는 사람에게는 사망에 이르는 냄새요, 복음을 받아들이는 사람에게는 생명의 냄새다. 사망과 생명 사이에 중간 지대는 없다.

17 하나님의 말씀을 혼잡하게 하지 아니하고 바울은 자기의 탐욕을 위해 복음을 전하는 자들과 자신을 구별하고 있다. 바울은 그리스도 안에서 하나님께로부터 위임받은 것을 순전하게 하나님 앞에서 전하는 것이 중요하다는 점을 분명히 인식하고 있다.

쉬운성경

12 내가 그리스도의 복음을 전하기 위해 드로아에 갔을 때, 주님께서 내게 복음을 전할 수 있는 길을 열어 주셨습니다.

13 그러나 나는 그곳에서 내 형제 디도를 만나지 못하여 마음이 편치 못했습니다. 그래서 나는 그곳 사람들에게 작별 인사를 하고 마케도니아로 떠났습니다.

14 그리스도 안에서 항상 우리를 이끌어 승리의 행진을 하게 하시며, 어디서나 우리로 그분을 아는 지식의 향기를 풍기게 하시는 하나님께 감사드립니다.

15 우리는 구원받은 사람들에게나 멸망당하는 사람들에게나 하나님 앞에서 그리스도의 향기입니다.

16 멸망하는 사람들에게는 죽음에 이르게 하는 죽음의 향기이지만, 구원받은 사람에게는 생명에 이르게 하는 생명의 향기입니다. 그렇다면 이 일을 하기에 합당한 사람은 누구이겠습니까?

17 우리는 많은 사람들과는 달리, 돈을 벌기 위해 하나님의 말씀을 팔고 다니는 사람들이 아닙니다. 우리는 하나님의 보냄을 받은 사람답게 하나님 앞에서, 그리고 그리스도 안에서 진실하게 말합니다.

저자의 묵상

복음을 전하는 사명을 지닌 사역자와 성도의 위치가 어떠한지를 분명히 아는 것은 중요하다. 그리스도께서 영적인 전투에서 사탄을 멸하시고 사탄의 권세 아래 놓여 있던 우리를 사로잡아 자신의 개선 행렬에 동참시키셨다. 영광과 갈채는 그리스도께서 받으셔야 하고, 성도는 그리스도께서 승리하셨음을 보여주어야 하는 사명이 있다. 그러나 성도는 때로 이와 같은 지위와 역할을 망각하는 경우가 종종 있다. 개선 행렬에서 개선장군이신 그리스도보다 더 앞서서 영광을 가로채는 일이 얼마나 많이 있는가? 이것은 비단 고린도 교회에서만 있었던 일은 아닐 것이다. 그리스도보다 자기를 드러내고 자기의 영광과 유익을 위해 자랑을 일삼는 어리석은 행동을 할 때가 우리에게도 있지 않은지 잘 살펴보아야 한다. 복음에 대해 분명히 알았던 바울은 자신을 '약함의 사도'로 설명한다. 자신의 약함을 통해 그리스도가 잘 드러날 수 있다면 그것 또한 감사의 내용이라고 바울은 말한다. 우리에게도 복음에 기초한 진정한 겸손과 순종이 있기를 소망한다.

무릎 기도 | 하나님, 그리스도를 통해 승리의 길을 걷게 하시니 감사합니다. 저의 말과 행동 하나하나가 그리스도를 알리는 향기가 되어 많은 이들에게 하나님의 복된 소식을 전하게 하소서.

ESV - 2 Corinthians 2

12 When I came to Troas to preach the gospel of Christ, even though a door was opened for me in the Lord,
13 my spirit was not at rest because I did not find my brother Titus there. So I took leave of them and went on to Macedonia.
14 But thanks be to God, who in Christ always leads us in triumphal procession, and through us spreads the fragrance of the knowledge of him everywhere.
15 For we are the aroma of Christ to God among those who are being saved and among those who are perishing,
16 to one a fragrance from death to death, to the other a fragrance from life to life. Who is sufficient for these things?
17 For we are not, like so many, peddlers of God's word, but as men of sincerity, as commissioned by God, in the sight of God we speak in Christ.

12 preach 전하다 gospel 복음 13 take leave of …와 작별하다 14 triumphal 승리의 procession 행진 fragrance 향기
16 sufficient for …에 충분한 17 peddler 전파하는 사람 sincerity 진실함 commission 위임하다

55 사도의 자격

월 일

고린도후서 3:1-6 • 새찬송 543장 | 통일 342장

• 말씀묵상 전에 성령님의 인도하심을 구하는 기도를 드리십시오.

본문요약 I 바울은 새 언약의 일꾼으로 부름받아 고린도에서 그리스도의 복음을 전했다. 그 결과 예수를 믿는 성도들이 생겼고 교회가 세워졌다. 바울은 고린도 교회 성도들에게 어떤 이들처럼 스스로를 천거할 필요가 없었다. 그 이유는 성도들이 바로 바울이 행한 사역의 산 증인이기 때문이다.

1 우리가 다시 자천하기를 시작하겠느냐 우리가 어찌 어떤 사람처럼 추천서를 너희에게 부치거나 혹은 너희에게 받거나 할 필요가 있느냐
2 너희는 우리의 편지라 우리 마음에 썼고 뭇 사람이 알고 읽는 바라
3 너희는 우리로 말미암아 나타난 그리스도의 편지니 이는 먹으로 쓴 것이 아니요 오직 살아 계신 하나님의 영으로 쓴 것이며 또 돌판에 쓴 것이 아니요 오직 육의 마음판에 쓴 것이라
4 우리가 그리스도로 말미암아 하나님을 향하여 이같은 확신이 있으니
5 우리가 무슨 일이든지 우리에게서 난 것 같이 스스로 만족할 것이 아니니 우리의 만족은 오직 하나님으로부터 나느니라
6 그가 또한 우리를 새 언약의 일꾼 되기에 만족하게 하셨으니 율법 조문으로 하지 아니하고 오직 영으로 함이니 율법 조문은 죽이는 것이요 영은 살리는 것이니라

1. 오늘 하나님께서 나에게 주신 깨달음은 무엇입니까?

2. 말씀을 어떻게 내 삶에 구체적으로 적용해야 합니까?

절별 해설

1 우리가 다시 자천하기를 시작하겠느냐 고린도 교회에 들어온 거짓 교사들로 인해서 성도들 중에 사도로서의 바울의 자격을 의심하는 자들이 생겼다. 추천서는 이제 고린도 교회 성도들과 바울에게 있어서 중요한 쟁점이 되어 버렸다.

어떤 사람처럼 추천서를 너희에게 부치거나 혹은 너희에게 받거나 할 필요가 있느냐 "어떤 사람"은 거짓 교사들을 가리킨다. 그들은 추천서를 가지고 고린도에 와서 자기들이 정통성이 있는 사역자라고 주장하며, 바울은 그렇지 못하다고 비난했다. 바울은 대적자들의 말을 듣고 현혹된 성도들을 향해 자신의 이전의 사역을 상기시킨다. 바울의 헌신적인 선교와 섬김을 통해 고린도 교회가 생겼기에, 바울은 그들에게 추천서를 제시할 필요가 없는 관계다.

2 너희는 우리의 편지라 고린도 교회 성도들 자체가 바로 바울의 추천서다. 바울을 통해 고린도에 성도들과 교회가 생긴 것은 사실이며, 바울은 그들을 향한 애정을 마음속에 가지고 있었다. 그것은 다른 사람들도 잘 알고 있다.

3 너희는 우리로 말미암아 나타난 그리스도의 편지니 고린도 교회의 탄생은 바울이 전한 복음을 들은 자들에게 그리스도가 새겨지게 하심으로 가능한 일이었다.

하나님의 영으로 쓴 것 옛 언약 아래서는 먹으로 하나님의 뜻이 담긴 율법을 새겼지만, 새 언약 아래서는 성령께서 친히 기록하신다.

오직 육의 마음판에 쓴 것 옛 언약에서는 돌판에 율법을 새겨 주셨지만, 새 언약에서는 성령께서 마음판에 새겨 주신다. 이것은 예레미야 31:33의 예언의 성취로, 바울은 옛 언약에 속한 직분이 아니라 새 언약의 직분을 받았음을 강조하고 있다.

5-6 그가 또한 우리를 새 언약의 일꾼 되기에 만족하게 하셨으니 이방인을 위한 사도로서 바울의 직분은 결코 자신이 임의로 한 것이 아니라 하나님께로부터 주어진 사역이었다.

율법 조문은 죽이는 것이요 영은 살리는 것이니라 돌판에 새긴 율법은 하나님의 뜻을 담고 있지만 그것을 받은 자들이 지킬 능력이 없다. 그 결과 율법의 기준에 따라 그들은 정죄와 사망에 이르게 된다. 반면에 성령은 돌같이 굳은 사람들의 심령을 변화시켜 마음에 새겨진 법을 따라 살게 한다. 사람의 노력이 아니라 하나님의 역사로 인해 생명을 얻게 하는 새 언약을 맡은 일꾼은, 새롭게 하시는 성령의 사역에 전적으로 의존해야 한다.

쉬운성경

1 우리가 또다시 자화자찬을 하기 시작했다고 생각하십니까? 혹은 우리가 어떤 사람들처럼 여러분에게 보일 추천장이나 여러분에게서 받은 추천장이 필요한 사람입니까?

2 여러분 자신이 바로 우리 마음속에 썼고, 모든 사람들이 알고, 또 읽고 있는 우리의 편지입니다.

3 여러분은 우리의 사역의 결과로 나타난 그리스도께서 보내신 편지입니다. 이 편지는 먹이 아니라 살아계신 하나님의 성령으로 쓴 것이며, 돌판이 아닌 사람의 마음판에 쓴 편지입니다.

4 우리는 그리스도로 인하여 하나님 앞에서 이러한 확신이 있습니다.

5 우리는 이런 일을 할 수 있는 자격이 우리에게 있다고 생각하지 않습니다. 우리의 자격은 하나님께로부터 나옵니다.

6 하나님께서는 우리에게 문자가 아니라 성령의 언약인 새 언약의 일꾼에 합당한 자격을 주셨습니다. 그것은 문자는 죽음을 가져오는 반면, 성령께서는 생명을 주기 때문입니다.

저자의 묵상

바울에게 고린도 교회 성도들은 그의 사역과 삶을 증거하는 편지와 같았다. 고린도 교회는 바울이 성도들 한 사람 한 사람을 마음에 품고 그들을 위해 애쓰고 기도한 결과 세워진 교회였다. 그러나 바울은 겸손하게 그 일이 성령의 역사로 말미암은 것이란 사실을 잊지 않았다. 새 언약 백성인 나에게 '당신은 나의 편지입니다' 라고 말할 수 있는 사람들이 있는가? 우리는 아직 예수님을 알지 못하는 사람에게 생명으로 인도하는 복음을 전하는 일을 하고 있는가? '내가 복음을 전함으로 좋았던 관계가 서먹해지지는 않을까' 염려될 때도 있다. 그러나 우리가 좋아하는 그 사람도 그리스도에 대해 알고 생명의 길을 걷는 것이 절대적으로 필요하다. 왜냐하면 이것보다 더 큰 선물이 없기 때문이다. 먼저 은혜를 입은 자로서 입을 열어 복된 소식을 전하는 것은 매우 중요하다. 그러나 이 일은 우리의 노력만으로 되는 일이 아니다. 성령을 의지하여 조심스럽고 지혜롭게 복음을 전할 때 성령께서 그 사람의 마음에 역사하실 것이다.

무릎 기도 하나님, 예수님 안에서 저를 승리의 길, 생명의 길로 인도하시니 감사합니다. 저의 삶이 그리스도를 전하는 향기가 되어 많은 사람들을 주께로 인도하게 하소서.

ESV - 2 Corinthians 3

1 Are we beginning to commend ourselves again? Or do we need, as some do, letters of recommendation to you, or from you?

2 You yourselves are our letter of recommendation, written on our* hearts, to be known and read by all.

3 And you show that you are a letter from Christ delivered by us, written not with ink but with the Spirit of the living God, not on tablets of stone but on tablets of human hearts.*

4 Such is the confidence that we have through Christ toward God.

5 Not that we are sufficient in ourselves to claim anything as coming from us, but our sufficiency is from God,

6 who has made us sufficient to be ministers of a new covenant, not of the letter but of the Spirit. For the letter kills, but the Spirit gives life.

* 3:2 Some manuscripts *your*
* 3:3 Greek *fleshly hearts*

1 commend 추천하다 letter of recommendation 추천서 3 tablet 판 4 confidence 확신 5 not that …인 것은 아니다 claim 주장하다 sufficiency 만족 6 covenant 언약

□ 묵상 체크

56

월 일

더 영광스러운 직분

고린도후서 3:7-18 • 새찬송 498장 | 통일 275장

• 말씀묵상 전에 성령님의 인도하심을 구하는 기도를 드리십시오.

본문요약 | 바울은 출애굽기 34:29-35에 언급된 장면을 끌어와 새 언약의 우월성을 증명한다. 하나님을 만난 모세의 얼굴에 있었던 광채는 사라질 것이었지만, 예수 그리스도를 통해 드러난 영광은 사라지지 않는다. 바울은 자신이 영원한 영광을 전하는 새 언약의 일꾼으로 부름받았다는 사실을 밝히고 있다.

7 돌에 써서 새긴 죽게 하는 율법 조문의 직
분도 영광이 있어 이스라엘 자손들은 모
세의 얼굴의 없어질 영광 때문에도 그 얼
굴을 주목하지 못하였거든
8 하물며 영의 직분은 더욱 영광이 있지 아
니하겠느냐
9 정죄의 직분도 영광이 있은즉 의의 직분
은 영광이 더욱 넘치리라
10 영광되었던 것이 더 큰 영광으로 말미암
아 이에 영광될 것이 없으나
11 없어질 것도 영광으로 말미암았은즉 길이
있을 것은 더욱 영광 가운데 있느니라
12 우리가 이같은 소망이 있으므로 담대히
말하노니
13 우리는 모세가 이스라엘 자손들에게 장차
없어질 것의 결국을 주목하지 못하게 하
려고 수건을 그 얼굴에 쓴 것 같이 아니하
노라
14 그러나 그들의 마음이 완고하여 오늘까지
도 구약을 읽을 때에 그 수건이 벗겨지지
아니하고 있으니 그 수건은 그리스도 안
에서 없어질 것이라
15 오늘까지 모세의 글을 읽을 때에 수건이
그 마음을 덮었도다
16 그러나 언제든지 주께로 돌아가면 그 수
건이 벗겨지리라
17 주는 영이시니 주의 영이 계신 곳에는 자
유가 있느니라
18 우리가 다 수건을 벗은 얼굴로 거울을 보
는 것 같이 주의 영광을 보매 그와 같은
형상으로 변화하여 영광에서 영광에 이르
니 곧 주의 영으로 말미암음이니라

1. 오늘 하나님께서 나에게 주신 깨달음은 무엇입니까?

2. 말씀을 어떻게 내 삶에 구체적으로 적용해야 합니까?

절별 해설

7 돌에 써서 새긴 죽게 하는 율법 조문의 직분 율법은 죄를 깨닫게 하여 결국 죽을 수밖에 없는 자임을 사람들로 알게 한다. 율법의 요구를 다 충족시킬 수 있는 사람은 아무도 없기에 율법은 죽음의 사역이라 말할 수 있다. 바울은 그와 같은 옛 언약을 전하는 직분도 영광이 있음을 언급하며 모세를 예로 든다. 모세가 하나님을 만난 후에 그의 얼굴에 광채가 있었다.

8-9 영의 직분 … 의의 직분 정죄하여 죽음에 이르게 하는 직분도 영광이 있었다고 한다면, 영을 통하여 생명으로 인도하는 직분의 영광은 더 크다.

10-11 영광의 존속 여부는 매우 중요하다. 옛 언약을 위한 직분은 사라질 영광이었지만, 새 언약을 위한 직분은 길이 남을 것이기에 더 큰 영광을 지닌다.

13 바울은 모세가 얼굴에 수건을 두른 것은 이스라엘 백성이 모세의 얼굴에 있는 사라질 광채에 관심을 집중하지 못하도록 하기 위함이었다고 말한다. 모세의 얼굴에 있었던 광채는 새 언약이 주어짐으로 사라지게 될 율법 시대를 상징한다고 볼 수 있다.

14-16 유대인들은 모세의 얼굴에 있었던 영광이 사라지지 않을 것이라 믿으며 구약성경을 읽는다. 그들은 더 나은 새 언약이 주어졌음에도 여전히 옛 언약에 의존하고 있다. 유대인들의 마음을 덮고 있는 수건은 옛 언약이 곧 사라질 일시적인 가치를 지니고 있다는 사실을 보지 못하게 하는 아집과 편견을 의미한다. 그것으로 인해 그들은 참된 진리, 즉 고난당하신 그리스도에 대해 올바른 반응을 하지 못한다. 이러한 편견은 그리스도를 통해서만 제거될 수 있다.

17 주의 영이 계신 곳에는 자유가 있느니라 그리스도 안에서 성령의 감화를 받아 진리를 깨닫는 자는 율법의 속박에서 벗어나 죄와 사망으로부터 영적 해방을 누린다(참조. 요 8:32; 롬 8:2). 그리스도 안에 있는 사람들은 죄로부터의 해방과 더불어 율법을 지킴으로 의롭게 되려는 헛된 시도로부터 자유롭게 된다. 이 자유는 그리스도인이 누리게 되는 구원 경험을 적절히 묘사한 표현이다.

18 우리가 다 수건을 벗은 얼굴로 거울을 보는 것 같이 이 구절에서 "우리"는 바울과 다른 사도들만을 가리키는 것이 아니라 그리스도를 알게 된 모든 성도를 의미한다. 수건을 얼굴에 두르고 거울을 본다고 생각해 보라. 희미하게 보이거나 아무것도 보이지 않을 것이다. 그러나 그 수건을 벗고 거울을 보면 분명히 볼 수 있다. 새 언약의 성도들은 그리스도의 영광을 또렷이 본 자들이다.

주의 영광을 보매 그와 같은 형상으로 변화하여 영광에서 영광에 이르니 그리스도는 영원히 쇠하지 않는 하나님의 영광이다

쉬운성경

7 돌판에 새겨져 있는, 죽음에 이르게 하는 율법에 의한 직분도 영광스럽습니다. 그래서 비록 사라질 영광의 광채이기는 하지만, 이스라엘 자손들은 모세의 얼굴에 나타난 광채 때문에 그의 얼굴을 똑바로 쳐다보지 못했습니다.

8 그러니 성령의 사역은 얼마나 더 영광스럽겠습니까?

9 사람들에게 죄가 있다고 판정하는 사역도 영광스러운데, 의를 가져다주는 사역은 얼마나 더 영광스럽겠습니까?

10 이런 면에서 훨씬 더 빛나는 영광과 비교해 볼 때 이전에 영광스러웠던 것은 전혀 영광스러운 것이 아니었습니다.

11 사라져 버릴 것도 영광스럽다면, 영원히 지속될 것은 더욱 영광스러울 것입니다.

12 이러한 소망이 우리에게 있기에 우리는 매우 담대합니다.

13 우리는, 이스라엘 자손이 자기 얼굴의 광채가 사라져 가는 것을 똑바로 쳐다보지 못하게 하려고 자기 얼굴에 수건을 덮은 모세처럼 하지 않습니다.

14 그러나 이스라엘 자손들의 마음이 둔해진 까닭에 오늘날까지도 옛 언약을 읽을 때 수건을 그대로 쓰고 있습니다. 이 수건이 아직까지 벗겨지지 않고 있는 것은, 이것이 오직 그리스도 안에서만 벗겨질 수 있기 때문입니다.

15 오늘날까지도 이스라엘 자손들이 모세의 글을 읽을 때, 그들의 마음에는 수건이 덮여 있습니다.

16 그러나 누구든지 주님께 돌아올 때, 그 수건은 벗겨질 것입니다.

17 주님은 성령이십니다. 주님의 성령께서 계신 곳에는 자유가 있습니다.

18 우리는 모두 수건을 벗은 얼굴로 주님의 영광을 봅니다. 이렇게 해서 우리는 주님의 형상으로 변화하여 점점 더 큰 영광에 이릅니다. 그 영광은 성령이신 주님께로부터 나오는 것입니다.

(참조. 요 17:5; 히 1:3). 성도는 그리스도의 영광을 보는 데서 그치지 않고 그리스도를 닮는 자로 변하게 된다. 점진적인 변화를 통해 궁극적으로 그리스도의 형상을 온전히 이루는 데까지 나아가게 된다.

저자의 묵상

구약성경과 신약성경은 하나님께서 행하신 구원을 그 내용으로 담고 있다. 구약성경은 그리스도를 가리키는 약속으로 가득 차 있고, 신약성경은 그리스도를 통해 이룬 성취에 대해 다루고 있다. 그리스도와 상관없는 구약 읽기는 마치 얼굴에 수건을 두르고 거울을 보는 것과 같다. 하나님의 영이신 성령이 오셔서 우리 마음을 덮고 있는 '수건'을 제거하고 예수 그리스도를 알게 하실 때, 우리는 비로소 하나님의 큰 구원을 깨닫게 된다. 자신의 수고와 노력으로 하나님의 기준을 맞출 수 있는 사람은 아무도 없다. 예수님을 통해서만 우리의 죄가 깨끗해지고 의롭게 된다. 이것을 깨닫게 될 때 비로소 자유를 누리게 된다. 그렇다고 방종으로 치달아서는 안 된다. 오히려 예수 그리스도를 통해 드러난 영광을 분명히 보게 될 때 우리의 삶에 변화가 일어난다. 그리스도를 닮는 자가 되어 점차 하나님의 자녀다운 모습으로 자라게 된다. 우리가 이러한 새 언약 백성으로 부름받았다는 것은 얼마나 큰 은혜인가? 성도는 은혜 입은 자로서 하나님의 큰 사랑을 증거하며 살아야 할 것이다.

무릎기도 하나님, 저의 마음을 덮고 있던 수건을 벗겨 주셔서 그리스도를 또렷이 보게 하시니 감사합니다. 오늘도 그리스도를 닮아 가는 삶을 통해 하나님이 더 분명히 드러나게 하소서.

ESV - 2 Corinthians 3

7 Now if the ministry of death, carved in letters on stone, came with such glory that the Israelites could not gaze at Moses' face because of its glory, which was being brought to an end,
8 will not the ministry of the Spirit have even more glory?
9 For if there was glory in the ministry of condemnation, the ministry of righteous-ness must far exceed it in glory.
10 Indeed, in this case, what once had glory has come to have no glory at all, because of the glory that surpasses it.
11 For if what was being brought to an end came with glory, much more will what is permanent have glory.
12 Since we have such a hope, we are very bold,
13 not like Moses, who would put a veil over his face so that the Israelites might not gaze at the outcome of what was being brought to an end.
14 But their minds were hardened. For to this day, when they read the old covenant, that same veil remains unlifted, because only through Christ is it taken away.
15 Yes, to this day whenever Moses is read a veil lies over their hearts.
16 But when one* turns to the Lord, the veil is removed.
17 Now the Lord* is the Spirit, and where the Spirit of the Lord is, there is freedom.
18 And we all, with unveiled face, beholding the glory of the Lord,* are being transformed into the same image from one degree of glory to another.* For this comes from the Lord who is the Spirit.

* 3:16 Greek *he*
* 3:17 Or *this Lord*
* 3:18 Or *reflecting the glory of the Lord*
* 3:18 Greek *from glory to glory*

7 ministry 직분 carve 새기다 gaze at …를 주목하다 bring… to an end …을 끝내다 9 condemnation 유죄 판결 exceed 능가하다 10 surpass 넘다 11 permanent 영원한 13 outcome 결과 14 hardened 완고한 take away 제거하다 15 to this day 오늘까지 18 behold 보다 be transformed into …으로 변화되다 degree 정도

57 질그릇에 담긴 보배

월 일

고린도후서 4:1-11 • 새찬송 366장 | 통일 485장

• 말씀묵상 전에 성령님의 인도하심을 구하는 기도를 드리십시오.

본문요약 I 바울은 그리스도의 영광을 경험한 성도를 질그릇에 보배를 담은 자로 묘사한다. 그러기에 영광스러운 하나님의 구원 사역을 증거할 때 어떤 상황에서도 낙심하지 않고 하나님만을 의지하였다. 초라해 보일 수 있는 자신을 통해 하나님의 능력과 영광이 드러나는 것은 말로 표현할 수 없는 신비요 은혜임을 바울은 잘 알고 있다.

1 그러므로 우리가 이 직분을 받아 긍휼하
심을 입은 대로 낙심하지 아니하고
2 이에 숨은 부끄러움의 일을 버리고 속임
으로 행하지 아니하며 하나님의 말씀을
혼잡하게 하지 아니하고 오직 [1]진리를 나
타냄으로 하나님 앞에서 각 사람의 양심
에 대하여 스스로 추천하노라
3 만일 우리의 복음이 가리었으면 망하는
자들에게 가리어진 것이라
4 그 중에 이 세상의 신이 믿지 아니하는 자
들의 마음을 혼미하게 하여 그리스도의
영광의 복음의 광채가 비치지 못하게 함
이니 그리스도는 하나님의 형상이니라
5 우리는 우리를 전파하는 것이 아니라 오
직 그리스도 예수의 주 되신 것과 또 예수
를 위하여 우리가 너희의 종 된 것을 전파
함이라
6 [ㄱ]어두운 데에 빛이 비치라 말씀하셨던 그
하나님께서 예수 그리스도의 얼굴에 있는
하나님의 영광을 아는 빛을 우리 마음에
비추셨느니라
7 우리가 이 보배를 질그릇에 가졌으니 이
는 심히 큰 능력은 하나님께 있고 우리에
게 있지 아니함을 알게 하려 함이라
8 우리가 사방으로 욱여쌈을 당하여도 싸이
지 아니하며 답답한 일을 당하여도 낙심
하지 아니하며
9 박해를 받아도 버린 바 되지 아니하며 거
꾸러뜨림을 당하여도 망하지 아니하고

1) 헬, 참 ㄱ. 창 1:3

10 우리가 항상 예수의 죽음을 몸에 짊어짐
은 예수의 생명이 또한 우리 몸에 나타나
게 하려 함이라
11 우리 살아 있는 자가 항상 예수를 위하여
죽음에 넘겨짐은 예수의 생명이 또한 우
리 죽을 육체에 나타나게 하려 함이라

1. 오늘 하나님께서 나에게 주신 깨달음은 무엇입니까?

2. 말씀을 어떻게 내 삶에 구체적으로 적용해야 합니까?

절별 해설

1 이 직분 예수 그리스도를 통한 새 언약의 복음을 전하는 직분을 말한다.

2 이에 숨은 부끄러움의 일을 버리고 … 오직 진리를 나타냄으로 옛 언약을 받은 유대인들은 외적인 율법 준수를 통해 구원을 얻는다고 착각했다. 그러나 정작 그들의 문제는 은밀하게 감춰진 내적인 부분에 있었다. 겉으로는 율법을 지키는 척하여도 마음은 율법과 상관없이 악으로 가득했다. 그러나 그들은 그렇지 않은 척 행동했다. 바울은 그들과 달리 하나님의 말씀을 왜곡하지 않으며 진리에 다른 것을 혼합하지 않고 참된 모습 그대로 전하겠다고 한다. 바울은 자신의 모든 것을 다 아시는 하나님과 사람들 앞에서 떳떳한 방식으로 사역을 감당하겠다고 말한다.

3 만일 우리의 복음이 가리었으면 망하는 자들에게 가리어진 것이라 거짓 교사들은 바울이 전하는 복음이 문제가 있다고 주장했던 것 같다. 바울은 그들의 비난을 반박하며, 복음 자체나 전하는 자의 문제가 아니라 듣는 자에게 문제가 있다고 한다.

4 그 중에 이 세상의 신이 믿지 아니하는 자들의 마음을 혼미하게 하여 "이 세상의 신"은 사탄을 가리킨다. 사탄이 믿지 않는 자의 마음의 눈을 멀게 하고 그리스도의 영광의 빛이 비치지 못하게 하여 하나님의 형상인 그리스도를 보지 못하게 하였다.

5 거짓 교사들은 바울이 자신의 유익을 위해서 복음을 전한다고 비난했다. 바울은 자신이 오직 예수 그리스도께서 주님이심을 전했고, 자신과 사도들은 고린도 교회 성도들을 위해 종처럼 희생했다고 반박한다.

6 예수 그리스도의 얼굴에 있는 하나님의 영광을 아는 빛 말씀으로 빛을 만드신 하나님께서 어둠으로 가득한 사람들의 마음에 빛을 비추셨다. 그것은 하나님의 아들이신 예수께서 이 땅에 인간의 모습으로 오심으로 가능하게 되었다. 사람들은 예수님을 통해 영광의 하나님을 알게 되었다.

7 우리가 이 보배를 질그릇에 가졌으니 이 구절에서 바울이 말하는 "보배"는 먼저는 예수 그리스도를 통해 성도가 누리게 될 영광스러움에 대해 말하는 복음을 의미한다(3:18; 4:6). 또한 새 언약의 복된 소식을 전하는 영광스러운 직분도 포함한다(3:12-13; 4:5). 이렇게 귀한 보배를 깨어지기 쉽고 보잘것없는 질그릇과 같은 연약한 인간에게 맡기심을 통해 구원과 변화로 이끄시는 하나님의 일하심이 더 두드러지게 된다.

쉬운성경

1 이처럼 우리가 하나님의 자비로 이 사역을 감당하므로, 우리는 낙심하지 않습니다.

2 우리는 부끄러워 드러내지 못한 것들을 끊어 버리고, 속임수를 쓰지 않으며, 하나님의 말씀을 왜곡시키지 않았습니다. 우리는 진리를 밝히 드러냈으므로 하나님 앞에서 모든 사람들의 양심을 향해 우리 자신을 당당히 내세웁니다.

3 우리가 전하는 복음이 가리워졌다면 그것은 멸망하는 사람들에게 가리워진 것입니다.

4 이 시대의 신이 믿지 아니하는 사람들의 마음을 어둡게 하여 하나님의 형상이신 그리스도의 영광을 드러내는 복음의 빛을 보지 못하게 하였습니다.

5 우리는 우리 자신을 전파하지 않습니다. 우리는 예수 그리스도가 주님이시라는 사실과 우리가 예수님을 위해 일하는 여러분의 종이 되었다는 사실을 전파합니다.

6 "어둠 속에 빛이 비쳐라"라고 말씀하신 하나님께서 그리스도의 얼굴에 나타난 하나님의 영광을 깨닫게 해 주시기 위해 우리 마음에 빛을 비추셨습니다.

7 우리는 이 보화를 질그릇에 담고 있습니다. 이것은 그 풍성한 능력이 우리에게서 나오는 것이 아니라 하나님께로부터 나오는 것임을 보이시려는 것입니다.

8 우리는 사방에서 압박을 받아도 눌리지 않으며, 난처한 일에 빠져도 절망하지 않습니다.

9 핍박을 당해도 버림을 받지 아니하고, 매를 맞아 넘어져도 망하지 않습니다.

10 우리는 예수님의 생명이 우리 몸에서 나타나도록 하기 위해 항상 예수님의 죽으심을 우리 몸에 짊어지고 다닙니다.

절별 해설

10 우리가 항상 예수의 죽음을 몸에 짊어짐은 이 구절은 예수 그리스도를 전하는 바울의 삶에 있었던 끊임없는 고난을 묘사하고 있다.

예수의 생명이 또한 우리 몸에 나타나게 하려 함이라 그러나 바울의 삶에 고난만 있는 것은 아니었다. 그가 당한 고난을 통해서 예수님이 드러나고 증거되게 하셨다. 거짓 교사들은 고난당하는 바울을 보며 하나님이 함께하시지 않는 증거라고 했지만, 실제로는 고난이 귀한 증거의 도구가 되었다.

11 예수님의 생명이 죽을 우리 몸에 나타나도록 하기 위해, 우리는 살아 있지만 예수님을 위해 항상 몸을 죽음에 내맡기고 있습니다.

저자의 묵상

고난을 좋아하는 성도는 없다. 그러나 인생길에서 예기치 않은 고난이 닥칠 때가 있다. 이럴 때 우리는 어떻게 해야 할까? '하나님께서 나를 버리셨나?' 하는 서운함을 가져야 할까? 만약 그렇다면 바울을 비난했던 거짓 교사들과 별반 다르지 않다. 하나님의 영광의 복음을 전했던 바울도 많은 고난을 겪었다. 사방으로 욱여쌈을 당했고 답답한 일도 당했으며 박해를 받고 거꾸러뜨림도 당했다. 바울은 죽음의 위기를 수없이 겪었지만 결코 낙심하거나 망하지 않았다. 어떻게 해서 그런 삶이 가능했을까? 그것은 바로 바울 속에 예수 그리스도가 계셨기 때문이다. 바울은 연약한 질그릇과 같지만 하나님께서 그 속에 보배이신 그리스도를 담아 주셨다. 보배가 담겨 있기에 질그릇이 가치 있게 된다는 사실을 그는 깨달았다. 그래서 보배를 허락하신 하나님만 의지했다. 바울은 어둠으로 가득한 자기 심령을 그리스도를 통해 환하게 비추어 주신 하나님만 의지하며 오직 그리스도만을 전하는 삶을 살았다. 우리도 마찬가지다. 우리 속에 그리스도께서 계신다. 하나님만 붙들며 살 때 우리의 삶은 가장 값지게 될 것이다.

무릎 기도 하나님, 질그릇 같은 저에게 보배이신 예수님을 허락하시니 감사합니다. 저의 어두운 마음을 예수 그리스도로 밝혀 주신 하나님만 의지하며 하늘나라 백성다운 멋진 삶을 오늘도 살게 하소서.

ESV - 2 Corinthians 4

1 Therefore, having this ministry by the
mercy of God,* we do not lose heart.
2 But we have renounced disgraceful,
underhanded ways. We refuse to practice*
cunning or to tamper with God's word, but
by the open statement of the truth we
would commend ourselves to everyone's
conscience in the sight of God.
3 And even if our gospel is veiled, it is veiled
to those who are perishing.
4 In their case the god of this world has
blinded the minds of the unbelievers, to
keep them from seeing the light of the
gospel of the glory of Christ, who is the
image of God.
5 For what we proclaim is not ourselves, but
Jesus Christ as Lord, with ourselves as
your servants* for Jesus' sake.
6 For God, who said, "Let light shine out of
darkness," has shone in our hearts to give
the light of the knowledge of the glory of
God in the face of Jesus Christ.
7 But we have this treasure in jars of clay, to
show that the surpassing power belongs to
God and not to us.
8 We are afflicted in every way, but not cru-
shed; perplexed, but not driven to despair;
9 persecuted, but not forsaken; struck down,
but not destroyed;
10 always carrying in the body the death of
Jesus, so that the life of Jesus may also be
manifested in our bodies.
11 For we who live are always being given
over to death for Jesus' sake, so that the
life of Jesus also may be manifested in our
mortal flesh.

* 4:1 Greek *having this ministry as we have received mercy*
* 4:2 Greek *to walk in*
* 4:5 Or *slaves* (for the contextual rendering of the Greek word *doulos*, see Preface)

1 lose heart 낙심하다 2 renounce 버리다 disgraceful 수치스러운 underhanded 공정치 못한 cunning 간사 tamper with …를 조작하다 conscience 양심 3 veil 덮어 감추다 perish 멸망하다 4 keep… from~ …가 ~ 못하게 하다 5 proclaim 전파하다 8 crush (열의를) 꺾다 perplex 당황하게 하다 (be) driven to despair 절망에 빠지다 9 persecute 박해하다 forsake 버리다 10 manifest 분명하게 보여주다 11 mortal 죽을 운명의

• MEMO •

58 낡아지는 겉사람과 새로워지는 속사람

월 일

고린도후서 4:12-18 • 새찬송 433장 | 통일 490장

• 말씀묵상 전에 성령님의 인도하심을 구하는 기도를 드리십시오.

본문요약 | 바울의 수고를 통해 고린도 교회 성도들은 하나님께서 주시는 생명을 맛보게 되었다. 바울은 예수 그리스도를 살리신 하나님께서 자신과 성도들을 살리실 것을 확신하며 하나님께 감사한다. 겉사람은 점점 낡아지지만 속사람은 날마다 새로워지는, 영원한 영광을 향한 신앙의 경주, 그것이 성도의 삶이다.

12 그런즉 사망은 우리 안에서 역사하고 생
명은 너희 안에서 역사하느니라
13 기록된 바 [ㄱ]내가 믿었으므로 말하였다 한
것 같이 우리가 같은 믿음의 마음을 가졌
으니 우리도 믿었으므로 또한 말하노라
14 주 예수를 다시 살리신 이가 예수와 함께
우리도 다시 살리사 너희와 함께 그 앞에
서게 하실 줄을 아노라
15 이는 모든 것이 너희를 위함이니 많은 사
람의 감사로 말미암아 은혜가 더하여 넘
쳐서 하나님께 영광을 돌리게 하려 함이
라
16 그러므로 우리가 낙심하지 아니하노니 우
리의 겉사람은 낡아지나 우리의 속사람은
날로 새로워지도다
17 우리가 잠시 받는 환난의 경한 것이 지극
히 크고 영원한 영광의 중한 것을 우리에
게 이루게 함이니
18 우리가 주목하는 것은 보이는 것이 아니
요 보이지 않는 것이니 보이는 것은 잠깐
이요 보이지 않는 것은 영원함이라

ㄱ. 시 116:10

1. 오늘 하나님께서 나에게 주신 깨달음은 무엇입니까?

2. 말씀을 어떻게 내 삶에 구체적으로 적용해야 합니까?

절별 해설

12 그런즉 사망은 우리 안에서 역사하고 생명은 너희 안에서 역사하느니라 날마다 죽음의 고난을 겪는 바울은 기꺼이 그 고난을 이겨 내고 있다. 자신의 고난을 통해 복음을 듣는 자들 속에서 그리스도의 영원한 생명이 싹트는 것을 보았기 때문이다. 바울과 그의 동역자들의 고난은 다른 사람들에게 하나님의 도우심과 능력의 실제를 확인시킨다는 점에서 유익이 되었다.

13 기록된 바 내가 믿었으므로 말하였다 한 것 같이 시편 116편 10절의 인용이다. 이 시편의 저자는 큰 고통 가운데 있었지만 하나님을 신뢰하였기에 하나님께 기도하였다. 환난과 슬픔을 만났을 때에도 시인은 낙심하지 않고, 경건한 자의 죽음은 하나님 보시기에 소중한 것이라고 고백하기도 했다. 이런 시인의 상황과 믿음이 바울과 잘 연결된다. 바울은 박해와 고난을 당할 때 시인처럼 하나님을 의지하고 흔들리지 않는 믿음을 지켰다.

14 바울이 고난 중에도 믿음을 유지할 수 있었던 것은 하나님에 대한 분명한 신뢰가 있었기 때문이다. 바울은 예수님을 살리신 하나님께서 예수와 함께 자기를 살리시고 성도들과 함께 부활의 생명을 누리게 하실 것이라고 확신했다.

15 모든 것이 너희를 위함이니 바울은 고린도 교회 성도들을 비롯하여 많은 사람이 자신이 전한 복음을 통해 구원을 얻게 되어, 더 많은 사람이 하나님께 감사하고 하나님의 영광을 높이기를 바라고 있다. 모든 피조물이 존재하는 이유는 바로 하나님께 영광을 돌리기 위함이다.

16 우리의 겉사람은 낡아지나 우리의 속사람은 날로 새로워지도다 "겉사람"은 '죽을 육체'를 가리키는 것으로(4:11), 모든 육체는 시간이 지나면 쇠약해진다. 성도도 예외는 아니다. 그러나 성도의 "속사람", 즉 그리스도를 통해 새롭게 된 영혼은 시간이 지날수록 그리스도를 닮아 더 온전해지고 새로워지는 은혜를 누린다.

17 바울은 잠시 당하는 환난과 영원한 영광의 무게를 비교한다. 분명 영원한 영광이 훨씬 더 무겁기에, 바울은 그 가치 판단에 의한 삶을 살고 있다.

18 보이는 것은 잠깐이요 보이지 않는 것은 영원함이라 육신의 눈에 보이는 것과 보이지 않는 것, 이 둘을 어떤 관점으로 바라보는지가 중요하다. 우리 눈에 보이는 것은 잠깐 동안만 존재한다. 그러나 눈에 보이지 않는 것은 영원히 존재한다. 바울은 눈에 보이지 않는 것들, 즉 하나님, 예수님, 성령님, 미래의 영광 등을 포함한 하나님의 말씀 가운데 드러난 영적인 실체들에 주목하고 있다.

쉬운성경

12 그러므로 우리 속에서는 죽음이 활동하지만, 여러분 속에서는 생명이 활동하게 되는 것입니다.

13 성경에 "내가 믿었다. 그러므로 내가 말하였다"*고 기록되어 있듯이, 우리도 동일한 믿음의 정신으로 믿고 말하는 것입니다.

14 우리가 이렇게 말할 수 있는 것은, 주 예수님을 죽은 자 가운데서 다시 살리신 하나님께서 예수님과 함께 우리도 살리셔서 여러분과 함께 하나님 앞에 서게 하실 것을 알기 때문입니다.

15 이 모든 일은 다 여러분의 유익을 위한 것입니다. 그래서 하나님의 은혜가 점점 더 많은 사람들에게 이르러 감사가 넘치게 되고 그들은 하나님께 영광을 돌리게 될 것입니다.

16 그러므로 우리는 낙심하지 않습니다. 우리의 겉사람은 점점 낡아지지만 우리의 속사람은 날마다 새로워지고 있습니다.

17 우리가 지금 겪고 있는 가벼운 환난은 장차 우리가 받게 될 영원하고 한량없이 큰 영광을 가져다줍니다.

18 우리는 보이는 것들에 시선을 고정시키는 것이 아니라 보이지 않는 것들에 시선을 고정합니다. 이는 보이는 것은 한순간이지만 보이지 않는 것은 영원하기 때문입니다.

* 4:13 시 116:10에 기록되어 있다.

저자의 묵상

사람들이 자신의 삶을 어떤 시각으로 보는가는 매우 중요하다. 어떤 사람들은 눈에 보이는 것이 전부라고 생각하여 자신의 육체를 위해 많은 것을 투자한다. 그러나 그것을 통해 얻는 유익은 잠깐이다. 이 땅에 사는 동안 더 풍요롭고 더 평안하기를 원하는 사람들이 많다. 그러나 어느 누구도 자신의 육체가 쇠약해지는 것을 막을 수 없다. 예수 그리스도를 통해 새 생명을 얻은 성도는 육신적인 것을 뛰어넘어 영적인 것을 보는 눈을 가져야 한다. 예수 그리스도를 통해 누리게 될 영원한 영광을 바라보며 그것에 집중하며 살아야 한다. 그렇게 할 때 성도의 '속사람'이 점점 더 새로워지는 것을 경험하게 될 것이다. 여러분의 삶의 저울은 어느 쪽이 더 무거운 상태인가? 눈에 보이는 이 세상의 것들인가? 아니면 눈에 보이지 않는 하나님 나라의 영광인가? 우리를 향한 하나님의 뜻을 알고 그것을 마음에 품고 열심히 실천할 때, 하나님께서 우리를 보시며 기뻐하실 것이다. 또한 장차 하나님 앞에 서는 그날 우리를 반갑게 맞아 주실 것이다.

무릎 기도 하나님, 오늘도 주님께서 저를 통해 영광 받으시고 기뻐하시길 원합니다. 저의 속사람을 항상 강건하게 하시고 제가 영원한 영광을 바라보며 달려갈 수 있도록 지혜와 능력을 주소서.

ESV - 2 Corinthians 4

12 So death is at work in us, but life in you.
13 Since we have the same spirit of faith according to what has been written, "I believed, and so I spoke," we also believe, and so we also speak,
14 knowing that he who raised the Lord Jesus will raise us also with Jesus and bring us with you into his presence.
15 For it is all for your sake, so that as grace extends to more and more people it may increase thanksgiving, to the glory of God.
16 So we do not lose heart. Though our outer self* is wasting away, our inner self is being renewed day by day.
17 For this light momentary affliction is preparing for us an eternal weight of glory beyond all comparison,
18 as we look not to the things that are seen but to the things that are unseen. For the things that are seen are transient, but the things that are unseen are eternal.

* 4:16 Greek *man*

15 for one's sake …을 위하여 extend 이르다 16 waste away 낡아지다 renew 새롭게 하다 17 momentary 순간의 affliction 고통 eternal 영원한 comparison 비교 18 transient 잠깐의

☐ 묵상 체크

59

월 일

성도의 궁극적인 소망

고린도후서 5:1-10 • 새찬송 492장 | 통일 544장

• 말씀묵상 전에 성령님의 인도하심을 구하는 기도를 드리십시오.

본문요약 | 이 땅에서 살면서 죽음을 경험하게 될 때 성도는 그것으로 끝이 아니라 하늘에 속한 신령한 몸을 가지게 된다. 이 사실을 확신시켜 주는 분이 바로 성령님이시다. 바울은 신령한 부활의 몸을 얻기를 고대하지만, 하나님의 계획에 순종하여 이 땅에서 사는 동안도 하나님께서 기뻐하시는 일을 감당하기 원한다.

1 만일 땅에 있는 우리의 장막 집이 무너지면 하나님께서 지으신 집 곧 손으로 지은 것이 아니요 하늘에 있는 영원한 집이 우리에게 있는 줄 아느니라
2 참으로 우리가 여기 있어 탄식하며 하늘로부터 오는 우리 처소로 덧입기를 간절히 사모하노라
3 이렇게 입음은 우리가 벗은 자들로 발견되지 않으려 함이라
4 참으로 이 장막에 있는 우리가 짐 진 것 같이 탄식하는 것은 벗고자 함이 아니요 오히려 덧입고자 함이니 죽을 것이 생명에 삼킨 바 되게 하려 함이라
5 곧 이것을 우리에게 이루게 하시고 보증으로 성령을 우리에게 주신 이는 하나님이시니라
6 그러므로 우리가 항상 담대하여 몸으로 있을 때에는 주와 따로 있는 줄을 아노니
7 이는 우리가 믿음으로 행하고 보는 것으로 행하지 아니함이로라
8 우리가 담대하여 원하는 바는 차라리 몸을 떠나 주와 함께 있는 그것이라
9 그런즉 우리는 몸으로 있든지 떠나든지 주를 기쁘시게 하는 자가 되기를 힘쓰노라
10 이는 우리가 다 반드시 그리스도의 심판대 앞에 나타나게 되어 각각 선악간에 그 몸으로 행한 것을 따라 받으려 함이라

1. 오늘 하나님께서 나에게 주신 깨달음은 무엇입니까?

2. 말씀을 어떻게 내 삶에 구체적으로 적용해야 합니까?

절별 해설

1 땅에 있는 우리의 장막 집이 무너지면 "장막 집"은 우리의 육체를, 그 집이 무너지는 것은 죽음을 의미한다.
하나님께서 지으신 집 … 하늘에 있는 영원한 집 "영원한 집"은 하나님께서 예비하신 천상의 영원한 몸을 의미한다.

2 하늘로부터 오는 우리 처소로 덧입기를 간절히 사모하노라 바울은 그리스도의 십자가와 재림 사이의 시기를 사는 성도들의 탄식에 대해 설명한다. 이 시기를 사는 성도들은 구원의 완성과 '하늘로부터 오는 처소', 즉 부활의 몸이 주어지길 간절히 바라고 있다.

3 이렇게 입음은 우리가 벗은 자들로 발견되지 않으려 함이라 성도가 죽게 되면 이방인들이 생각했듯이 몸의 속박에서 벗어나서 몸이 없는 상태로 지내는 것이 아니라, 실제적이고 영원한 부활의 몸을 입게 된다.

4 벗고자 함이 아니요 오히려 덧입고자 함이니 바울은 이 구절에서 육체의 죽음을 '입고 있는 옷을 벗는 것'으로, 부활의 몸을 가지게 되는 것을 '입고 있는 옷 위에 새로운 옷을 덧입는 것'으로 묘사한다. 이 구절을 통해 바울은 자신이 살아 있을 동안에 그리스도께서 재림하심으로 자신이 죽음을 맛보지 않고 부활의 몸을 가지게 되기를 바랐다는 것을 확인할 수 있다.

5 보증으로 성령을 우리에게 주신 성령님이 우리 가운데 계신 것은 장차 영원한 부활의 몸을 얻게 하시는 하나님의 계획이 반드시 이루어질 것을 보증해 준다.

6 몸으로 있을 때에는 주와 따로 있는 줄을 아노니 성도가 이 땅에서 사는 동안에는 하나님과의 완전한 교제가 주어지지 않는다. 그렇다고 해서 하나님을 완전히 만나지 못한다는 의미는 아니다. 성도는 예배, 기도, 찬송을 통해 하나님을 경험한다. 그러나 완전함과 친밀함의 정도에 있어서는 분명 차이가 난다.

7 하나님께서 영원한 부활의 몸을 예비하셨다는 것을 육신의 눈으로는 확인할 수 없다. 오직 말씀하신 하나님을 믿을 뿐이다.

8-9 바울은 하루속히 이 땅에서의 삶이 끝나고 영원한 부활의 몸을 얻은 삶을 살기 원한다. 그러나 그것은 하나님께 속한 것이기에, 바울은 이 땅에서 육적인 몸을 지니고 살든지 아니면 하나님께서 허락하신 신령한 몸을 입든지 상관없이 주님을 기쁘시게 하는 삶을 살기 원하고 있다.

10 우리가 다 반드시 그리스도의 심판대 앞에 나타나게 되어 성도는 최후의 심판대 앞에 서게 되는 때에 이 땅에서 사는 동안 육체로 어떤 일을 했는지 하나님의 평가를 받게 될 것이다.

쉬운성경

1 우리는 우리가 거하는 땅에 있는 천막 집이 무너지면, 하늘에 있는 영원한 집이 우리에게 있다는 것을 압니다. 그것은 사람의 손으로 지은 것이 아니라 하나님께서 지으신 집입니다.

2 우리는 이 천막집에 살면서 하늘에 있는 우리의 집을 덧입게 될 것을 고대하면서 신음하고 있습니다.

3 우리가 그것을 덧입게 되면 벌거벗은 몸으로 나타나지는 않을 것입니다.

4 우리는 이 천막집에서 사는 동안, 무거운 짐에 눌려 신음하고 있습니다. 죽을 것이 생명에 의해 삼킴당하게 하기 위해, 우리는 이 천막집을 벗어 버리기를 바라는 것이 아니라, 그 위에 하늘의 집을 덧입기를 바라는 것입니다.

5 이것을 우리에게 마련하시고 우리에게 보증으로 성령을 주신 분은 하나님이십니다.

6 그러므로 우리는 늘 마음이 든든합니다. 우리가 몸을 입고 사는 동안에는 주님으로부터 떨어져 있다는 것을 알고 있지만,

7 사실 우리는 믿음으로 사는 것이지, 보는 것으로 사는 것이 아닙니다.

8 우리는 마음이 든든합니다. 하지만 우리는 몸을 떠나 주님과 함께 살기를 더 원합니다.

9 그러므로 우리가 몸을 입고 있든지 몸을 벗어 버리든지 주님을 기쁘시게 하는 것이 우리의 소망입니다.

10 우리는 모두 그리스도의 심판대 앞에 서야 합니다. 각 사람은 몸을 입고 사는 동안, 행한 선한 일이나 악한 일이나 자기가 행한 행위대로 거기에 알맞는 보응을 받게 될 것입니다.

저자의 묵상

성도에게 약속된 영광 중의 하나는 도덕적인 완전함을 지닌 영원한 부활의 몸을 입게 된다는 것이다. 그것을 피부로 느낀다면 당연히 바울처럼 그날이 속히 오기를 고대해야 할 것이다. 그러나 오늘날 많은 성도들은 하나님의 그 영광스러운 약속을 사모하기보다는 이 땅에서 육신을 가지고 사는 동안 평안하고 안전하기를 갈망하는 경향이 강하다. 너무도 현세적이고 물질적으로 바뀐 것 같다. 이런 분위기 가운데서 오히려 더 필요한 것은 부활의 몸을 고대하는 마음이다. 그러나 그것을 바라는 삶을 산다고 해서 이 땅에서 사는 동안 우리에게 주신 몸을 아무렇게나 사용해도 된다는 것은 아니다. 오히려 우리에게 주신 육체를 사용하여 하나님께서 기뻐하실 일을 계획하고 행하는 것이 중요하다. 왜냐하면 마지막 날에 우리가 그리스도의 심판대 앞에 섰을 때, 우리에게 주신 몸으로 무엇을 행했는지 주님께서 평가하실 것이기 때문이다. 여러분은 그날을 준비하는 삶을 살고 있는가? 매 순간 주님의 기쁨을 마음에 그리며 선한 결단을 하는 복된 삶을 살기를 소망한다.

무릎 기도 하나님, 저를 위해 영원하고 신령한 부활의 몸을 예비해 주시니 감사합니다. 그날을 바라며 이 땅에서 저에게 주신 몸을 통해서도 주님 영광을 드러내게 하소서.

ESV - 2 Corinthians 5

1 For we know that if the tent that is our earthly home is destroyed, we have a building from God, a house not made with hands, eternal in the heavens.
2 For in this tent we groan, longing to put on our heavenly dwelling,
3 if indeed by putting it on* we may not be found naked.
4 For while we are still in this tent, we groan, being burdened—not that we would be unclothed, but that we would be further clothed, so that what is mortal may be swallowed up by life.
5 He who has prepared us for this very thing is God, who has given us the Spirit as a guarantee.
6 So we are always of good courage. We know that while we are at home in the body we are away from the Lord,
7 for we walk by faith, not by sight.
8 Yes, we are of good courage, and we would rather be away from the body and at home with the Lord.
9 So whether we are at home or away, we make it our aim to please him.
10 For we must all appear before the judgment seat of Christ, so that each one may receive what is due for what he has done in the body, whether good or evil.

* 5:3 Some manuscripts *putting it off*

1 eternal 영원한　2 groan 신음하다　long to do …하고 싶은 생각이 간절하다　dwelling 처소　3 naked 벌거벗은
4 unclothe …의 옷을 벗기다　mortal 죽을 운명의　swallow 삼키다　5 guarantee 보증　6 courage 용기　9 aim 목적

60 너희는 하나님과 화목하라

월 일

고린도후서 5:11-21 • 새찬송 144장 | 통일 144장

• 말씀묵상 전에 성령님의 인도하심을 구하는 기도를 드리십시오.

본문요약 | 하나님께서는 자기 아들이신 예수 그리스도를 통해 죄 가운데 있는 자들을 구원하신다. 다른 말로 하면, 하나님과 원수 된 세상을 화목하게 하심으로 평화의 길을 마련하신 것이다. 또한 먼저 하나님과 화평하게 된 자들을 통해, 그리스도 안에 있으면 하나님과 화평을 누리는 새로운 피조물이 된다는 놀라운 소식을 전하게 하신다.

11 우리는 주의 두려우심을 알므로 사람들을
권면하거니와 우리가 하나님 앞에 알리어
졌으니 또 너희의 양심에도 알리어지기를
바라노라
12 우리가 다시 너희에게 자천하는 것이 아
니요 오직 우리로 말미암아 자랑할 기회
를 너희에게 주어 마음으로 하지 않고 외
모로 자랑하는 자들에게 대답하게 하려
하는 것이라
13 우리가 만일 미쳤어도 하나님을 위한 것
이요 정신이 온전하여도 너희를 위한 것
이니
14 그리스도의 사랑이 우리를 [1]강권하시는도
다 우리가 생각하건대 한 사람이 모든 사
람을 대신하여 죽었은즉 모든 사람이 죽
은 것이라
15 그가 모든 사람을 대신하여 죽으심은 살
아 있는 자들로 하여금 다시는 그들 자신
을 위하여 살지 않고 오직 그들을 대신하
여 죽었다가 다시 살아나신 이를 위하여
살게 하려 함이라
16 그러므로 우리가 이제부터는 어떤 사람도
육신을 따라 알지 아니하노라 비록 우리
가 그리스도도 육신을 따라 알았으나 이
제부터는 그같이 알지 아니하노라
17 그런즉 누구든지 그리스도 안에 있으면
새로운 피조물이라 이전 것은 지나갔으니
보라 새 것이 되었도다
18 모든 것이 하나님께로서 났으며 그가 그
리스도로 말미암아 우리를 자기와 화목하
게 하시고 또 우리에게 화목하게 하는 직
분을 주셨으니
19 곧 하나님께서 그리스도 안에 계시사 세
상을 자기와 화목하게 하시며 그들의 죄
를 그들에게 돌리지 아니하시고 화목하게
하는 말씀을 우리에게 부탁하셨느니라
20 그러므로 우리가 그리스도를 대신하여 사
신이 되어 하나님이 우리를 통하여 너희
를 권면하시는 것 같이 그리스도를 대신
하여 간청하노니 너희는 하나님과 화목하
라
21 하나님이 죄를 알지도 못하신 이를 우리
를 대신하여 죄로 삼으신 것은 우리로 하
여금 그 안에서 하나님의 의가 되게 하려
하심이라

1) 또는 끄는도다

1. 오늘 하나님께서 나에게 주신 깨달음은 무엇입니까?

2. 말씀을 어떻게 내 삶에 구체적으로 적용해야 합니까?

절별 해설

11 우리가 하나님 앞에 알리어졌으니 또 너희의 양심에도 알리어지기를 바라노라 바울은 하나님의 크심과 공의로우심을 알기에 하나님을 경외하는 마음으로 사역을 감당했다. 바울의 대적자들의 비난과 상관없이 하나님은 그의 진실한 마음을 알고 계신다. 바울은 고린도 교회 성도들도 자신의 진실한 모습을 알아주기를 바라고 있다.

12 마음으로 하지 않고 외모로 자랑하는 자들 대적자들은 바울의 외적인 모습을 보고 비난했다. 고난당하고 연약한 바울의 모습은 결코 사도의 모습이 아니라고 주장했다. 그러나 바울은 자신의 고난이 성도를 위한 유익이 되었고, 그리스도께서 더 분명히 드러나는 결과를 가져왔음을 설명한다. 이러한 바울의 마음을 성도들이 잘 알게 되어 오히려 그들의 영적인 아버지인 바울을 자랑할 기회를 주고 싶어 한다.

13 우리가 만일 미쳤어도 대적자들이 바울에게 했던 비난인데, '미쳤다'는 의미가 무엇인지는 분명치 않다. 과거의 바울의 영적 은사 체험을 비꼬는 말로 사용했을 수도 있고, 다르게는 바울의 말이 논리 정연하지 않고 미친 자처럼 횡설수설한다는 비난으로도 이해할 수 있다. 후자의 입장을 취하는 대적자들은 바울의 말이 힘이 없다고 주장한다. 하지만 바울의 꾸미지 않은 설교는 자신의 유익이 아닌 하나님을 위한 것이었다. 온전하든 제정신이 아니든 바울은 하나님과 교회를 위해 복음을 전했다.

14-15 그리스도의 사랑이 우리를 강권하시는도다 바울과 모든 성도를 위해 십자가에서 죽으신 그리스도의 사랑이 바울과 사역자들을 이끌고 있다.
한 사람이 모든 사람을 대신하여 죽었은즉 모든 사람이 죽은 것이라 그리스도께서는 모든 사람을 대신하여 죽으심으로 인류의 죄의 문제를 해결하셨다. 그리스도의 죽으심을 통해 자유롭게 된 사람은 더 이상 자신을 위해 사는 삶이 아니라 그리스도를 위해 살아야 한다. 십자가에 달려 죽으심으로 가장 고귀한 희생을 보이신 그리스도의 사랑을 입은 자는, 더 이상 자신을 위해 살지 않고 자기를 대신하여 죽었다가 살아나신 이를 위해 살아야 한다.

16 그러므로 우리가 이제부터는 어떤 사람도 육신을 따라 알지 아니하노라 회심을 한 이후에 바울은 사람들을 보는 눈이 바뀌었다. 바울은 학벌, 외모, 혈통 등등의 외적인 기준으로 사람을 평가하지 않고 영적인 필요와 상태를 보는 눈을 가지게 되었다. 회심 전의 바울에게 예수는 단지 평범한

쉬운성경

11 우리는 주님이 두려운 분이시라는 것을 잘 알고 있기 때문에 사람들을 설득하려고 합니다. 하나님께서는 우리가 어떤 사람인지를 알고 계십니다. 우리가 바라는 것은 여러분도 우리가 어떤 사람인지를 아셨으면 하는 것입니다.

12 우리는 또다시 우리 자신을 여러분에게 내세우려는 것이 아닙니다. 단지, 사람의 마음에는 관심이 없고 외모만을 자랑하는 사람들에게 여러분이 대답할 말이 있도록 여러분에게 우리를 자랑할 기회를 드리려고 합니다.

13 우리가 제정신이 아니라면 그것은 하나님을 위해서 제정신이 아닌 것이며, 우리가 정신이 온전하다면 그것은 여러분을 위해 그런 것입니다.

14 그리스도의 사랑이 우리를 사로잡고 있습니다. 우리는 확신합니다. 한 사람이 모든 사람을 대신하여 죽었으므로, 모든 사람이 죽은 것입니다.

15 그리스도께서 모든 사람을 대신하여 죽으신 것은 살아 있는 사람들이 더 이상 자기 자신을 위해 살지 않고, 자신들을 위해 죽었다가 다시 사신 분을 위해 살게 하려는 것입니다.

16 그러므로 우리는 이제부터 그 어떤 사람도 세상의 관점으로 알지 않겠습니다. 전에는 우리가 그리스도에 대해서도 세상의 관점으로 알았으나, 이제는 더 이상 그렇게 하지 않겠습니다.

17 그러므로 누구든지 그리스도 안에 있으면 새로운 창조입니다.* 이전 것들은 지나갔고, 보십시오. 새것들이 와 있습니다.

18 이 모든 것은 하나님께로부터 왔습니다. 하나님께서는 그리스도를 통해 우리를 자신과 화목시키시고 또한 우리에게 화목의 직분을 맡기셨습니다.

* 5:17 누구든지 그리스도 안에 있으면 새 창조에 속하게 됩니다.

절별 해설

청년 목수로밖에 보이지 않았지만, 바울이 영의 눈을 뜬 후에는 그리스도로 보이는 변화가 있었다.

17 새로운 피조물 성도는 예수 그리스도를 통해 완전히 새로운 지위와 상태를 누리게 된 자들이다. 성도는 죄에 속해서 육신적인 것만을 보던 옛 자아가 아니라, 그리스도의 죽음과 부활을 통해 완전히 새로운 피조물로 거듭나게 되었다.

18 모든 것이 하나님께로서 났으며 그리스도를 통해 우리가 회심과 변화를 경험하여 새로운 피조물로 거듭나게 하는 것은 오직 절대 주권을 가지신 하나님께서 하시는 일이다.

18-20 화목하게 하는 직분 하나님께서는 그리스도를 통해 죄인인 우리와 하나님을 화목하게 하셨다. 또한 하나님과 화목하게 되는 복음을 들은 우리는 아직 그 복된 소식을 듣지 못한 자들에게 전해야 하는 특권과 의무를 가진다.

19 하나님께서는 그리스도 안에서 이 세상을 하나님 자신과 화목하게 하셨으며, 사람들의 죄를 묻지 않으셨습니다. 그리고 하나님께서는 우리에게 화목케 하는 말씀을 맡기셨습니다.

20 그러므로 우리는 그리스도를 대신하여 일하는 대사입니다. 하나님께서는 우리를 시켜 여러분을 권하십니다. 이제 그리스도를 대신하여 여러분에게 권합니다. 하나님과 화목하십시오.

21 하나님께서 죄를 알지도 못하신 그리스도를 우리를 위해 죄가 있게 하신 것은 그리스도 안에서 우리로 하여금 하나님의 의가 되게 하기 위해서였습니다.

저자의 묵상

모든 사람은 예수 그리스도를 만나기 전에는 죄 가운데서 산다. 육신의 눈에 보이는 대로 판단하고 행동한다. 바울의 경우도 마찬가지였다. 회심 전의 바울에게 나사렛 출신의 예수는 단지 평범한 청년에 불과했다. 그러나 부활하신 주님을 만난 후로 바울의 삶은 완전히 바뀌었다. 감겼던 영의 눈이 떠졌을 때 그의 눈에 비친 예수님은 하나님의 아들이요, 이 세상을 구원하시는 그리스도였다. 바울은 그리스도를 통해 하나님과 세상이 화목하게 되었다는 것을 깨달은 후로는 그 놀라운 소식을 전하는 일에 그의 일생을 바쳤다. 그의 삶의 우선순위도 완전히 달라졌다. 바울은 자기를 대신하여 죽었다가 다시 살아나신 그리스도를 위한 삶이 가장 값진 것임을 알고 그것을 전하는 일에 전심전력하는 삶을 살았다. 이것은 비단 바울에게만 적용되는 것은 아니다. 그리스도 안에서 구원을 경험하고 새로운 피조물이 된 우리 모두가 감당해야 하는 일이다. 세상을 향해 '하나님과 화목하라'고 외치고 행동으로 직접 보여주어야 하는 사명이 우리 모두에게 있다.

무릎 기도 하나님, 저의 영의 눈을 뜨게 하셔서 하나님과 그리스도를 보게 하시니 감사합니다. 주님 안에서 거듭난 새로운 피조물답게 하나님의 화평의 복음을 전하며 살게 하소서.

ESV - 2 Corinthians 5

11 Therefore, knowing the fear of the Lord, we
persuade others. But what we are is known
to God, and I hope it is known also to your
conscience.
12 We are not commending ourselves to you
again but giving you cause to boast about
us, so that you may be able to answer those
who boast about outward appearance and
not about what is in the heart.
13 For if we are beside ourselves, it is for God;
if we are in our right mind, it is for you.
14 For the love of Christ controls us, because
we have concluded this: that one has died
for all, therefore all have died;
15 and he died for all, that those who live
might no longer live for themselves but for
him who for their sake died and was raised.
16 From now on, therefore, we regard no one
according to the flesh. Even though we
once regarded Christ according to the
flesh, we regard him thus no longer.
17 Therefore, if anyone is in Christ, he is a new
creation.* The old has passed away; behold,
the new has come.
18 All this is from God, who through Christ
reconciled us to himself and gave us the
ministry of reconciliation;
19 that is, in Christ God was reconciling* the
world to himself, not counting their tres-
passes against them, and entrusting to us
the message of reconciliation.
20 Therefore, we are ambassadors for Christ,
God making his appeal through us. We
implore you on behalf of Christ, be reconciled
to God.
21 For our sake he made him to be sin who
knew no sin, so that in him we might become
the righteousness of God.

* 5:17 Or *creature*
* 5:19 Or *God was in Christ, reconciling*

11 persuade 설득하다 conscience 양심 12 commend oneself to …에 좋은 인상을 주다 outward 외면의 appearance 외모 13 beside oneself 이성을 잃고 in one's right mind 제정신으로 14 conclude 결론짓다 16 regard (어떤 감정으로) 보다 17 pass away 사라지다 18 reconciliation 화해 19 trespass 죄 entrust 맡기다 20 ambassador 사신 implore 간청하다 on behalf of …을 대신하여

• MEMO •

61 하나님의 은혜를 헛되이 받지 말라

월 일

고린도후서 6:1–10 • 새찬송 338장 | 통일 364장

• 말씀묵상 전에 성령님의 인도하심을 구하는 기도를 드리십시오.

본문요약 I 화목하게 하는 직분을 맡은 자는 항상 자신에게 허락하신 하나님의 은혜를 우선적으로 기억해야 한다. 예수님의 경우에도 그랬듯이, 어떤 이는 하나님의 은혜를 배척하고 또 어떤 이는 그것을 받을 것이다. 어떤 이는 미워하고 또 어떤 이는 사랑할 것이다. 기쁨을 맛볼 때도 있고 고난과 역경을 겪을 때도 있다. 어떤 때에도 사역자 스스로가 걸림돌이 되어서는 안 된다.

1 우리가 하나님과 함께 일하는 자로서 너희를 권하노니 하나님의 은혜를 헛되이 받지 말라

2 이르시되

ㄱ내가 은혜 [1]베풀 때에 너에게 듣고 구원의 날에 너를 도왔다

하셨으니 보라 지금은 은혜받을 만한 때요 보라 지금은 구원의 날이로다

3 우리가 이 직분이 비방을 받지 않게 하려고 무엇에든지 아무에게도 거리끼지 않게 하고

4 오직 모든 일에 하나님의 일꾼으로 자천하여 많이 견디는 것과 환난과 궁핍과 고난과

5 매 맞음과 갇힘과 난동과 수고로움과 자지 못함과 먹지 못함 가운데서도

6 깨끗함과 지식과 오래 참음과 자비함과 성령의 감화와 거짓이 없는 사랑과

7 [2]진리의 말씀과 하나님의 능력으로 의의 무기를 좌우에 가지고

8 영광과 욕됨으로 그러했으며 악한 이름과 아름다운 이름으로 그러했느니라 우리는 속이는 자 같으나 참되고

9 무명한 자 같으나 유명한 자요 죽은 자 같으나 보라 우리가 살아 있고 징계를 받는 자 같으나 죽임을 당하지 아니하고

10 근심하는 자 같으나 항상 기뻐하고 가난한 자 같으나 많은 사람을 부요하게 하고 아무 것도 없는 자 같으나 모든 것을 가진 자로다

1) 또는 받을 만한 때 2) 헬, 참
ㄱ. 사 49:8

1. 오늘 하나님께서 나에게 주신 깨달음은 무엇입니까?

2. 말씀을 어떻게 내 삶에 구체적으로 적용해야 합니까?

절별 해설

1 우리가 하나님과 함께 일하는 자로서 원문에는 하나님이 빠져 있다. 그러나 문맥상 하나님을 넣어서 번역이 가능하다.
하나님의 은혜를 헛되이 받지 말라 본절에는 고린도에서의 사역이 수포로 돌아갈까 염려하는 바울의 마음이 담겨 있다. 바울은 하나님의 은혜로 구원받는다는 진리를 가르쳤다. 그와 다르게 거짓 교사들은 율법을 지킴으로써 구원을 얻을 수 있다고 가르쳤는데, 그런 그들을 따르는 자들도 생겨났다. 이러한 상황에서 바울은 말로 다 표현할 수 없는 하나님의 은혜를 헛되이 받지 말라고 권면한다.

2 바울은 이사야 49장 8절을 인용하며 지금 바로 이 순간을 강조한다. 은혜를 받고 구원을 경험할 기회는 오늘이다.

3 이 직분이 비방을 받지 않게 하려고 바울은 그리스도의 화해의 복음을 전하는 사명을 받았다. 그러나 복음이 효과적으로 전해지기 위해서는 말뿐만 아니라 그 직분을 맡은 자의 행실도 중요하다. 말과 행동이 같이 갈 때 비방을 받지 않는다.

6 거짓이 없는 사랑 다른 사람을 사랑하는 것은 복음 선포자에게 매우 중요한 자세다. 그러나 사랑은 언제든지 가장될 수 있다. 실제로는 사랑하지 않지만 사랑하는 체할 수 있다. 바울은 성도들에게 사랑을 위장하지 않았다고 강조한다.

7 의의 무기를 좌우에 가지고 바울이 영적인 전투에서 사용하는 무기가 있었다. "무기"라는 말 앞에 "의"라는 말을 사용한다. 여기서는 '의를 가능하게 하는 무기'라는 의미와 '의로운 삶을 통해 얻은 무기'라는 뜻 둘 다를 의미할 수 있다. 바울은 그것을 좌우에 두고서 영적인 전투에서 공격용과 방어용으로 사용하고 있다.

8–10 바울은 복음 전파 사역을 할 때 그 복음을 듣는 자들의 반응보다는 복음 자체에 더 집중하였다.
영광과 욕됨으로 그러했으며 바울이 복음을 전할 때에 복음을 감사함으로 받는 이들도 있었고 무시하고 욕하는 자들도 있었다.
악한 이름과 아름다운 이름으로 그러했느니라 바울은 비방을 받기도 했고 칭송을 받기도 했다. 이어지는 7개의 내용은 사도의 삶에 대한 사람의 평가와 하나님의 평가를 잘 대비해서 보여준다. 사람들은 바울을 속이는 자, 무명한 자, 죽은 자, 징계를 받는 자, 근심하는 자, 가난한 자 그리고 아무것도 없는 자라고 평가했다. 그러나 하나님은 바울을 참된 자, 유명한 자, 살아 있는 자, 죽임을 당하지 않은 자, 기뻐하는 자, 많은 사람을 부요하게 하는 자 그리고 모든 것을 가진 자로 평가하신다.

쉬운성경

1 우리는 하나님과 함께 일하는 일꾼으로서 여러분께 권면합니다. 하나님의 은혜를 헛되이 받지 마십시오.

2 하나님께서 이렇게 말씀하셨습니다. "내가 은총을 베풀 때에 너의 말을 들었고, 구원의 날에 너를 도왔다."* 보십시오. 지금이 하나님께서 은총을 베푸실 때이며, 지금이 구원의 날입니다.

3 우리의 사역이 비난을 받지 않게 하려고 우리는 그 누구에게도 흠이 될 만한 일을 행하지 않았습니다.

4 오히려 우리는 모든 일에 하나님의 일꾼답게 행동했습니다. 우리는 매번 환난과 역경과 어려움을 견뎌 냈습니다.

5 또 매를 맞고, 옥에 갇히고, 폭도들에게 당하기도 하고, 고된 일에 시달리며, 잠도 못 자고, 굶주렸습니다.

6 그리고 우리는 정결함과 지식과 인내와 친절함을 나타내었으며, 성령의 감화와 거짓 없는 사랑과,

7 진리의 말씀과, 하나님의 능력으로 모든 일을 행하였습니다. 우리는 의를 무기 삼아 양손에 지니고 다녔습니다.

8 우리는 영예도 얻었고, 모욕도 받았고, 비난과 칭찬도 받았습니다. 우리는 거짓말쟁이로 취급받았지만, 사실은 진리를 말하였습니다.

9 무명인 취급을 받았으나 사실은 유명한 사람들이며, 죽은 자로 여겨지기도 했으나 보시는 바와 같이 우리는 살아 있으며, 매를 많이 맞았지만 죽지 않았습니다.

10 또 슬픈 사람 취급을 받았으나 우리는 항상 기뻐하였으며, 가난한 자 같으나 많은 사람을 부유하게 하였고, 아무것도 가지지 않은 자 같으나 우리는 모든 것을 소유한 사람입니다.

* 6:2 사 49:8에 기록되어 있다.

저자의 묵상

하나님의 일을 감당하는 일꾼은 바울처럼 하나님과 함께 일하는 자임을 분명히 기억해야 한다. 다른 사람들로부터 약간의 반대에만 부딪혀도 자존심에 금이 가고 금방 포기하는 성도들이 많다. 그러나 바울은 고린도 교회 성도들이 자신의 수고와 헌신을 헌신짝처럼 버리고 거짓 교사들의 말에 귀를 기울일 때도 절망하지 않았다. 그는 거짓 교사들의 터무니없는 비방에도 아랑곳하지 않고 하나님께서 맡겨 주신 사역을 끈기 있게 감당했다. 바울이 그렇게 했던 이유는 오늘 바로 지금 이 순간이 하나님의 은혜를 입는 기회가 된다는 것을 알았기 때문이다. 그리스도 안에서 바울의 영적 해산의 고통을 통해 고린도 교회가 생겼다. 그러나 그들은 그 사실을 잊어버리고 바울의 말보다 대적자들의 말에 더 귀를 기울였다. 바울은 사람들의 평가보다 더 중요한 것이 있다고 확신했는데, 그것은 바로 자신을 향한 하나님의 평가다. 그는 맡겨진 복음 전파의 일이 효과적으로 진행된다면 기꺼이 고난을 당해도 괜찮다고 여긴다. 여러분은 어떤가? 하나님의 평가로 족하다는 생각으로 담대히 살고 있는가?

무릎 기도 하나님, 주께서 맡기신 일을 감당하는 청지기로서의 사명을 잘 감당하기 원합니다. 오늘도 주변 사람들의 평가보다 하나님의 평가에 더 관심을 기울이게 하소서.

ESV - 2 Corinthians 6

1 Working together with him, then, we
appeal to you not to receive the grace of
God in vain.
2 For he says, "In a favorable time I listened
to you, and in a day of salvation I have
helped you." Behold, now is the favorable
time; behold, now is the day of salvation.
3 We put no obstacle in anyone's way, so
that no fault may be found with our ministry,
4 but as servants of God we commend
ourselves in every way: by great endurance,
in afflictions, hardships, calamities,
5 beatings, imprisonments, riots, labors,
sleepless nights, hunger;
6 by purity, knowledge, patience, kindness,
the Holy Spirit, genuine love;
7 by truthful speech, and the power of God;
with the weapons of righteousness for the
right hand and for the left;
8 through honor and dishonor, through slander
and praise. We are treated as impostors,
and yet are true;
9 as unknown, and yet well known; as dying,
and behold, we live; as punished, and yet
not killed;
10 as sorrowful, yet always rejoicing; as poor,
yet making many rich; as having nothing,
yet possessing everything.

1 appeal to …에 호소하다 in vain 헛되이 2 favorable 호의적인 salvation 구원 3 obstacle 방해물 find fault with …의 흠을 찾다 4 endurance 인내 affliction 고통 hardship 궁핍 calamity 고난 5 imprisonment 투옥 riot 폭동 8 slander 비방 impostor 속이는 자 10 sorrowful 슬퍼하는 rejoice 기뻐하다

62

월 일

성도의 구별된 삶

고린도후서 6:11-7:1 • 새찬송 286장 | 통일 218장

• 말씀묵상 전에 성령님의 인도하심을 구하는 기도를 드리십시오.

본문요약 I 바울은 자신이 고린도 교회 성도들을 향해 넓은 마음을 가진 것처럼, 그들도 바울에게 넓은 마음을 가지길 원한다. 고린도 교회 성도들이 살아계신 하나님의 성전답게 거룩하게 행하여 온갖 더러운 것으로부터 벗어나 깨끗한 성도의 삶을 살기를 바울은 바라고 있다.

11 고린도인들이여 너희를 향하여 우리의 입이 열리고 우리의 마음이 넓어졌으니
12 너희가 우리 안에서 좁아진 것이 아니라 오직 너희 심정에서 좁아진 것이니라
13 내가 자녀에게 말하듯 하노니 보답하는 것으로 너희도 마음을 넓히라
14 너희는 믿지 않는 자와 멍에를 함께 메지 말라 의와 불법이 어찌 함께 하며 빛과 어둠이 어찌 사귀며
15 그리스도와 벨리알이 어찌 조화되며 믿는 자와 믿지 않는 자가 어찌 상관하며
16 하나님의 성전과 우상이 어찌 일치가 되리요 우리는 살아 계신 하나님의 성전이라 이와 같이 하나님께서 이르시되
[ㄱ]내가 그들 가운데 거하며 두루 행하여 [ㄴ]나는 그들의 하나님이 되고 그들은 나의 백성이 되리라
17 그러므로 [ㄷ]너희는 그들 중에서 나와서 따로 있고 부정한 것을 만지지 말라 내가 너희를 영접하여
18 [ㄹ]너희에게 아버지가 되고 너희는 내게 자녀가 되리라 전능하신 주의 말씀이니라 하셨느니라
1 그런즉 사랑하는 자들아 이 약속을 가진 우리는 하나님을 두려워하는 가운데서 거룩함을 온전히 이루어 육과 영의 온갖 더러운 것에서 자신을 깨끗하게 하자

ㄱ. 레 26:12; 출 29:45; 겔 37:27 ㄴ. 렘 31:1
ㄷ. 사 52:11 ㄹ. 호 1:10; 사 43:6

1. 오늘 하나님께서 나에게 주신 깨달음은 무엇입니까?

2. 말씀을 어떻게 내 삶에 구체적으로 적용해야 합니까?

절별 해설

11-13 이 구절에는 고린도 교회 성도들을 향한 바울의 관용적인 사랑이 잘 드러난다.

11 너희를 향하여 우리의 입이 열리고 우리의 마음이 넓어졌으니 바울은 진실한 말과 열린 마음으로 성도들을 대하고 있다. 자신의 약함을 숨기지 않고 솔직히 드러냄으로써 바울의 진정성을 의심하는 대적들의 비난에 대해 정직함으로 반응한다.

12 오직 너희 심정에서 좁아진 것이니라 바울과 동역자들이 성도들을 향해 마음 문을 닫은 것이 아니라, 실상은 성도들이 바울에 대해 그렇게 한 것이다. 바울은 성도들을 향한 사랑을 중단한 적이 없다.

13 보답하는 것으로 너희도 마음을 넓히라 바울은 자신이 아버지의 심정으로 그들을 향하여 열린 마음을 가진 것처럼 성도들도 그리하라고 권면한다.

14-16 너희는 믿지 않는 자와 멍에를 함께 메지 말라 신명기 22장 10절을 암시하는 내용으로, 원래의 의미는 소와 나귀가 한 멍에를 메게 하지 말라는 의미다. 바울은 그 구절을 믿는 자와 믿지 않는 자에게 연결시킨다. 믿지 않는 자들과의 관계로 인해 하나님의 영광을 구하는 영적인 일에 장애가 있어서는 안 된다고 말한다. 바울은 의와 불법, 빛과 어둠, 그리스도와 벨리알, 그리고 하나님의 성전과 우상이 조화를 이룰 수 없다고 분명히 말한다. "벨리알"은 히브리어로 '쓸모없는,' '값없는'이란 뜻이며, 악한 영의 두목인 사탄을 가리킨다. 바울은 고린도전서를 쓰면서 이방인과 결혼하지 말라고 말한 적이 있다. 이 구절은 이방인과의 결혼 문제를 다루는 것이 아니라, 믿지 않는 자들과의 전반적인 관계에 대해 말하고 있다.

16 우리는 살아 계신 하나님의 성전이라 거룩한 성전에 우상이 세워진다면 그것은 참으로 어울리지 않는 그림일 것이다. 그처럼 거룩한 성도들의 삶에 거룩하지 않은 이방인들이 좋지 않은 영향을 끼치는 것은 바람직하지 않다.

17-7:1 너희는 그들 중에서 나와서 따로 있고 이사야 52장 11절의 내용과 맥을 같이한다. 이사야서에서는 바벨론에 포로로 잡혀갔던 유대인들이 다시 예루살렘으로 돌아오는 내용을 다룬다. 이방 우상을 숭배하는 문화와 습관을 다 버리고 오직 하나님만 섬기는 거룩한 모습을 갖추라고 권고한다. 이런 의미에서 바울은 당시 고린도에 거짓 교사들이 있고 이방 신전에서 다양한 행사가 거행되는 상황에서, 성도로서의 순수성을 유지하라고 말하고 있다.

쉬운성경

11 고린도의 성도 여러분, 우리는 여러분에게 모든 것을 다 말하였고, 우리 마음을 여러분에게 활짝 열어 놓았습니다.

12 우리가 마음을 여러분에게 닫아 놓은 것이 아니라 여러분이 자신들의 마음을 닫아 놓은 것입니다.

13 내가 여러분을 나의 친자식이라 생각하고 말하겠습니다. 우리가 여러분에게 한 것처럼 여러분도 우리를 향해 마음을 열어 주십시오.

14 믿지 않는 사람들과 멍에를 함께 메지 마십시오. 의로운 것과 불의한 것이 어떻게 짝이 될 수 있겠으며, 빛과 어둠이 어떻게 사귈 수 있겠습니까?

15 그리스도와 벨리알이 어떻게 화목하게 지낼 수 있으며, 믿는 사람과 믿지 않는 사람 사이에 무슨 공통점이 있겠습니까?

16 하나님의 성전과 우상이 어떻게 어울릴 수 있겠습니까? 우리는 살아계신 하나님의 성전입니다. 하나님께서도 이렇게 말씀하셨습니다. "내가 그들 가운데서 살고 그들 중에 다닐 것이다. 나는 그들의 하나님이 되고 그들은 나의 백성이 될 것이다."*

17 "그러므로 너희는 그들에게서 나와 구별되어라. 깨끗하지 않은 것은 손도 대지 마라. 그러면 내가 너희들을 받아 줄 것이다."*

18 "나는 너희 아버지가 되고, 너희는 나의 자녀가 될 것이다."* 전능하신 주님께서 말씀하셨습니다.

1 사랑하는 여러분, 우리에게 이런 약속들이 있으므로 우리의 몸과 영혼을 더럽히는 모든 것에서 자신을 깨끗하게 합시다. 그리고 하나님을 두려워하는 마음으로 거룩함을 온전히 이룹시다.

* 6:16 레 26:12과 겔 37:27에 기록되어 있다.
* 6:17 사 52:11과 겔 20:34, 41에 기록되어 있다.
* 6:18 삼하 7:14에 기록되어 있다.

저자의 묵상

성도는 살아계신 하나님의 성전이다. 성전에 이방 우상이 버젓이 자리를 차지한다면 그것처럼 우스꽝스러운 일도 없을 것이다. 그러나 우리의 삶을 잘 살펴보면 가능성이 전혀 없지는 않다는 생각이 들기도 한다. 성도는 하나님을 믿지 않는 사람들, 다른 말로 하면 세상과 어떤 관계를 유지해야 하는가? 이것은 오래된 물음이고 여전히 유효한 물음이다. 바울이 '너희는 그들 중에서 나와서 따로 있고'라는 이사야 구절을 인용한 것은 완전히 별개의 사회를 꾸리라는 말은 아니다. 만약 그렇게 한다면 예수를 믿지 않는 자들에게 어떻게 복음을 전할 수 있겠는가? 믿지 않는 가족을 떠나 따로 사는 것도 성경말씀과 맞지 않는다. 그럼 어떤 의미로 바울은 이 말을 했을까? 이것은 세상에 물들어 성도로서의 거룩을 잃어버리지 말라는 권면이다. 성도는 세상 안에 살지만 세상에 속해 살지 않고, 오히려 세상을 그리스도의 복음으로 변화시키는 삶을 살아야 한다. 오늘 우리의 삶의 자리를 성경적 원리가 지배하는 곳으로 바꾸는 사명이 우리에게 있다.

무릎기도 | 하나님, 오늘 저의 삶이 하나님께서 받으시는 거룩한 산제사가 되길 원합니다. 만나는 사람들에게 그리스도의 사랑으로 행하여 거룩한 영향력을 끼치게 하소서.

ESV - 2 Corinthians 6-7

11 We have spoken freely to you,* Corinthians; our heart is wide open.
12 You are not restricted by us, but you are restricted in your own affections.
13 In return (I speak as to children) widen your hearts also.
14 Do not be unequally yoked with unbelievers. For what partnership has righteousness with lawlessness? Or what fellowship has light with darkness?
15 What accord has Christ with Belial?* Or what portion does a believer share with an unbeliever?
16 What agreement has the temple of God with idols? For we are the temple of the living God; as God said, "I will make my dwelling among them and walk among them, and I will be their God, and they shall be my people.
17 Therefore go out from their midst, and be separate from them, says the Lord, and touch no unclean thing; then I will welcome you,
18 and I will be a father to you, and you shall be sons and daughters to me, says the Lord Almighty."
1 Since we have these promises, beloved, let us cleanse ourselves from every defilement of body* and spirit, bringing holiness to completion in the fear of God.

* 6:11 Greek *Our mouth is open to you*
* 6:15 Greek *Beliar*
* 7:1 Greek *flesh*

11 speak freely 서슴없이 말하다 12 restricted 제한된 affection 감정 13 in return 답례로 14 unequally 불평등하게 yoke 멍에를 메다 lawlessness 불법 15 accord 조화 portion 몫 share with …와 나누어 갖다 17 separate from …에서 떨어진 1 defilement 더러움 bring… to completion …을 완성하다

63 바울의 기쁨

월 일

고린도후서 7:2-9 • 새찬송 412장 | 통일 469장

• 말씀묵상 전에 성령님의 인도하심을 구하는 기도를 드리십시오.

본문요약 I 바울은 자신을 향한 대적자들의 비난에 대해 분명하게 반박한다. 바울이 노심초사하며 고린도 교회의 소식을 기다리는 모습은 그가 성도들을 얼마나 사랑하는지를 보여준다. 긴 기다림 끝에 디도가 가져온 소식은 바울의 시름을 덜어 주고 위로와 기쁨이 넘치게 하였다.

2 마음으로 우리를 영접하라 우리는 아무에게도 불의를 행하지 않고 아무에게도 해롭게 하지 않고 아무에게서도 속여 빼앗은 일이 없노라
3 내가 이 말을 하는 것은 너희를 정죄하려고 하는 것이 아니라 내가 이전에 말하였거니와 너희가 우리 마음에 있어 함께 죽고 함께 살게 하고자 함이라
4 나는 너희를 향하여 담대한 것도 많고 너희를 위하여 자랑하는 것도 많으니 내가 우리의 모든 환난 가운데서도 위로가 가득하고 기쁨이 넘치는도다
5 우리가 마게도냐에 이르렀을 때에도 우리 육체가 편하지 못하였고 사방으로 환난을 당하여 밖으로는 다툼이요 안으로는 두려움이었노라
6 그러나 낙심한 자들을 위로하시는 하나님이 디도가 옴으로 우리를 위로하셨으니
7 그가 온 것뿐 아니요 오직 그가 너희에게서 받은 그 위로로 위로하고 너희의 사모함과 애통함과 나를 위하여 열심 있는 것을 우리에게 보고함으로 나를 더욱 기쁘게 하였느니라
8 그러므로 내가 편지로 너희를 근심하게 한 것을 후회하였으나 지금은 후회하지 아니함은 그 편지가 너희로 잠시만 근심하게 한 줄을 앎이라
9 내가 지금 기뻐함은 너희로 근심하게 한 까닭이 아니요 도리어 너희가 근심함으로 회개함에 이른 까닭이라 너희가 하나님의 뜻대로 근심하게 된 것은 우리에게서 아무 해도 받지 않게 하려 함이라

1. 오늘 하나님께서 나에게 주신 깨달음은 무엇입니까?

2. 말씀을 어떻게 내 삶에 구체적으로 적용해야 합니까?

절별 해설

2-4 거짓 교사들은 바울이 불의를 행하고 고린도 교회 성도들을 해롭게 하고 자신의 잇속을 챙긴다고 비난하였다. 이러한 비난에 대해 바울은 결코 그런 일이 없으며 성도들을 향해 아무런 거리낌이 없다고 밝히고 있다. 대적자들은 바울이 예루살렘 교회에 보내려고 헌금을 모은 것을 개인적으로 사용하려고 한다고 비난한 것 같다.

3 너희가 우리 마음에 있어 함께 죽고 함께 살게 하고자 함이라 바울은 그리스도 안에서 죽고 다시 살아나는 신앙의 원리에 대해 앞에서 설명했다. 그러나 이 구절에서는 그러한 신학적인 내용으로서가 아니라, 죽음조차도 바울과 고린도 교회 사이를 갈라놓을 수 없을 정도로 성도들을 향한 자신의 마음이 진실하고 애틋하다는 것을 드러낸다.

5 우리가 마게도냐에 이르렀을 때에도 … 밖으로는 다툼이요 안으로는 두려움이었노라 고린도후서 2장 13절에 이어지는 내용으로 바울은 디도를 만나 고린도 교회의 형편에 대해 듣기 위해 드로아에서 마게도냐로 갔다. 그곳에서도 바울을 향한 박해는 이어졌다. 바울은 고린도 교회를 비롯하여 자신이 세운 교회들의 평안을 구하는 마음으로 두려움 가운데 지냈다. 밖으로는 '다툼', 안으로는 '두려움'이란 표현은 바울이 처한 힘든 상황을 보여준다.

6 낙심한 자들을 위로하시는 하나님 고난 중의 위로는 이 편지의 중요한 주제다. 바울은 낙심한 자신을 하나님께서 디도를 통해 위로하셨다고 고백한다. 그러면서 바울은 하나님의 성품에 대해 분명히 설명한다. 하나님은 낙심한 자를 위로하시는 분이다.

7 너희의 사모함과 애통함과 나를 위하여 열심 있는 것을 우리에게 보고함으로 바울이 격정 가운데 쓴 편지를 디도가 고린도 교회에 전달했던 것 같다. 그들이 어떻게 반응할까 염려하는 바울에게 디도가 소상히 고린도 교회 성도들의 상황을 알려 주었다. 크게 세 가지 소식이었다. 첫째, 그들이 바울을 다시 보기 원하고 관계도 회복되기를 바라고 있다. 둘째, 자신들이 했던 잘못을 뉘우치고 반성하고 있다. 셋째, 이제는 바울을 옹호하고 바울 편에 서서 지지하고 있다. 바울은 이와 같은 내용을 듣고 기뻐한다.

8-9 바울은 고린도 교회 성도들에게 책망의 내용을 담은 편지를 보낸 후에 그들을 근심에 빠지게 한 것을 후회하기도 했다. 그러나 고린도 교회 성도들이 그 편지로 인하여 돌이켜 회개함으로 회복된 것에 대해 감사하게 생각한다.

쉬운성경

2 여러분은 마음을 열어 우리를 받아 주십시오. 우리는 아무에게도 악을 행하지 않았고, 아무도 더럽히지 않았으며, 아무도 속여 빼앗은 적이 없습니다.

3 여러분을 꾸짖기 위해 이런 말을 하는 것은 아닙니다. 전에도 말했지만 여러분은 우리 마음속에 있어, 우리는 여러분과 함께 죽기도 하고 살기도 할 것입니다.

4 나는 여러분에 대해 큰 확신이 있습니다. 나는 여러분을 대단히 자랑스럽게 여기고 있습니다. 모든 환난 중에서도 여러분은 내게 많은 위로가 되었으며, 기쁨이 넘치게 하였습니다.

5 우리는 마케도니아에 도착했을 때도 조금도 쉴 수가 없었습니다. 우리는 사방에서 환난을 당하였습니다. 밖에서는 싸움이 있었고, 안에서는 두려움이 있었습니다.

6 그러나 낙심한 사람들을 위로하시는 하나님께서 디도를 보내어 우리를 위로하셨습니다.

7 디도가 온 것만 우리에게 위로가 된 것은 아닙니다. 여러분이 디도를 위로해 주었다는 말을 듣고 우리는 더 큰 위로를 받았습니다. 디도는 나에게 와서 여러분이 나를 몹시 보고 싶어 한다는 것과 나에게 잘못한 것을 뉘우치고 있다는 것과 나를 대단히 염려하고 있다는 소식을 전해 주었습니다. 그래서 나의 기쁨은 훨씬 더 커졌습니다.

8 지난번에 쓴 편지로 인하여 내가 여러분의 마음을 아프게 하였지만 후회는 하지 않습니다. 여러분이 그 편지로 인해 잠깐이나마 마음 아파했다는 것을 알고는 나 자신도 후회를 하였지만,

9 지금은 오히려 기뻐합니다. 그것은 여러분이 마음 아파해서가 아니라 여러분이 아파함으로써 회개를 하게 되었기 때문입니다. 여러분은 하나님께서 원하시는 뜻대로 슬퍼하였으므로 우리 때문에 조금도 상처를 받지 않았습니다.

저자의 묵상

어떤 일로 마음이 염려로 가득 찬 적이 있었을 것이다. 이런 일은 살면서 누구나 겪는 일이다. 바울도 예외는 아니었다. 바울은 고린도 교회 성도들에게 편지를 보낸 후 결과를 기다리고 있었다. 그는 소식을 가지고 올 디도를 하루라도 빨리 만나기 위해 마게도냐로 갔다. 디도는 기쁨의 소식을 전했고 바울의 마음은 평안을 되찾았다. 바울이 보낸 책망의 편지가 바울과 고린도 교회 성도들 사이를 더 갈라놓을 수도 있었다. 그러나 성도들은 바울의 뜻에 순종하고 곧바로 실천으로 옮겼다. 그들이 그렇게 반응할 수 있었던 것은 성령께서 그들 가운데 역사하셨기 때문이다. 하나님의 뜻을 구하며 그 일을 처리했기에 성도들과 바울은 더 돈독한 관계를 가지게 되었다. 우리의 삶도 마찬가지다. 이 세상을 향한 염려와 이 세상을 위한 근심은 우리에게 아무런 도움이 되지 못한다. 그러나 우리를 향한 하나님의 뜻을 살필 때, 우리의 삶은 하나님의 뜻을 이루는 자리와 시간으로 채워질 것이다. 평범한 일상으로 만족하지 말고 하나님의 뜻을 행하는 자로 살기를 소망한다.

무릎기도 하나님, 세상 근심이 저를 사로잡지 않게 하시고 하나님의 뜻을 구하는 삶을 살게 해 주소서. 쏜살같이 지나가는 인생을 하나님께서 기뻐하실 많은 것으로 채우게 하소서.

ESV - 2 Corinthians 7

2 Make room in your hearts* for us. We have wronged no one, we have corrupted no one, we have taken advantage of no one.
3 I do not say this to condemn you, for I said before that you are in our hearts, to die together and to live together.
4 I am acting with great boldness toward you; I have great pride in you; I am filled with comfort. In all our affliction, I am overflowing with joy.
5 For even when we came into Macedonia, our bodies had no rest, but we were afflicted at every turn—fighting without and fear within.
6 But God, who comforts the downcast, comforted us by the coming of Titus,
7 and not only by his coming but also by the comfort with which he was comforted by you, as he told us of your longing, your mourning, your zeal for me, so that I rejoiced still more.
8 For even if I made you grieve with my letter, I do not regret it—though I did regret it, for I see that that letter grieved you, though only for a while.
9 As it is, I rejoice, not because you were grieved, but because you were grieved into repenting. For you felt a godly grief, so that you suffered no loss through us.

* 7:2 Greek lacks *in your hearts*

2 wrong 불의를 행하다 corrupt 타락시키다 take advantage of …을 이용하다 3 condemn 비난하다 4 boldness 대담함 affliction 고통 overflow with …이 넘쳐나다 5 at every turn 언제나, 어디에서나 6 downcast 낙심한 7 longing 갈망 mourning 슬픔 zeal for …에 대한 열심 8 grieve 슬퍼하다 regret 후회하다 9 repent 회개하다 godly 신의 뜻에 순종하는 suffer (손해를) 입다

☐ 묵상 체크

64 하나님의 뜻에 맞는 근심

월 일

고린도후서 7:10-16 • 새찬송 288장 | 통일 204장

• 말씀묵상 전에 성령님의 인도하심을 구하는 기도를 드리십시오.

본문요약 | 바울은 기쁜 마음으로 지난날을 회고하며 성도들을 다시 신뢰하게 된 것을 기쁘게 생각한다고 적고 있다. 하나님의 뜻대로 하는 근심은 결국 성도와 교회를 깨끗하게 함으로 궁극적으로는 유익이 된다. 이 편지로 바울, 디도 그리고 고린도 교회 성도들이 더 긴밀해지게 되었다.

10 하나님의 뜻대로 하는 근심은 후회할 것이 없는 구원에 이르게 하는 회개를 이루는 것이요 세상 근심은 사망을 이루는 것이니라

11 보라 하나님의 뜻대로 하게 된 이 근심이 너희로 얼마나 간절하게 하며 얼마나 변증하게 하며 얼마나 분하게 하며 얼마나 두렵게 하며 얼마나 사모하게 하며 얼마나 열심 있게 하며 얼마나 벌하게 하였는가 너희가 그 일에 대하여 일체 너희 자신의 깨끗함을 나타내었느니라

12 그런즉 내가 너희에게 쓴 것은 그 불의를 행한 자를 위한 것도 아니요 그 불의를 당한 자를 위한 것도 아니요 오직 우리를 위한 너희의 간절함이 하나님 앞에서 너희에게 나타나게 하려 함이로라

13 이로 말미암아 우리가 위로를 받았고 우리가 받은 위로 위에 디도의 기쁨으로 우리가 더욱 많이 기뻐함은 그의 [1]마음이 너희 무리로 말미암아 안심함을 얻었음이라

14 내가 그에게 너희를 위하여 자랑한 것이 있더라도 부끄럽지 아니하니 우리가 너희에게 이른 말이 다 참된 것 같이 디도 앞에서 우리가 자랑한 것도 참되게 되었도다

15 그가 너희 모든 사람들이 두려움과 떪으로 자기를 영접하여 순종한 것을 생각하고 너희를 향하여 그의 심정이 더욱 깊었으니

16 내가 범사에 너희를 신뢰하게 된 것을 기뻐하노라

1) 헬, 영

1. 오늘 하나님께서 나에게 주신 깨달음은 무엇입니까?

2. 말씀을 어떻게 내 삶에 구체적으로 적용해야 합니까?

절별 해설

10 하나님의 뜻대로 하는 근심, 세상 근심 하나님의 뜻대로 하는 근심은 결국 죄에서 돌이켜 회개함으로 구원에 이르게 한다. 반면에 세상 근심은 정반대의 결과를 가져온다. 자만심, 회한, 이루지 못한 욕망 등으로 인한 후회와 절망은 끝내 사람을 죽음의 자리로 인도한다. 어디서 온 근심인지를 살피는 것이 중요하다.

11 하나님의 뜻대로 하는 근심을 통해 진정한 회개에 이르게 된 모습을 다양하게 묘사한다.
얼마나 변증하게 하며 자신들의 삶으로 옳은 것이 무엇인지를 보여주고자 한다.
얼마나 분하게 하며 죄 가운데 살던 이전의 삶에 대해 분노한다.
얼마나 벌하게 하였는가 옳지 않은 일에 무관심하지 않고 바로잡고자 한다.
너희가 그 일에 대하여 고린도전서 5장에 나타난 음행을 행한 자를 벌하는 일로 추정된다. 성도들이 처음에는 징계하기를 주저했지만 이후에는 바울의 권면을 따라 그를 징계함으로 그들의 깨끗함을 나타내었다.

12 그런즉 내가 너희에게 쓴 것은 바울이 눈물의 편지를 쓴 것은 불의를 행한 자를 고발하거나 불의를 당한 자인 자신을 변호하려는 목적이 아니었다. 고린도 교회 성도들에게 잘못을 돌이킬 기회를 주고 바울을 향한 마음을 회복하기 위함이었다.

13 우리가 받은 위로 위에 디도의 기쁨으로 우리가 더욱 많이 기뻐함은 바울의 편지를 고린도 교회에 전달하는 역할을 맡은 디도는 많은 부담을 느꼈을 것이다. 그러나 성도들의 반응은 디도가 염려를 떨치고 기뻐하게 했다. 성도들로부터 받은 위로로 인해 디도의 마음이 평안하게 된 것을 보고 바울은 기뻐하고 있다.

14-16 눈물의 편지를 쓸 때의 상황과는 매우 달라졌다. 바울은 디도 편에 편지를 보내면서 고린도 교회 성도들이 바울의 권면을 잘 따르를 것이라고 자랑하였던 것으로 보인다. 이러한 바울의 바람대로 성도들의 반응은 바울이 한 말이 참임을 증명하였다. 그들은 디도에게 진심 어린 환대를 베풀었고 그 일로 인해 디도는 마음이 편안해졌으며 성도들을 향한 마음이 더 깊어졌다. 바울 자신도 전적으로 고린도 교회 성도들을 신뢰할 수 있게 된 것을 기뻐한다. 바울, 디도 그리고 고린도 교회 사이에 신뢰가 회복되었다.

쉬운성경

10 하나님의 뜻에 맞는 슬픔은 회개하여 구원에 이르게 하므로 후회할 것이 없습니다. 하지만 세상의 슬픔은 죽음에 이르게 합니다.

11 하나님의 뜻에 맞는 슬픔이 여러분에게 어떤 결과를 가져다주었는지 보시겠습니까? 여러분은 더 진지해졌고, 자신의 무죄를 더 증명하게 되었고, 어떤 것에 대해 더욱 분노를 느끼게 되었으며, 경각심을 갖게 되었습니다. 또 간절히 바라게 되고, 관심을 갖게 되고, 잘못을 저지른 사람들을 벌하게 되었습니다. 여러분은 모든 점에 있어 이 문제와 관련하여 무죄라는 것을 보여주었습니다.

12 그러므로 전에 내가 여러분에게 쓴 편지는 불의를 행한 사람이나 불의함을 당한 사람들을 겨냥하여 쓴 것이 아닙니다. 그 편지는 우리를 향한 여러분의 마음이 어떠한지를 하나님 앞에서 여러분에게 분명히 알려 주기 위해 쓴 것이었습니다.

13 이로 인해 우리는 위로를 받았습니다. 우리가 받은 위로 외에 디도가 기뻐한 것을 알고 더욱 기뻤습니다. 디도의 마음이 여러분 모두로 인해 안정을 되찾았기 때문입니다.

14 내가 디도에게 여러분에 대해 자랑하였지만 여러분은 나를 부끄럽게 하지 않았습니다. 우리가 여러분에게 항상 진리만을 말해 왔던 것처럼 디도에게 여러분을 자랑한 것도 진실이었음이 밝혀졌습니다.

15 디도는 여러분 모두가 그의 말에 순종하고 두렵고 떨리는 마음으로 자기를 맞아 준 것을 기억하면서 여러분을 더 깊이 사랑하게 되었습니다.

16 나는 여러분을 전적으로 신뢰할 수 있게 되어 기쁩니다.

저자의 묵상

'이전의 화가 복이 된다'는 전화위복이란 말이 바울이 처한 상황에 딱 들어맞았다. 바울은 디도 편에 편지를 보내면서도 마음 한편에 염려가 있었을 것이다. '이 편지가 고린도 성도들에게 받아들여지지 않으면 어떡하나?' '그들이 디도를 잘 영접할까?' '이 일로 인해 디도가 상처를 입게 되지는 않을까?' 그러나 바울의 염려는 기우가 되고 말았다. 바울이 교회를 생각하는 마음으로 쓴 편지를 통해 하나님께서 역사하셨다. 고린도 교회 성도들은 구원에 이르는 회개를 통해 더 성숙하게 되었다. 그렇다고 모든 염려가 좋은 결과를 가져다주지는 않는다. 세상 근심은 사람들을 더 불안하게 하고 초조하게 하며 결국은 그 사람이 사망에 이르게 한다. 나의 근심이 어디서 온 것인지를 잘 살펴야 한다. 세상의 자랑, 안목의 자랑, 이생의 자랑을 바라는 근심은 결코 도움이 되지 않는다. 우리의 삶에 하나님의 뜻대로 하는 근심을 통해 많은 열매가 있기를 바란다.

무릎 기도 하나님, 저의 삶이 하나님께서 기뻐하시는 열매로 가득하기 원합니다. 세상 근심은 버리고 하나님의 뜻대로 하는 근심을 통해 구원에 이르는 회개가 있게 하소서.

ESV - 2 Corinthians 7

10 For godly grief produces a repentance that leads to salvation without regret, whereas worldly grief produces death.

11 For see what earnestness this godly grief has produced in you, but also what eagerness to clear yourselves, what indignation, what fear, what longing, what zeal, what punishment! At every point you have proved yourselves innocent in the matter.

12 So although I wrote to you, it was not for the sake of the one who did the wrong, nor for the sake of the one who suffered the wrong, but in order that your earnestness for us might be revealed to you in the sight of God.

13 Therefore we are comforted. And besides our own comfort, we rejoiced still more at the joy of Titus, because his spirit has been refreshed by you all.

14 For whatever boasts I made to him about you, I was not put to shame. But just as everything we said to you was true, so also our boasting before Titus has proved true.

15 And his affection for you is even greater, as he remembers the obedience of you all, how you received him with fear and trembling.

16 I rejoice, because I have complete confidence in you.

10 godly 신의 뜻에 순종하는 repentance 회개 salvation 구원 regret 후회 11 earnestness 열심 eagerness 열망 indignation 분개 longing 갈망 punishment 벌 prove innocent 무죄가 되다 12 suffer (손해를) 입다 13 comfort 위로(하다) 14 be put to shame 부끄러움을 당하다 15 obedience 순종 trembling 떨림

65 풍성한 헌금의 모범

월 일

고린도후서 8:1-5 • 새찬송 294장 | 통일 416장

• 말씀묵상 전에 성령님의 인도하심을 구하는 기도를 드리십시오.

본문요약 | 마게도냐에 있는 성도들은 기근으로 고생하는 예루살렘 교회 성도들을 돕는 일에 좋은 본을 보여주었다. 할 수 있는 대로 최선을 다한 그들의 행동은 주님께 자신들을 드리는 헌신의 표시였고, 하나님의 뜻을 따라 형제 사랑을 실천하는 고상한 모습이었다.

1 형제들아 하나님께서 마게도냐 교회들에게 주신 은혜를 우리가 너희에게 알리노니
2 환난의 많은 시련 가운데서 그들의 넘치는 기쁨과 극심한 가난이 그들의 풍성한 연보를 넘치도록 하게 하였느니라
3 내가 증언하노니 그들이 힘대로 할 뿐 아니라 힘에 지나도록 자원하여
4 이 은혜와 성도 섬기는 일에 참여함에 대하여 우리에게 간절히 구하니
5 우리가 바라던 것뿐 아니라 그들이 먼저 자신을 주께 드리고 또 하나님의 뜻을 따라 우리에게 주었도다

1. 오늘 하나님께서 나에게 주신 깨달음은 무엇입니까?

2. 말씀을 어떻게 내 삶에 구체적으로 적용해야 합니까?

절별 해설

1 하나님께서 마게도냐 교회들에게 주신 은혜 마게도냐 지역의 교회들이 예루살렘 교회 성도들을 돕기 위해 헌금을 모은 것은 하나님의 은혜로부터 출발한다. 그들은 인간적인 고상한 일로 이 문제에 접근하지 않았고 하나님께서 베푸신 은혜에 보답하는 것으로 이해했다. 당시 로마 사회에서는 가난을 게으름의 결과라고 생각해 가난한 자들을 돕는 일에 관심이 많지 않았다. 이런 사회적인 배경에서 살펴보면 마게도냐 교회들의 헌금 모금은 통념을 깨뜨리는 창의적인 발상이었고, 그 근원은 하나님께서 베푸신 은혜에 있었다.

2 마게도냐의 성도들이 보여준 모습은 인간적인 기준으로는 이해하기 어렵다. 그들은 많은 환난과 시련을 겪었다. 그렇다면 당연히 절망과 슬픔 가운데 지내야 하는데, 그들은 오히려 넘치는 기쁨을 소유했다. 그뿐만 아니라 당시 인구의 70퍼센트 이상의 사람들이 하루 벌어 하루 먹는 극심한 가난을 겪었던 것처럼 그들도 경제적으로 힘든 삶을 살았다. 그런데도 마게도냐 성도들은 "넘치는 기쁨"과 "풍성한 연보"를 드릴 수 있었다. 이것이 성도가 누리는 역설적인 삶이다.

3 힘에 지나도록 자원하여 바울은 마게도냐 성도들이 드리는 헌금이 어떤 양상을 띠고 있는지 말한다. 그들은 바울이 기대한 이상으로 이 일에 마음을 모아 함께했다. 그들의 섬김은 이번이 처음이 아니었다. 그들은 바울의 초기 선교 사역에 물질로 후원했고(빌 1:5), 고린도에서 바울이 사역할 때도 도왔다(고후 11:9). 바울이 감옥에 갇혔을 때도 외면하지 않고 에바브로디도를 통해 그의 쓸 것을 채워 주었다(빌 2:25).

4 이 은혜와 성도 섬기는 일 이 구절에서 "성도"는 예루살렘 교회 성도들을 가리킨다. "은혜"(*헬*, 카리스)는 문맥에 따라서 '은혜', '특권', '감사'의 뜻으로 사용된다. 고린도후서 8장 4절, 6절, 7절에서는 '특권'이라는 의미를 담고 있고 구체적으로는 '돕는 행위'를 가리킨다. 그들은 예루살렘 교회 성도들을 섬기는 특권을 누릴 수 있게 해 달라고 바울에게 간절히 구하였다. 왜냐하면 마게도냐 성도들은 가난한 성도들을 위한 헌금을 의무가 아닌 특권으로 생각했기 때문이다.

5 그들이 먼저 자신을 주께 드리고 마게도냐 성도들은 영적인 우선순위가 분명했다. 하나님께 자신을 드리는 것이 그들에게 가장 중요했다. 그러한 태도는 하나님의 뜻을 따르는 사도인 바울을 돕는 형태로 드러났고, 자연스레 예루살렘 교회의 가난한 성도들을 돕는 데까지 이어졌다.

쉬운성경

1 성도 여러분, 하나님께서 마케도니아에 있는 교회들에게 베푸신 은혜를 여러분에게 알려 드리겠습니다.

2 마케도니아 지역 교회들은 심한 환난을 겪으면서도 기쁨이 넘쳤으며, 극심한 가난 속에 시달리면서도 헌금을 많이 하였습니다.

3 나는 그들이 할 수 있는 만큼만 아니라 능력 이상의 것을 드렸다고 확실하게 말할 수 있습니다. 그것도 자원해서 말입니다.

4 그 교회들은 이런 은혜와 성도들을 섬기는 일에 자기들도 참여하게 해 달라고 우리들에게 간절히 부탁하였습니다.

5 그들은 우리가 기대했던 것 이상으로 먼저 자신을 주님께 드리고 난 후에 하나님의 뜻대로 우리에게도 주었던 것입니다.

저자의 묵상

하나님의 은혜에 기초할 때 성도에게 역설적인 삶이 가능해진다. 마게도냐 성도들의 많은 환난은 넘치는 기쁨으로 이끌었고, 극심한 가난은 풍성한 연보로 이어졌다. 하나님께서 성도를 얼마나 사랑하시는지를 알 때 환경과 여건을 뛰어넘는 순종과 결단이 가능하다. 연약한 성도를 돕는 것이 의무와 짐이 아닌 기쁨과 감사가 되는 기적이 일어난다. 이것은 눈에 보이지 않는 하나님을 선명히 보는 자로 살 때 가능한 일이다. 자기 아들 을 아낌없이 우리를 위해 내어 주신 하나님께서 아들과 함께 어떤 것도 아끼지 않으신다는 것을 아는 자만이 할 수 있는 선택이다(롬 8:31-32). 마게도냐 성도들이 보여준 분명한 영적 우선순위는 오늘날 우리의 삶을 돌아보게 한다. 하나님께서는 우리가 이 세상의 일이 아니라 하나님의 일을 최우선으로 생각하고 자신을 드리는 삶을 살기를 원하신다. 하나님의 뜻을 따르는 삶은 하나님의 뜻을 이루고 영원을 준비하는 삶이 되게 할 것이다.

무릎 기도 하나님, 넉넉한 마음으로 연약한 성도를 돌아보고 이웃을 사랑하기 원합니다. 그리스도를 통해 저에게 베푸신 은혜를 기억하며 오늘도 하나님의 뜻을 행하는 자로 살게 하소서.

ESV - 2 Corinthians 8

1 We want you to know, brothers,* about the grace of God that has been given among the churches of Macedonia,
2 for in a severe test of affliction, their abundance of joy and their extreme poverty have overflowed in a wealth of generosity on their part.
3 For they gave according to their means, as I can testify, and beyond their means, of their own accord,
4 begging us earnestly for the favor* of taking part in the relief of the saints—
5 and this, not as we expected, but they gave themselves first to the Lord and then by the will of God to us.

* 8:1 Or *brothers and sisters*
* 8:4 The Greek word *charis* can mean *favor* or *grace* or *thanks*, depending on the context

2 severe 극심한 affliction 환난 abundance 넘칠 만큼 많음 poverty 가난 generosity 관대 3 beyond one's means 사람이 자기 형편 이상으로 of one's own accord 자발적으로 4 take part in …에 참여하다 relief 구제

☐ 묵상 체크

66 구제헌금에 대한 권면

월 일

고린도후서 8:6-15 • 새찬송 213장 | 통일 348장

• 말씀묵상 전에 성령님의 인도하심을 구하는 기도를 드리십시오.

본문요약 I 바울은 마게도냐 성도들의 모범을 따라 고린도 교회 성도들도 예루살렘 교회의 가난한 성도를 돕는 일에 동참하라고 권면한다. 이 일은 예수 그리스도께서 신적인 부요함을 버리시고 가난해지심으로 성도가 부요하게 되어 구원의 큰 은혜를 입은 것과 같은 원리에 근거하고 있다.

6 그러므로 우리가 디도를 권하여 그가 이미 너희 가운데서 시작하였은즉 이 은혜를 그대로 성취하게 하라 하였노라
7 오직 너희는 믿음과 말과 지식과 모든 간절함과 우리를 사랑하는 이 모든 일에 풍성한 것 같이 이 은혜에도 풍성하게 할지니라
8 내가 명령으로 하는 말이 아니요 오직 다른 이들의 간절함을 가지고 너희의 사랑의 진실함을 증명하고자 함이로라
9 우리 주 예수 그리스도의 은혜를 너희가 알거니와 부요하신 이로서 너희를 위하여 가난하게 되심은 그의 가난함으로 말미암아 너희를 부요하게 하려 하심이라
10 이 일에 관하여 나의 뜻을 알리노니 이 일은 너희에게 유익함이라 너희가 일 년 전에 행하기를 먼저 시작할 뿐 아니라 원하기도 하였은즉
11 이제는 하던 일을 성취할지니 마음에 원하던 것과 같이 완성하되 있는 대로 하라
12 할 마음만 있으면 있는 대로 받으실 터이요 없는 것은 받지 아니하시리라
13 이는 다른 사람들은 평안하게 하고 너희는 곤고하게 하려는 것이 아니요 균등하게 하려 함이니
14 이제 너희의 넉넉한 것으로 그들의 부족한 것을 보충함은 후에 그들의 넉넉한 것으로 너희의 부족한 것을 보충하여 균등하게 하려 함이라
15 기록된 것 같이 ㄱ많이 거둔 자도 남지 아니하였고 적게 거둔 자도 모자라지 아니하였느니라

ㄱ. 출 16:18

1. 오늘 하나님께서 나에게 주신 깨달음은 무엇입니까?

2. 말씀을 어떻게 내 삶에 구체적으로 적용해야 합니까?

절별 해설

6 바울은 고린도 교회에 디도를 보내며 이미 일 년 전에 시작된 예루살렘 교회 성도들을 돕는 일에(9:2) 그들도 함께하도록 권면하라고 당부하였다.

7 이 은혜에도 풍성하게 할지니라 바울은 고린도 교회 안에 풍성한 것들에 대해 언급한다. 그들이 믿음, 말, 지식, 간절함 그리고 바울을 비롯한 사역자들을 향한 풍성한 사랑을 가지고 있다고 칭찬한다. 이제 바울은 이러한 것들에 더하여 예루살렘 교회 성도들을 향한 사랑의 행위도 풍성하길 기대하고 있다.

8 오직 다른 이들의 간절함을 가지고 너희의 사랑의 진실함을 증명하고자 함이로라 "다른 이들의 간절함"은 마게도냐 성도들이 보여준 힘에 넘치는 구제헌금을 말한다. 바울은 이러한 좋은 본을 따라 고린도 교회 성도들도 그들이 지닌 사랑의 진실함을 보여주기를 원하는 마음이다. 그러나 바울은 자신의 강요에 의해서가 아니라 그들이 자발적으로 선택하여 행하길 바라고 있다.

9 부요하신 이로서 너희를 위하여 가난하게 되심은 하나님의 아들이신 예수님께서 우리와 같은 모습으로 이 땅에 오심을 가리킨다(참조. 빌 2:6-8). 그는 신적인 부요함을 내려놓고 비천한 인간으로 오심으로 말로 표현할 수 없는 가난함을 맛보셨다. 그렇게 하신 이유는 우리를 부요하게 하기 위해서다. 이 말은 부자가 되게 하신다는 의미가 아니라 구원을 통해 하나님이 주시는 풍성함을 누리게 하신다는 뜻이다.

10 이 일은 너희에게 유익함이라 바울은 가난한 성도들을 돕는 일에 고린도 교회가 동참하는 것은 그들에게 유익이라고 생각했다. 그 이유는 하나님께서 헌신하는 그들에게 물질적으로나 영적으로 복을 주실 것이라고 확신했기 때문이다.

11-12 있는 대로 하라 구제헌금은 가난한 자와 부유한 자가 같은 몫을 감당하는 것이 아니라 각자의 형편에 따라 하라고 권면한다. 형편을 따라 자원하여 드린 예물은 많고 적음에 상관없이 하나님께서 받으신다.

13-14 균등 바울은 이방인 교회의 성도들이 예루살렘 교회의 성도들을 돕는 일은 균형과 조화를 이루는 것으로 생각했다. 그리스도의 몸의 지체로서 연약한 지체를 도움으로 몸 전체가 평안을 누리는 것이다. 그렇다고 바울이 모든 교회 성도들의 재물을 재분배하여 균등하게 하려고 하지는 않았다.

쉬운성경

6 그래서 우리는 디도가 일찍이 여러분 가운데서 시작한 이 은혜로운 일을 완수하라고 그를 권했습니다.

7 여러분은 믿음이나 말에 있어서만 아니라, 지식이나 간절한 마음에서, 그리고 우리를 향한 사랑 등 모든 면에서 뛰어납니다. 그러니 여러분은 이 헌금하는 일에 있어서도 뛰어나게 하시기를 바랍니다.

8 내가 여러분에게 명령하는 것은 아닙니다. 다만 여러분의 사랑이 얼마나 진실한가를 다른 사람들의 간절한 마음과 비교하여 알아보고 싶은 것뿐입니다.

9 여러분은 우리 주 예수 그리스도의 은혜를 알고 있습니다. 그분은 부요한 분이시지만, 여러분을 위해 가난하게 되셨습니다. 그분이 가난하게 되심은 여러분을 부요케 하기 위함이었습니다.

10 이 문제에 대해 내 의견을 제시하겠습니다. 이 의견이 여러분에게 유익함을 줄 것입니다. 여러분은 일 년 전에 먼저 헌금을 하기 시작했을 뿐더러 그것을 간절히 원하기도 하였습니다.

11 이제는 하던 일을 마무리하십시오. 시작할 때와 마찬가지로 여러분이 가지고 있는 것으로 마치는 것도 간절하게 하십시오.

12 원하는 마음으로 있는 것을 바칠 때는 하나님께서 받으실 것입니다. 여러분에게 있지도 않은데 바치는 것을 받으시지는 않습니다.

13 다른 사람들은 편하게 하고 여러분은 어렵게 하려고 내가 이러는 것이 아니라 공평하게 하려는 것뿐입니다.

14 지금 여러분에게 있는 풍성한 것으로 다른 사람들의 궁핍한 것을 채워 주면, 나중에 그들에게 있는 풍성한 것으로 여러분의 궁핍한 것이 채워질 것입니다. 이렇게 해서 공평하게 될 수 있습니다.

15 성경에도 이런 말씀이 기록되어 있습니다. "많이 거둔 자도 지나치게 많지 않고, 적게 거둔 자도 부족함이 없다."*

* 8:15 출 16:18에 기록되어 있다.

저자의 묵상

일 년 전에 시작된 예루살렘 교회 성도들을 돕기 위한 헌금 모금이 바울과 고린도 교회 성도들 사이의 갈등으로 중단되었다. 다시 둘 사이의 관계가 회복되자 바울은 그 일을 다시 시작하라고 권면한다. 마게도냐 지역의 성도들을 모범 사례로 들며 무거운 짐을 지는 것과 같은 의무 조항이 아니라 기쁜 마음으로 감당하는 특권이라고 가르친다. 예수 그리스도의 삶은 더 중요한 본이 된다. 그는 존귀한 자리를 떠나 비천한 모습으로 오셨고, 죄 가운데 사는 우리를 구원하시기 위해 친히 가난하게 되셨다. 예수님의 섬김은 우리에게 구원과 풍요를 가져다주었다. 오늘날 우리도 하나님께서 주신 수입 중에서 일부를 떼어 헌금을 드린다. 억지로 하지 않고 즐거운 마음으로 드릴 때 하나님께서 기뻐하실 것이다. 하나님의 거룩한 일에 우리가 동참할 수 있는 것은 특권이요 감사할 일이다. 삶이 자신의 수고에 의해 꾸려지지 않는다는 믿음의 고백을 하는 자만이 헌신의 삶을 살 수 있다. 우리 모두 주님의 일에 열심을 내는 자로 살기를 소망한다.

무릎 기도 하나님, 저에게 주신 건강, 물질, 일과 관계 등을 자신만을 위해 사용하지 않게 하시고, 하나님의 뜻을 이루고 이 땅에 하나님 나라를 확장하는 데 사용하게 하소서.

ESV - 2 Corinthians 8

6 Accordingly, we urged Titus that as he had started, so he should complete among you this act of grace.

7 But as you excel in everything—in faith, in speech, in knowledge, in all earnestness, and in our love for you*—see that you excel in this act of grace also.

8 I say this not as a command, but to prove by the earnestness of others that your love also is genuine.

9 For you know the grace of our Lord Jesus Christ, that though he was rich, yet for your sake he became poor, so that you by his poverty might become rich.

10 And in this matter I give my judgment: this benefits you, who a year ago started not only to do this work but also to desire to do it.

11 So now finish doing it as well, so that your readiness in desiring it may be matched by your completing it out of what you have.

12 For if the readiness is there, it is acceptable according to what a person has, not according to what he does not have.

13 For I do not mean that others should be eased and you burdened, but that as a matter of fairness

14 your abundance at the present time should supply their need, so that their abundance may supply your need, that there may be fairness.

15 As it is written, "Whoever gathered much had nothing left over, and whoever gathered little had no lack."

* 8:7 Some manuscripts *in your love for us*

6 accordingly 따라서 urge 열심히 권하다 7 excel in …뛰어나다 8 genuine 진실한 9 for one's sake …를 위하여 10 benefit …에게 이롭다 11 readiness 자진해서 함 13 ease 편하게 하다 burden 부담을 지우다 fairness 공평 14 abundance 풍성함 15 (be) left over (다 쓴 뒤) 남다

67 헌신에 대한 권면

월 일

고린도후서 8:16-24 • 새찬송 214장 | 통일 349장

• 말씀묵상 전에 성령님의 인도하심을 구하는 기도를 드리십시오.

본문요약 I 바울은 고린도 교회 성도들에게 헌금을 독려하기 위해 디도와 함께 다른 두 사람을 보낸다. 두 사람의 이름은 적고 있지 않지만, 그들은 주 안에서 신실한 자들이라고 설명한다. 그가 마게도냐 성도들에게 고린도 교회 성도들의 열심을 자랑했는데, 그 자랑이 헛되지 않게 열심히 동참해 줄 것을 촉구한다.

16 너희를 위하여 같은 간절함을 디도의 마
음에도 주시는 하나님께 감사하노니
17 그가 권함을 받고 더욱 간절함으로 자원
하여 너희에게 나아갔고
18 또 그와 함께 그 형제를 보내었으니 이 사
람은 복음으로써 모든 교회에서 칭찬을
받는 자요
19 이뿐 아니라 그는 동일한 주의 영광과 우
리의 원을 나타내기 위하여 여러 교회의
택함을 받아 우리가 맡은 은혜의 일로 우
리와 동행하는 자라
20 이것을 조심함은 우리가 맡은 이 거액의
연보에 대하여 아무도 우리를 비방하지
못하게 하려 함이니
21 이는 우리가 주 앞에서뿐 아니라 사람 앞
에서도 선한 일에 조심하려 함이라
22 또 그들과 함께 우리의 한 형제를 보내었
노니 우리는 그가 여러 가지 일에 간절한
것을 여러 번 확인하였거니와 이제 그가
너희를 크게 믿으므로 더욱 간절하니라
23 디도로 말하면 나의 동료요 너희를 위한
나의 동역자요 우리 형제들로 말하면 여
러 교회의 [1]사자들이요 그리스도의 영광
이니라
24 그러므로 너희는 여러 교회 앞에서 너희
의 사랑과 너희에 대한 우리 자랑의 증거
를 그들에게 보이라

1) 헬, 사도들

1. 오늘 하나님께서 나에게 주신 깨달음은 무엇입니까?

2. 말씀을 어떻게 내 삶에 구체적으로 적용해야 합니까?

절별 해설

18 그와 함께 그 형제를 보내었으니 바울은 복음으로써 모든 교회에서 칭찬을 듣는 한 형제를 디도와 함께 보낸다. 누가, 바나바, 아리스다고, 아볼로 등등 여러 가능성이 제기되었다. 정확히 그가 누구였는지는 알 수 없으나 헌금을 모으는 일에 신뢰도를 높이는 역할을 감당했을 것이다.

19 여러 교회의 택함을 받아 우리가 맡은 은혜의 일로 우리와 동행하는 자라 이방 교회들로부터 헌금을 모아 예루살렘 교회에 전달하는 일은 많은 구설에 오르내릴 수 있는 예민한 일이었다. 그들은 거액의 돈을 가지고 장거리 여행을 해야 했다. 앞절에서 언급한 익명의 형제는 이 일의 공신력을 높이기 위해 여러 교회를 대표하여 바울과 함께 그 일을 감당할 자로 선택된 사람이다.

20-21 거액의 연보에 대하여 바울의 대대적인 구제헌금 모금은 바울을 비난하고자 하는 자들에게 빌미를 줄 수 있는 일이었다. 그러한 사실을 잘 알고 있는 바울은 하나님 앞에서뿐만 아니라 사람들 앞에서 비방을 받지 않도록 조심하고 있다.

22 그들과 함께 우리의 한 형제를 보내었노니 디도와 함께 한 또 다른 한 형제의 이름 역시 밝히지 않는다. 그 형제에 대해 재정을 다루는 일을 포함하여 여러 차례 평가할 기회를 가졌던 바울은 그가 정직하고 부지런하여 믿을 만한 사람이라고 확증한다. 당시 명예(honor)와 수치(shame)를 중시하던 문화에서 이와 같은 바울의 칭찬은 고린도 교인들이 구제헌금 일에 기꺼이 함께하는데 도움이 되었을 것이다.

23 여러 교회의 사자들 '사도들'로 자주 번역되는 헬라어 단어 '아포스톨로이'를 이 구절에서는 "사자들"로 번역하였다. 그들은 여러 교회가 위임한 일을 감당하는 자들이라는 의미에서 사도들이라 할 수 있다. 그러나 초대 교회에서 통용되던 기준에 따르면 그들은 예수님을 실제로 보지 못했을 가능성이 크기에 엄밀한 의미에서 사도는 아니다.

24 바울은 여러 교회가 관심이 있는 '헌금을 모으는 일'에 고린도 교회 성도들도 적극적으로 동참하길 바라고 있다. 바울은 여러 지역의 교회들에게 이미 이 일과 관련해서 고린도 교회 성도들의 열심을 자랑한 적이 있다. 바울의 자랑이 헛되지 않았다는 것을 보여 달라고 말한다.

쉬운성경

16 내가 여러분에게 가졌던 것과 똑같은 간절한 마음을 디도에게도 주신 하나님께 감사합니다.

17 디도는 우리의 부탁을 받아들여 우리보다 더 간절한 마음으로 자진해서 여러분에게 갔습니다.

18 또 디도와 함께 한 형제를 보냈습니다. 이 사람은 복음을 전하는 일로 모든 교회에서 칭찬받는 사람입니다.

19 뿐만 아니라 이 사람은 우리가 맡은 이 은혜의 일을 수행하는 일에 우리와 동행하라고 교회들로부터 선택된 사람입니다. 이 일은 주님의 영광을 위한 것이며 또한 우리의 간절한 마음을 보이는 것입니다.

20 우리는 많은 액수의 헌금을 전달하는 봉사의 일을 아무라도 비난하지 못하게 하려고 매우 조심하였습니다.

21 우리는 하나님 보시기에 선한 것은 물론이고, 사람들이 보기에도 선하다고 생각되는 일을 바르게 하려던 것입니다.

22 또한 우리는 그들과 함께 한 사람을 더 보냈는데, 그는 모든 일에 열심이 있는 사람입니다. 그는 여러분에게 큰 신뢰를 갖고 있으므로 더욱 열심을 낼 것입니다.

23 디도로 말하자면, 그는 나의 동역자요, 여러분을 위해 나와 함께 일하는 동료입니다. 디도와 함께 간 다른 형제들도 이곳 여러 교회의 대표자이고, 그리스도께 영광이 되는 사람들입니다.

24 그러므로 이들에게 여러분의 사랑의 증거와, 우리가 여러분을 자랑하는 것이 사실이라는 것을 보여주십시오. 교회들이 이러한 사실을 알게 될 것입니다.

저자의 묵상

교회 생활을 하며 어떤 성도가 가장 평안할까? 단연코 예배드리는 것 외에 일체의 행위를 하지 않는 사람이다. 다른 성도들과 교제하지 않기 때문에 다툼이나 마음고생 할 일이 없다. 봉사도 하지 않기에 피곤할 일도 없다. 그러나 이와 같은 성도는 신앙이 자라기 어렵다. 성도는 수고와 헌신을 통해 자란다. 바울을 보면 '사서 고생한다'는 생각이 든다. 이방 교회들로부터 구제헌금을 모으지 않는 대신 그중의 일부만 자기 사역을 위해 도움을 요청했더라면 그는 참 편안한 삶을 살았을 것이다. 그러나 다른 사람의 오해와 비난을 받으면서도 그는 묵묵히 그 일을 감당한다. 비난의 목소리가 들려도 중단하지 않는다. 하나님께서는 그러한 모습으로 섬긴 바울을 통해 복음이 전 세계로 확산되게 하셨다. 오늘날 간섭받지 않고 편하고자 하는 성도들이 한국 교회 안에 늘어가는 것 같아 안타까운 마음이 든다. 우리의 수고로 그리스도의 몸인 교회가 더 든든히 세워질 수 있다면 그 일은 수고롭더라도 기꺼이 할 가치 있는 일이다.

무릎 기도 하나님, 하나님께서 기뻐하시는 교회를 만드는 일에 저의 땀과 눈물이 귀하게 쓰이기를 원합니다. 교회에서 제가 감당할 일이 무엇인지 깨닫게 하소서.

ESV - 2 Corinthians 8

16 But thanks be to God, who put into the heart of Titus the same earnest care I have for you.
17 For he not only accepted our appeal, but being himself very earnest he is going* to you of his own accord.
18 With him we are sending* the brother who is famous among all the churches for his preaching of the gospel.
19 And not only that, but he has been appointed by the churches to travel with us as we carry out this act of grace that is being ministered by us, for the glory of the Lord himself and to show our good will.
20 We take this course so that no one should blame us about this generous gift that is being administered by us,
21 for we aim at what is honorable not only in the Lord's sight but also in the sight of man.
22 And with them we are sending our brother whom we have often tested and found earnest in many matters, but who is now more earnest than ever because of his great confidence in you.
23 As for Titus, he is my partner and fellow worker for your benefit. And as for our brothers, they are messengers* of the churches, the glory of Christ.
24 So give proof before the churches of your love and of our boasting about you to these men.

* 8:17 Or *he went*
* 8:18 Or *we sent;* also verse 22
* 8:23 Greek *apostles*

17 appeal 간청 18 preach 전도하다 19 appoint 임명하다 carry out 수행하다 20 take a course 어떤 방침을 취하다 blame 비방하다 administer 관리하다 21 aim at …을 겨냥하다 23 as for …에 관하여 말하자면 for one's benefit …을 위하여 24 boast 자랑하다

68 하나님께서 기뻐 받으시는 예물

월 일

고린도후서 9:1-7 • 새찬송 216장 | 통일 356장

• 말씀묵상 전에 성령님의 인도하심을 구하는 기도를 드리십시오.

본문요약 | 고린도 교회에서 먼저 시작된 구제헌금 모금은 다른 지역의 교회들이 그 일에 동참하는 계기가 되었다. 교회의 어려움으로 중단되었다가 다시 시작하는 상황에서 바울은 각자 마음에 정한 대로 헌금을 미리 준비하여 하나님께서 기뻐 받으시는 예물이 되게 하라고 권면한다.

1 성도를 섬기는 일에 대하여는 내가 너희에게 쓸 필요가 없나니
2 이는 내가 너희의 원함을 앎이라 내가 너희를 위하여 마게도냐인들에게 아가야에서는 일 년 전부터 준비하였다는 것을 자랑하였는데 과연 너희의 열심이 퍽 많은 사람들을 분발하게 하였느니라
3 그런데 이 형제들을 보낸 것은 이 일에 너희를 위한 우리의 자랑이 헛되지 않고 내가 말한 것 같이 준비하게 하려 함이라
4 혹 마게도냐인들이 나와 함께 가서 너희가 준비하지 아니한 것을 보면 너희는 고사하고 우리가 이 믿던 것에 부끄러움을 당할까 두려워하노라
5 그러므로 내가 이 형제들로 먼저 너희에게 가서 너희가 전에 약속한 [1]연보를 미리 준비하게 하도록 권면하는 것이 필요한 줄 생각하였노니 이렇게 준비하여야 참 [1]연보답고 [2]억지가 아니니라
6 이것이 곧 적게 심는 자는 적게 거두고 [3]많이 심는 자는 [3]많이 거둔다 하는 말이로다
7 각각 그 마음에 정한 대로 할 것이요 인색함으로나 억지로 하지 말지니 하나님은 즐겨 내는 자를 사랑하시느니라

1) 헬, 복 2) 또는 탐심이 3) 헬, 복으로

1. 오늘 하나님께서 나에게 주신 깨달음은 무엇입니까?

2. 말씀을 어떻게 내 삶에 구체적으로 적용해야 합니까?

절별 해설

1-2 내가 너희에게 쓸 필요가 없나니 "성도를 섬기는 일"은 구제헌금을 의미하고, 이 일에 대해서 고린도 교회 성도들은 이미 알고 있기에 바울은 재차 설명할 필요를 느끼지 못한다. 바울은 그들에게 동참하고자 하는 선한 마음이 있음을 알고 있다고 밝힌다. 바울은 마게도냐 지역의 성도들에게 헌금을 독려하며 고린도 교회에서는 일 년 전부터 준비하였다고 전했는데, 이는 그들이 열심을 내는 촉매제가 되었다.

3-4 그런데 이 형제들을 보낸 것은 고린도 성도들의 선한 의도가 행동으로 잘 옮겨지도록 하기 위해 그 일을 감당할 형제들을 보낸다. 내적인 결단이 외적인 실행으로 이어지도록 하는 데는 구체적인 절차와 사람이 필요하다.

우리가 이 믿던 것에 부끄러움을 당할까 두려워하노라 바울이 디도와 두 형제를 먼저 고린도에 보낸 첫 번째 이유가 소개되고 있다. 바울은 일 년 전부터 고린도 교회 성도들이 이 일에 열심을 내고 준비했다고 다른 교회 성도들에게 칭찬했다. 그런데 만약 마게도냐 성도들이 고린도를 방문했을 때 바울이 자랑했던 것과 다르게 헌금이 준비되어 있지 않다면 고린도 교회 성도들과 바울이 민망해지는 일이 생길 것을 염려하고 있다.

5 전에 약속한 연보를 미리 준비하게 하도록 권면하는 것 바울이 디도와 두 형제를 먼저 보낸 두 번째 이유는 고린도 성도들이 이전에 약속한 헌금을 미리 준비하도록 하기 위해서다. 이후에 바울과 마게도냐 교회의 대표들이 고린도에 이르렀을 때 준비되지 않은 상태에서 허겁지겁 헌금을 준비하게 되면 바울의 강요에 의해서 마지못해 한다는 인상을 줄 수 있다.

6-7 많이 심는 자는 많이 거둔다 뿌린 대로 거두는 농사의 원리를 기독교인의 헌금 생활에 그대로 적용한다. 그렇다고 이 말은 헌금의 액수가 많고 적음에 따라 하나님의 인정하심이 다르다는 의미는 아니다. "많이"라는 말은 원문에서는 '축복으로'(*헬*, 에프 율로기아이스)라는 단어가 사용되었다. '많이 심는 것' 혹은 '복으로 심는 것'이 무엇인지 바울은 설명한다. 그것은 인색하고 억지로 드리는 것이 아니라 마음에 정한 대로 즐거운 마음으로 드리는 것이다.

하나님은 즐겨 내는 자를 사랑하시느니라 사람의 마음을 살피시는 하나님께서 헌금을 드리는 자의 마음에 무엇이 있는지를 살피신다. 인색한 마음으로 하거나 억지로 한다면 중심을 보시는 하나님께서는 기뻐하지 않으실 것이다. 마음이 없이 드리는 구약의 제사를 기뻐하지 않으셨던 하나님이시기에 마음 없이 드리는 헌금 또한 즐거워하시지 않는다.

쉬운성경

1 성도들을 섬기는 일에 대해서는 여러분에게 달리 글을 쓸 필요가 없습니다.

2 그것은 여러분에게 돕고자 하는 간절한 마음이 있다는 것을 내가 알고 있기 때문입니다. 그래서 나는 아가야* 지방 사람들이 일 년 전부터 준비해 왔다고 마케도니아 성도들에게 자랑을 하였습니다. 여러분이 보여준 열심을 보고 많은 사람들이 분발했습니다.

3 나는 우리가 여러분에 대해 자랑한 것이 빈말이 아니라는 것을 보여주고, 내가 말한 것을 여러분이 준비할 수 있도록 하기 위해서 형제들을 보냅니다.

4 혹시 마케도니아 사람들이 나와 함께 그곳에 가서 여러분이 준비하지 않은 것을 보게 된다면, 여러분은 말할 것도 없거니와 이 일에 대해 여러분을 믿었던 나까지 부끄러움을 당할 것입니다.

5 그래서 나는 형제들을 권면하여 여러분에게 먼저 가서 여러분이 약속한 헌금을 미리 준비하게 하는 일이 필요하다고 생각했습니다. 이렇게 준비한 헌금이야말로 자원하는 헌금이고, 억지로 한 것이 아닙니다.

6 이런 사실을 명심하십시오. 적게 심는 사람은 적게 거두고, 반대로 넉넉하게 심는 사람은 넉넉하게 거둡니다.

7 각자 자기가 마음에 결정한 대로 내고, 내키지 않는 마음이나 억지로는 내지 마십시오. 하나님께서는 흔쾌히 내는 사람을 사랑하십니다.

* 9:2 그리스의 남부 지역

저자의 묵상

바울의 편지를 읽다 보면 우리가 생각하는 것보다 헌금에 대해 많은 이야기를 한다. 특히 예루살렘 교회 성도들을 돕는 일에 애착을 가지고 있다는 것을 알 수 있다. 왜 그랬을까? 두 가지로 생각할 수 있다. 첫째, 예수 그리스도의 몸의 한 지체인 예루살렘 교회 성도들의 곤궁함을 안타까운 마음으로 바라보며 그리스도의 사랑을 나누기 위해서다. 둘째, 이방 교회들이 유대인들로 구성된 예루살렘 교회를 도움으로써 이방인과 유대인 사이의 막힌 담이 허물어지길 원했던 것 같다. 헌금에 관한 바울의 권면은 우리에게 중요한 교훈을 준다. 우리도 매주 헌금을 드린다. 바울이 말하는 대로 우리는 준비된 헌금을 드리고 있는가? 온라인 헌금이든 예배 때 직접 드리든 방법에 상관없이 마음이 담긴 준비된 헌금을 드리는 것은 매우 중요하다. 하나님은 우리의 물질을 필요로 하시는 분은 아니다. 우리의 마음이 담긴 예물을 기뻐하신다. 헌금을 드리기 전에 감사의 기도를 드리고 기쁜 마음으로 드릴 때, 하나님께서 즐겁게 받으시고 우리의 삶에 풍성한 공급자로 함께하실 것이다.

무릎 기도 하나님, 저에게 주신 물질과 재능을 바르게 사용하는 지혜와 넉넉한 마음을 주소서. 저의 필요를 항상 채우시고 가장 좋은 것 주시는 하나님과 동행하는 기쁨을 누리게 하소서.

ESV - 2 Corinthians 9

1 Now it is superfluous for me to write to you about the ministry for the saints,
2 for I know your readiness, of which I boast about you to the people of Macedonia, saying that Achaia has been ready since last year. And your zeal has stirred up most of them.
3 But I am sending* the brothers so that our boasting about you may not prove empty in this matter, so that you may be ready, as I said you would be.
4 Otherwise, if some Macedonians come with me and find that you are not ready, we would be humiliated—to say nothing of you—for being so confident.
5 So I thought it necessary to urge the brothers to go on ahead to you and arrange in advance for the gift* you have promised, so that it may be ready as a willing gift, not as an exaction.*
6 The point is this: whoever sows sparingly will also reap sparingly, and whoever sows bountifully* will also reap bountifully.
7 Each one must give as he has decided in his heart, not reluctantly or under compulsion, for God loves a cheerful giver.

* 9:3 Or *I have sent*
* 9:5 Greek *blessing;* twice in this verse
* 9:5 Or *a gift expecting something in return;* Greek *greed*
* 9:6 Greek *with blessings;* twice in this verse

1 superfluous 불필요한 2 boast 자랑하다 zeal 열심 stir up …를 분발하게 하다 4 humiliate 창피를 주다 5 arrange 준비하다 in advance 미리 willing 자발적인 exaction 강요 6 sparingly 인색하게 bountifully 많이 7 reluctantly 마지못해서 under compulsion 강요를 받아 cheerful 마음에서 우러나온

69 많은 감사로 이끄는 헌금

월 일

고린도후서 9:8-15 • 새찬송 309장 | 통일 409장

• 말씀묵상 전에 성령님의 인도하심을 구하는 기도를 드리십시오.

본문요약 | 자원하는 마음으로 드린 헌금은 하나님께서 예물을 드린 자를 통해 일하시는 복의 통로가 된다. 구제헌금을 통해 고린도 교회는 하나님의 풍성히 채워 주심으로 감사하게 되고, 도움을 받은 성도는 은혜를 베푼 성도를 기억하며 감사하고 하나님께 영광을 돌리는 선순환 구조가 만들어진다.

8 하나님이 능히 모든 은혜를 너희에게 넘
치게 하시나니 이는 너희로 모든 일에 항
상 모든 것이 넉넉하여 모든 착한 일을 넘
치게 하게 하려 하심이라
9 기록된 바

[ㄱ]그가 흩어 가난한 자들에게 주었으니
그의 의가 영원토록 있느니라

함과 같으니라
10 심는 자에게 씨와 먹을 양식을 [1)]주시는 이
가 너희 심을 것을 [2)]주사 풍성하게 하시고
너희 의의 열매를 더하게 하시리니
11 너희가 모든 일에 넉넉하여 너그럽게 연
보를 함은 그들이 우리로 말미암아 하나
님께 감사하게 하는 것이라
12 이 봉사의 직무가 성도들의 부족한 것을
보충할 뿐 아니라 사람들이 하나님께 드
리는 많은 감사로 말미암아 넘쳤느니라
13 이 직무로 증거를 삼아 너희가 그리스도
의 복음을 진실히 믿고 복종하는 것과 그
들과 모든 사람을 섬기는 너희의 후한 연
보로 말미암아 하나님께 영광을 돌리고
14 또 그들이 너희를 위하여 간구하며 하나
님이 너희에게 주신 지극한 은혜로 말미
암아 너희를 사모하느니라
15 말할 수 없는 그의 은사로 말미암아 하나
님께 감사하노라

1) 헬, 공급하시는 2) 헬, 공급하사 ㄱ. 시 112:9

1. 오늘 하나님께서 나에게 주신 깨달음은 무엇입니까?

2. 말씀을 어떻게 내 삶에 구체적으로 적용해야 합니까?

절별 해설

8 하나님께서는 진정한 마음으로 헌금 드리는 자를 사랑하시고, 모든 은혜를 넘치게 주신다.

너희로 모든 일에 항상 모든 것이 넉넉하여 모든 착한 일을 넘치게 하게 하려 하심 바울은 하나님의 복 주심을 설명하면서 '모든', '항상', '넘치게 하신다'는 표현을 반복해서 사용한다. 하나님은 인간의 생각을 뛰어넘어 역사하신다는 것을 이러한 단어들로 잘 드러내고 있다. 또한 물질을 주심은 그 성도가 평안한 삶을 사는 것이 목적이 아니라 그가 선한 일을 더 열심히 감당할 수 있도록 하시는 뜻이 있다.

9-10 바울은 가난한 자들에게 자기 것을 나누는 자를 의롭다고 인정하시는 하나님을 묘사한 시편 112편 9절을 인용한다. 심는 자에게 씨와 먹을 양식을 주시는 하나님께서 하나님의 선한 일을 위해 드릴 것을 더 풍족하게 공급해 주신다. 그 의로운 열매가 성도의 삶에 더 풍성하게 있게 하신다.

11 너그러운 연보를 통해 도움을 받은 가난한 성도들이 자기들의 필요가 채워짐으로 인해 하나님께 감사하게 된다. 이런 측면에서 헌금은 다른 성도가 하나님께 감사하게 하는 귀한 통로가 된다.

12 이 봉사의 직무 "직무"는 주로 제사장의 임무를 설명할 때 사용했던 단어다. 바울은 구제헌금이 단순히 돈을 모으는 것이 아닌, 하나님을 영화롭게 하고 감사가 충만한 영적인 예배로 이어진다고 생각했다.

13 이 직무로 증거를 삼아 바울은 고린도 교회 성도들이 예루살렘 교회의 가난한 성도들을 돕는 구제헌금에 동참함으로써 그들의 진정한 믿음이 드러나고 하나님께 영광을 돌리는 기회가 되길 바라고 있다.

14 헌금은 그리스도 안에서 성도들이 서로 교제하고 기도하는 중요한 수단이 된다. 도움을 받은 예루살렘 교회 성도들은 고린도 교회 성도들을 위해 기도하고, 고린도 교회 가운데 역사하시는 하나님의 손길을 보며 감사하게 될 것이다.

15 말할 수 없는 그의 은사 고린도후서 8장 9절과 연관 지어 이해할 수 있다. 성육신하신 그리스도께서 친히 한 알의 밀이 되어 죽으심으로 많은 열매를 맺어(참조. 요 12:24) 주 안에서 많은 생명이 생기게 하신 것은 말로 표현할 수 없는 감사의 내용이다.

쉬운성경

8 하나님께서는 여러분이 모든 일에 필요한 것을 언제나 다 가지고 모든 선한 일을 넘치게 할 수 있도록 여러분에게 모든 은혜를 베풀어 줄 수 있는 분이십니다.

9 성경에 이렇게 기록되어 있습니다.
"그가 가난한 사람들에게 후하게 나누어 주었으니, 그가 행한 의가 영원히 지속될 것이다."*

10 씨 뿌리는 자에게 씨를 주시고, 먹을 양식을 주시는 하나님께서 여러분에게 씨앗을 주시고 그것을 성장시키셔서 여러분이 거둘 의의 열매가 많아지게 하실 것입니다.

11 여러분은 모든 면에서 부유하여 넉넉하게 헌금하게 될 것입니다. 여러분이 바친 헌금을 우리가 전달하면 많은 사람들이 하나님께 감사하게 될 것입니다.

12 여러분이 행한 이러한 봉사는 성도들의 부족한 부분을 채웠을 뿐만 아니라, 그것으로 많은 사람들이 하나님께 많은 감사를 드리게 될 것입니다.

13 여러분이 낸 구제헌금은, 여러분이 그리스도의 복음을 믿고 순종한다는 것과 여러분이 그들이나 다른 모든 사람들을 너그럽게 도와주었다는 증거이므로, 그들이 하나님께 영광을 돌리게 될 것입니다.

14 성도들은 하나님께서 여러분에게 보이신 놀라운 은혜로 인해 깊은 애정을 가지고 여러분을 위해 기도할 것입니다.

15 말로 다할 수 없는 선물을 주신 하나님께 감사합니다.

* 9:9 시 112:9에 기록되어 있다.

저자의 묵상

헌금은 하나님으로부터 더 많이 받으려는 마음으로 드리는 투자가 아니다. 하나님 앞에 예물을 드리는 자는 인색하거나 억지로 드리는 것이 아니라 즐거운 마음으로 드려야 한다. 왜냐하면 하나님께서는 우리의 마음을 다 아시기 때문이다. 과부의 두 렙돈이 부자의 몇백 배나 많은 헌금보다 더 소중하게 여겨지는 것도 바로 이 이유 때문이다(막 12:41-44; 눅 21:1-4). 하나님께 헌금을 즐겁게 드리면 하나님께서는 그가 계속해서 선한 일에 드릴 것이 많도록 풍성하게 채워 주신다. 성도의 삶에서 이러한 선순환 구조를 가지게 되는 것은 매우 중요하다. 그러나 모든 성도가 이것을 경험하는 것은 아니다. 어떤 성도는 악순환을 경험한다. 하나님께서는 인색하거나 억지로 드리는 예물을 기뻐하지 않으신다. 풍성한 것으로 채워 주시지도 않는다. 어떤 성도는 드리고도 풍성하고, 어떤 성도는 드리지 않지만 모자란다. 우리에게 주신 것은 다 유효 기간이 있다. 건강, 재능, 물질 등 모든 것이 그러하다. 주어진 자원을 선한 일에 사용하지 않으면 언젠가는 헌신하고 싶어도 할 수 없는 날이 온다.

무릎 기도 | 하나님, 지금까지 풍성하게 채워 주셨음을 고백하며 앞으로도 선한 일에 더 열심을 내기 원합니다. 풍성히 드리고도 모자람이 없는 넘치는 삶으로 인도하소서.

ESV - 2 Corinthians 9

8 And God is able to make all grace abound to you, so that having all sufficiency* in all things at all times, you may abound in every good work.
9 As it is written, "He has distributed freely, he has given to the poor; his righteousness endures forever."
10 He who supplies seed to the sower and bread for food will supply and multiply your seed for sowing and increase the harvest of your righteousness.
11 You will be enriched in every way to be generous in every way, which through us will produce thanksgiving to God.
12 For the ministry of this service is not only supplying the needs of the saints but is also overflowing in many thanksgivings to God.
13 By their approval of this service, they* will glorify God because of your submission that comes from your confession of the gospel of Christ, and the generosity of your contribution for them and for all others,
14 while they long for you and pray for you, because of the surpassing grace of God upon you.
15 Thanks be to God for his inexpressible gift!

* 9:8 Or *all contentment*
* 9:13 Or *you*

8 sufficiency 충분 abound in …이 풍부하다 9 distribute 분배하다 11 enrich 부유하게 하다 12 overflow 넘치다 13 submission 순종 generosity 마음이 후함 contribution 헌금 14 long for …을 사모하다 surpassing 놀랄 만한 15 inexpressible 형언할 수 없는

70 모든 생각이 그리스도께 복종하게 하라

월 일

고린도후서 10:1-11 • 새찬송 353장 | 통일 391장

• 말씀묵상 전에 성령님의 인도하심을 구하는 기도를 드리십시오.

본문요약 I 거짓 사도들은 바울이 편지 속에서는 힘이 있고 설득력이 있지만, 직접 대면하여 말을 할 때는 약하다고 비난했다. 또한 바울의 약한 모습은 그가 사도가 아니라는 증거라고 비꼬아 말했다. 이런 비난에 대해서 바울은 거짓 사도들의 주장을 반박하며 고린도에 갔을 때 갈등이 일어나지 않기를 소망하고 있다.

1 너희를 대면하면 유순하고 떠나 있으면 너희에 대하여 담대한 나 바울은 이제 그리스도의 온유와 관용으로 친히 너희를 권하고
2 또한 우리를 육신에 따라 행하는 자로 여기는 자들에 대하여 내가 담대히 대하는 것 같이 너희와 함께 있을 때에 나로 하여금 이 담대한 태도로 대하지 않게 하기를 구하노라
3 우리가 육신으로 행하나 육신에 따라 싸우지 아니하노니
4 우리의 싸우는 무기는 육신에 속한 것이 아니요 오직 어떤 견고한 진도 무너뜨리는 하나님의 능력이라 모든 이론을 무너뜨리며
5 하나님 아는 것을 대적하여 높아진 것을 다 무너뜨리고 모든 생각을 사로잡아 그리스도에게 복종하게 하니
6 너희의 복종이 온전하게 될 때에 모든 복종하지 않는 것을 벌하려고 준비하는 중에 있노라
7 너희는 외모만 보는도다 만일 사람이 자기가 그리스도에게 속한 줄을 믿을진대 자기가 그리스도에게 속한 것 같이 우리도 그러한 줄을 자기 속으로 다시 생각할 것이라
8 주께서 주신 권세는 너희를 무너뜨리려고 하신 것이 아니요 세우려고 하신 것이니 내가 이에 대하여 지나치게 자랑하여도 부끄럽지 아니하리라
9 이는 내가 편지들로 너희를 놀라게 하려는 것 같이 생각하지 않게 함이라
10 그들의 말이 그의 편지들은 무게가 있고 힘이 있으나 그가 몸으로 대할 때는 약하고 그 말도 시원하지 않다 하니
11 이런 사람은 우리가 떠나 있을 때에 편지들로 말하는 것과 함께 있을 때에 행하는 일이 같은 것임을 알지라

1. 오늘 하나님께서 나에게 주신 깨달음은 무엇입니까?

2. 말씀을 어떻게 내 삶에 구체적으로 적용해야 합니까?

절별 해설

1 너희를 대면하면 유순하고 떠나 있으면 너희에 대하여 담대한 나 바울 바울은 자신을 대적하는 거짓 사도들이 비난한 내용 그대로 자기를 묘사하고 있다. 결국 거짓 사도들의 비난은 바울의 이중성이었는데, 바울은 자신의 유순함의 원천은 바로 그리스도의 온유와 관용이었다는 것을 설명한다. 그는 고린도 교회 성도들을 대할 때는 온유와 관용으로 권면하겠다고 밝힌다.

2 우리를 육신에 따라 행하는 자로 여기는 자들에 대하여 바울이 세상 사람들과 별반 다르지 않고 자기만을 위하는 이기적인 행동을 한다고 비난하는 자들을 향해 바울은 경고한다. 그는 자기를 대적하는 자들과 맞서는 것을 전혀 두려워하지 않는다. 그러나 고린도 교회 성도들을 고려하여 자신이 고린도에 갔을 때 그런 갈등이 생기지 않기를 바라고 있다.

3 육신에 따라 싸우지 아니하노니 거짓 사도들은 바울이 세상 사람들처럼 자신의 유익을 추구하며 살았다고 비난했다. 바울은 그 비난을 그대로 받아 반박하는 데 사용한다. 자신은 실제로 육체를 지니고 살고 있지만, 육신에 따라 싸우지는 않는다고 말한다. 자신은 예수 그리스도의 사도로서 주님이 주신 영적인 권세로 싸우는 자라고 말한다.

4-5 우리의 싸우는 무기는 육신에 속한 것이 아니요 바울이 말하는 전투는 눈에 보이는 것이 아닌 하나님의 능력으로 싸우는 영적 전투이다. 그것은 어떤 견고한 요새도 무너뜨리고 모든 교묘한 주장들과 불신앙의 이론들을 무너뜨린다. 하나님을 아는 지식에 대항하여 높아진 모든 이론을 무너뜨리고, 마치 전쟁에서 패배한 포로처럼 모든 생각이 그리스도께 복종하게 한다. 바울이 말하는 싸움은 하나님과 그리스도께서 친히 개입하시는 것으로, 이 세상의 어떤 사상이나 논리도 대적할 수 없다.

6 바울은 거짓 사도들의 비난 앞에 속수무책으로 당하고 있지 않다. 고린도 교회 성도들이 돌이켜 그리스도께 복종하게 될 때 복종하지 않는 자들을 벌하려고 준비하고 있다.

7-8 너희는 외모만 보는도다 바울은 자신의 외적인 것을 가지고 비난하는 거짓 사도들의 말에 귀를 기울이지 말고 삶 자체를 잘 살펴보라고 권면한다. 바울은 자신이 고린도 교회를 세웠음을 언급하며 그것이 바로 자신이 주님께서 주신 권세로 일을 하는 자라는 증거라고 말한다.

10-11 바울은 자신의 글에는 힘이 있지만 말은 시원하지 않다고 조롱한 거짓 사도들의 비난을 그대로 받아서 답한다. 거짓

쉬운성경

1 나 바울은 그리스도의 온유함과 너그러움을 의지하여 여러분에게 권합니다. 나는 여러분과 얼굴을 맞대고 있으면 유순하다가도, 여러분을 떠나 멀리 가 있으면 담대해집니다.

2 여러분에게 부탁합니다. 내가 여러분에게 갈 때에 우리를 보고 세상의 표준대로 산다고 헐뜯는 사람들에 대해 강경하게 대하듯이, 여러분에게 내가 그렇게 대하지 않도록 해 주십시오.

3 우리가 이 세상에 살기는 하지만, 세상이 싸우는 것과 같은 싸움은 하지 않습니다.

4 우리의 무기는 세상의 무기가 아니라, 강한 요새라도 파괴하는 하나님의 능력입니다. 우리는 모든 이론들을 파괴하고,

5 하나님을 아는 지식에 대항하는 온갖 교만한 생각들을 물리쳐, 모든 생각들을 사로잡아 그리스도께 복종시킵니다.

6 우리는 복종하지 않는 모든 행위들을 벌할 준비가 되어 있습니다. 그때가 되면, 여러분은 온전히 순종하게 될 것입니다.

7 여러분은 사물의 겉모습만 보고 있습니다. 누구든지 자기가 그리스도께 속한 사람이라고 생각하는 사람이 있다면, 그 사람은 자기가 그리스도께 속한 것처럼, 우리도 그리스도께 속한 사람이라는 사실을 다시 한번 생각해 보아야 합니다.

8 주님께서 우리에게 주신 권세는 여러분을 넘어뜨리라고 준 것이 아니라 덕을 세우라고 주신 것이므로, 내가 이에 대해 지나치게 자랑한다고 하더라도 부끄러울 것이 전혀 없습니다.

9 내가 편지를 보내 여러분을 겁주려 한다고 생각하지는 마십시오.

10 여러분 중에는 "바울의 편지에는 무게가 있고 힘이 있는데, 그 사람을 직접

절별 해설

사도들은 바울과 직접 대면하면 충분히 말로써 이길 수 있다고 생각했다. 바울은 자신이 그들을 만나게 될 때는 편지에서 보여주었던 위엄으로 그들을 대하겠노라고 경고한다.

대해 보면 약골이고 말재주도 없다"고 말하는 사람들이 있습니다.

11 이런 사람들은 우리가 떠나 있어 편지로 쓰는 우리의 말이나 함께 있을 때 행하는 우리의 행동이 아무런 차이가 없다는 것을 명심해야 합니다.

저자의 묵상

온갖 비난 앞에서 제정신을 잃거나 광분하지 않는 바울의 모습은 우리에게 많은 도전이 된다. 자신의 모든 것을 쏟아부은 고린도 교회로부터 들려오는 비난이기에 마음이 더 상할 수 있었을 것이다. 그러나 그는 자신을 향한 비난에 조목조목 반박한다. 그가 혈기를 부리지 않을 수 있었던 것은 자기가 하는 싸움의 성격을 누구보다 잘 알고 있었기 때문이다. 그것은 거짓 사도들을 전면에 내세운 마귀와의 영적인 전투였다. 그는 그 전투에서 자신이 사용할 무기는 수사학적인 웅변술, 치밀한 논리, 학벌이 아니라 모든 견고한 생각과 이론을 무너뜨리는 하나님의 능력임을 잘 알고 있었다. 바울은 영적인 전투에 함께하실 하나님을 생각하며 위축되지 않고 담대하게 편지를 적고 있다. 성도의 삶도 마찬가지다. 우리가 육신을 따라 행하는 삶이 아니라 하나님의 능력을 의지하는 삶으로 부름을 받았다는 것을 기억해야 한다. 그 전투에 참여한 군사에게 가장 필요한 것은 하나님의 능력을 믿고 의지하는 것이다. 여러분은 무엇을 의지하며 살고 있는가?

무릎 기도 하나님, 영적인 예민함을 가지고 살기 원합니다. 눈에 보이는 것에 따라 감정이 오르락내리락하지 않고 주님의 능력만 의지하며 영적인 전투에서 항상 승리하게 하소서.

ESV - 2 Corinthians 10

1 I, Paul, myself entreat you, by the meekness and gentleness of Christ—I who am humble when face to face with you, but bold toward you when I am away!—

2 I beg of you that when I am present I may not have to show boldness with such confidence as I count on showing against some who suspect us of walking according to the flesh.

3 For though we walk in the flesh, we are not waging war according to the flesh.

4 For the weapons of our warfare are not of the flesh but have divine power to destroy strongholds.

5 We destroy arguments and every lofty opinion raised against the knowledge of God, and take every thought captive to obey Christ,

6 being ready to punish every disobedience, when your obedience is complete.

7 Look at what is before your eyes. If anyone is confident that he is Christ's, let him remind himself that just as he is Christ's, so also are we.

8 For even if I boast a little too much of our authority, which the Lord gave for building you up and not for destroying you, I will not be ashamed.

9 I do not want to appear to be frightening you with my letters.

10 For they say, "His letters are weighty and strong, but his bodily presence is weak, and his speech of no account."

11 Let such a person understand that what we say by letter when absent, we do when present.

1 entreat 권하다 meekness 온유 2 beg of …에게 부탁하다 boldness 담대함 suspect 의심하다 3 wage war 전쟁을 벌이다 4 warfare 전쟁 stronghold 요새 5 take… captive …을 사로잡다 6 disobedience 불순종 7 remind 상기시키다 8 authority 권세 9 frighten 겁먹게 하다 10 weighty 무게 있는 of no account 하찮은

• MEMO •

☐ 묵상 체크

71 자랑하는 자는 주 안에서 자랑하라

월 일

고린도후서 10:12-18 • 새찬송 68장 | 통일 32장

• 말씀묵상 전에 성령님의 인도하심을 구하는 기도를 드리십시오.

본문요약 I 다른 사람과 비교하여 자랑하는 거짓 사도들과 달리 바울은 자신의 분수와 한계를 분명히 인식하고 있다. 바울을 통해 고린도에 교회를 세우신 하나님께서 그가 다른 지역에서도 복음을 전할 수 있도록 지경을 넓혀 주시길 소망한다. 바울은 자기 자랑보다 더 중요한 것이 자신을 평가하시는 주님이라는 것을 잘 알고 있다.

12 우리는 자기를 칭찬하는 어떤 자와 더불
어 감히 짝하며 비교할 수 없노라 그러나
그들이 자기로써 자기를 헤아리고 자기로
써 자기를 비교하니 지혜가 없도다
13 그러나 우리는 분수 이상의 자랑을 하지
않고 오직 하나님이 우리에게 나누어 주
신 그 범위의 한계를 따라 하노니 곧 너희
에게까지 이른 것이라
14 우리가 너희에게 미치지 못할 자로서 스
스로 지나쳐 나아간 것이 아니요 그리스
도의 복음으로 너희에게까지 이른 것이라
15 우리는 남의 수고를 가지고 분수 이상의
자랑을 하는 것이 아니라 오직 너희 믿음
이 자랄수록 우리의 규범을 따라 너희 가
운데서 더욱 풍성하여지기를 바라노라
16 이는 남의 규범으로 이루어 놓은 것으로
자랑하지 아니하고 너희 지역을 넘어 복
음을 전하려 함이라
17 ㄱ자랑하는 자는 주 안에서 자랑할지니라
18 옳다 인정함을 받는 자는 자기를 칭찬하
는 자가 아니요 오직 주께서 칭찬하시는
자니라

ㄱ. 렘 9:24

1. 오늘 하나님께서 나에게 주신 깨달음은 무엇입니까?

2. 말씀을 어떻게 내 삶에 구체적으로 적용해야 합니까?

절별 해설

12 우리는 자기를 칭찬하는 어떤 자와 더불어 감히 짝하며 비교할 수 없노라 자기 스스로를 칭찬하는 자들은 바울과 자기를 비교하며 마치 바울에게 부족한 것이 있는 것처럼 말한다. 그러나 바울이 말하려는 것은 그것이 아니다. 바울은 자기들보다 더 우월한 지식을 가진 자가 없다고 생각하는 거짓 사도들의 행동을 어리석은 것이라고 지적한다. 자신들이 세운 기준으로 다른 사람과 비교하여 우월하다고 주장하기 때문이다.

13-14 분수 이상의 자랑을 하지 않고 오직 하나님이 우리에게 나누어 주신 그 범위의 한계를 따라 바울은 자기 자신과 업적을 자랑하는 것은 합당하지 않다고 생각했다. 그 이유는 사역을 허락하신 분이 바로 하나님이시기 때문이다. 바울이 자랑할 수 있는 범위와 한계는 명확하다. 하나님께서 자기에게 맡겨 주신 사명을 자랑하는 것이다. 고린도 교회는 하나님께서 맡기신 것이기에 그는 고린도 교회 성도들을 마음에 품고 사역하며 자랑할 수 있었다. 거짓 사도들이 소란스럽게 하지만 바울은 고린도 교회가 여전히 하나님께서 자기에게 맡기신 영역이라고 생각했다. 고린도에서 바울이 복음을 전한 것도 자기 생각이 아닌 그리스도께서 복음을 맡기셨기에 가능한 것이었다.

15-16 우리는 남의 수고를 가지고 분수 이상의 자랑을 하는 것이 아니라 거짓 사도들은 바울의 수고로 세워진 고린도 교회에 와서 자신의 수고인 양 분수 이상의 자랑을 하고 있다. 그들과 달리 바울은 고린도 교회 성도들이 더 성숙하게 되면 다른 지역으로 가서 복음을 전하고자 한다. 그러나 이미 다른 사람이 복음을 전한 곳에 가서 다시 전할 생각은 하지 않는다. 예수 그리스도의 복음을 듣지 못한 불모지로 가서 전도하고자 한다.

17 자랑하는 자는 주 안에서 자랑할지니라 자신의 지혜와 능력을 자랑하는 것을 금하는 내용을 담고 있는 예레미야 9장 23-24절의 내용을 인용했다. 이 말씀의 교훈과 달리 자랑을 일삼는 거짓 사도들로 인해 고린도 교회는 어려워졌다. 바울은 다시 질서를 세우기 위해 자신의 선교 발자취를 더듬으며 말한다. 자신이 복음의 불모지인 고린도에 와서 피와 땀을 흘리며 교회를 세웠던 일을 상기시킨다. 자랑하는 자는 주님 안에서 해야 한다. 높아진 마음[교만]으로 자랑할 것이 아니라 연약한 자신을 통해 일하시는 주님을 자랑해야 한다.

18 자기 자랑보다 더 중요한 것은 옳다 인정하시고 칭찬하시는 하나님의 인정과 칭찬을 받는 것이다.

쉬운성경

12 우리는 스스로를 칭찬하는 사람들로 비춰지거나 그런 사람들과 비교될 생각이 조금도 없습니다. 그런 사람들은 자기들이 만든 표준에다 자신들을 재거나 비교하는데, 이는 그들이 지혜가 없다는 것을 드러내는 것입니다.

13 그러나 우리는 정해진 한계를 넘어서는 자랑을 하지 않고, 하나님께서 맡겨 주신 영역 안에서만 자랑합니다. 이 한계가 여러분에게까지 미쳤습니다.

14 그러니 우리는 하나님께서 정해 주신 한계를 넘어서 여러분에게 간 것이 아닙니다. 우리는 여러분에게 가지 못할 사람이 아닙니다. 우리는 그리스도의 복음을 가지고 여러분이 있는 곳까지 간 것입니다.

15 우리는 우리의 한계를 넘어서서 다른 사람들이 수고한 것을 이용하여 자랑하지 않습니다. 우리에게 바라는 것이 있다면, 여러분의 믿음이 자라감에 따라 우리의 활동 범위도 여러분 가운데서 크게 확장되는 것입니다.

16 그렇게 되면, 우리는 여러분이 있는 지역을 넘어서 복음을 전할 수 있을 것입니다. 우리는 다른 사람이 자기 지역에서 이미 이루어 놓은 일을 가지고 자랑하고 싶지 않습니다.

17 오히려 "자랑하는 자는 주님 안에서 자랑해야 합니다."

18 옳다고 인정받는 사람은 스스로 자신을 칭찬하는 사람이 아니라 주님께서 칭찬하시는 사람입니다.

저자의 묵상

모든 사람에게는 자기를 과시하고 자랑하려는 욕구가 있다. 그러나 예수를 믿은 후에는 자랑하고자 하는 마음이 반드시 바뀌어야 한다. 거짓 사도들은 자신을 다른 사람과 비교하며 자랑하였는데, 자기들이 세운 기준으로 비교하며 남들보다 우월하다고 여겼다. 그러나 바울은 자랑의 한계를 분명히 인식했다. 그는 많은 교회를 개척했고 그로 인해 각지에 성도들이 생겨났다. 자랑할 만한 일이다. 그러나 그는 그것을 자랑하지 않고 오히려 그를 인도하신 주님을 노래했다. 자기 자랑에 눈이 멀어 있을 때는 주님이 보이지 않는다. 자신을 알아주고 인정해 줄 사람만 보인다. 이것은 얼마나 어리석은가? 하나님께서는 우리를 이 땅에 태어나게 하시고, 그리스도 안에서 우리에게 생명을 주셨다. 그분이 우리의 삶을 보고 계신다. 우리의 마음도 살피신다. 하나님이 인정하고 칭찬하는 것보다 더 중요한 것은 없다. 왜냐하면 그분의 판단은 항상 정확하며 최종적인 권위를 가지기 때문이다. 우리를 보시는 주님이 칭찬하실 삶을 살려고 애쓰기를 소망한다.

무릎 기도 하나님, 저를 주님의 자녀 삼아 주시고 천국 소망을 가지게 하시니 감사합니다. 저를 살피시는 하나님께서 인정하시고 칭찬하시는 삶을 오늘도 살게 하소서.

ESV - 2 Corinthians 10

12 Not that we dare to classify or compare ourselves with some of those who are commending themselves. But when they measure themselves by one another and compare themselves with one another, they are without understanding.

13 But we will not boast beyond limits, but will boast only with regard to the area of influence God assigned to us, to reach even to you.

14 For we are not overextending ourselves, as though we did not reach you. For we were the first to come all the way to you with the gospel of Christ.

15 We do not boast beyond limit in the labors of others. But our hope is that as your faith increases, our area of influence among you may be greatly enlarged,

16 so that we may preach the gospel in lands beyond you, without boasting of work already done in another's area of influence.

17 "Let the one who boasts, boast in the Lord."

18 For it is not the one who commends himself who is approved, but the one whom the Lord commends.

12 classify 분류하다 compare with …와 비교하다 commend 칭찬하다 measure 평가하다 13 boast 자랑하다 with regard to …에 대하여 influence 영향력 assign to …에게 할당하다 14 overextend 지나치게 확장하다 15 enlarge 확장하다 18 approve 인정하다

72

월 일

바울의 질투

고린도후서 11:1-7 • 새찬송 303장 | 통일 403장

• 말씀묵상 전에 성령님의 인도하심을 구하는 기도를 드리십시오.

본문요약 I 바울은 고린도 교회 성도들을 그리스도께 인도하기 위해 자신이 수고한 부분에 대해 언급한다. 거짓 사도들의 말에 현혹되어 흔들리고 있는 성도들을 향해 바울 자신은 그리스도의 복음을 전하기에 부족하지 않고 겸손함으로 값없이 그 일을 감당했다고 소개한다.

1 원하건대 너희는 나의 좀 어리석은 것을
용납하라 [1)]청하건대 나를 용납하라
2 내가 하나님의 열심으로 너희를 위하여
열심을 내노니 내가 너희를 정결한 처녀
로 한 남편인 그리스도께 드리려고 중매
함이로다 그러나 나는
3 뱀이 그 간계로 하와를 미혹한 것 같이 너
희 마음이 그리스도를 향하는 진실함과
깨끗함에서 떠나 부패할까 두려워하노라
4 만일 누가 가서 우리가 전파하지 아니한
다른 예수를 전파하거나 혹은 너희가 받
지 아니한 다른 영을 받게 하거나 혹은 너
희가 받지 아니한 다른 복음을 받게 할 때
에는 너희가 잘 용납하는구나
5 나는 지극히 크다는 사도들보다 부족한
것이 조금도 없는 줄로 생각하노라
6 내가 비록 말에는 부족하나 지식에는 그
렇지 아니하니 이것을 우리가 모든 사람
가운데서 모든 일로 너희에게 나타내었노
라
7 내가 너희를 높이려고 나를 낮추어 하나
님의 복음을 값없이 너희에게 전함으로
죄를 지었느냐

1) 또는 너희가 과연 나를 용납하느니라

1. 오늘 하나님께서 나에게 주신 깨달음은 무엇입니까?

2. 말씀을 어떻게 내 삶에 구체적으로 적용해야 합니까?

절별 해설

2-3 하나님의 열심 문맥상 '하나님의 질투'로 이해할 수도 있다(참조. 신 4:23-24). 하나님은 이스라엘 백성에게 유일한 남편이시다. 남편이 아내가 자기 외에 다른 남자를 사랑하거나 따르는 것을 허용하지 않는 것처럼, 하나님께서도 자기 백성이 다른 것에 이끌리어 미혹되는 것을 좋아하지 않으신다. 바울은 그러한 하나님의 마음으로 고린도 교회 성도들을 대하고 있다. 바울은 교회와 그리스도를 신부와 신랑의 관계로 그리며, 자신은 신부가 장래의 남편에게 정결한 상태로 나아갈 수 있도록 돕는 역할을 감당하는 것으로 생각한다. 창세기에서 뱀이 하와를 미혹하여 범죄하게 한 것처럼, 고린도 교회 안에 악한 거짓 사도들로 인해 그와 같은 일이 벌어질까 염려하고 있다.

4 다른 예수, 다른 영, 다른 복음 바울이 염려하는 내용이 잘 소개되고 있다. 거짓 사도들은 바울이 전한 것과는 다른 예수와 영, 그리고 다른 복음을 전하였다. 구체적으로 어떤 내용인지는 말하고 있지 않지만, 그들은 드러나는 권위와 능력을 강조했던 것 같다. 이런 측면에서 보면 약함, 고난과 죽음은 배제하고 그리스도의 능력만을 강조하는 복음을 전했을 가능성이 크다. 고린도 교회 성도들이 그리스도의 고난이 빠진 다른 복음을 받아들이고 따르는 것을 보며 바울은 안타까워한다. 자기를 철저하게 비우고 낮추신 그리스도를 거만하고 교만한 자세로 전한다는 것은 이치에 맞지 않는 행동이다.

5 지극히 크다는 사도들 어떤 학자들은 이 표현이 예루살렘 교회의 사도들을 지칭하는 것이라 주장하기도 하지만, 별로 설득력이 없다. 바울이 갑자기 그들을 언급할 아무런 이유가 없기 때문이다. 이 표현은 고린도후서 12장 11절에서도 사용되는데, 스스로 크다고 주장하는 거짓 사도들을 가리키는 것으로 보는 것이 좋다. 바울은 자신을 자랑하고 과시하는 그들과 비교할 때 자신이 전혀 부족하지 않다고 분명히 밝힌다.

6 내가 비록 말에는 부족하나 바울은 자신이 수사학적인 기술이 뛰어나지 않음은 인정하지만, 복음에 대한 올바른 지식을 소유하지 않은 것처럼 깎아내리지는 말라고 말한다.

7 하나님의 복음을 값없이 너희에게 전함으로 고린도 교회에서 문제가 되었던 것 중의 하나는 바울이 교회로부터 보수를 받지 않은 것이다. 복음을 전하는 자가 교회로부터 생계비를 받지 않는 것은 스스로 그럴 만한 자격이 없음을 인정한 것이라는 거짓 사도들의 비난이 있었고, 성도들도 그들의 말을 듣기 시작했다.

쉬운성경

1 여러분은 내가 다소 어리석어 보이더라도 눈감아 주시기를 바랍니다. 그런데 여러분은 나에 대해 잘 참고 있습니다.

2 나는 하나님께서 질투하시는 것과 똑같이 여러분에 대해 질투하고 있습니다. 나는 여러분을 순결한 처녀로, 한 분이신 남편 그리스도께 바치려고 정혼을 시켰습니다.

3 그러나 하와가 뱀의 간교한 속임수에 넘어가 곁길로 간 것처럼 여러분의 마음도 그리스도를 향한 진실하고 순결한 데서 벗어나 더럽혀지지는 않을까 염려됩니다.

4 어떤 사람이 와서 우리가 전파한 것과 전혀 다른 예수님을 전파하는데도 여러분은 잘도 눈감아 주고 있습니다. 또 여러분은 전에 받은 것과 다른 영을 받아들이며, 다른 복음을 잘도 받아들이고 있습니다.

5 나는 나 자신이 저 '가장 위대한 사도들' 보다 뒤지지 않는다고 생각합니다.

6 내가 비록 말에는 능숙하지 못하지만 지식에 있어서는 그렇지 않습니다. 나는 모든 면에서 내가 가진 지식을 여러분 모두에게 분명히 보여주었습니다.

7 내가 여러분에게 아무런 보수도 받지 않고 하나님의 복음을 전파하면서, 여러분을 높이기 위해 나를 낮춘 것이 죄가 된단 말입니까?

저자의 묵상

상대방을 배려하여 취한 행동이 오히려 정반대의 결과를 가져오는 경우도 있다. 바울의 경우가 바로 적절한 예가 될 수 있다. 그는 고린도 교회 성도들에게 부담과 피해를 주지 않기 위해 교회로부터 보수 받기를 거절하였다. 그런 모습은 칭찬받아 마땅하다. 그러나 거짓 사도들은 그런 모습을 보며 바울이 스스로 사도의 자격이 없음을 알기에 한 행동이라고 헐뜯었다. 바울은 자신의 삶에서도 군림하는 사도가 아닌 그리스도의 고난을 본받아 약함의 사도로 사는 삶을 살려고 했지만, 권위와 능력의 증거를 강조하는 거짓 사도들의 눈에는 어리석고 무능한 사역자로 비쳤던 것 같다. 이런 상황에서 바울은 고린도에서 한 사람이라도 더 하나님 백성을 만들고자 했던 자기의 수고와 노력에 대해 말하며, 하나님께서 이 모든 것을 아신다고 말한다. 우리 삶도 마찬가지다. 다른 사람을 배려하는 마음으로 행한 일이 오해를 살 수 있다. 그런 때에도 우리는 낙심하지 말고 이웃 사랑하기를 계속해야 한다. 우리를 보시고 평가하시는 하나님이 계시기 때문이다.

무릎 기도 하나님, 제가 만나는 많은 사람에게 선을 행하여 좋은 사람으로 기억되기 원합니다. 그뿐만 아니라 예수 그리스도께로 많은 사람을 인도하는 최상의 선을 행하게 하소서.

ESV - 2 Corinthians 11

1 I wish you would bear with me in a little foolishness. Do bear with me!
2 For I feel a divine jealousy for you, since I betrothed you to one husband, to present you as a pure virgin to Christ.
3 But I am afraid that as the serpent deceived Eve by his cunning, your thoughts will be led astray from a sincere and pure devotion to Christ.
4 For if someone comes and proclaims another Jesus than the one we proclaimed, or if you receive a different spirit from the one you received, or if you accept a different gospel from the one you accepted, you put up with it readily enough.
5 Indeed, I consider that I am not in the least inferior to these super-apostles.
6 Even if I am unskilled in speaking, I am not so in knowledge; indeed, in every way we have made this plain to you in all things.
7 Or did I commit a sin in humbling myself so that you might be exalted, because I preached God's gospel to you free of charge?

1 bear with …을 참다 2 betroth 약혼시키다 3 serpent 뱀 deceive 속이다 cunning 간계 lead astray 미혹시키다 devotion 헌신 4 put up with …을 받아들이다 readily 이의 없이 5 be inferior to …보다 못하다 (not) in the least 조금도 …않다 apostle 사도 6 unskilled in …에 미숙한 plain 명백한 7 commit a sin 죄를 범하다 humble 낮추다 exalt 높이다 free of charge 값없이

☐ 묵상 체크

73

월 일

진실한 사역자

고린도후서 11:8-15 • 새찬송 341장 | 통일 367장

• 말씀묵상 전에 성령님의 인도하심을 구하는 기도를 드리십시오.

본문요약 I 바울은 이제껏 했던 대로 무보수로 고린도에서의 사역을 계속할 것이라고 말한다. 또한 사탄처럼 사탄의 일꾼들도 거짓과 가장으로 속이는 일에 능함을 지적한다. 따라서 거짓 사도들의 말뿐만 아니라 그들의 행동을 보며 고린도 교회 성도들이 지혜롭게 판단하기를 촉구한다.

8 내가 너희를 섬기기 위하여 다른 여러 교회에서 비용을 받은 것은 탈취한 것이라
9 또 내가 너희와 함께 있을 때 비용이 부족하였으되 아무에게도 누를 끼치지 아니하였음은 마게도냐에서 온 형제들이 나의 부족한 것을 보충하였음이라 내가 모든 일에 너희에게 폐를 끼치지 않기 위하여 스스로 조심하였고 또 조심하리라
10 그리스도의 [1)]진리가 내 속에 있으니 아가야 지방에서 나의 이 자랑이 막히지 아니하리라
11 어떠한 까닭이냐 내가 너희를 사랑하지 아니함이냐 하나님이 아시느니라
12 나는 내가 해 온 그대로 앞으로도 하리니 기회를 찾는 자들이 그 자랑하는 일로 우리와 같이 인정받으려는 그 기회를 끊으려 함이라
13 그런 사람들은 거짓 사도요 속이는 일꾼이니 자기를 그리스도의 사도로 가장하는 자들이니라
14 이것은 이상한 일이 아니니라 사탄도 자기를 광명의 천사로 가장하나니
15 그러므로 사탄의 일꾼들도 자기를 의의 일꾼으로 가장하는 것이 또한 대단한 일이 아니니라 그들의 마지막은 그 행위대로 되리라

1) 헬, 참

1. 오늘 하나님께서 나에게 주신 깨달음은 무엇입니까?

2. 말씀을 어떻게 내 삶에 구체적으로 적용해야 합니까?

절별 해설

8-9 탈취한 것이라 바울은 고린도 교회로부터는 보수를 받지 않았지만 다른 교회들로부터 더 많은 돈을 받고 있다는 비난에 대해서 안타까운 마음으로 설명한다. 자신이 다른 교회들로부터 탈취한 것이 아니라 자신의 상황을 잘 아는 성도들이 즐거운 마음으로 도왔다고 말한다. 일례로 실라와 디모데가 빌립보 교회로부터 재정 지원을 받아 바울에게 전달해 준 적이 있었다. 바울은 이러한 일이 고린도 교회 성도들에게 피해를 주지 않으려고 조심했던 것임을 거듭 강조하고 있다.

10-11 바울은 자신이 현재 복음을 전하는 지역의 교회로부터는 보수를 받지 않는다는 원칙을 고수하려 애썼다. 그러나 바울을 통해 이미 세워지고 안정된 교회의 성도들이 그의 선교 사역을 후원하는 것은 금하지 않았다. 바울이 그렇게 한 몇 가지 이유를 짐작해 볼 수 있다. 먼저는 복음을 받아들인 초신자들이 재정적인 부담으로 인해 그리스도의 더 깊은 자리로 나아가는 일에 방해가 되지 않고자 하는 마음이 있었다. 또한 넉넉하지 않았던 당시의 경제 상황을 고려할 때 바울은 공동체에 짐이 된다는 말을 듣고 싶지 않았던 것 같다. 마지막으로 바울은 손수 자신의 필요를 채우며 사역하는 것에 대해 자부심을 가졌다. 바울은 고린도에서도 그 원칙을 지키며 그리스도의 진리가 자기 속에 있다고 담대히 선언한다.

12 내가 해 온 그대로 앞으로도 하리니 바울은 고린도 교회 성도들로부터 재정적인 지원을 받지 않을 것이라고 밝힌다. 바울은 이러한 모습을 통해 자기 자랑을 일삼는 거짓 사도들의 실체가 드러나게 되길 바란다. 자신의 이타적인 자기희생과 섬김은 탐욕으로 가득한 거짓 사도들과는 확연히 대조되는 것이어서, 고린도 교회 성도들이 누가 진정한 사역자인지를 판단하게 되리라 생각한다.

13-15 거짓 사도, 속이는 일꾼, 그리스도의 사도로 가장하는 자들 바울은 거짓 사도들을 신랄하게 비난한다. 그들을 향한 묘사에 등장하는 공통점은 속임이다. 그들은 겉으로는 하나님의 일을 받드는 빛의 천사로 보일 수 있다. 그러나 실상은 사탄의 일꾼이다. '속임수'와 '가장'이 사탄의 전략인 것처럼, 거짓 사도들 또한 사탄의 방법을 따르고 있다고 꼬집는다.
그들의 마지막은 그 행위대로 되리라 결국 그들의 의롭지 못한 이중적인 모습은 드러나게 될 것이다. 먼저는 바울이 고린도에 가는 것을 통해 드러나고, 마침내는 하나님의 심판대 앞에서 드러나게 될 것이다.

쉬운성경

8 나는 여러분을 위한 사역을 완수하는 데 드는 비용을 다른 교회를 통해 충당하였습니다. 말하자면, 다른 교회들의 것을 빼앗은 셈입니다.

9 내가 여러분과 함께 있는 동안에 궁핍했지만, 나는 여러분 중 어느 누구에게도 폐를 끼치지 않았습니다. 내게 부족한 것은 마케도니아에서 온 성도들이 채워 주었습니다. 나는 모든 경우에 있어서 여러분에게 짐을 지우지 않았고, 앞으로도 계속 그럴 것입니다.

10 내 안에 있는 그리스도의 진리를 두고 확실하게 말합니다. 아가야 지방에서는 어느 누구도 내가 이렇게 자랑하는 것을 막지 못할 것입니다.

11 내가 왜 그랬겠습니까? 내가 여러분을 사랑하지 않기 때문에 그랬단 말입니까? 내가 여러분을 사랑하고 있다는 것은 하나님께서 아십니다.

12 나는 지금까지 해 온 대로 계속할 것입니다. 그것은 우리와 똑같이 일을 한다고 자랑하려는 사람들에게 자랑할 기회를 주지 않기 위해서입니다.

13 이런 사람들은 거짓 사도들이며, 속이는 일꾼들이며, 그리스도의 사도들인 것처럼 가장하는 사람들입니다.

14 이런 것에 대해 놀랄 것은 없습니다. 그것은 사탄도 자신을 빛의 천사로 가장하기 때문입니다.

15 그러므로 사탄의 일꾼들이 의의 일꾼으로 가장한다고 해서 크게 놀랄 것은 없습니다. 그들의 운명은 자기들이 행한 일에 따라 결정될 것입니다.

저자의 묵상

겉과 속이 다른 사람을 구별하기는 쉽지 않다. 상대방을 이용할 속셈으로 접근하여도 전혀 알아차리지 못하는 경우가 허다하다. 그래서 사기를 당하는 일들이 주변에 널려 있다. 고린도 교회 성도들의 경우도 마찬가지였다. 그들을 위해 낮아지고 고난을 감수하는 바울은 약하고 비천한 자처럼 보였다. 반면에 그들을 종으로 삼고 잡아먹고 삼키고 이용하고 경멸하는 거짓 사도들은 의의 천사들처럼 고상하게만 보였다. 바울은 이런 상황을 안타깝게 여기며 누가 참 사도인지 분간하라고 말한다. 성도의 삶에도 진리와 거짓을 분간하는 지혜와 통찰력[영적 분별력]이 필요하다. 사탄은 우는 사자와 같이 삼킬 자를 두루 찾아다닌다(벧전 5:8). 겉으로는 누구보다 친절하고 배려심이 깊게 행동하지만 속은 우리를 그리스도에게서 떠나게 하고 자기 종 삼으려는 계획을 가지고 있다. 상황과 사람을 꿰뚫어 보는 영적인 눈이 필요하다. 그럴 때 누가 하나님의 뜻을 행하는 자인지, 자신에게 유익을 주는 자인지를 알게 된다. 그래서 성도는 영적 분별을 위해 부단히 기도해야 한다.

무릎기도 하나님, 우리는 수많은 악의 유혹 앞에서 살아갑니다. 광명한 천사처럼 가장하여 다가오는 사탄의 모습을 바로 꿰뚫어 보는 눈을 주셔서 오직 진리와 거룩함을 행하게 하소서.

ESV - 2 Corinthians 11

8 I robbed other churches by accepting support from them in order to serve you.
9 And when I was with you and was in need, I did not burden anyone, for the brothers who came from Macedonia supplied my need. So I refrained and will refrain from burdening you in any way.
10 As the truth of Christ is in me, this boasting of mine will not be silenced in the regions of Achaia.
11 And why? Because I do not love you? God knows I do!
12 And what I am doing I will continue to do, in order to undermine the claim of those who would like to claim that in their boasted mission they work on the same terms as we do.
13 For such men are false apostles, deceitful workmen, disguising themselves as apostles of Christ.
14 And no wonder, for even Satan disguises himself as an angel of light.
15 So it is no surprise if his servants, also, disguise themselves as servants of righteousness. Their end will correspond to their deeds.

8 rob 빼앗다 9 in need 궁핍한 burden 짐을 지우다 refrain 삼가다 12 undermine …의 토대를 허물다 terms 조건 13 false 거짓의 deceitful 속이는 disguise 가장하다 15 correspond to …와 일치하다 deed 행위

74 바울의 자랑

월 일

고린도후서 11:16-23 • 새찬송 342장 | 통일 395장

• 말씀묵상 전에 성령님의 인도하심을 구하는 기도를 드리십시오.

본문요약 I 바울은 자기를 자랑하고 업적을 말하는 거짓 사도들과 비교할 때 자신이 절대로 부족하지 않다는 것을 말하려고 자기 자랑처럼 보이는 말로 시작한다. 자신의 유대인으로서의 정체성과 그리스도부터 받은 사도로서의 사명은 누구에게도 뒤지지 않는다고 말한다.

16 내가 다시 말하노니 누구든지 나를 어리석은 자로 여기지 말라 만일 그러하더라도 내가 조금 자랑할 수 있도록 어리석은 자로 받으라
17 내가 말하는 것은 주를 따라 하는 말이 아니요 오직 어리석은 자와 같이 기탄없이 자랑하노라
18 여러 사람이 육신을 따라 자랑하니 나도 자랑하겠노라
19 너희는 지혜로운 자로서 어리석은 자들을 기쁘게 용납하는구나
20 누가 너희를 종으로 삼거나 잡아먹거나 빼앗거나 스스로 높이거나 뺨을 칠지라도 너희가 용납하는도다
21 나는 우리가 약한 것 같이 욕되게 말하노라 그러나 누가 무슨 일에 담대하면 어리석은 말이나마 나도 담대하리라
22 그들이 히브리인이냐 나도 그러하며 그들이 이스라엘인이냐 나도 그러하며 그들이 아브라함의 후손이냐 나도 그러하며
23 그들이 그리스도의 일꾼이냐 정신없는 말을 하거니와 나는 더욱 그러하도다 내가 수고를 넘치도록 하고 옥에 갇히기도 더 많이 하고 매도 수없이 맞고 여러 번 죽을 뻔하였으니

1. 오늘 하나님께서 나에게 주신 깨달음은 무엇입니까?

2. 말씀을 어떻게 내 삶에 구체적으로 적용해야 합니까?

절별 해설

16-17 누구든지 나를 어리석은 자로 여기지 말라 바울의 약함을 보며 어리석다고 주장하는 것은 단순히 바울 개인과 관련된 문제로 끝나지 않는다. 그 비방은 바울이 전한 복음과도 밀접한 관련이 있어 결국은 그 복음을 거부하는 것이 될 수 있다. 그래서 바울은 자신을 어리석다고 하는 비난에 대해 정면으로 맞서고 있다. 자신은 자랑을 일삼는 어리석은 자가 아니지만, 거짓 사도들을 잠잠하게 하기 위해 세상의 방식대로 자랑하는 어리석음을 용납하라고 요청한다. 이러한 태도는 비방 앞에서도 침묵하셨던 겸손하신 주님의 방식과는 다름을 바울도 알고 있다.

18 여러 사람이 육신을 따라 자랑하니 언뜻 보기에 바울도 자기를 자랑하는 대열에 끼는가 하는 생각을 가질 수도 있다. 그러나 바울은 자신의 강함이 아니라 약함을 자랑함으로써 완전히 다른 분위기를 만들려고 한다는 것을 알 수 있다.

20 바울은 거짓 사도들이 성도들을 위하지 않는다는 것을 몇 가지 장면을 통해 묘사한다.
너희를 종으로 삼거나 그들은 그리스도 안에서 자유를 누리는 자들을 사로잡아 종으로 삼는다.
잡아먹거나 그들은 서기관들이 과부의 재산을 빼앗듯이 성도들로부터 재정적인 이득을 취한다(참조. 막 12:40).
빼앗거나 그들은 어부가 그물에 걸린 고기를 잡아 올리듯 성도들을 이용한다.
스스로 높이거나 그들은 스스로 자랑하며 성도들 위에 군림하는 모양새를 취한다.
뺨을 칠지라도 거짓 사도들이 경멸하고 멸시함에도 불구하고 성도들이 그들을 따르는 모습은 바울이 도저히 이해할 수 없는 것이었다.

21 바울은 그들과 비교하면 너무 약한 자여서 기만적인 행동을 할 수 없었다고 말한다.

22 히브리인, 이스라엘인, 아브라함의 후손 유대인을 지칭하는 표현들이다. 거짓 사도들은 자신들이 유대적 배경을 가지고 있는 자들이라고 자랑했던 것 같다. 바울은 자신도 유대인이라고 말한다.

23 그리스도의 일꾼이냐 정신없는 말을 하거니와 나는 더욱 그러하도다 그리스도의 일꾼이라고 주장했던 거짓 사도들의 말을 그대로 언급하지만, 실제로 그들은 그리스도의 일꾼일 수 없다고 말한다. 그리고 연이어 바울은 자신이 일꾼인 증거를 열거한다. 거짓 사도들과 같은 기준으로 증거를 제시한다면

쉬운성경

16 다시 말씀드리지만 아무도 나를 어리석은 사람으로 취급하지 마십시오. 만일 내가 어리석은 사람으로 생각된다면 그렇게 생각해도 좋습니다. 그러면 제가 조금은 자랑할 수 있을 것입니다.

17 내가 지금 하는 말은 주님의 권위를 가지고 하는 것이 아니라 어리석은 사람으로서 자기 자랑을 늘어놓는 것에 불과합니다.

18 많은 사람들이 세상의 기준에 비추어 자랑하니 나도 자랑해 보겠습니다.

19 여러분은 스스로 지혜롭다고 생각하는 사람들이니 어리석은 사람들을 애교로 잘 봐주십시오.

20 심지어 여러분을 노예로 삼는 사람, 여러분에게 사기 치는 사람, 여러분을 이용해 먹는 사람, 여러분의 뺨을 때리는 사람에 대해서도 여러분은 잘도 참아 내고 있습니다.

21 나는 지금 부끄러움을 무릅쓰고 이 말을 합니다. 우리가 연약했다는 사실을 인정합니다. 만일 어떤 사람이 감히 자랑할 것이 있다면, 어리석은 말 같지만, 나 역시 자랑할 것이 있습니다.

22 그들이 히브리인입니까? 나도 히브리인입니다. 그들이 이스라엘 사람입니까? 나도 그렇습니다. 그들이 아브라함의 자손입니까? 나도 그렇습니다.

23 그들이 그리스도의 일꾼입니까? 이 말을 할 때에 내가 제정신이 아닌 사람처럼 보이겠지만, 나는 그 사람들보다 더 뛰어난 일꾼입니다. 나는 더 많이 수고했고, 감옥에도 더 많이 갇혔으며, 셀 수 없을 정도로 매를 많이 맞았고, 죽을 고비도 여러 번 넘겼습니다.

자신의 학벌과 업적들을 말해야 할 것 같은데, 바울은 자랑의 목록을 완전히 다른 것으로 채우고 있다. **여러 번 죽을 뻔하였으니** 바울은 루스드라(행 14:19)에서도 그랬고 고린도후서를 쓰기 바로 직전에도 소아시아에서 죽을 뻔하였다(고후 1:9).

저자의 묵상

헌신적으로 복음 사역을 감당한 후에 돌아오는 것이 오해와 냉소라면 얼마나 안타깝겠는가? 바울의 경우가 그렇다. 그는 그리스도를 본받아 모든 것을 다 주는 심정으로 자기 절제를 함으로써 고린도 사람들이 주께로 돌아오도록 애를 썼다. 자신이 누릴 수 있는 것을 포기하며 희생과 헌신의 삶을 살아 성도가 생기고 교회가 세워졌다. 그런데 그 기쁨도 잠시였다. 이후에 온 거짓 사도들로 인해 고린도 성도들의 마음은 흔들리고 바울을 대해서는 어리석고 부족한 자라는 평판이 퍼지고 있다. 바울은 애끓는 심정으로 자신을 변호한다. 거짓 사도들이 내세우고 자랑하는 기준으로 비교해 보아도 자신이 훨씬 나은 자라는 사실을 입증하며 고린도 교회 성도들이 어리석음을 버리고 진실을 알게 되길 바라고 있다. 우리의 삶에도 종종 이런 때가 있다. 헌신과 사랑이 왜곡되어 돌아올 때 바울처럼 마침내 진실을 드러내시는 하나님께 기도해야 한다.

무릎 기도 하나님, 어떤 상황에서도 예수 그리스도를 닮아 희생과 섬김을 실천하는 일을 중단하지 않기 원합니다. 저의 삶을 판단하실 하나님 앞에 서기까지 흔들리지 않는 모습으로 살게 하소서.

ESV - 2 Corinthians 11

16 I repeat, let no one think me foolish. But even if you do, accept me as a fool, so that I too may boast a little.

17 What I am saying with this boastful confidence, I say not as the Lord would* but as a fool.

18 Since many boast according to the flesh, I too will boast.

19 For you gladly bear with fools, being wise yourselves!

20 For you bear it if someone makes slaves of you, or devours you, or takes advantage of you, or puts on airs, or strikes you in the face.

21 To my shame, I must say, we were too weak for that! But whatever anyone else dares to boast of—I am speaking as a fool—I also dare to boast of that.

22 Are they Hebrews? So am I. Are they Israelites? So am I. Are they offspring of Abraham? So am I.

23 Are they servants of Christ? I am a better one—I am talking like a madman—with far greater labors, far more imprisonments, with countless beatings, and often near death.

* 11:17 Greek *not according to the Lord*

16 boast 자랑하다 18 flesh 육신 19 bear with …을 참다 20 devour 잡아먹다 take advantage of …를 이용하다 put on airs 잘난 체하다 21 to one's shame 부끄럽게도 23 imprisonment 투옥 countless 셀 수 없는

☐ 묵상 체크

75 바울이 겪은 고난

월 일

고린도후서 11:24-33 • 새찬송 321장 | 통일 351장

• 말씀묵상 전에 성령님의 인도하심을 구하는 기도를 드리십시오.

본문요약 | 잠시 거짓 사도들의 기준을 따라 자기 자랑을 하던 바울은 곧 그 일을 그만둔다. 그리고 이어서 자신이 진정으로 자랑하는 것들을 열거한다. 바울의 자랑을 듣고 있으면 그리스도의 모습이 연상된다. 우리를 위해 모든 것을 내어 주신 그분의 사랑이 바울의 인생에 스며들어 있다.

24 유대인들에게 사십에서 하나 감한 매를
다섯 번 맞았으며
25 세 번 태장으로 맞고 한 번 돌로 맞고 세
번 파선하고 일 주야를 깊은 바다에서 지
냈으며
26 여러 번 여행하면서 강의 위험과 강도의
위험과 동족의 위험과 이방인의 위험과
시내의 위험과 광야의 위험과 바다의 위
험과 거짓 형제 중의 위험을 당하고
27 또 수고하며 애쓰고 여러 번 자지 못하고
주리며 목마르고 여러 번 굶고 춥고 헐벗
었노라
28 이 외의 일은 고사하고 아직도 날마다 내
속에 눌리는 일이 있으니 곧 모든 교회를
위하여 염려하는 것이라
29 누가 약하면 내가 약하지 아니하며 누가
실족하게 되면 내가 [1]애타지 아니하더냐
30 내가 부득불 자랑할진대 내가 약한 것을
자랑하리라
31 주 예수의 아버지 영원히 찬송할 하나님
이 내가 거짓말 아니하는 것을 아시느니
라
32 다메섹에서 아레다 왕의 고관이 나를 잡
으려고 다메섹 성을 지켰으나
33 나는 광주리를 타고 들창문으로 성벽을
내려가 그 손에서 벗어났노라

1) 헬, 타지 않더냐

1. 오늘 하나님께서 나에게 주신 깨달음은 무엇입니까?

2. 말씀을 어떻게 내 삶에 구체적으로 적용해야 합니까?

절별 해설

24 사십에서 하나 감한 매 신명기 25장 3절에 매질은 40대까지만 하라고 나와 있다. 유대인들은 때리는 사람이 잘못 계산하여 40대 이상 때림으로 율법을 어기지 않도록 하기 위해 39대까지만 때렸다. 이러한 고난은 바울이 유대인 회당이 있는 지역에서 복음을 전하다 겪게 된 고통임을 알 수 있다.

25 세 번 태장으로 맞고 태장은 로마인들이 집행한 것으로 잘 휘는 막대기를 서로 묶어서 때리는 것이었다. 바울은 빌립보에서 태장을 맞았는데(행 16:23), 나머지 두 번은 기록으로 남아 있지 않다. 그러나 이를 통해 바울을 핍박한 자들은 유대인들만이 아니었다는 것을 알 수 있다.

26 여러 번 여행하면서 바울은 여러 지역으로 이동하며 그리스도의 복음을 값없이 전했다. 이 과정에서 바울이 당한 고난을 '사람'과 '장소'로 묶어 볼 수 있다. 강도, 동족, 이방인, 거짓 형제로부터의 위협뿐만 아니라, 장소적으로 강, 시내, 광야 그리고 바다에서의 천재지변 위험이 있었다.
동족의 위험 유대인들은 예수 그리스도의 복음을 전하는 바울을 죽이려고 하였다.
거짓 형제 중의 위험 위험의 목록을 열거하며 맨 마지막에 둠으로써 현재 고린도에 있는 거짓 사도들이 야기한 문제의 심각성을 부각하고 있다.

28-29 모든 교회를 위하여 염려하는 것이라 육체적인 고난보다 바울을 더 힘들게 하는 것은 모든 교회에 대한 염려였다. 어떤 성도가 믿음이 약해지거나 죄를 범했다는 소식을 듣게 되면, 바울은 마치 자기 일인 것처럼 안타까워했다.

30 내가 약한 것을 자랑하리라 바울의 자랑이 무엇인지를 잘 보여주는 핵심적인 표현이다. 바울은 스스로를 약함의 사도로 규정했는데, 그 이유는 약한 자신을 통해서 일하시는 하나님의 증거가 되는 것을 자기 사명으로 여겼기 때문이다.

32-33 다메섹에서 아레다 왕의 고관이 나를 잡으려고 바울의 고난 목록의 마지막에 위치한 사건이다. 사도행전 9장 20-25절의 내용과 관련이 있는데 부활한 주님을 만난 바울은 아라비아 광야(나바테아 왕국)로 가서 3년을 보냈다(갈 1:17-18). 그곳에서도 그는 복음을 전했을 것이며, 그 일로 인해 왕의 고관이 바울을 잡으려고 다메섹까지 오자 광주리를 타고 성벽을 내려와 도망하였다.

쉬운성경

24 또 유대인에게 서른아홉 대 맞는 태형을 다섯 번이나 당하였습니다.

25 몽둥이로 세 차례 맞고, 돌에 맞은 적도 한 번 있었습니다. 배가 난파된 적도 세 번 있었으며, 밤낮을 망망대해에서 표류한 적도 있었습니다.

26 자주 여행을 하는 동안, 강물의 위험과 강도들로부터 오는 위험, 내 동족들에게서 받는 위험, 이방인들에게서 받는 위험, 도시에서 당하는 위험, 황량한 광야에서 당하는 위험, 바다의 위험, 또한 거짓 신자들로부터 오는 위험을 겪었습니다.

27 나는 수고하고 애쓰며 살았습니다. 잠 못 들어 밤을 지샌 적이 여러 번이고, 배고프고 목마르고, 굶기도 자주 하고, 추위에 떨고, 헐벗음의 고통도 받았습니다.

28 다른 것들은 접어 두더라도 나는 날마다 모든 교회들에 대한 염려로 마음이 짓눌렸습니다.

29 누가 약해지면, 나도 약해지지 않겠습니까? 누가 걸려 넘어지면, 내 마음이 새까맣게 타지 않겠습니까?

30 내가 꼭 자랑해야 한다면, 나의 약함을 자랑하겠습니다.

31 영원히 찬송받으실 우리 주 예수님의 아버지 하나님께서는 내 말이 거짓말이 아니라는 것을 아십니다.

32 내가 다마스커스에 있었을 때에는 아레다 왕의 총독이 나를 체포하려고 다마스커스성을 지키고 있었는데,

33 나는 광주리를 타고 성벽 창문 아래로 내려와 총독의 손아귀에서 빠져나온 적도 있었습니다.

저자의 묵상

우리는 '피알(PR)'이라는 말을 종종 사용한다. 우스갯소리로 '피할 건 피하고, 알릴 건 알리라'는 말이라고 한다. 자기를 알릴 때는 굳이 약점을 말하지 말라고 한다. 들은 사람 중의 누군가가 약점을 악용할 수 있기 때문에 인간관계에서 지켜야 하는 철칙이라고 말하기도 한다. 그런 측면에서 보면 바울은 큰 실수를 하고 있다. 자랑을 좀 하겠으니 이해해 달라고 말했는데, 그 내용은 온통 자신의 약함과 그가 겪었던 고난으로 가득 차 있다. 거짓 사도들은 자기들이 가진 것을 자랑하고 그것으로 고린도 교회 성도들을 억누르려고 했지만, 바울은 정반대다. 그도 자랑할 것이 꽤 많았지만, 오히려 그런 것들은 말하지 않고 자신의 약한 모습만 말한다. 왜 그랬을까? 자신의 약함 가운데 능력으로 역사하시는 하나님을 부각하려고 했던 것 같다. 이제까지 그가 사역을 할 수 있었던 것도 자기가 잘나서 했던 것이 아니라 하나님께서 함께하셔서 가능했다고 고백한다. "내가 약한 것을 자랑하리라"(30절)가 바울만의 고백이 아니라 우리의 고백이 되어야 할 것이다.

무릎 기도 하나님, 약할 때 강함 되시는 주님을 찬양합니다. 지금까지 붙들어 주신 하나님의 은혜와 사랑을 기억하며, 제 삶 속에서 주님의 이름과 능력이 드러나게 하소서.

ESV - 2 Corinthians 11

24 Five times I received at the hands of the Jews the forty lashes less one.
25 Three times I was beaten with rods. Once I was stoned. Three times I was shipwrecked; a night and a day I was adrift at sea;
26 on frequent journeys, in danger from rivers, danger from robbers, danger from my own people, danger from Gentiles, danger in the city, danger in the wilderness, danger at sea, danger from false brothers;
27 in toil and hardship, through many a sleepless night, in hunger and thirst, often without food,* in cold and exposure.
28 And, apart from other things, there is the daily pressure on me of my anxiety for all the churches.
29 Who is weak, and I am not weak? Who is made to fall, and I am not indignant?
30 If I must boast, I will boast of the things that show my weakness.
31 The God and Father of the Lord Jesus, he who is blessed forever, knows that I am not lying.
32 At Damascus, the governor under King Aretas was guarding the city of Damascus in order to seize me,
33 but I was let down in a basket through a window in the wall and escaped his hands.

* 11:27 *Or often in fasting*

24 lash 채찍질 25 rod 매 shipwrecked 난파한 adrift 표류하는 26 frequent 자주 wilderness 광야 27 toil 수고 hardship 고난 exposure 노출 28 apart from …을 제외하고 anxiety 염려 29 indignant 분개한 32 seize …을 잡다 33 let down …을 (아래로) 내리다 escape 벗어나다

76 바울이 본 환상과 계시

월 일

고린도후서 12:1-6 • 새찬송 370장 | 통일 455장

• 말씀묵상 전에 성령님의 인도하심을 구하는 기도를 드리십시오.

본문요약 I 바울은 주님이 보여주신 환상 중에 셋째 하늘에 다녀온 사람 이야기를 한다. 그는 3인칭으로 묘사하고 있지만 그 체험을 한 사람은 바울 자신이다. 바울은 신비한 체험을 했지만 그것을 자랑하지 않았고 오히려 자기의 약함을 자랑한다.

1 무익하나마 내가 부득불 자랑하노니 주의 환상과 계시를 말하리라

2 내가 그리스도 안에 있는 한 사람을 아노니 그는 십사 년 전에 셋째 하늘에 이끌려 간 자라 (그가 몸 안에 있었는지 몸 밖에 있었는지 나는 모르거니와 하나님은 아시느니라)

3 내가 이런 사람을 아노니 (그가 몸 안에 있었는지 몸 밖에 있었는지 나는 모르거니와 하나님은 아시느니라)

4 그가 낙원으로 이끌려 가서 말로 표현할 수 없는 말을 들었으니 사람이 가히 이르지 못할 말이로다

5 내가 이런 사람을 위하여 자랑하겠으나 나를 위하여는 약한 것들 외에 자랑하지 아니하리라

6 내가 만일 자랑하고자 하여도 어리석은 자가 되지 아니할 것은 내가 참말을 함이라 그러나 누가 나를 보는 바와 내게 듣는 바에 지나치게 생각할까 두려워하여 그만두노라

1. 오늘 하나님께서 나에게 주신 깨달음은 무엇입니까?

2. 말씀을 어떻게 내 삶에 구체적으로 적용해야 합니까?

절별 해설

1 내가 부득불 자랑하노니 앞서 약함을 자랑했던 바울과는 어울리지 않는 것처럼 보이는 자랑으로 시작된다. 이 자랑은 어쩔 수 없이 하는 것이라는 것을 밝힌다. 그 내용은 그가 경험한 주의 환상과 계시다. 사도행전을 읽어 보면 바울이 여러 차례 주님으로부터 환상과 계시를 받았다는 것을 알 수 있다. 또한 그가 부활하신 주님을 만나는 결정적인 사건이 있었지만, 그의 편지들에서는 직접적 언급을 피하고 있다. 고린도 교회 성도들에게 편지하면서 환상과 계시에 대해 말하는 이유는 거짓 사도들이 그들의 환상과 계시를 자랑하면서 바울에게는 이와 같은 것들이 없다고 비판했기 때문이다.

2-4 내가 그리스도 안에 있는 한 사람을 아노니 3인칭으로 표현하지만 바울 자신에 대해 말하고 있다.
셋째 하늘에 이끌려 간 자, 그가 낙원으로 이끌려 가서 별개의 사건이 아니라 한 사건을 언급하고 있다. 고린도후서를 쓰기 14년 전에 일어난 일이라고 하는데 더 이상의 정보를 알기 어렵다. 유대인들은 하늘이 하나의 공간이 아닌 여러 공간으로 구성되어 있고, 그중에서 셋째 하늘은 가장 높고 거룩한 곳으로 하나님의 거처라고 생각했다.
(그가 몸 안에 있었는지 몸 밖에 있었는지 나는 모르거니와 하나님은 아시느니라) 바울은 천국 환상에 압도되어 자신이 몸으로 천국에 다녀왔는지 영으로 다녀왔는지 잘 알지 못한다고 말한다.
말로 표현할 수 없는 말을 들었으니 바울은 거짓 사도들과 달리 자신이 낙원에서 보고 들은 것에 대해서 말하지 않는다.

5 내가 이런 사람을 위하여 자랑하겠으나 바울은 자신의 신비한 경험에 대해 말함으로 자신과 고린도 교회 성도들이 흔들리지 않게 되기를 바라고 있다. 바울이 말하는 사람이 바로 자신이라는 생각이 들지 않도록 하기 위해 "이런 사람"과 "내가"라는 말로 구분하려고 하지만, 그가 자신에 대해 말하고 있다는 것을 알 수 있다.

6 바울이 환상과 계시를 자랑한다고 해도 어리석은 자가 되지 않을 것은 그가 직접 경험한 것이기 때문이다. 그러나 바울은 자신이 말하는 것을 통해 성도들이 그를 과대평가하지 않기를 바라고 있다. 거짓 사도들은 그들이 경험한 신비한 경험을 그들의 인격, 말과 사역보다 더 앞세웠지만, 바울은 환상이 아니라 자신의 말과 사역을 통해 평가받고자 하는 마음으로 자랑하기를 그친다.

쉬운성경

1 자랑하는 것이 이로울 것은 없지만 계속 해 보겠습니다. 나는 주님께서 보여주신 환상과 계시를 말씀드리겠습니다.

2 나는 십사 년 전에 셋째 하늘로 들려 올라간, 그리스도 안에 있는 어떤 사람*을 알고 있습니다. 그것이 몸 안에서 된 것인지 몸을 빠져나와 된 것인지 나는 알지 못하지만, 하나님은 아십니다.

3 내가 이런 사람을 아는데, 그 사람의 몸이 거기 있었는지 아니면 단지 그 사람의 영이 그곳에 있었는지 나는 알지 못하지만, 하나님은 아십니다.

4 그 사람이 낙원으로 들려 올라가서 사람이 말해서도 안 되고, 이루 말로 표현할 수도 없는 말들을 들었습니다.

5 내가 이 사람에 대해서는 자랑하겠으나, 나 자신에 대해서는 나의 약한 것들 외에 자랑하지 않겠습니다.

6 내가 자랑한다고 해도 진실을 말할 것이기 때문에 어리석은 사람은 되지 않을 것입니다. 그러나 어떤 사람이든지 나를 보고 내게서 들은 것 이상으로 나에 대해 생각하지 않도록 하기 위해서 자랑하는 것을 그만두겠습니다.

* 12:2 바울 자신을 가리킨다.

저자의 묵상

사람들은 쉽고 편한 길을 선택하려는 경향이 강하다. 그러나 그 길이 반드시 효과가 있거나 옳지는 않을 때가 많다. 고린도에 왔던 거짓 사도들이 그렇다. 그들은 자신들이 경험한 신비한 체험에 대해 말하기를 좋아했다. 성도들은 그런 거짓 사도들에게 마음을 빼앗겼고 복음을 전해 준 바울은 시시하게 보았다. 실제로 바울은 거짓 사도들보다 더 깊은 신비한 체험을 한 사람이었지만 그는 그것을 무기 삼아 사역하지 않았다. 말을 잘하지 못한다는 비판을 받으면서도 그는 자기의 말과 행동으로 그리스도의 증거가 되고자 애썼다. 자기의 삶 가운데 함께하시는 인격적인 하나님을 보여주는 어려운 길을 선택하였다. 우리도 마찬가지다. 거창한 말이나 신비한 체험이 아니라 그리스도를 닮은 작은 섬김과 실천을 통해 믿는 자들을 세우고 믿지 않는 자들에게 복음을 전하는 일을 감당해야 한다. 복음의 메신저인 우리의 모습이 어떤지 잘 살펴보아야 한다.

무릎 기도 하나님, 저의 삶에 항상 함께하셔서 말과 행동 하나하나가 주님을 나타내길 원합니다. 보이지 않는 하나님 나라를 보여주는 표지판과 같은 삶이 되게 하소서.

ESV - 2 Corinthians 12

1 I must go on boasting. Though there is nothing to be gained by it, I will go on to visions and revelations of the Lord.
2 I know a man in Christ who fourteen years ago was caught up to the third heaven—whether in the body or out of the body I do not know, God knows.
3 And I know that this man was caught up into paradise—whether in the body or out of the body I do not know, God knows—
4 and he heard things that cannot be told, which man may not utter.
5 On behalf of this man I will boast, but on my own behalf I will not boast, except of my weaknesses—
6 though if I should wish to boast, I would not be a fool, for I would be speaking the truth; but I refrain from it, so that no one may think more of me than he sees in me or hears from me.

1 go on 계속하다 boast 자랑하다 vision 환상 revelation 계시 3 paradise 낙원 4 utter 입 밖에 내다 5 on behalf of …을 위해서 weakness 약함 6 refrain 그만두다

77

월 일

약한 것을 자랑하는 겸손한 사도

고린도후서 12:7-13 • 새찬송 450장 | 통일 376장

• 말씀묵상 전에 성령님의 인도하심을 구하는 기도를 드리십시오.

본문요약 I 신비한 영적인 체험을 한 바울에게 큰 기도 제목이 있었다. 그것은 그가 지닌 육체의 가시를 제거해 달라는 것이었다. 그러나 하나님께서는 그의 기도대로 고쳐 주지 않으시고 약함 중에 그리스도를 더 의지하는 것이 바울에게 유익이라는 사실을 가르쳐 주셨다.

7 여러 계시를 받은 것이 지극히 크므로 너
무 자만하지 않게 하시려고 내 육체에 가
시 곧 사탄의 사자를 주셨으니 이는 나를
쳐서 너무 자만하지 않게 하려 하심이라
8 이것이 내게서 떠나가게 하기 위하여 내
가 세 번 주께 간구하였더니
9 나에게 이르시기를 내 은혜가 네게 족하
도다 이는 내 능력이 약한 데서 온전하
여짐이라 하신지라 그러므로 도리어 크
게 기뻐함으로 나의 여러 약한 것들에 대
하여 자랑하리니 이는 그리스도의 능력이
내게 [1]머물게 하려 함이라
10 그러므로 내가 그리스도를 위하여 약한
것들과 능욕과 궁핍과 박해와 곤고를 기뻐
하노니 이는 내가 약한 그 때에 강함이라
11 내가 어리석은 자가 되었으나 너희가 억
지로 시킨 것이니 나는 너희에게 칭찬을
받아야 마땅하도다 내가 아무 것도 아니
나 지극히 크다는 사도들보다 조금도 부
족하지 아니하니라
12 사도의 표가 된 것은 내가 너희 가운데서
모든 참음과 [2]표적과 기사와 능력을 행한
것이라
13 내 자신이 너희에게 폐를 끼치지 아니한
일 밖에 다른 교회보다 부족하게 한 것이
무엇이 있느냐 너희는 나의 이 공평하지
못한 것을 용서하라

1) 헬, 장막으로 덮게 2) 또는 이적

1. 오늘 하나님께서 나에게 주신 깨달음은 무엇입니까?

2. 말씀을 어떻게 내 삶에 구체적으로 적용해야 합니까?

절별 해설

7 내 육체에 가시 곧 사탄의 사자 "육체의 가시"에 대해서는 여러 의견이 있다. 대표적인 것은 안질, 간질, 반복적인 말라리아성 열병을 든다. 유대인들은 질병을 사탄과 연결해 이해했는데, 이 구절에서도 그런 경향을 발견할 수 있다. 하나님께서 바울에게 그런 육체의 가시를 주신 것은 그가 스스로 교만[자만]하지 않도록 하기 위함이었다고 밝힌다.

8 바울은 육체의 가시가 자기에게서 떠나기를 세 번 간구하였다. 예수님께서 십자가에 달리시기 전 겟세마네 동산에서 '이 잔을 내게서 옮겨 달라'고 세 번이나 간구하였지만 받아들여지지 않은 것처럼(막 14:32-42), 하나님은 바울이 원하는 대로 응답하지 않으셨다.

9-10 내 은혜가 네게 족하도다 이는 내 능력이 약한 데서 온전하여짐이라 기도한 바울에게 하나님께서 'No'로 응답하셨다. 육체의 가시를 제거해 주시는 대신 그것을 감당하고 견딜 은혜를 주시겠다고 약속하셨다. 바울은 육체의 가시를 통해 오히려 자기에게 임하시는 하나님의 은혜를 더 풍성히 경험할 수 있었다. 사람이 약할수록 그 안에서 역사하시는 하나님은 더 분명히 드러난다.

이는 그리스도의 능력이 내게 머물게 하려 함이라 바울은 하나님의 응답을 듣고 기뻐하였다. 왜냐하면 바울의 약함을 통해 오히려 자기 가운데 머무시는 그리스도의 능력을 체험하였기 때문이다. 이것을 깨달은 바울은 '내가 약한 그때에 강하다'고 역설적으로 고백한다.

11 내가 아무 것도 아니나 지극히 크다는 사도들보다 조금도 부족하지 아니하니라 바울은 거짓 사도들의 꾐에 빠진 성도들을 건지고자 하는 마음으로 자기와 그들을 비교하며, 자신이 조금도 부족하지 않다고 말한다.

12 바울은 진정한 사도의 표징으로 사역과 성격을 든다. 그는 고린도에서 사역하는 동안 많은 기적을 행했을 뿐만 아니라 인내, 즉 사랑의 수고를 통해 복음 전하는 일을 성실하게 감당했다고 밝힌다.

13 너희는 나의 이 공평하지 못한 것을 용서하라 고린도 교회 성도들을 너무 사랑한 나머지 그들에게 폐를 끼치지 않기 위해 보수를 받지 않은 것이 바울이 다른 교회를 대할 때와 다른 점이었다. 바울은 자신의 잘못한 일, 즉 그와 같이 공평하지 못했던 것을 용서하라고 반어적으로 말하고 있다.

쉬운성경

7 내가 받은 굉장한 계시들 때문에 교만해지는 것을 막기 위하여 하나님께서는 내 몸에 사탄의 사신인 가시를 주셨습니다. 그것은 줄곧 나를 괴롭혀 왔습니다.

8 나는 이것을 제거해 달라고 주님께 세 번이나 간청하였습니다.

9 그러나 주님은 나에게 "내 은혜가 네게 족하다. 내 능력이 약한 데서 온전해진다"고 말씀하셨습니다. 나는 그리스도의 능력이 내 위에 머물러 있도록 하기 위해서 나의 약한 것들을 더욱 기쁘게 자랑합니다.

10 그러므로 나는 약할 때나 모욕을 받을 때나, 궁핍하게 될 때나 핍박을 받을 때나, 어려움이 있을 때에, 그리스도를 위해 기뻐합니다. 왜냐하면 나는 약할 그 때에 강하기 때문입니다.

11 나는 어리석은 사람이 되었습니다. 여러분이 나를 억지로 어리석은 사람이 되게 했습니다. 사실 나는 여러분에게 칭찬을 받아 마땅합니다. 비록 나는 아무것도 아니지만, 저 '가장 위대한 사도들'보다 조금도 뒤질 것이 없습니다.

12 나는 여러분 가운데서 모든 것을 인내하면서 사도의 표시인 표적과 기적과 놀라운 일들을 행했습니다.

13 내가 친히 여러분에게 짐을 지우지 않은 것 외에, 내가 다른 교회에 비해 여러분에게 못한 것이 무엇입니까? 내가 여러분에게 폐를 끼치지 않은 것이 잘못이라면 저를 용서하십시오.

저자의 묵상

바울은 자기의 선교 사역이 효과적으로 행해지는 데 한 가지 걸림돌이 있다고 생각했다. 그것은 바로 그가 겪고 있는 육체의 질병이었다. '이것만 없으면 더 효과적으로 복음을 전할 수 있을 텐데'라는 생각에 하나님께 세 번이나 간절히 기도했다. 그러나 하나님께서는 그가 원하는 대로 응답하지 않으셨다. 오히려 육체의 약함을 통해 하나님을 더 의지하게 되고, 약한 자기 속에 역사하시는 하나님을 더 잘 드러낼 수 있다는 것을 깨닫게 되었다. 이후로 바울은 인간적으로 약해 보이는 것이 걸림돌이 아니라 오히려 유익일 수 있다고 고백한다. 우리의 삶도 마찬가지다. 하나님께서는 우리가 구한 대로 응답하시지 않을 때가 있다. 그러면 실망하기도 하고 낙심하기도 한다. 그러나 우리의 생각을 바꿀 필요가 있다. 상황이 호전되지 않아 끊임없이 하나님을 의지하고 기도하는 것을 통해 우리가 하나님을 더 많이 체험할 수 있다면, 하나님의 거절은 오히려 우리에게 더 큰 은혜일 수 있다. 우리를 잘 아시는 하나님께서 항상 가장 좋은 것을 우리에게 허락하신다.

무릎 기도 하나님, 제 삶에 항상 머물러 계시는 그리스도의 능력을 경험하기 원합니다. 하나님의 뜻 안에서 기쁨과 자유를 누리며 하나님의 이름과 영광을 선포하는 자로 살게 하소서.

ESV - 2 Corinthians 12

7 So to keep me from becoming conceited because of the surpassing greatness of the revelations,* a thorn was given me in the flesh, a messenger of Satan to harass me, to keep me from becoming conceited.
8 Three times I pleaded with the Lord about this, that it should leave me.
9 But he said to me, "My grace is sufficient for you, for my power is made perfect in weakness." Therefore I will boast all the more gladly of my weaknesses, so that the power of Christ may rest upon me.
10 For the sake of Christ, then, I am content with weaknesses, insults, hardships, persecutions, and calamities. For when I am weak, then I am strong.
11 I have been a fool! You forced me to it, for I ought to have been commended by you. For I was not at all inferior to these super-apostles, even though I am nothing.
12 The signs of a true apostle were performed among you with utmost patience, with signs and wonders and mighty works.
13 For in what were you less favored than the rest of the churches, except that I myself did not burden you? Forgive me this wrong!

* 12:7 *Or hears from me, even because of the surpassing greatness of the revelations. So to keep me from becoming conceited*

7 conceited 자만하는 surpassing 뛰어난 revelation 계시 harass 괴롭히다 8 plead with …에 간구하다 9 sufficient for …에 충분한 10 be content with …에 만족하다 insult 모욕 persecution 박해 calamity 고난 11 force 강요하다 inferior to …보다 못한 12 utmost 최대한의 patience 인내 13 favored 호의적인

78 세 번째 방문 계획

월 일

고린도후서 12:14-21 • 새찬송 290장 | 통일 412장

• 말씀묵상 전에 성령님의 인도하심을 구하는 기도를 드리십시오.

본문요약 | 바울은 계속해서 고린도 교회 성도들을 포용하려고 한다. 폐를 끼치지 않기 위해 보수를 받지 않았던 것처럼 세 번째 고린도를 방문할 때에도 그렇게 하겠다고 밝힌다. 바울과 고린도 교회의 관계는 부모와 자식의 관계와 같아서, 바울은 성도들을 통해 이익 얻기를 원하지 않는다.

14 보라 내가 이제 세 번째 너희에게 가기를
준비하였으나 너희에게 폐를 끼치지 아니
하리라 내가 구하는 것은 너희의 재물이
아니요 오직 너희니라 어린 아이가 부모
를 위하여 재물을 저축하는 것이 아니요
부모가 어린 아이를 위하여 하느니라
15 내가 너희 영혼을 위하여 크게 기뻐하므
로 재물을 사용하고 또 내 자신까지도 내
어 주리니 너희를 더욱 사랑할수록 나는
사랑을 덜 받겠느냐
16 하여간 어떤 이의 말이 내가 너희에게 짐
을 지우지는 아니하였을지라도 교활한 자
가 되어 너희를 속임수로 취하였다 하니
17 내가 너희에게 보낸 자 중에 누구로 너희
의 이득을 취하더냐
18 내가 디도를 권하고 함께 한 형제를 보내
었으니 디도가 너희의 이득을 취하더냐
우리가 동일한 성령으로 행하지 아니하더
냐 동일한 보조로 하지 아니하더냐
19 너희는 이 때까지 우리가 자기 변명을 하
는 줄로 생각하는구나 우리는 그리스도
안에서 하나님 앞에 말하노라 사랑하는
자들아 이 모든 것은 너희의 덕을 세우기
위함이니라
20 내가 갈 때에 너희를 내가 원하는 것과 같
이 보지 못하고 또 내가 너희에게 너희가
원하지 않는 것과 같이 보일까 두려워하
며 또 다툼과 시기와 분냄과 당 짓는 것과
비방과 수군거림과 거만함과 혼란이 있을
까 두려워하고
21 또 내가 다시 갈 때에 내 하나님이 나를
너희 앞에서 낮추실까 두려워하고 또 내
가 전에 죄를 지은 여러 사람의 그 행한
바 더러움과 음란함과 호색함을 회개하지
아니함 때문에 슬퍼할까 두려워하노라

1. 오늘 하나님께서 나에게 주신 깨달음은 무엇입니까?

2. 말씀을 어떻게 내 삶에 구체적으로 적용해야 합니까?

절별 해설

14 세 번째 너희에게 가기를 준비하였으나 첫 번째 방문은 사도행전 18장에 기록되어 있고, 두 번째 방문은 고린도후서 2장 1절에 언급된 고통의 방문이었다. 바울은 이제 세 번째로 고린도 교회를 방문할 계획을 세우고 있다.
내가 구하는 것은 … 오직 너희니라 세 번째 방문 때에도 바울은 성도들로부터 보수를 받지 않을 계획이다. 그 이유는 바울이 성도들로부터 얻을 재물이 아니라 성도들 자체에 관심이 있기 때문이다. 이것은 어린아이가 부모를 위해 쓸 것을 준비하지 않고 부모가 아이를 위해 하는 것과 같은 이치다(6:11-13).

15 손수 자기 물질을 사용하고 또 자기 스스로를 내어 주면서까지 사역을 했지만 바울에게 돌아오는 것은 오해와 비난이었다. 그러나 바울은 실망하지 않고 그들을 향한 사랑을 계속하고자 한다.

16-18 교활한 자가 되어 너희를 속임수로 취하였다 어떤 이들은 바울이 보수를 받지는 않았지만 교활한 방법으로 고린도 교회 성도들을 이용하고 있다고 비난했다. 바울이 함께 일하는 자들을 보내어 예루살렘 교회 성도들을 돕는 연보를 독려하는 것은 실제로 예루살렘 교회를 위한 것이 아니라 바울 자신을 위한 재물을 모으기 위한 것이라고 소문을 퍼뜨렸다. 그런 비난에 직면한 바울은 함께한 형제 중 누구도 부당한 이득을 취하고자 한 적이 없다고 말한다. 바울은 '동일한 성령', '동일한 보조'라는 표현을 통해 그와 동역자들이 한 성령 안에서 같은 모습으로 사역하고 윤리적인 흠이 없기 위해 한 모양으로 애쓰고 있다는 것을 강조한다.

20-21 너희를 내가 원하는 것과 같이 보지 못하고 바울은 자신이 세 번째로 고린도를 방문할 때 지난번 방문처럼 난처하고 실망스러운 상황이 생기지 않기를 바라고 있다.
너희가 원하지 않는 것과 같이 보일까 두려워하며 바울은 죄를 짓는 자들을 질책하고 엄하게 경고하는 일이 생겨 고린도 교회 성도들이 바울에게 기대했던 것과 다른 모습으로 행하게 되는 일이 벌어질까 염려하고 있다. 디도를 통해 음행하는 사람을 치리[징계]하는 문제가 잘 해결되었다는 소식을 들었지만 그 문제가 말끔히 정리되지 않아 두 번째 방문 때처럼 당혹스러운 일이 생길까 마음을 쓰고 있다.

쉬운성경

14 이제 나는 세 번째 여러분을 방문할 준비를 하고 있습니다. 이번에도 여러분에게 짐을 지우지는 않을 작정입니다. 나는 단지 여러분을 바랄 뿐, 여러분이 가진 재물을 바라지 않습니다. 이는 자녀가 부모를 위해 재산을 모아 두는 것이 아니라 부모가 자녀를 위해 그렇게 하는 것이기 때문입니다.

15 나는 여러분을 위해서라면 내가 가진 것뿐만 아니라 나 자신마저도 기꺼이 드리겠습니다. 내가 여러분을 이토록 사랑하는데, 여러분도 나를 사랑해 줘야 하지 않겠습니까?

16 내가 여러분에게 짐이 된 적은 없었지만, 어떤 사람들은 내가 꾀를 부려 여러분을 속여 사로잡았다고 합니다.

17 내가 보낸 사람 중에 누군가를 시켜 여러분을 속여 착취한 적이 있었습니까?

18 내가 디도에게 여러분에게 가라고 권하였고, 디도와 함께 형제를 여러분에게 보낸 적이 있는데, 디도가 여러분을 속여 착취한 적이 있었습니까? 우리가 같은 심정으로 살아오지 않았습니까? 또한 우리가 같은 길을 걸어오지 않았습니까?

19 아직까지도 여러분은 우리가 자신을 변명하고 있다고 생각할 것입니다. 우리는 그리스도 안에 있는 사람들로서 하나님 앞에서 말하고 있습니다. 사랑하는 여러분, 우리가 행하는 모든 것들은 여러분의 덕을 세우기 위함입니다.

20 내가 갈 때, 내가 여러분에게서 기대했던 모습을 찾지 못하거나 여러분이 나에게서 기대했던 모습을 찾지 못할까 두렵습니다. 여러분 중에 말다툼과 시기와 분냄과 편 가름과 중상모략과 남의 말하기와 거만함과 무질서가 있을까 두렵습니다.

21 내가 다시 갈 때, 하나님께서 여러분 앞에서 나를 낮추실까 두렵습니다. 전에 죄에 빠졌던 사람들이, 자기들이 행한 더럽고 음란하고 방탕한 생활에 대해 회개치 않는 것을 보고 내가 슬퍼 울지는 않을까 두렵습니다.

저자의 묵상

'사랑하면 지는 것이다'라는 말이 있다. 바울의 경우가 여기에 해당한다. 고린도 교회 성도들을 사랑하기에 자신을 낮추고 마땅히 그가 누릴 권리도 포기했다. 그런데 그에게 돌아오는 것은 사실에 근거하지 않은 무성한 악의적인 소문들이었다. 얼마나 마음이 아팠을까? 바울은 고린도 방문을 앞두고 이번에도 보수를 받지 않겠다고 밝힌다. 바울의 관심은 성도들이 주는 물질이 아니라 성도들 자체에 있었다. 세 번째 방문을 준비하는 바울에게 이번에도 지난번 방문처럼 난처한 일이 생기지 않을까 노심초사하는 마음이 있다. 자기를 오해하는 성도들도 바울에게는 자식과 같은 존재들이다. 다시 보지 않아도 될 관계라면 자기 마음에 편한 대로 해버리겠지만, 그러기에는 성도들을 사랑하는 바울의 마음이 너무 크다. 우리에게도 그런 관계가 있을 수 있다. 때론 그 아픔을 안고 끙끙거린다. '내가 왜 이러지?' 하는 생각이 들기도 하지만 답은 바뀌지 않는다. 주 안에서 사랑하는 자를 아픔으로 품는 우리 마음을 하나님께서는 아실 것이다.

무릎기도 | 하나님, 당신의 마음을 오해하고 제멋대로 생각하는 저를 지금까지 품어 주셔서 감사합니다. 저도 저의 마음을 아프게 하는 자를 사랑의 마음으로 품고 용납하게 하소서.

ESV - 2 Corinthians 12

14 Here for the third time I am ready to come to you. And I will not be a burden, for I seek not what is yours but you. For children are not obligated to save up for their parents, but parents for their children.

15 I will most gladly spend and be spent for your souls. If I love you more, am I to be loved less?

16 But granting that I myself did not burden you, I was crafty, you say, and got the better of you by deceit.

17 Did I take advantage of you through any of those whom I sent to you?

18 I urged Titus to go, and sent the brother with him. Did Titus take advantage of you? Did we not act in the same spirit? Did we not take the same steps?

19 Have you been thinking all along that we have been defending ourselves to you? It is in the sight of God that we have been speaking in Christ, and all for your upbuilding, beloved.

20 For I fear that perhaps when I come I may find you not as I wish, and that you may find me not as you wish—that perhaps there may be quarreling, jealousy, anger, hostility, slander, gossip, conceit, and disorder.

21 I fear that when I come again my God may humble me before you, and I may have to mourn over many of those who sinned earlier and have not repented of the impurity, sexual immorality, and sensuality that they have practiced.

14 obligated …할 의무가 있는 16 granting that 가령 …이라 하더라도 crafty 교활한 deceit 속임수 17 take advantage of 이익을 취하다 18 urge 열심히 권하다 19 defend 변호하다 upbuild 쌓아 올리다 20 quarrel 다투다 hostility 적의 slander 비방 gossip 험담 conceit 자만심 disorder 혼란 21 mourn 슬퍼하다 repent of …를 회개하다 impurity 더러움 sexual immorality 음란 sensuality 호색

☐ 묵상 체크

79 마지막 당부

월 일

고린도후서 13:1-7 • 새찬송 384장 | 통일 434장

• 말씀묵상 전에 성령님의 인도하심을 구하는 기도를 드리십시오.

본문요약 | 세 번째 방문을 앞두고 바울은 성도들을 권면한다. 죄를 지은 자는 분명히 돌이키고 나머지 성도들은 하나님의 뜻을 따라 악을 용납하지 말라고 말한다. 방문 전에 이 모든 일이 잘 처리되어 서로 만났을 때는 엄하게 대할 필요 없이 그리스도 안에서 기쁨과 감격을 누릴 수 있기를 소망한다.

1 내가 이제 세 번째 너희에게 가리니 두세 증인의 입으로 말마다 확정하리라
2 내가 이미 말하였거니와 지금 떠나 있으나 두 번째 대면하였을 때와 같이 전에 죄 지은 자들과 그 남은 모든 사람에게 미리 말하노니 내가 다시 가면 용서하지 아니하리라
3 이는 그리스도께서 내 안에서 말씀하시는 증거를 너희가 구함이니 그는 너희에게 대하여 약하지 않고 도리어 너희 안에서 강하시니라
4 그리스도께서 약하심으로 십자가에 못 박히셨으나 하나님의 능력으로 살아 계시니 우리도 [1]그 안에서 약하나 너희에게 대하여 하나님의 능력으로 그와 함께 살리라
5 너희는 믿음 안에 있는가 너희 자신을 시험하고 너희 자신을 확증하라 예수 그리스도께서 너희 안에 계신 줄을 너희가 스스로 알지 못하느냐 그렇지 않으면 너희는 버림 받은 자니라
6 우리가 버림 받은 자 되지 아니한 것을 너희가 알기를 내가 바라고
7 우리가 하나님께서 너희로 악을 조금도 행하지 않게 하시기를 구하노니 이는 우리가 옳은 자임을 나타내고자 함이 아니라 오직 우리는 버림 받은 자 같을지라도 너희는 선을 행하게 하고자 함이라

1) 어떤 사본에, 그와 함께 약하나

1. 오늘 하나님께서 나에게 주신 깨달음은 무엇입니까?

2. 말씀을 어떻게 내 삶에 구체적으로 적용해야 합니까?

절별 해설

1 두세 증인의 입으로 말마다 확정하리라 바울은 객관성을 확보하기 위하여 신명기 19장 15절을 인용한다. 고린도를 방문할 때 바울에 대한 사소한 비난이 있으면 두세 사람의 증인을 통해 확정하겠다고 말한다. 바울의 의도는 한 사람의 비난에 어떤 사람의 결백이 묻히게 두지 않고 다수 증언에 바탕을 두고 철저하게 문제를 다루겠다는 것이다.

2 다시 가면 용서하지 아니하리라 바울은 두 번째 방문에서의 아픈 기억을 떠올리며 이번에도 만약 성도들의 태도와 행동에 큰 변화가 없다면 단호하게 처리할 것이라고 경고한다. 죄지은 자는 회개하여 돌이켜야 하고 나머지 사람들은 자신의 가르침을 따라 적법한 권징 절차를 밟으라고 권면한다.

3 그는 너희에게 대하여 약하지 않고 도리어 너희 안에서 강하시니라 바울이 온유함으로 성도들을 대했다고 해서 그리스도도 그들을 대하실 때 약하신 것은 아니다. 오히려 예수님은 하나님의 능력을 가지셨기에 강하시다. 바울은 성도들이 그리스도에 대해 오해하고 있다고 지적한다.

4 우리도 그 안에서 약하나 너희에게 대하여 하나님의 능력으로 그와 함께 살리라 바울이 성도들을 온유하게 대한 것은 사도가 아니기 때문이 아니라 그리스도를 닮기 위함이었다고 말한다. 그리스도께서는 약함으로 십자가에 달리셨지만, 하나님께서 능력으로 그를 부활시키심으로 그리스도가 옳음을 입증하셨다. 이번 기회에 고린도 교회 성도들이 회개하여 돌이키지 않으면 약한 모습이 아닌 엄함으로 그들을 대하겠다고 밝힌다.

5 너희는 믿음 안에 있는가 너희 자신을 시험하고 너희 자신을 확증하라 바울은 고린도 성도들에게 바울의 사도직을 입증하라는 요구를 하기 전에 먼저 스스로 그리스도 안에 있는지를 확인하라고 권한다. 왜냐하면 만약 고린도 교회에게 복음을 전해 준 바울의 사도직이 거짓이라고 한다면 고린도 성도들의 믿음 또한 거짓일 수밖에 없다는 논리로 바울을 비난했기 때문이다. 바울은 상대방을 비난하기 전에 "너희 자신"을 시험하고 확증하라고 말한다.

7 우리는 버림 받은 자 같을지라도 너희는 선을 행하게 하고자 함이라 바울은 자신의 평판보다는 성도들의 안녕에 관심이 있다. 바울에게 버림받은 자로 악을 행한다는 비난보다 더 중요한 것은 성도들이 선을 행하는 것이다. 이 구절에서 '선을 행한다'는 것은 그들이 바울의 권면을 받아들여 회개하는 것을 의미한다. 바울은 그들이 옳은 선택을 하길 바라고 있다.

쉬운성경

1 이번에 가면 세 번째 여러분을 방문하는 것입니다. "모든 사건은 두세 증인의 증언으로 확증해야 한다"는 말씀이 있습니다.

2 내가 두 번째 방문했을 때에 말했던 것처럼 지금 떠나 있는 동안, 여러분에게 말씀드리겠습니다. 전에 죄를 지은 사람들과 나머지 사람들에게 경고하는데, 내가 이번에 가면 그들을 용서하지 않겠습니다.

3 그것은 여러분이 그리스도께서 나를 통해 말씀하신다는 증거를 요구하고 있기 때문입니다. 그리스도께서는 여러분을 대할 때 약하지 않으셨습니다. 그분은 여러분 안에서 능력을 발휘하십니다.

4 그리스도께서는 약하셔서 십자가에 달려 돌아가셨으나, 하나님의 능력으로 살아계십니다. 우리도 그분 안에서 연약하지만, 여러분을 섬기기 위해 하나님의 능력으로 그리스도와 함께 살 것입니다.

5 여러분은 자신이 믿음 안에 있는지 점검하고 자신을 시험해 보십시오. 예수 그리스도께서 여러분 안에 계신다는 사실을 알지 못합니까? 이것을 모르면 여러분은 시험에서 불합격한 사람들입니다.

6 나는 우리가 불합격자가 아니라는 것을 여러분이 알아주기를 바랍니다.

7 우리는 여러분이 악한 일을 행하지 않게 해 달라고 하나님께 기도합니다. 이는 우리가 시험에서 합격했다는 것을 보이기 위함이 아니라, 비록 우리가 시험에 떨어진 것처럼 보일지라도 여러분이 옳은 일을 행하도록 하기 위해서입니다.

저자의 묵상

어릴 때에는 부모님의 엄한 태도가 이해되지 않는다. 그러나 시간이 지나 어른이 되고 자식을 낳아 기르다 보면 '그때 부모님이 나에게 엄하게 대하신 이유'를 깨달을 때가 있다. 징계하지 않으면 자식이 올바른 행동거지를 가지기 어렵기 때문에 때론 엄한 말로 꾸중하기도 하고 나무라기도 한다. 바울의 경우에도 마찬가지였다. 자기의 목숨보다 더 사랑하는 고린도 교회 성도들이 어긋난 길로 가고 있다. 부드럽게만 대해서는 그들이 진리의 길로 돌아올 수 없다는 것을 안다. 그래서 바울은 이제까지와는 달리 매우 엄한 경고를 한다. 그들을 사랑하지 않아서가 아니라 정말 사랑하기에 그렇게 한다. 이후에 비참한 상황이 벌어지지 않도록 하기 위해 예방적인 차원의 강한 권면을 한다. 바울은 성도들을 향해 믿음 안에 있는지 먼저 확증하라고 한다. 우리의 삶에도 그대로 적용된다. 먼저 우리 자신이 믿음 안에 있는지 살펴야 한다.

무릎 기도 | 하나님, 죄와 관련해서 스스로 관대하지 않기 원합니다. 주님 안에 거하고 있는지 날마다 살피며 주님께서 기뻐하시는 모습으로 살게 하소서.

ESV - 2 Corinthians 13

1 This is the third time I am coming to you. Every charge must be established by the evidence of two or three witnesses.

2 I warned those who sinned before and all the others, and I warn them now while absent, as I did when present on my second visit, that if I come again I will not spare them—

3 since you seek proof that Christ is speaking in me. He is not weak in dealing with you, but is powerful among you.

4 For he was crucified in weakness, but lives by the power of God. For we also are weak in him, but in dealing with you we will live with him by the power of God.

5 Examine yourselves, to see whether you are in the faith. Test yourselves. Or do you not realize this about yourselves, that Jesus Christ is in you?—unless indeed you fail to meet the test!

6 I hope you will find out that we have not failed the test.

7 But we pray to God that you may not do wrong—not that we may appear to have met the test, but that you may do what is right, though we may seem to have failed.

1 charge 비난 establish 확증하다 evidence 증거 witness 증인 2 absent 부재의 spare 용서하다 3 proof 증거 4 crucify 십자가에 못 박다 weakness 약함 5 examine oneself 성찰하다 realize 알다 7 appear …처럼 보이다

80 작별 인사

월 일

고린도후서 13:8-13 • 새찬송 452장 | 통일 505장

• 말씀묵상 전에 성령님의 인도하심을 구하는 기도를 드리십시오.

본문요약 I 바울은 자신의 약함을 통해서라도 성도들이 온전해질 수 있다면 자신은 기꺼이 그것을 용납할 것이며, 사도로서의 사명도 충실히 감당할 것이라 확신한다. 바울은 편지를 마무리하며 사랑과 평강의 하나님께서 그들 가운데 함께하시길 간구한다.

8 우리는 진리를 거슬러 아무 것도 할 수 없고 오직 진리를 위할 뿐이니
9 우리가 약할 때에 너희가 강한 것을 기뻐하고 또 이것을 위하여 구하니 곧 너희가 온전하게 되는 것이라
10 그러므로 내가 떠나 있을 때에 이렇게 쓰는 것은 대면할 때에 주께서 너희를 넘어뜨리려 하지 않고 세우려 하여 내게 주신 그 권한을 따라 엄하지 않게 하려 함이라
11 마지막으로 말하노니 형제들아 기뻐하라 온전하게 되며 위로를 받으며 마음을 같이하며 평안할지어다 또 사랑과 평강의 하나님이 너희와 함께 계시리라 거룩하게 입맞춤으로 서로 문안하라
12 모든 성도가 너희에게 문안하느니라
13 주 예수 그리스도의 은혜와 하나님의 사랑과 성령의 교통하심이 너희 무리와 함께 있을지어다

1. 오늘 하나님께서 나에게 주신 깨달음은 무엇입니까?

2. 말씀을 어떻게 내 삶에 구체적으로 적용해야 합니까?

절별 해설

8-9 바울에게 진리는 자신의 안녕보다 중요하다. 바울은 자신의 고난, 손으로 하는 수고와 능숙하지 못한 언변과 같은 약함을 통해서라도 고린도 성도들이 온전하게 될 수 있다면, 자신의 사도로서의 사명은 완수된 것이라 여긴다. 약한 성도들 앞에서 강함을 추구하는 사역자들과는 매우 다른 모습을 바울에게서 발견할 수 있다.

10 내가 떠나 있을 때에 이렇게 쓰는 것은 … 권한을 따라 엄하지 않게 하려 함이라 바울은 고린도후서 10-13장에서 사도로서의 권세를 엄하게 사용할 것이라고 여러 차례 밝혔다. 그러나 편지의 말미에 그는 자신의 본심을 드러낸다. 바울은 이후에 성도들을 만났을 때는 그 엄중한 권세를 사용할 필요가 없는 상황이 만들어져 성도들과 평안과 기쁨을 나눌 수 있기를 기대하고 있다. 성도를 향한 바울의 마음을 읽을 수 있다.

11 바울은 편지를 끝내며 짧은 다섯 개의 명령문 형태의 권면을 한다. 이러한 내용은 이 편지에서 다루었던 중요한 주제를 담고 있다.

형제들아 기뻐하라 고린도후서 1-7장에서 '기쁨'은 매우 중요한 주제였고, 바울은 성도들을 향해 기뻐하라고 권면한다.

온전하게 되며 위로를 받으며 온전한 회복을 추구하고 서로 격려하라고 권면한다.

마음을 같이하며 평안할지어다 분열과 갈등이 있었던 교회를 향해 바울은 같은 마음을 가지고 평안 가운데 살라고 권면한다. 교만과 자랑을 통해 나누어진 성도들이 하나 되는 비결은 자기를 낮추어 겸손히 하나님께 순종하신 그리스도를 본받는 것이다.

사랑과 평강의 하나님이 너희와 함께 계시리라 사랑과 평강의 하나님께서 성도들 가운데 함께하실 때 그들은 기쁨, 위로와 평안을 누릴 수 있다.

거룩하게 입맞춤으로 서로 문안하라 다양한 사회 계층으로 구성된 고린도 교회 성도들이 그리스도 안에서 한 형제자매로 영적인 유대를 가지라는 권면이다.

13 바울의 마지막 말은 성부, 성자, 그리고 성령의 삼위일체적인 동역이 고린도 교회 성도들 가운데 있기를 소망한다. 특히 여기서 두드러진 것은 성령에 대한 분명한 언급이다. 오늘날 예배 때 널리 사용되는 축도문으로 그리스도의 은혜, 하나님의 사랑 그리고 성령의 교통하심은 성도의 삶에 필수적인 요소다.

쉬운성경

8 우리는 진리를 거슬러 가면서 할 수 있는 것은 아무것도 없고 오직 진리를 위해서만 일합니다.

9 우리가 연약해도 여러분이 강하면 우리는 기뻐합니다. 우리는 여러분이 온전해지기를 기도합니다.

10 내가 여러분을 떠나 있을 때, 이런 내용의 편지를 쓴 이유가 여기 있습니다. 즉 내가 여러분에게 가서 일을 처리할 때, 주님께서 내게 주신 권세를 가지고 여러분을 엄하게 다루지 않기 위해서입니다. 주님께서 내게 주신 이 권세는 여러분에게 덕을 세우라고 주신 것이지 여러분을 넘어뜨리라고 주신 것이 아닙니다.

11 성도 여러분, 마지막으로 인사를 드립니다. 기뻐하십시오. 온전하게 되십시오. 서로 위로하십시오. 같은 마음을 가지고 서로 화목하십시오. 그러면 사랑과 평강의 하나님께서 여러분과 함께하실 것입니다.

12 거룩한 입맞춤으로 서로 인사를 나누십시오. 모든 성도들이 여러분에게 문안을 드립니다.

13 우리 주 예수 그리스도의 은혜와 하나님의 사랑과 성령의 친교가 여러분 모두에게 있기를 바랍니다.

저자의 묵상

바울은 고린도 교회 성도들에게 보내는 편지의 끝부분에서 다섯 개의 권면을 한다. 각각의 권면에 대해 풀어 쓰자면 더 늘릴 수도 있었을 것이다. 그러나 간결하게 압축적으로 표현하고 있다. 기쁨, 위로, 평안, 임재, 문안은 교회가 교회로서의 아름다운 모습을 유지하는데 필수적인 단어들이다. 우리가 출석하는 교회에 이러한 모습이 있는지 살펴보자. 그리고 더 아름다운 교회가 되도록 하는데 내가 할 일은 무엇인지 생각해 보자. 바울이 자신의 안녕보다 더 소중하게 생각했던 교회에 대한 관심과 애착이 오늘날의 성도들의 신앙의 모습에서는 점점 더 사라지고 있어 안타까운 생각이 든다. 찬송가 208장 3절 "이 교회 위하여 눈물과 기도로 내 생명 다하기까지 늘 봉사합니다"라는 가사처럼 우리의 눈물, 기도와 봉사가 그리스도의 몸 된 교회를 든든히 세우게 되길 바란다. 섬기는 교회에서 항상 존귀한 이름으로 불리는 은혜가 우리 모두에게 있기를 소망한다.

무릎 기도 하나님, 예수님의 은혜와 하나님의 사랑과 성령의 교통하심이 함께하는 복된 삶 살기 원합니다. 하나님을 영화롭게 하고 많은 이들을 복되게 하는 일에 저의 삶을 귀하게 사용하소서.

ESV - 2 Corinthians 13

8 For we cannot do anything against the truth, but only for the truth.

9 For we are glad when we are weak and you are strong. Your restoration is what we pray for.

10 For this reason I write these things while I am away from you, that when I come I may not have to be severe in my use of the authority that the Lord has given me for building up and not for tearing down.

11 Finally, brothers,* rejoice. Aim for restoration, comfort one another,* agree with one another, live in peace; and the God of love and peace will be with you.

12 Greet one another with a holy kiss.

13 All the saints greet you.

14 The grace of the Lord Jesus Christ and the love of God and the fellowship of the Holy Spirit be with you all.

* 13:11 Or *brothers and sisters*
* 13:11 Or *listen to my appeal*

9 restoration 회복 10 severe 엄한 authority 권한 tear down 무너뜨리다 11 rejoice 기뻐하다 aim for …를 목표로 나아가다 comfort 위로하다 12 greet 인사하다 13 saint 성도 14 fellowship 교제, 친교

권 별 주 삶

아가페

주삶 GBS

- 1주(43-49회) _ 고린도전서 15:35-49
  죽은 자들이 어떻게 다시 살아나며 어떠한 몸으로 오느냐?
- 2주(50-56회) _ 고린도후서 1:1-11
  고난 속 위로는 또 다른 위로를 만듭니다.
- 3주(57-63회) _ 고린도후서 7:8-16
  두려움과 떪으로: 하나님의 뜻대로 하는 근심
- 4주(64-70회) _ 고린도후서 9:1-11
  구제헌금, 그리스도인이 해야 할 착한 일
- 5주(71-77회) _ 고린도후서 12:1-10
  그리스도인, 약함을 자랑하는 사람들
- 6주(78-80회) _ 고린도후서 13:1-10
  사도 바울의 마지막 권고

* GBS 해설서는 뒷면에 있습니다

주간 그룹성경공부 • GBS

1주차 (43회~49회)

죽은 자들이 어떻게 다시 살아나며 어떠한 몸으로 오느냐?

고린도전서 15:35-49 | 새찬송 488장 • 통일 539장

주간 말씀묵상 나눔

지난 한 주간 말씀을 묵상한 것이나 삶에 적용한 것이 있으면 돌아가며 간단히 나누어 봅시다.

• 오늘의 성경공부 목표

성경이 말하는 죽은 자의 부활에 대한 올바른 지식을 갖도록 합시다.

35 누가 묻기를 죽은 자들이 어떻게 다시
살아나며 어떠한 몸으로 오느냐 하리니
36 어리석은 자여 네가 뿌리는 씨가 죽지
않으면 살아나지 못하겠고
37 또 네가 뿌리는 것은 장래의 형체를 뿌
리는 것이 아니요 다만 밀이나 다른 것
의 알맹이 뿐이로되
38 하나님이 그 뜻대로 그에게 형체를 주시
되 각 종자에게 그 형체를 주시느니라
39 육체는 다 같은 육체가 아니니 하나는
사람의 육체요 하나는 짐승의 육체요 하
나는 새의 육체요 하나는 물고기의 육체
라
40 하늘에 속한 형체도 있고 땅에 속한 형
체도 있으나 하늘에 속한 것의 영광이
따로 있고 땅에 속한 것의 영광이 따로
있으니
41 해의 영광이 다르고 달의 영광이 다르며
별의 영광도 다른데 별과 별의 영광이
다르도다
42 죽은 자의 부활도 그와 같으니 썩을 것
으로 심고 썩지 아니할 것으로 다시 살
아나며
43 욕된 것으로 심고 영광스러운 것으로 다
시 살아나며 약한 것으로 심고 강한 것
으로 다시 살아나며
44 육의 몸으로 심고 신령한 몸으로 다시
살아나나니 육의 몸이 있은즉 또 영의
몸도 있느니라
45 기록된 바 첫 사람 아담은 생령이 되었
다 함과 같이 마지막 아담은 살려 주는
영이 되었나니
46 그러나 먼저는 신령한 사람이 아니요 육
의 사람이요 그 다음에 신령한 사람이니
라
47 첫 사람은 땅에서 났으니 흙에 속한 자

이거니와 둘째 사람은 하늘에서 나셨느
니라
48 무릇 흙에 속한 자들은 저 흙에 속한 자
와 같고 무릇 하늘에 속한 자들은 저 하
늘에 속한 이와 같으니
49 우리가 흙에 속한 자의 형상을 입은 것
같이 또한 하늘에 속한 이의 형상을 입
으리라

• 함께 읽어보기

마지막 날에 우리의 몸은 영의 몸일까요? 아니면 육의 몸일까요? 부활하신 예수님의 몸에 대한 복음서 기자들의 진술은 이 질문에 대한 중요한 힌트를 줍니다. 첫 번째는 요한복음 20장 19절입니다. 예수님이 부활하신 날 제자들은 유대인들을 두려워하여 모인 곳의 문을 닫았습니다. 그러나 예수님은 그들 가운데 나타나셨습니다. 여기까지만 본다면 예수님은 영으로 부활하셨다고 말할 수 있을 것입니다. 그러나 두 번째는 예수님이 몸으로 부활하셨다는 진술입니다. 누가복음 24장 36-43절에서 예수님이 제자들에게 나타나 "너희에게 평강이 있을지어다"라고 말씀하셨을 때 놀란 제자들은 예수님을 영이라고 생각했습니다. 그러나 예수님은 자신의 몸을 보이시며 이렇게 말씀하셨습니다. "내 손과 발을 보고 나인 줄 알라 또 나를 만져 보라 영은 살과 뼈가 없으되 너희 보는 바와 같이 나는 있느니라." 심지어 예수님은 제자들이 갖다 드린 구운 생선 한 토막을 잡수셨습니다. 이 두 가지 일화는 영과 육이라는 이분법적 사고로 부활하신 예수님의 몸을 설명할 수 없다는 사실을 가르쳐 줍니다. 오늘 본문에서 바울은 죽은 자의 부활에 관해 설명하면서, 마지막 날에 우리는 예수님의 형상을 따라 부활하게 될 것이라고 말합니다. 함께 말씀을 나누며 성경이 말하는 마지막 부활에 대한 올바른 견해를 정립해 봅시다.

도입 질문

1 예수께서 다시 오실 그 날에 나는 어떤 모습으로 부활하게 될까요? 각자의 생각을 나누어 봅시다.

함께 나누기

2 죽은 자의 부활에 관해 회의적인 견해를 가졌던 일부 고린도 교인들은 어떤 주장을 했습니까? 35절

3 바울은 죽은 자의 부활을 무엇에 비유하여 설명하고 있습니까? 36–37절

4 땅에 뿌린 씨에게 각각의 종자를 따라 형체를 주시는 분은 누구십니까? 38절

5 바울은 42-44절에서 현재의 몸과 부활한 몸을 각각 어떻게 묘사합니까?

6 바울은 예수 그리스도를 첫 사람 아담과 비교하며 마지막 아담이라고 부릅니다. 첫 사람은 무엇이 되었고, 마지막 아담은 무엇이 되었습니까? 45절

7 첫 사람(아담)과 둘째 사람(예수 그리스도)은 각각 어디에서 났고 어디에 속한 자입니까? 바울은 부활의 날에 우리가 어떤 형상을 입게 될 것이라고 말합니까? 47-49절

8 고린도 교회의 일부 성도들은 예수님의 몸이 무덤에서 부활하셨다는 것은 인정하면서도, 이미 죽은 자들이 몸을 가지고 부활할 것은 인정하지 않았습니다. 그들이 가지고 있는 지식으로는 몸의 부활을 이해할 수도 없고 받아들일 수도 없었기 때문일 것입니다. 내가 가진 지식으로 하나님을 도저히 이해할 수 없을 때, 그때 나에게 필요한 것은 무엇일까요? 각자의 생각을 나누어 봅시다.

9 오늘 성경공부를 통해 나누고 싶거나 깨달은 것이 있으면 이야기해 봅시다.

고난 속 위로는 또 다른 위로를 만듭니다.

고린도후서 1:1–11 | 새찬송 413장 • 통일 470장

주간 말씀묵상 나눔

지난 한 주간 말씀을 묵상한 것이나 삶에 적용한 것이 있으면 돌아가며 간단히 나누어 봅시다.

• 오늘의 성경공부 목표

고난이 단지 우리가 잘못해서 받는 저주나 징계가 아니라는 것과 고난이 주는 유익이 있음을 알아봅시다. 그리고 다른 사람에게도 그 유익을 줄 수 있는 사람이 되어 봅시다.

1 하나님의 뜻으로 말미암아 그리스도 예수의 사도 된 바울과 형제 디모데는 고린도에 있는 하나님의 교회와 또 온 아가야에 있는 모든 성도에게
2 하나님 우리 아버지와 주 예수 그리스도로부터 은혜와 평강이 있기를 원하노라
3 찬송하리로다 그는 우리 주 예수 그리스도의 하나님이시요 자비의 아버지시요 모든 위로의 하나님이시며
4 우리의 모든 환난 중에서 우리를 위로하사 우리로 하여금 하나님께 받는 위로로써 모든 환난 중에 있는 자들을 능히 위로하게 하시는 이시로다
5 그리스도의 고난이 우리에게 넘친 것 같이 우리가 받는 위로도 그리스도로 말미암아 넘치는도다
6 우리가 환난 당하는 것도 너희가 위로와 구원을 받게 하려는 것이요 우리가 위로를 받는 것도 너희가 위로를 받게 하려는 것이니 이 위로가 너희 속에 역사하여 우리가 받는 것 같은 고난을 너희도 견디게 하느니라
7 너희를 위한 우리의 소망이 견고함은 너희가 고난에 참여하는 자가 된 것 같이 위로에도 그러할 줄을 앎이라
8 형제들아 우리가 아시아에서 당한 환난을 너희가 모르기를 원하지 아니하노니 힘에 겹도록 심한 고난을 당하여 살 소망까지 끊어지고
9 우리는 우리 자신이 사형 선고를 받은 줄 알았으니 이는 우리로 자기를 의지하지 말고 오직 죽은 자를 다시 살리시는 하나

님만 의지하게 하심이라
10 그가 이같이 큰 사망에서 우리를 건지셨
고 또 건지실 것이며 이후에도 건지시기
를 그에게 바라노라

11 너희도 우리를 위하여 간구함으로 도우
라 이는 우리가 많은 사람의 기도로 얻은
은사로 말미암아 많은 사람이 우리를 위
하여 감사하게 하려 함이라

• 함께 읽어보기

예전에 한 후배에게 아이가 아프니 기도해 달라는 부탁을 받은 적이 있습니다. 그런데 다니는 교회에는 알리지 않았다고 했습니다. 사람들에게 평가받거나 정죄받고 싶지 않다는 것이었습니다. 이런 이유로 많은 사람이 교회에서 고난과 아픔을 나누지 못하고 있습니다. 바울의 사도 됨을 인정하지 않았던 사람들도 바울의 고난을 공격했습니다. 고난의 이유가 바울이 영적으로 무능하기 때문이라는 것이었습니다. 욥의 친구들도 욥이 죄를 지었으니 고난을 겪는 것이라고 정죄했습니다. 유대인들은 십자가에서 내려오지 못하시는 예수님을 향해 무능하다며 조롱했습니다. 교회는 나의 성공과 능력을 자랑하는 곳이 아닙니다. 고난 속에서도 위로를 얻게 하시는 하나님의 위대하심을 찬양하는 곳입니다.

도입 질문

1 최근에 겪은 고난이 있다면 어떤 일이 있었고 또 어떻게 통과했는지 이야기해 봅시다.

함께 나누기

2 바울이 그리스도 예수의 사도가 된 것은 누구의 뜻으로 말미암은 것입니까? **1절**

3 바울 일행이 위로를 받을 때 그들은 어떤 상황에 처해 있었습니까? **4절**

4 바울 일행의 환난을 통해서 고린도 교회는 무엇을 얻고 무엇을 견디게 됩니까? 6절

5 바울이 고린도 교회에 대한 소망이 견고한 이유는 그들이 무엇에 참여하기 때문입니까? 7절

6 바울은 아시아에서 환난을 겪으면서 결국 누구를 의지하는 법을 배우게 되었습니까? 9절

7 바울은 고린도 성도들에게 무엇을 요청합니까? 11절

8 고난이 가져다주는 유익을 생각해 보고 새로운 생각으로 맞이해 봅시다.

9 오늘 성경공부를 통해 나누고 싶거나 깨달은 것이 있으면 이야기해 봅시다.

주간 그룹성경공부 • GBS

3주차 (57회~63회)

두려움과 떪으로: 하나님의 뜻대로 하는 근심

고린도후서 7:8-16 | 새찬송 276장 • 통일 334장

주간 말씀묵상 나눔

지난 한 주간 말씀을 묵상한 것이나 삶에 적용한 것이 있으면 돌아가며 간단히 나누어 봅시다.

• 오늘의 성경공부 목표

하나님의 뜻대로 하는 근심이 무엇인가에 대해 배우도록 합시다.

8 그러므로 내가 편지로 너희를 근심하게
한 것을 후회하였으나 지금은 후회하지
아니함은 그 편지가 너희로 잠시만 근심
하게 한 줄을 앎이라
9 내가 지금 기뻐함은 너희로 근심하게 한
까닭이 아니요 도리어 너희가 근심함으
로 회개함에 이른 까닭이라 너희가 하나
님의 뜻대로 근심하게 된 것은 우리에게
서 아무 해도 받지 않게 하려 함이라
10 하나님의 뜻대로 하는 근심은 후회할 것
이 없는 구원에 이르게 하는 회개를 이
루는 것이요 세상 근심은 사망을 이루는
것이니라
11 보라 하나님의 뜻대로 하게 된 이 근심
이 너희로 얼마나 간절하게 하며 얼마나
변증하게 하며 얼마나 분하게 하며 얼마
나 두렵게 하며 얼마나 사모하게 하며
얼마나 열심 있게 하며 얼마나 벌하게
하였는가 너희가 그 일에 대하여 일체
너희 자신의 깨끗함을 나타내었느니라
12 그런즉 내가 너희에게 쓴 것은 그 불의
를 행한 자를 위한 것도 아니요 그 불의
를 당한 자를 위한 것도 아니요 오직 우
리를 위한 너희의 간절함이 하나님 앞에
서 너희에게 나타나게 하려 함이로라
13 이로 말미암아 우리가 위로를 받았고 우
리가 받은 위로 위에 디도의 기쁨으로
우리가 더욱 많이 기뻐함은 그의 마음이
너희 무리로 말미암아 안심함을 얻었음
이라
14 내가 그에게 너희를 위하여 자랑한 것이
있더라도 부끄럽지 아니하니 우리가 너
희에게 이른 말이 다 참된 것 같이 디도
앞에서 우리가 자랑한 것도 참되게 되었

도다
15 그가 너희 모든 사람들이 두려움과 떪으
로 자기를 영접하여 순종한 것을 생각하
고 너희를 향하여 그의 심정이 더욱 깊
었으니
16 내가 범사에 너희를 신뢰하게 된 것을
기뻐하노라

• 함께 읽어보기

이 땅에서 사는 동안 근심 없이 살 수 있다면 얼마나 좋을까요? 그러나 자신의 삶을 돌아보면, 혹은 지인들과 삶의 이야기를 나누다 보면 한 가지 깨닫는 사실은 이렇습니다. 정도의 차이는 있지만 이 세상에 근심 없이 사는 사람은 한 명도 없다는 것입니다. 그래서인지 성경에도 근심과 관련된 많은 가르침이 담겨 있습니다. "심령의 근심은 뼈를 마르게 하느니라"(잠 17:22). "너희는 마음에 근심하지 말라 하나님을 믿으니 또 나를 믿으라"(요 14:1). "아무것도 염려하지 말고 … 하나님께 아뢰라"(빌 4:6). 오늘 본문에서 바울 역시 근심에 관해 말합니다. 그런데 바울의 가르침은 우리가 성경에서 접했던 근심에 관한 가르침과는 좀 다릅니다. 바울은 그것을 "하나님의 뜻대로 하는 근심"(10절)이라고 말합니다. 이 근심은 그리스도인이라면 한 번쯤은 해 보았을, 아니 어쩌면 우리 평생의 신앙 여정 속에 늘 있어야 할 근심일지도 모릅니다. 그 이유는 무엇일까요? 함께 말씀으로 들어가 봅시다.

도입 질문

1 우리는 주로 어떤 경우에 근심합니까? 마음에 근심을 다스리는 나만의 방법이 있습니까?

함께 나누기

2 바울이 편지로 고린도 교인들을 근심하게 한 것을 후회하지 않는 이유는 무엇입니까? **9절**

3 하나님의 뜻대로 하는 근심과 세상 근심은 각각 무엇을 이루게 합니까? **10절**

4 바울은 하나님의 뜻대로 하게 된 근심이 고린도 교인들에게 어떤 유익을 주었다고 말합니까? **11절**

5 바울은 자신이 고린도 교회에 썼던 편지의 목적이 무엇이었다고 말합니까? **12–13절**

6 바울이 고린도 교인들에 관하여 디도에게 자랑했던 것이 부끄럽지 않은 이유는 무엇입니까? **14절**

7 고린도 교인들은 어떤 자세로 디도를 영접하며 순종하였습니까? **15절**

8 바울은 하나님의 뜻대로 하는 근심이 "구원에 이르는 회개"를 이룬다고 말합니다. **10절** 따라서 회개의 여부는 하나님의 뜻대로 하는 근심인지 아닌지를 결정짓는 가장 큰 특징이 될 수 있습니다. 그렇다면 회개가 중요한 이유는 무엇일까요? 각자의 생각을 말해 봅시다.

9 오늘 성경공부를 통해 나누고 싶거나 깨달은 것이 있으면 이야기해 봅시다.

구제헌금, 그리스도인이 해야 할 착한 일

고린도후서 9:1-11 | 새찬송 595장 • 통일 372장

주간 말씀묵상 나눔

지난 한 주간 말씀을 묵상한 것이나 삶에 적용한 것이 있으면 돌아가며 간단히 나누어 봅시다.

• 오늘의 성경공부 목표

그리스도인이 구제에 힘써야 하는 이유에 대해 생각해 보도록 합시다.

1 성도를 섬기는 일에 대하여는 내가 너희에게 쓸 필요가 없나니
2 이는 내가 너희의 원함을 앎이라 내가 너희를 위하여 마게도냐인들에게 아가야에서는 일 년 전부터 준비하였다는 것을 자랑하였는데 과연 너희의 열심이 퍽 많은 사람들을 분발하게 하였느니라
3 그런데 이 형제들을 보낸 것은 이 일에 너희를 위한 우리의 자랑이 헛되지 않고 내가 말한 것 같이 준비하게 하려 함이라
4 혹 마게도냐인들이 나와 함께 가서 너희가 준비하지 아니한 것을 보면 너희는 고사하고 우리가 이 믿던 것에 부끄러움을 당할까 두려워하노라
5 그러므로 내가 이 형제들로 먼저 너희에게 가서 너희가 전에 약속한 연보를 미리 준비하게 하도록 권면하는 것이 필요한 줄 생각하였노니 이렇게 준비하여야 참 연보답고 억지가 아니니라
6 이것이 곧 적게 심는 자는 적게 거두고 많이 심는 자는 많이 거둔다 하는 말이로다
7 각각 그 마음에 정한 대로 할 것이요 인색함으로나 억지로 하지 말지니 하나님은 즐겨 내는 자를 사랑하시느니라
8 하나님이 능히 모든 은혜를 너희에게 넘치게 하시나니 이는 너희로 모든 일에 항상 모든 것이 넉넉하여 모든 착한 일을 넘치게 하게 하려 하심이라
9 기록된 바

그가 흩어 가난한 자들에게 주었으니
그의 의가 영원토록 있느니라

함과 같으니라

10 심는 자에게 씨와 먹을 양식을 주시는 이가 너희 심을 것을 주사 풍성하게 하시고 너희 의의 열매를 더하게 하시리니

11 너희가 모든 일에 넉넉하여 너그럽게 연보를 함은 그들이 우리로 말미암아 하나님께 감사하게 하는 것이라

• 함께 읽어보기

가난한 자들을 구제하는 일은 하나님의 엄중한 명령이었기 때문에 이스라엘 백성에겐 큰 의무였습니다. "네 하나님 여호와께서 네게 주신 땅 어느 성읍에서든지 가난한 형제가 너와 함께 거주하거든 그 가난한 형제에게 네 마음을 완악하게 하지 말며 네 손을 움켜쥐지 말고 반드시 네 손을 그에게 펴서 그에게 필요한 대로 쓸 것을 넉넉히 꾸어 주라"(신 15:7-8). 모든 율법을 잘 지켰다고 자랑하며 어떻게 해야 영생을 얻을 수 있냐고 묻던 한 부자 청년에게 예수님이 요구하셨던 한 가지도 바로 가난한 자를 구제하라는 것이었습니다. "네 소유를 팔아 가난한 자들에게 주라"(마 19:21). 가난한 자들을 향해 깊은 관심을 두었던 이러한 전통은 초대 교회를 비롯해 이방인 교회가 행한 구제헌금을 통해서 계승되었고, 오늘날의 교회에서도 구제를 목적으로 헌금을 합니다. 오늘 본문을 살펴보며 구제헌금을 할 때의 마음 자세는 어떠해야 하는지, 구제헌금의 궁극적인 목적은 무엇인지에 대해 함께 생각해 봅시다.

도입 질문

1 바울은 에베소 장로들에게 고별 설교를 할 때 "주는 것이 받는 것보다 복이 있다"는 예수님의 가르침을 인용합니다(행 20:35). 주는 것이 받는 것보다 복이 있는 이유는 무엇일까요? 자유롭게 각자의 생각을 나누어 봅시다.

함께 나누기

2 바울은 마게도냐인들에게 무엇을 자랑했습니까? 2절

3 바울이 '미리 준비하여야 참 연보답고 억지가 아니니라'고 말한 이유는 무엇일까요? 5절

4 바울은 연보를 할 때(헌금할 때) 어떤 마음 자세를 가져야 한다고 말합니까? 7절

5 하나님은 어떤 사람을 사랑하십니까? 7절

6 하나님께서 고린도 교인들에게 '모든 은혜를 넘치게 하시는 이유'는 무엇입니까? 8절

7 바울은 "즐겨 내는 자"(7절)에게 하나님이 어떤 일을 행하실 것이라고 말합니까? 10절

8 그리스도인이 가난한 성도들을 돕기 위한 일(구제헌금)에 힘써야 할 이유는 무엇일까요? 바울의 말(11절)과 "너희 빛이 사람 앞에 비치게 하여 그들로 너희 착한 행실을 보고 하늘에 계신 너희 아버지께 영광을 돌리게 하라"(마 5:16)는 예수님의 가르침에 비추어 생각해 보고 각자의 의견을 나누어 봅시다.

9 오늘 성경공부를 통해 나누고 싶거나 깨달은 것이 있으면 이야기해 봅시다.

그리스도인, 약함을 자랑하는 사람들

고린도후서 12:1-10 | 새찬송 94장 • 통일 102장

주간 말씀묵상 나눔

지난 한 주간 말씀을 묵상한 것이나 삶에 적용한 것이 있으면 돌아가며 간단히 나누어 봅시다.

• 오늘의 성경공부 목표

나의 약함 가운데 거하시는 그리스도의 능력을 의지하는 신앙인이 되도록 합시다.

1 무익하나마 내가 부득불 자랑하노니 주의 환상과 계시를 말하리라
2 내가 그리스도 안에 있는 한 사람을 아노니 그는 십사 년 전에 셋째 하늘에 이끌려 간 자라 (그가 몸 안에 있었는지 몸 밖에 있었는지 나는 모르거니와 하나님은 아시느니라)
3 내가 이런 사람을 아노니 (그가 몸 안에 있었는지 몸 밖에 있었는지 나는 모르거니와 하나님은 아시느니라)
4 그가 낙원으로 이끌려 가서 말로 표현할 수 없는 말을 들었으니 사람이 가히 이르지 못할 말이로다
5 내가 이런 사람을 위하여 자랑하겠으나 나를 위하여는 약한 것들 외에 자랑하지 아니하리라
6 내가 만일 자랑하고자 하여도 어리석은 자가 되지 아니할 것은 내가 참말을 함이라 그러나 누가 나를 보는 바와 내게 듣는 바에 지나치게 생각할까 두려워하여 그만두노라
7 여러 계시를 받은 것이 지극히 크므로 너무 자만하지 않게 하시려고 내 육체에 가시 곧 사탄의 사자를 주셨으니 이는 나를 쳐서 너무 자만하지 않게 하려 하심이라
8 이것이 내게서 떠나가게 하기 위하여 내가 세 번 주께 간구하였더니
9 나에게 이르시기를 내 은혜가 네게 족하도다 이는 내 능력이 약한 데서 온전하여짐이라 하신지라 그러므로 도리어 크게 기뻐함으로 나의 여러 약한 것들에 대하여 자랑하리니 이는 그리스도의 능력이 내게 머물게 하려 함이라
10 그러므로 내가 그리스도를 위하여 약한 것들과 능욕과 궁핍과 박해와 곤고를 기뻐하노니 이는 내가 약한 그 때에 강함이라

• **함께 읽어보기**

바울은 내세울 것이 많은 사람입니다. 그는 바리새인이었습니다. 당대 최고의 유대인 랍비로부터 교육을 받았을 뿐만 아니라 그리스-로마의 학문도 두루 섭렵했습니다. 로마의 시민권이라는 정치적 특권을 가지고 있었으며, 회심 이후 많은 이방인 교회를 세우는 큰 업적을 남겼습니다. 오늘 본문에서도 바울은 자신이 예수 그리스도의 환상을 보고 여러 계시의 말씀을 들었다고 말하면서 자신의 특별한 체험에 대해 언급합니다. 그러나 이상하게도 바울은 자신을 더욱 돋보이게 해 줄 수 있을 법한 강점을 자랑하는 것을 기뻐하지 않았고, 오히려 박해와 고난 앞에서 무기력했던 자신의 약함을 자랑하며 기뻐했습니다. 그 이유는 무엇이었을까요?

도입 질문

1 바울의 일화 중에서 바울이 약하던 순간에 그리스도의 능력이 강하게 나타났던 사건에는 어떤 것이 있을까요?

함께 나누기

2 바울이 언급하는 "그리스도 안에 있는 한 사람"은 누구를 가리킵니까? 바울은 그 사람이 십사 년 전에 어디에 이끌려 갔다고 말합니까? **2절**

3 바울은 낙원에 이끌려 갔을 때 어떤 말을 들었습니까? **4절**

4 하나님께서 바울의 "육체에 가시 곧 사탄의 사자"를 주신 이유는 무엇입니까? 7절

5 바울이 자신의 몸에 있는 그 가시가 떠나가게 해 달라고 하나님께 세 번 간절히 구하였을 때 하나님께서 바울에게 하신 말씀은 무엇입니까? 9절

6 바울이 자신의 약함을 크게 기뻐하고 자랑하는 이유는 무엇입니까? 9절

7 바울은 그리스도를 위하여 무엇을 기뻐한다고 말합니까? 10절

8 바울은 자신의 약함을 크게 기뻐하고 자랑하였습니다. 심지어 자신이 복음을 전하는 중에 겪었던 능욕과 궁핍과 곤고함도 기뻐하였습니다. 자신의 약함을 통해 그리스도의 능력이 온전해진다는 것을 깨달았기 때문입니다. 그렇다면 바울이 말하는 그리스도의 능력은 어떤 능력을 의미하는 것일까요? 각자의 생각을 나누어 봅시다.

9 오늘 성경공부를 통해 나누고 싶거나 깨달은 것이 있으면 이야기해 봅시다.

주간 그룹성경공부 • GBS

6주차 (78회~80회)

사도 바울의 마지막 권고

고린도후서 13:1-10 | 새찬송 260장 • 통일 194장

주간 말씀묵상 나눔

지난 한 주간 말씀을 묵상한 것이나 삶에 적용한 것이 있으면 돌아가며 간단히 나누어 봅시다.

• 오늘의 성경공부 목표

고린도 교회를 향한 바울의 권면에서 진리를 바로잡으려는 열망과 공동체에 대한 사랑이 어떻게 어울려서 나올 수 있는지 살펴보고 각자의 공동체에 적용해 봅시다.

1 내가 이제 세 번째 너희에게 가리니 두세 증인의 입으로 말마다 확정하리라
2 내가 이미 말하였거니와 지금 떠나 있으나 두 번째 대면하였을 때와 같이 전에 죄 지은 자들과 그 남은 모든 사람에게 미리 말하노니 내가 다시 가면 용서하지 아니하리라
3 이는 그리스도께서 내 안에서 말씀하시는 증거를 너희가 구함이니 그는 너희에게 대하여 약하지 않고 도리어 너희 안에서 강하시니라
4 그리스도께서 약하심으로 십자가에 못 박히셨으나 하나님의 능력으로 살아 계시니 우리도 그 안에서 약하나 너희에게 대하여 하나님의 능력으로 그와 함께 살리라
5 너희는 믿음 안에 있는가 너희 자신을 시험하고 너희 자신을 확증하라 예수 그리스도께서 너희 안에 계신 줄을 너희가 스스로 알지 못하느냐 그렇지 않으면 너희는 버림받은 자니라
6 우리가 버림 받은 자 되지 아니한 것을 너희가 알기를 내가 바라고
7 우리가 하나님께서 너희로 악을 조금도 행하지 않게 하시기를 구하노니 이는 우리가 옳은 자임을 나타내고자 함이 아니라 오직 우리는 버림 받은 자 같을지라도 너희는 선을 행하게 하고자 함이라
8 우리는 진리를 거슬러 아무것도 할 수 없고 오직 진리를 위할 뿐이니
9 우리가 약할 때에 너희가 강한 것을 기뻐하고 또 이것을 위하여 구하니 곧 너희가 온전하게 되는 것이라
10 그러므로 내가 떠나 있을 때에 이렇게 쓰는 것은 대면할 때에 주께서 너희를 넘어뜨리려 하지 않고 세우려 하여 내게 주신 그 권한을 따라 엄하지 않게 하려 함이라

• **함께 읽어보기**

오늘날 한국 교회가 신뢰를 잃은 원인 중 하나는 치리의 기능이 제대로 작동하지 않기 때문이기도 합니다. 우리는 바른 치리를 경험해 본 적이 거의 없습니다. 치리해야 하는 사람들이 친하다고 어물쩡 넘어가거나 아니면 치리하기 전에 그 과정의 냉정함에 치를 떨고 교회를 옮겨 버립니다. 바른 치리는 다음의 두 가지 조건을 모두 가져야 합니다. 하나님의 거룩하심과 의에 대한 열망입니다. 작은 죄에 대해서도 불편함을 가지고 공동체의 순결을 유지할 수 있어야 합니다. 하지만 그 안에 한 사람에 대한 집요한 사랑도 있어야 합니다. 치리의 당사자는 두려워하면서도 그 과정에서 공동체의 기대와 사랑을 느낄 수 있어야 합니다. 한편 치리자는 마지막 순간까지 당사자가 회개하고 돌아오기를 간절히 바라고 그러기 위한 모든 수단을 건강하게 사용해야 합니다. 바울은 이러한 두 가지 열망으로 고린도에 편지를 쓰고 있습니다.

도입 질문

1 나에게 진심 어린 충고를 해 준 사람이 있습니까? 기억에 남는 일이 있다면 나눠 봅시다.

함께 나누기

2 바울이 세 번째 고린도 교회를 방문할 때 무엇을 준비해서 간다고 말합니까? 1절

3 바울은 세 번째 방문에서 죄를 지은 자들에게 어떻게 할 것이라고 경고합니까? 2절

4 바울의 대적자들이 바울에게 구하는 것은 무엇입니까? 3절

5 내가 존중해야 할 권위에 대해서 쉽게 비방하고 있지 않은지 생각해 봅시다.

6 바울은 대적자들에게 무엇을 명령합니까? 5절

7 바울이 고린도 교인들을 향하여 편지를 쓰는 이유는 무엇입니까? 10절

8 교회 공동체에서 나에게 잘못한 사람에게 어떻게 해야 최선을 다하는 것인지 고민해 봅시다. 그리고 가능하면 실천해 봅시다.

9 오늘 성경공부를 통해 나누고 싶거나 깨달은 것이 있으면 이야기해 봅시다.

권별주삶 아가페 주삶 GBS 해설서

- 1주(43–49회) _ 고린도전서 15:35–49
  죽은 자들이 어떻게 다시 살아나며 어떠한 몸으로 오느냐?
- 2주(50–56회) _ 고린도후서 1:1–11
  고난 속 위로는 또 다른 위로를 만듭니다.
- 3주(57–63회) _ 고린도후서 7:8–16
  두려움과 떪으로: 하나님의 뜻대로 하는 근심
- 4주(64–70회) _ 고린도후서 9:1–11
  구제헌금, 그리스도인이 해야 할 착한 일
- 5주(71–77회) _ 고린도후서 12:1–10
  그리스도인, 약함을 자랑하는 사람들
- 6주(78–80회) _ 고린도후서 13:1–10
  사도 바울의 마지막 권고

1 가이드》 이 질문은 신앙생활을 하면서 한 번쯤은 던져 보았을 법한 질문입니다. 성경은 마지막 날에 어떤 모습으로 부활할 것인가에 대해 세세히 묘사하지 않습니다. 그러나 분명한 것은, 예수께서 다시 오시는 그날에 이 땅의 모든 성도는 영원한 삶에 최적화된 완전한 몸으로 부활하게 될 것이라는 사실입니다.

2 답》 죽은 자들이 어떻게 다시 살아나며 어떠한 몸으로 오느냐

해설》 35절은 두 개의 질문으로 이루어져 있습니다. 첫 번째 질문은 "어떻게"(방법)에 관한 것이고, 두 번째 질문은 "어떠한"(성질)에 관한 것입니다. 두 질문은 서로 연결되어 있습니다. 쉽게 말해 보자면 이렇습니다. "어떤 방식으로 이미 죽은 (혹은 이미 썩어 버린) 몸이 다시 살아 있는 몸이 된다는 것입니까? 만약 살아난다면, 그 몸은 어떤 성질의 몸입니까?" 이 질문은 당시의 이원론적 사상에 익숙하던 고린도 교인들이 자신들의 지식을 자랑하기 위해 던진 질문일 것입니다. 바울은 그들을 향해 단호히 말합니다. "어리석은 자여!"(36절)

3 답》 땅에 뿌린 씨가 죽은 후에 살아나는 것

해설》 바울은 육신의 몸을 '씨'에, 씨가 땅에 심기는 것을 '죽음'에, 싹을 틔우고 자라는 것은 '부활'에 비유합니다. 씨가 땅에 심긴 후에 원래 씨의 모습과는 완전히 다른 모습의 잎을 틔우고 꽃을 피우는 것처럼, 부활의 몸도 그러할 것이라는 가르침을 주고 있습니다.

4 답》 하나님

해설》 땅에 떨어져 죽은 씨앗에게 어떤 형체를 주실지 결정하시는 분이 하나님이시듯, 죽은 자에게 어떤 부활의 몸을 주실지 결정하시는 분은 하나님이십니다. 뒤따르는 구절에서 하나님은 짐승, 새, 물고기, 해, 달, 별에 형체를 주시고 각각 다른 영광(혹은 광채)을 부여하신 분으로 묘사됩니다(39–41절). 이것은 바울이 창세기 1장에 묘사된 창조주 하나님을 염두에 두고 있기 때문입니다.

5 답》 현재의 몸: 썩을 것, 욕된 것, 약한 것, 육의 몸 / 부활한 몸: 썩지 아니할 것, 영광스러운 것, 강한 것, 신령한 몸

해설》 타락 이후 죄의 영향 아래 있는 인간의 몸은 썩을 것이고, 욕된 것이고, 약한 것입니다. 하지만 마지막 날 하나님께서는 예수 그리스도 안에 있는 모든 성도의 몸을 썩지 아니할 것, 영광스러운 것, 강한 것으로 변화시키실 것입니다. "신령한 몸"은 물질적인 요소가 배제된 유령과 같은 상태의 몸이 아니라 부활 후 누릴 영원한 삶에 적합하게 변화될 몸을 가리킵니다.

6 답》 생령 / 살려 주는 영

해설》 바울은 첫 사람 아담을 생령(a living being/ 혹은 a living soul), 마지막 아담이신 예수 그리스도를 살려 주는 영(a life-giving spirit/ 혹은 생명을 주는 영)이라고 부릅니다. 구약성경은 생명을 주는 것이 하나님의 고유한 능력임을 증거합니다. 예를 들면 하나님은 아담에게 생기를 불어넣으셨고(창 2:7), 마른 뼈들에 생기를 넣어 살아나게 하셨습니다(겔 37:6 참고). 그러므로 마지막 아담이 살려 주는 영이 되셨다는 바울의 진술은, 죽은 자에게 (부활의) 생명을 줄 수 있는 신적 능력이 부활하신 예수 그리스도께 있다는 것을 의미합니다.

7 답》 땅, 흙에 속한 자 / 하늘, 하늘에 속한 자 / 하늘에 속한 이의 형상

해설》 마지막 날에 하늘에 속한 자(예수님)의 형상으로 온전히 부활하기 전까지 우리는 여전히 흙에 속한 자(아담)의 형상을 입고 이 땅에서 살아갑니다. 이것이 바로 우리가 예수 그리스도께 속해 있음에도 불구하고 죄의 유혹으로부터 완전히 분리될 수 없는 이유입니다. 이 땅에서 육신의 몸을 입고 사는 동안 죄의 유혹은 끊이지 않을 것입니다. 그러나 성도는 예수님의 형상이 우리 안에 온전히 이루어질 그날을 기다리며 날마다 죄의 유혹과 싸워 이기는 삶을 살아야 합니다.

8 가이드》 믿음입니다. 노아는 "보이지 않는 일"에 경고를 받았습니다. 이해할 수 없는 하나님의 명령이었지만, 노아는 믿었고 온전히 순종하였습니다(히 11:7 참고). 사라는 자신의 몸이 잉태할 수 없는 상황이라는 것을 알았습니다. 자신을 통해 후사를 주시겠다는 하나님의 약속을 머리로는 이해할 수 없었을 것입니다. 그러나 사라는 믿었고 잉태했습니다(히 11:11 참고). 신앙생활을 하다 보면 때로는 이해되지 않아도 믿어야 할 때가 있습니다. 기독교는 궁극적인 의미에서 이해의 종교가 아니라 믿음의 종교이기 때문입니다.

1 가이드》 최근 경험했던 고난에 대해 이야기해 보고 고난을 겪으면서 얻은 것이 있다면 나눠 봅시다.

2 답》 하나님의 뜻

해설》 바울은 고린도 교회에서 사도로서의 권위를 공격당했습니다. 하지만 바울은 편지의 서두에서 자신의 사도적 권위가 하나님의 뜻으로부터 온다는 사실을 분명히 밝힙니다. 이는 바울의 사도적 권위가 무너지면 그가 지금까지 고린도에서 가르쳐 온 복음도 무너질 수밖에 없기 때문입니다.

3 답》 환난

해설》 바울은 편지의 서두에서 '환난'이나 '고난'이라는 말을 여러 번 반복합니다. 바울은 자신의 고난 때문에 공격을 당했습니다. 고난을 당한다는 것은 능력이 없기 때문이라는 것이었습니다. 이에 따라 그의 사도적 권위도 자연스럽게 의심받았습니다. 이런 상황에서도 바울은 자신의 환난에 대해 이야기하며 환난이 결코 약함이 아니고 심지어 교회를 유익하게 한다고 말합니다.

4 답》 위로와 구원, 고난

해설》 바울은 환난이 주는 유익에 대해 이야기합니다. 환난을 겪으면서 얻게 된 하나님의 위로로 다른 사람을 위로할 수 있다는 것입니다. 고린도 교회는 바울의 고난 때문에 구원까지 얻게 되었습니다. 만약 바울이 목숨을 걸고 전도하지 않았다면 수많은 사람이 복음을 듣지 못하고 구원받지 못했을 것입니다.

5 답》 위로

해설》 사랑하는 사람이 고난을 겪을 때 우리는 흔들릴 수 있습니다. 하지만 바울은 조금도 흔들리지 않는다고 말합니다. 그의 소망은 오히려 견고해집니다. 왜냐하면 고난을 겪을 때 하나님의 위로가 온다는 사실을 경험을 통해 알고 있기 때문입니다. 헬라어 원문에는 '고난'과 '위로'에 각각 정관사가 붙어 있습니다. '그 고난'과 '그 위로'는 예수께서 이미 겪으신 고난이며 또한 그분의 위로입니다. 우리는 예수님과 함께 고난을 겪고 예수님으로부터 위로를 얻게 됩니다

6 답》 오직 죽은 자를 다시 살리시는 하나님

해설》 바울은 누구보다 고난을 많이 겪은 사람이었습니다. 심지어 살 소망이 끊어지는 고난을 겪기도 했습니다. 그렇지만 고난이 가져오는 유익이 있었습니다. 자신의 능력을 의지하지 않고 오직 하나님만을 의지하게 만든 것입니다. 하나님은 죽은 자마저 살릴 수 있는 능력을 가지고 계십니다.

7 답》 바울 일행을 위한 간구

해설》 사도 바울은 일방적으로 교회에 주기만 하는 사람이 아니었습니다. 그는 기꺼이 교회로부터 도움을 받았는데 특별히 기도를 요청했습니다. 아무리 탁월한 사람도 연약한 자들의 기도로 인해 큰 도움을 얻게 됩니다. 그래서 사도 바울은 그가 복음을 전한 자들에게도 자신을 돕는 기도를 요청합니다. 그리고 그들의 기도에 하나님께서 신실하게 응답하신다는 것을 알려 줍니다.

8 가이드》 고난을 겪는 것은 고통스럽습니다. 하지만 성도는 새로운 마음으로 고난을 대할 수 있습니다. 하나님께서는 고난을 통해 우리를 망하게 하시려는 것이 아닙니다. 고난을 극복하면서 유익을 얻고 성장하기를 원하십니다. 그렇기에 우리는 담대하게 고난을 맞이할 수 있고 견뎌 낼 수 있으며 그 가운데에서도 소망을 품을 수 있습니다. 고난은 우리를 무너뜨릴 수 없습니다.

*서로 기도 제목을 나누면서 뒤에 있는 기도 노트를 활용하십시오(p.164-167).

1 가이드》 일상에서 우리는 여러 가지 경우에 근심합니다. 몸이 아플 때, 경제적인 곤경에 처했을 때, 자녀 문제, 혹은 교우 관계 속에 갈등이 생겼을 때 등 각자의 경험을 나누어 보고 마음에 근심이 생길 때 어떤 대처를 하는지 함께 이야기해 봅시다.

2 답》 고린도 교인들이 근심함으로 회개에 이르렀기 때문에

해설》 바울이 그 편지를 썼던 이유는 고린도 교인 중 어떤 이들이 바울을 대적하며 불의를 행했을 때(12절) 고린도 교회가 바울 편에 서서 단호히 그들과 맞서지 않았기 때문일 것입니다. 바울의 책망을 들은 고린도 교인들은 잠시 근심했지만, 곧 회개했습니다. 하나님께서 우리를 책망하실 때 근심할 수 있습니다. 그러나 단지 근심하는 것에만 머무르지 말고 반드시 회개의 자리로 나아가야 합니다. 하나님이 정말 원하시는 것은 근심이 아니라 회개입니다.

3 답》 후회할 것이 없는 구원에 이르게 하는 회개 / 사망

해설》 하나님의 뜻대로 하는 근심에서 시작된 회개는 "후회할 것이 없는 구원"으로 열매를 맺습니다. 바울이 언급하는 "구원"은 궁극적으로는 '영원한 생명'을 의미합니다. 그리고 장차 누리게 될 이 영생을 확신하는 성도는 이 땅에서 힘 있게 살아갈 수 있습니다. 그러나 세상 근심의 끝은 "사망"입니다. 이 사망은 '영원한 죽음'을 가리킵니다.

4 답》 더욱 간절하게 하고, 변증하게 하고, 분하게 하고, 두렵게 하고, 사모하게 하고, 열심 있게 하고, 벌하게 하였음

해설》 "변증하게 하며" 구절의 헬라어 아폴로기안은 법정에서의 '변호'를 말합니다. "분하게 하며"라는 구절은 바울을 대적하던 자들을 향한 고린도 교인들의 '분한 마음'을 나타냅니다. "벌하게 하였는가" 구절의 헬라어 에크디케이신은 '정의'를 실현하기 위한 행동을 가리킵니다. 고린도 교인들은 회개한 후에 간절한 마음으로 바울과 바울이 전했던 복음을 변호했고, 불의를 향해 분노했으며, 잘못된 모든 것을 바로잡으려 많은 애를 썼습니다.

5 답》 바울을 향한 고린도 교인들의 간절함이 나타나게 하는 것

해설》 우리는 보통 바울 사도를 생각할 때 온갖 핍박에도 굴하지 않고 힘 있게 복음의 사역을 감당했던 강인함을 떠올립니다. 그러나 우리는 바울 사도 또한 고린도 교인들의 간절한 마음을 확인하고(12절), 위로받고 싶어 했던 한 인간이었다는 것(13절)을 알 수 있습니다. 우리가 관심 있게 보지 않아서 보지 못했을 뿐, 믿음의 공동체 안에 위로가 필요하지 않은 지체는 한 명도 없습니다. 마음을 다해 서로 위로합시다.

6 답》 디도에게 고린도 교인들에 대하여 자랑한 것이 참되게 되었기 때문에

해설》 바울은 많은 걱정과 눈물로 고린도 교인들을 책망했지만(2:4), 여전히 그들을 자랑스러워했습니다. 바울 서신을 읽다 보면, 바울은 예수 그리스도의 십자가를 자랑하고(갈 6:14) 마지막 날에 예수님 앞에서 양육하던 성도들을 자랑할 수 있길 소망했음을 알 수 있습니다(1:14). 그리스도인으로서 나의 자랑은 무엇입니까?

7 답》 두려움과 떪으로 디도를 영접하고 순종하였음

해설》 디도는 바울의 대리인 자격으로 고린도 교회에 방문했기 때문에, 교인들은 바울에게 하듯이 디도를 영접하였습니다. "두렵고 떪으로"라는 표현에서 고린도 교인들이 기꺼이 바울의 책망을 받아들이고 회개하였다는 것을 짐작할 수 있습니다.

8 가이드》 근심은 죄를 아는 것에서 시작됩니다. 그러나 머리로만 알고 삶 속에서 그 죄를 해결하지 않는다면 그 근심은 절대 사라지지 않습니다. 회개는 죄를 깨닫고 삶 속에 존재하는 그 죄의 원인으로부터 떠나 하나님께로 돌아서는 것입니다. 회개가 중요한 이유는 그것이 죄로 인해 생겨난 맘속의 근심을 온전히 해결할 수 있는 유일한 방법이기 때문입니다.

1 가이드》 바울은 예수 그리스도의 삶이 '주는 삶'이었다는 것을 마음에 떠올렸을 것입니다. 예수님은 섬기기 위해 이 땅에 오셨고, 자신의 목숨까지도 구원을 위한 대속물로 주셨습니다. 세상 사람들은 받는 것을 좋아하고 더 많은 것을 받기를 기대하지만, 그리스도인은 주는 것을 좋아하고 더 많은 것을 줄 수 있기를 바라야 할 것입니다. 왜냐하면, '주는 삶'이 바로 예수님이 보여주신 삶이고, 예수님의 삶을 따라 사는 것을 복되다고 믿는 사람들이 바로 그리스도인이기 때문입니다.

2 답》 아가야에서는(고린도 교인들이) 일 년 전부터 연보를 준비하였다는 것

해설》 "아가야" 지역에서 예루살렘 교회를 돕기 위해 자원하여 헌금을 모금하고 있다는 소식이 바울을 통해 전해졌을 때, 마게도냐 교인들은 더욱 분발하여 예루살렘 교회를 구제하는 일에 열심을 내었습니다(8:1-5). 구제를 위한 고린도 교인들의 자발적인 모금이 다른 교회에 선한 영향력을 끼쳤던 것입니다.

3 가이드》 자원하는 마음이 있을 때 미리 준비할 수 있습니다. 바울은 고린도 교인들이 구제를 위한 헌금을 시작했을 때 가졌던 자원하는 마음을 계속 유지하기를 바랐던 것입니다. 헌금할 때 가장 중요한 것은 자원하는 마음입니다. 물론 억지로 드린 헌금일지라도 유용하게 사용될 수 있습니다. 그러나 하나님은 억지로 드린 그 헌금을 기뻐하시지 않을 것입니다.

4 답》 마음에 정한대로 헌금하고, 인색함으로나 억지로 헌금하지 말아야 함

해설》 우리는 종종 욕심이 생기거나 주변의 시선을 의식하여 마음에 정한 대로가 아니라 "인색함으로" 혹은 "억지로" 헌금을 하게 됩니다. 하나님께 헌금의 액수는 중요하지 않습니다. 나의 모든 소유는 하나님께서 주신 것인데 하나님께서 나의 돈이 필요하시겠습니까? 자신이 처한 형편을 충분히 고려하여 헌금의 액수를 정하고, 마음에 정한 대로 기쁨으로 실천하는 신앙을 배워 나갑시다.

5 답》 즐겨 내는 자

해설》 우리는 하나님의 창조 안에서 그분이 베풀어 주신 모든 것을 누리며, 하나님이 베푸신 구원의 큰 은혜 안에서 살고 있습니다. 하나님께서 베푸신 모든 것을 기억하고 감사한다면, 하나님께 드리는 헌금을 즐겨 내지 못할 이유가 없습니다. 우리 늘 이렇게 고백합시다. "하나님께서 기꺼이 모든 것을 나에게 베풀어 주셨으므로, 나도 즐겁게 헌금합니다!"

6 답》 모든 일에 항상 모든 것이 넉넉하여 모든 착한 일을 넘치게 하시려고

해설》 8절에 "모든"이라는 단어는 4번 반복되어 사용되었는데, 이것은 하나님께서는 우리의 모든 필요를 부족함 없이 공급하시는 분이라는 사실을 강조하기 위함입니다. 바울은 하나님께서 그분의 백성에게 넉넉한 은혜를 주신 이유에 대해 "착한 일을 넘치게 하게 하려 하심이라"고 말합니다. 지금 내가 넉넉함을 누리고 있다면 하나님께서 나에게 기회를 주신 것이라 여기고 더욱 열심을 내어 착한 일을 해야 합니다. 우리는 착하고 선한 일을 하기 위하여 지으심을 받은 사람들이기 때문입니다(참고. 엡 2:10).

7 답》 심을 것을 주사 풍성하게 하시고 의의 열매를 더하게 하실 것

해설》 하나님께서 풍성함을 허락해 주신다는 것이 반드시 물질적인 부요함을 보상으로 주신다는 것을 의미하지는 않습니다. 이것은 하나님께서 "의의 열매"를 더하실 것이라는 바울의 말을 통해 확인됩니다. 하나님이 나에게 풍성히 주신 물질의 일부를 씨앗으로 심고, 그 씨앗이 싹을 틔우고 자라서 많은 의의 열매를 맺을 수만 있다면 그것만으로도 보람된 일이 아닐까요?

8 가이드》 고린도 교인들의 구제헌금을 전달받은 예루살렘 교회 성도들은 고린도 교인들에게 감사할 뿐 아니라, 하나님께 감사와 영광을 드리게 될 것입니다. 교회의 구제 사역은 보통 불신자들을 그 대상으로 포함합니다. 교회로부터 도움의 손길을 받은 불신자들은 결국 하나님께 영광을 돌릴 것입니다. 우리의 모든 행동이 하나님의 영광을 위한 것이듯, 우리가 드린 헌금도 궁극적으로 하나님의 영광을 위한 것이라는 사실을 꼭 기억해야 할 것입니다.

*서로 기도 제목을 나누면서 뒤에 있는 기도 노트를 활용하십시오(p.164-167).

1 가이드》 루스드라에서 바울은 돌에 맞아 죽음 직전에까지 이르게 됩니다. 그리스도의 능력은 이때 역사하셨고 죽은 줄로만 알았던 바울이 다시 일어나 복음을 전하며 제자들은 큰 격려를 받았습니다(행 14장). 빌립보에서 바울과 실라는 심하게 맞고 깊은 감옥에 갇힙니다. 그들은 찬송과 기도 외에 아무것도 할 수 없었지만, 그리스도의 능력이 나타나셨고 지진이 일어나 감옥 문이 열립니다. 그리고 간수와 그의 집안이 예수 그리스도를 영접하는 큰 구원의 역사가 이루어집니다(행 16장).

2 답》 바울, 셋째 하늘

해설》 바울이 자신을 "그리스도 안에 있는 한 사람"이라고 칭하면서 마치 다른 사람의 이야기를 하는 듯한 인상을 주고 있습니다. 어쩔 수 없이 하게 된 자랑으로부터 자신을 분리하고 싶었기 때문일 것입니다. "셋째 하늘"이 어디를 가리키는가에 대해 다양한 의견이 존재하지만, 일반적으로 4절에 언급된 "낙원"의 또 다른 명칭으로 이해합니다.

3 답》 말로 표현할 수 없는 말, 사람이 가히 이르지 못할 말

해설》 바울은 자신이 무척 특별한 계시의 말을 들었지만, 그것이 무엇이었는지에 대해 구체적으로 언급하지 않습니다. 계시의 내용을 자세히 밝히는 것이 불필요하다고 여겼기 때문일 것입니다. 다시 말해, 바울은 자신을 변호하기 위한 최소한의 자랑만 하고 싶었던 것입니다.

4 답》 여러 계시를 받은 것이 지극히 크므로 너무 자만하지 않게 하시려고

해설》 바울의 몸에 있던 "가시 곧 사탄의 사자"는 육체의 질병이었을 수도 있고(갈 4:13–15), 복음을 전하다가 겪은 많은 고난과 핍박일 수도 있습니다(10절). 그 가시로 인해 바울은 하나님과 사람 앞에서 자만하지 않을 수 있었다는 것입니다. 어쩌면 우리 각자에게 하나님이 두신 가시가 있을지도 모릅니다. 어렵겠지만, 고통스러운 그 가시를 통해 나의 연약함을 깨닫고 하나님을 더욱 의지하는 믿음을 배워야 할 것입니다.

5 답》 "내 은혜가 네게 족하도다 이는 내 능력이 약한 데서 온전하여짐이라"

해설》 바울이 가시로 인해 느꼈던 고통을 짐작할 수 있는 대목입니다. 바울은 세 번이나 간절히 구했지만, 하나님은 거절하셨습니다. 그러나 바울은 자신의 약한 데서 하나님의 능력이 온전해진다는 사실을 깨닫고 오히려 크게 기뻐합니다. 자신의 연약함을 통해 하나님의 능력이 온전히 경험할 수 있다면 그 "가시"로 인한 고통도 기꺼이 감당할 각오가 되어 있었다는 것입니다.

6 답》 그리스도의 능력이 바울 자신에게 머물게 하려고

해설》 "머물게 하려고"라는 구절에 사용된 헬라어 에피스케이노세이는 '거하게 하려고'로 해석할 수 있습니다. 바울은 자신의 연약함 가운데 예수 그리스도의 능력이 거하신다는 것을 깨닫게 되었습니다. 바울이 약한 중에서 그토록 힘 있게 복음의 사명을 감당할 수 있었던 이유는 바울 안에 거하시는 예수 그리스도의 능력을 힘입었기 때문입니다. "내게 능력 주시는 자 안에서 내가 모든 것을 할 수 있느니라"(빌 4:13).

7 답》 약한 것들, 능욕, 궁핍, 박해, 곤고

해설》 "약한 것들, 능욕, 궁핍, 박해, 곤고"를 기뻐하는 사람이 세상에 있을까요? 우리는 보통 그와 반대되는 "강한 것들, 존경, 부유함, 권세, 형통" 등을 기뻐할 것입니다. 그러나 바울은 세상의 기준으로는 도무지 기뻐할 수 없는 것들을 기뻐한다고 말하면서 그 이유에 대해 이렇게 말합니다. "그리스도를 위하여"(10절). 예수 그리스도를 위해 나의 약함과 고통을 기뻐할 수 있는 믿음이 나에게 있습니까?

8 가이드》 "그리스도의 능력"은 예수님의 죽음과 부활을 통해 나타난 능력입니다. 예수님은 인간의 연약함을 입고 이 땅에 오셨고, 고난을 받으셨으며, 가장 약한 모습으로 십자가에서 돌아가셨습니다. 그러나 그분은 죽음을 이기고 가장 강한 모습으로 부활하셨습니다. 예수님의 약함을 통해 부활의 큰 능력이 나타났던 것처럼, 바울은 자신의 약함을 통해 부활의 능력이 나타날 것을 기대했을 것입니다(4:10).

1 가이드》 누군가에게 교정을 요구받는 것은 설령 그 안에 사랑이 담겨 있을지라도 받아들이기가 쉽지 않습니다. 그러나 그 조언을 받아들이면 신앙과 인격의 성숙에 큰 진보가 있습니다. 최근 주변 사람들의 충고에 대해서 어떻게 느꼈고 어떻게 받아들였는지 솔직하게 나눠 봅시다.

2 답》 두세 증인의 입

해설》 여기에서 두세 증인의 입은 재판에서 법적 증언으로서의 효력을 갖출 수 있는 인원을 말합니다(신 19:15). 예수님은 교회 치리 과정 중의 하나로 이와 비슷한 내용을 말씀하셨습니다(마 18:16). 처음에는 개인적으로 권면하다 듣지 않으면 두세 명의 증인을 통해서 말해야 합니다.

3 답》 용서하지 않음

해설》 바울의 고린도 교회 방문은 이번이 세 번째입니다. 첫 번째는 개척을 위해서, 두 번째는 고린도전서를 쓴 후 경고하기 위함이었습니다. 그러나 세 번째는 징계를 하기 위함일 것이고 만약 이번 방문에도 돌이키지 않고 계속해서 죄를 지을 경우에 강력한 징계를 할 것이라고 경고합니다. 그러면서도 바울은 이들이 돌이킬 수 있도록 편지를 써서 기회를 주고 있습니다.

4 답》 그리스도께서 바울 안에서 말씀하시는 증거

해설》 바울의 대적자들은 줄곧 바울의 사도적 권위에 대해서 대항해 왔습니다. 특히 바울에게 영적인 은사가 없다고 생각하거나 무능력해서 고난을 겪었다고 비난했습니다. 이번에도 그들은 그리스도께서 바울을 통해서 말씀하시는 증거를 구할 것입니다.

5 가이드》 우리는 권위가 무너진 시대에 살고 있습니다. 조금이라도 불편하고 싫으면 상대방이 누구든 비방하고는 합니다. 이 세상은 그러하더라도 교회 공동체는 하나님이 주신 권위를 존중해야 합니다. 건강한 비판은 할 수 있지만 분별 없는 비난은 공동체에 바른 권위가 세워지지 못하게 합니다. 내가 혹시 그런 비방자는 아닌지 돌아보며 건강하고 바른 비판과 비난을 구분해 봅시다.

6 답》 믿음 안에 있는가 자신을 시험하고 확증하는 것

해설》 대적자들은 바울에게 사도적 권위에 대한 증거를 요구했지만 먼저 스스로 믿음 안에 있는지 확증해야 할 것입니다. 바울의 말을 듣고 돌이키고 회개한다면 그들에게 믿음이 있다는 증거가 되겠지만 만약 끝까지 돌이키지 않는다면 믿음이 없다는 것을 나타내게 됩니다. 믿음은 스스로 있다고 말함으로서 증명하는 것이 아니라 하나님의 말씀에 순종함으로 드러내야 합니다.

7 답》 대면할 때에 주께서 넘어뜨리지 않고 세우려 함, 엄하지 않게 하려 함

해설》 바울이 그들에게 이토록 강하게 이야기하는 것은 결코 그들이 넘어지기를 바라서가 아니었습니다. 오히려 그들이 선을 행하고 온전하게 되기 위함이었습니다. 성도를 치리할 때 우리는 한 사람이 돌아올 수 있도록 할 수 있는 모든 것을 다 해야 합니다. 무엇보다 사랑으로 해야 합니다.

8 가이드》 한 사람이 회개하고 하나님 앞에 바르게 서는 것에 대한 소망이 우리에게 사랑과 인내심을 갖게 할 것입니다. 처음에는 개인적으로 권면을 해 보고 통하지 않을 때는 권위있는 자를 통해서 말해야 합니다. 그리고 최선을 다해서 기도해야 합니다. 돌이키는 것은 그 사람의 몫이지만 이를 통해 우리는 건강한 공동체를 만들어 가게 됩니다.

*서로 기도 제목을 나누면서 뒤에 있는 기도 노트를 활용하십시오(p.164-167).

기도 노트 *Prayer Note*

● 하나님께서 기도에 응답하셨으면 'Yes', 거절하셨으면 'No', 보류 중이시면 'Wait'에 체크해 보세요.
시간이 흐른 뒤 하나님의 세심한 인도하심을 느낄 수 있습니다.

날짜 Date	기도 대상 Who	기도 제목 Title	응답 여부 Yes	 No	 Wait

Prayer Note

날짜 Date	기도 대상 Who	기도 제목 Title	응답 여부 Yes	 No	 Wait

Prayer Note

날짜 Date	기도 대상 Who	기도 제목 Title	응답 여부		
			Yes	No	Wait

Prayer Note

날짜 Date	기도 대상 Who	기도 제목 Title	응답 여부 Yes	 No	 Wait

권별주삶

아가페 주삶

고린도전후서(하)

초판 1쇄 발행　2024년 1월 31일

지은이　이풍인

펴낸이　곽성종
기획편집　홍주미, 이가람
디자인　이병용, 정육남

펴낸곳　㈜아가페출판사
등록　제21-754호(1995년 4월 12일)
주소　(08806) 서울시 관악구 남부순환로 2082-33 성광빌딩 6층
전화　584-4835(본사)
팩스　586-3078(본사)
홈페이지　www.agape25.com

ISBN　978-89-537-1949-1 (04230)
ISBN　978-89-537-1934-7 (세트)

아가페 출판사

아가페 필사&쓰기 전용펜

필사&쓰기성경®에 왜 전용펜을 사용해야 할까요?

1. 잉크의 뭉침이 없는 깨끗한 필기감
2. 쓸수록 종이가 부푸는 현상 방지
3. 종이끼리 붙지 않아 오랫동안 보관 가능
4. 물기로 인한 글자 훼손 방지

일반용

* 신약성경의 예수님 말씀은 빨간색 펜을 사용하세요.

일반 필사&쓰기성경 전용펜 A5 (검정/빨강) 값 900원

일반 필사&쓰기성경 전용펜 A5 (검정/빨강-1박스/12자루) 값 10,800원

중용량

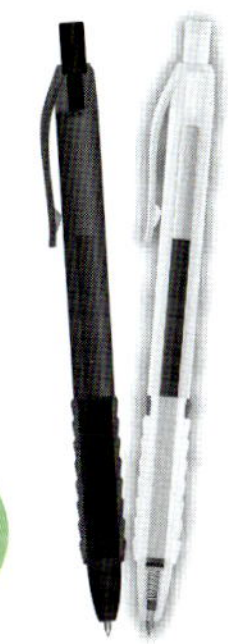

필사&쓰기 전용펜 (고급) (블랙/투명) 값 1,600원

필사&쓰기 전용펜 (고급) (블랙/투명-1박스/12자루) 값 19,200원

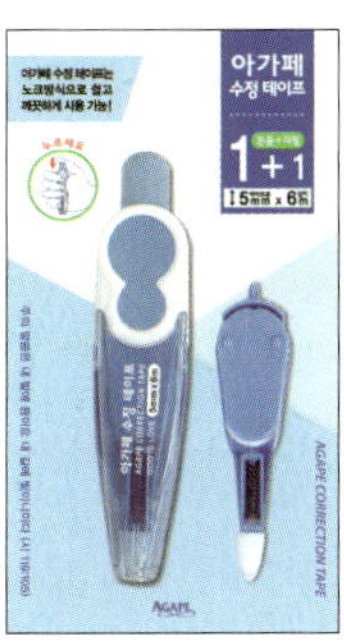

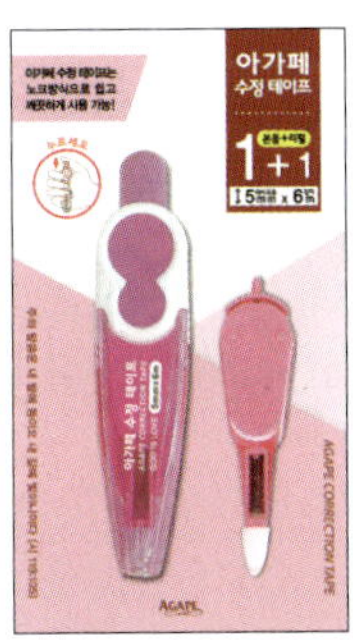

쓰기성경을 쓰다가 잘못 쓴 글씨는 수정테이프를 사용하세요.

아가페 수정 테이프 (본품+리필) (블루/핑크) 값 3,500원

본문이 있는 채움 쓰기성경®

스탠다드 (중) 4권 세트

낱권 시리즈

성경 본문의 가독성이 뛰어나고 1:1로 맞추어 필사할 수 있는 쓰기성경!

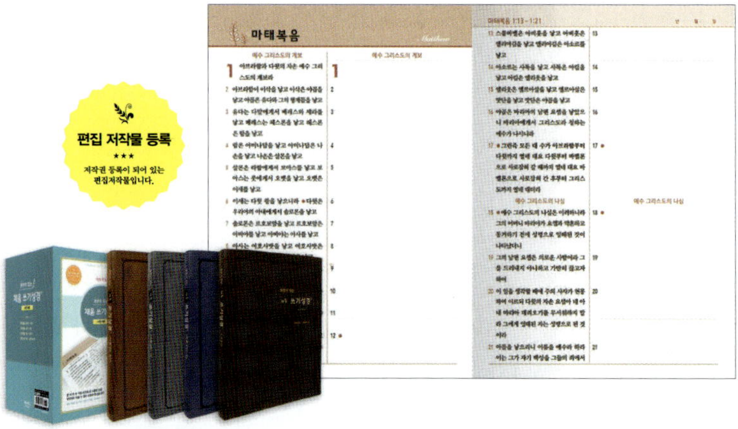

스탠다드 (중) 4권 세트	〈개역개정〉 세트 정가 : ~~116,000원~~ → 112,000원		
	낱권 정가	구약 ❶, ❷, ❸권 / 신약	각 권 29,000원

개역개정 낱권 시리즈

모세오경	창 세 기	정가 8,000원
	출애굽기	정가 7,000원
	레 위 기	정가 7,000원
	민 수 기	정가 7,000원
	신 명 기	정가 7,000원
	세트 (할인가)	정가 32,000원
역사서	여호수아 · 사사기 · 룻기	정가 9,000원
	사무엘상 · 하	정가 9,500원
	열왕기상 · 하	정가 9,500원
	역대상 · 하	정가 10,000원
	에스라 · 느헤미야 · 에스더	정가 7,000원
	세트 (할인가)	정가 40,000원
시가서	욥 기	정가 8,000원
	시 편	정가 12,000원
	잠언 · 전도서 · 아가	정가 8,000원
	세트 (할인가)	정가 25,000원
예언서	이사야	정가 9,000원
	예레미야 · 예레미야애가	정가 10,000원
	에스겔 · 다니엘	정가 10,000원
	호세아~말라기	정가 8,000원
	세트 (할인가)	정가 33,000원
사복음서	마태복음	정가 8,500원
	마가복음	정가 8,000원
	누가복음	정가 8,500원
	요한복음	정가 8,500원
	세트 (할인가)	정가 28,500원
사도행전 ~ 요한계시록	사도행전	정가 8,500원
	로마서 · 고린도전후서	정가 9,000원
	갈라디아서~히브리서	정가 9,000원
	야고보서~요한계시록	정가 8,500원
	세트 (할인가)	정가 30,000원

밑글씨 매일 쓰기성경®

4권 세트

날권 시리즈

밑글씨가 있어 성경책 대조 없이 간편하게 쓸 수 있는 쓰기성경!

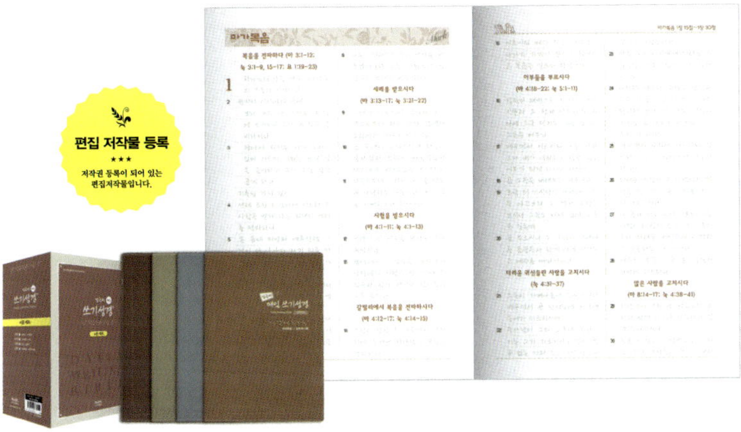

4권 세트			
〈개역개정〉 세트 정가 : ~~116,000원~~ → 112,000원		〈새번역〉 세트 정가 : ~~100,000원~~ → 95,000원	
구약 ❶, ❷, ❸권	각 권 29,000원	구약 ❶, ❷, ❸권	각 권 25,000원
신약		신약	

낱권 시리즈			
	구약	❶ 창세기 – 레위기	정가 12,000원
		❷ 민수기 – 룻기	정가 13,000원
		❸ 사무엘상 · 하	정가 10,000원
		❹ 열왕기상 · 하	정가 10,000원
		❺ 역대상 · 하	정가 10,000원
		❻ 에스라 – 욥기	정가 10,000원
		❼ 시편 · 잠언 · 전도서 · 아가	정가 12,000원
		❽ 이사야 – 예레미야애가	정가 12,000원
		❾ 에스겔 – 말라기	정가 12,000원
	신약	❶ 사복음서 : 마태복음 – 요한복음	정가 12,000원
		❷ 사도행전 – 고린도후서	정가 10,000원
		❸ 갈라디아서 – 요한계시록	정가 10,000원